U. Dickenberger · Liebe, Geist, Unendlichkeit

Germanistische Texte und Studien

Band 34

Udo Dickenberger

Liebe, Geist, Unendlichkeit

1990
Georg Olms Verlag
Hildesheim · Zürich · New York

Udo Dickenberger

Liebe, Geist, Unendlichkeit

Die Inschriften des Stuttgarter Hoppenlau-Friedhofs und die poetische Kultur um 1800

1990
Georg Olms Verlag
Hildesheim · Zürich · New York

Umschlagmotiv:
Grabmal mit dem Portrait des Literaturkritikers
Wolfgang Menzel († 1873) auf dem Stuttgarter
Hoppenlau-Friedhof.

Printed in Germany
Umschlagentwurf: Barbara Gutjahr, Hamburg
Herstellung: Druck Partner Rübelmann GmbH, 6944 Hemsbach
ISSN 0175-9388
ISBN 3-487-09405-3

D 93 / Stuttgarter philosophische Dissertation

Inhaltsverzeichnis

"Syndikus Schmidt ist gestorben; doch davon ein andermal." (Reinhard an Goethe) *"Der Schnupfen tyrannisirt mich schon seit 8 Tagen. Ich habe eine Leiche im Hause."* (Schiller an Caroline und Lottchen) *"Und daß für den Tod kein Kraut gewachsen ist ..."* (Hölderlin an Boehlendorff) *"Er war traurig, allein er wunderte sich, daß er es nicht in höherem Grade sei."* (Mörike) *"Ja, sterben ist das Ende vom Lied. Und was das heute für ein Regen ist."* (Lenau an Kerner)

1 Einleitung

"'Es ist ein Emblem.' — 'Es ist ein Problem.'" (Balzac) *"Ein Problem ist ein Unsinn."* (Serner) *"Es ist irgendeine blöde Schreiberei. Ich kann es nicht entziffern."* (Emily Brontë)

LANGE ZEIT bin ich früh morgens über den Hoppenlau-Friedhof in die Stadt gegangen. Die Gedichte auf den Grabsteinen beachtete ich nicht. Ich sah Eichhörnchen, Paare, Vögel, spielende Kinder, Zeitungsleser. Alles das ist lange her. 1626 wurde der Hoppenlau-Friedhof als sechster Stuttgarter Friedhof angelegt. Nicht weit vom Büchsentor entfernt lag er vor der Stadt. Der Friedhof wurde mehrfach erweitert. Sein Gelände hat sich seit 1840 nicht mehr wesentlich verändert. Die Benutzung wurde von 1823 an, dem Jahr der Eröffnung des Fangelsbach-Friedhofs, eingeschränkt. Wenige Jahre nach der 1873 erfolgten Eröffnung des Pragfriedhofs fanden die letzten Beerdigungen auf dem Hoppenlau-Friedhof statt. Fast alle heute noch erhaltenen Grabmale stammen aus dem 19. Jahrhundert. Andere historische Friedhöfe stellen Grabmale verschiedener Epochen vor; der Hoppenlau-Friedhof bietet dem Besucher ein in sich geschlossenes Bild. Seit dem Ende des Jahrhunderts wurde immer wieder versucht, durch den Friedhof Straßen zu führen, sein Gelände durch Fabrikbauten zu beschneiden oder auf ihm sonstige angeblich unbedingt notwendige Gebäude zu errichten; jedesmal kam es zu heftigen Gegenreaktionen der Bevölkerung der Stadt.

Auf einem Grabmal (†1964 und †1974) des Friedhofs zu Waiblingen heißt es: "WIRD UNS DURCH GRABESHÜGEL / DER KLARE BLICK VERBAUT. / HERR, GIB DER SEELE FLÜGEL. / DASS SIE HINÜBERSCHAUT." Da die sinnlichen Beziehungen unterbrochen sind, wird Gott gebeten, der Seele im Erinnern, das als Schauen aufgefaßt wird, doch noch eine Verbindung zu den Toten zu gewähren.

Grabhügel und Einfassungen versperren auf dem Hoppenlau-Friedhof keinem Besucher den Weg und der Blick bleibt frei. Die Grabeinfassungen vor den Grabsteinen wurden vor einigen Jahrzehnten beseitigt und seitdem ruhen alle unter einem Rasen. "Blumen nur, und keine Vasen / Stehn auf dem bedeckten Sarg / Den ein friedlich grüner Rasen / Tief in seinem Schoos verbarg." Thilo stellt im Gedicht *Das Grab* in Schillers Musenalmanach von 1799 einen schlichten Friedhof vor. [S. 206] Die Gräber des Hoppenlau-Friedhofs werden nicht mehr mit Blumen geschmückt, eher noch findet man steinerne Vasen und einmal im Jahr, am Totensonntag, leuchten auf zahlreichen Gräbern rote Lämpchen. Stille Einfalt, Ruhe, Gemessenheit ist auch hier. Zahlreiche Grabmale greifen antikisierende Formen auf: Stelen, Säulenstümpfe, kleine Tempelbauten, Urnen und Obelisken. Eine Trauernde beugt sich über eine Urne. Mehrere ähnlich gestaltete Grabmale sind zu kleinen Gruppen formiert.

Embleme mit den antiken und christlichen Symbolen der Ruhe, des Friedens, des Schlafes, der Trauer und der Auferstehung sind auf dem Friedhof häufig vertreten. Berufsembleme sind selten. Das Emblem auf dem Grabmal des Handelsmanns Gottlieb Friedrich Otto stellt einen Stab, sich windende Schlangen und Flügel dar und entspricht damit der Ikonographie des Gottes Hermes, der ja der Gott der Handelsmänner, der Diebe ist; auch geleitet Hermes die Seelen in die Unterwelt. Etzel erbaute die Stuttgarter Neue Weinsteige und die Cannstatter Wilhelmsbrücke; sein Grabmal zieren mit dem Winkelmesser und dem Zirkel die Attribute des Architekten. Das Grabmal Friedrich v. Koelles (†1848) zeigt in einem Kreis, dem Symbol der Ewigkeit, mit dem in einen Winkel gekeilten Zirkel das freimaurerische Zeichen der sittlichen Unterweisung und darüber eine prächtige Eule. Vielleicht ist es auch ein alter Uhu. Die Eule war den Griechen Symbol der Weisheit, den Christen ist sie Sinnbild der Wollust, der geistigen Finsternis und des schädlichen Wissens und dem Aberglauben gilt sie als Unheilverkünderin. Den Freimaurern, die ihre Vorläufer in antiken kultischen Gemeinschaften wie den Pythagoräern sehen, und denen es wie diesen um die Verbindung des Strebens nach Erkenntnis mit dem sittlichen Lebenswandel geht, ist die Eule Bild der Weisheit. Auf dem Grabmal des Freiherrn v. Imhoff–Hohenstein weist ein Schwert, um das sich eine Schlange windet, nach unten. Der Grabstein Jos. v. Theobalds schmücken über der Inschrift: "NACH ZEHN FELDZÜGEN IM DIENSTE / DES VATERLANDES / WURDE DER VERFASSUNGSVERTRAG / DES VATERLANDES / VON IHM MITUNTERZEICHNET" links ein Winkelmesser und ein Dreieck, rechts ein Behälter, aus dem Schriftrollen herausragen, dazwischen steht ein von Eichenlaub und Blumen umranktes Kreuz und auf diesem ein Malteserkreuz. Ein weiteres Emblem zeigt eine Schriftrolle mit der Inschrift: "Verfassungs–Verträge / den 13. September / 1819." Und auf der Rückseite des Grabmals für Theobald steht unter einem Stern: "ER FÜRCHTETE GOTT / UND KANNTE KEINE ANDERE FURCHT."

Antike Embleme sind sehr beliebt. Auf dem Grabmal Caroline Liebenaus ist vorne und hinten eine bebänderte Lyra zwischen zwei Tränenfläschchen abgebildet. Letztere sind zu geradezu riesigen Tränenfläschlein, zu sehr großen Tränenflaschen geraten. Auf dem Grabmal des Ehepaars Braun steht zwischen zwei aufgerichteten Fackeln eine beschriftete Urne. Das Grabmal Cath. Wilh. Flatts schmücken bebänderte umgekehrte Fackeln und sich neigende Rosen. Dem Grabstein Ioh. Chr. Daniels ist ein Bogen aufgesetzt; vorne und hinten sind auf seinem Rand sieben Sterne abgebildet und im Innenfeld neigen sich aus einer Urne nach beiden Seiten je drei Mohnkelche. Die Urnen der Familie v. Neurath stehen auf großen Kubussockeln, die Urne des Staatssekretairs Goes in der Nische eines Wandgrabmals. Den Sockel unter dem Aschenkrug der Familie Eberbach schmücken Tränenfläschchen. Das Grabmal Th. Hartmanns zeigt einen auffliegenden Genius; die Grabsteine Fr. Karl Kapffs und Joh. Andr. v. Hügels zieren Sterne. In einer Nische stützt eine weibliche Gestalt trauernd den Kopf auf die Hand. Der weibliche Genius hält eine verlöschende Fackel. Der Stern kann auch, über einem

Bibelzitat, in christlichem Kontext stehen: "SEELIG SIND / DIE REINES HERZENS SIND / DENN SIE WERDEN GOTT SCHAUEN. / MATT: C. 5. V. 8." Oder die Inschrift selbst befindet sich auf einer steinernen Bibelseite: "Komet her zu mir. / Alle, die Ihr mühselig / Und beladen seyd, ich / will Euch erquiken." In einer Nische trägt eine Christusfigur ein Lamm auf den Schultern: "Ich bin der gute Hirt, der gute Hirt / giebt sein Leben hin für seine Schaafe. / Joh. 10, 11". Eindeutig christlich zu verstehen sind das Bild und die Inschrift beim Grabmal D. Gottl. Chr. Storrs; die Inschrift zu der aufgerichteten Ähre lautet: "DAS UNSTERBLICHE / LEBTE FÜR CHRISTUS / DARUM WAR IHM STERBEN GEWIÑ." Und auf den Grabsteinen der Familie Plieninger befinden sich Rosen, eine Taube, ein Anker, Weinkelch und Kreuz, eine Harfe und sich schüttelnde Hände. Manchmal finden wir antike und christliche Symbole und Texte auch zusammen auf einem Grabstein. So ein Öllämpchen und einen Schmetterling, aber auch ein Eisenkreuz und Bibelstellen. Oder einen Schmetterling, einen Kreis, eine umgekehrte Fackel und aufgerichteten Mohn neben einem Eisenkreuz und der Inschrift: "Der vom Kreuz / zum Throne stieg / hilft auch dir / zu deinem Sieg!" Oder einen Schmetterling und ein Kreuz; vielleicht auch eine Fackel, einen Mohnstrauß und ein Kreuz. Oder ein bekränztes Tränenfläschchen und eine Inschrift, die Auferstehungshoffnung ausdrückt: "LIEBE KANN / NICHT / UNTERGEHEN / WAS VERWEST / MUSS / AUFERSTEHEN."

All dies widerspricht sich, aber das ist nicht wichtig oder man bemerkt es nicht. Vielleicht auch ist das Nebeneinander Programm und wir entdecken hier die Folgen einer Bemühung um Vermittlungen zwischen Antike und Moderne.

2 Die Diskussion der Zeit

LESSING zeigt, daß das Bild, welches die Antike sich vom Tod machte, heiter war. Lessing fordert einen neuen Gebrauch dieses Bildes. Seine Wirkung war gewaltig; in seiner Nachfolge treten in Gedichten der Zeit um 1800 immer wieder die von ihm beschriebenen fackeltragenden Genien auf. In den Darstellungen einiger Grabmale vermischt sich der antikische Genius mit dem christlichen Engel. Zahlreiche Gedichte lassen den Sterbenden einen sanften, freundlichen, lieben Tod erscheinen. Herder knüpft an Lessing an; er kehrt das Todesbild Lessings dann aber um. Herder zeigt, daß für die Antike der Tod schrecklich war und nur der Genius schön. Herder fordert den Genius als Gestalt für alle Völker.

2.1 Lessing und die Rückkehr zum antiken Tod

BROCKES lieferte zweiundzwanzig Jahre vor Lessing eine *Anleitung zum vergnügten und gelassenen Sterben.* [IX, S. 561-624] In den *Ernsthaften Gedancken über den tödtlichen Hintritt der nunmehr seligen Belise 1736* im sechsten Band des *Irdischen Vergnügens* lehnt Brockes das schreckliche Todesbild ab, da dieses kein "würdig Bild von Gott" vermittele. [S. 579] Gott wird bei seiner Ehre genommen. Ein liebender Gott kann keinen grauenhaften Tod senden. Es darf nicht sein. Es wäre mit dem Begriff, den wir von ihm haben, unverträglich. Wir machen uns ein Bild von Gott und dem sollen seine Handlungen entsprechen. Brockes reflektiert dabei nicht darauf, daß er nur mit dem Bild, das er sich von Gott macht, argumentiert und daß er von Gott selbst nichts weiß.

Lessing vergleicht das Bild des heiteren Todes in der Antike mit dem schrecklichen Tod in der Vorstellung des Christentums. Das Christentum sollte ein schöneres Bild vom Tod haben. Dreiunddreißig Jahre nach Brockes' *Ernsthaften Gedancken* will Lessing in seiner Schrift *Wie die Alten den Tod gebildet* zeigen, "daß die alten Artisten den Tod, die Gottheit des Todes, wirklich unter einem ganz andern Bilde vorstellten, als unter dem Bilde des Skeletts." Der Tod wurde dargestellt als "ein geflügelter Jüngling, der in einer tiefsinnigen Stellung, den linken Fuß über den rechten geschlagen, neben einem Leichname stehet, mit seiner Rechten und dem Haupte auf einer umgekehrten Fackel ruhet, die auf die Brust des Leichnames gestützt ist, und in der Linken, die um die Fackel herabgreift, einen Kranz mit einem Schmetterlinge hält." Dies ist eine typische Darstellung des Todes. Lessing erklärt die Allegorie: die umgestürzte Fackel verweist auf das Ende des Lebens, der Flügel auf den raschen Übergang, der Kranz ist ein Totenkranz, der Schmetterling ist das Bild der Seele. [W VI, S. 411 ff.] Lessing unterscheidet: Der Tod erschien als *beflügelter Jüngling*; das *Skelett* stellte die Seele des Verbrechers dar. Unverständlich muß da sein, daß der christliche Tod als Knochenmann auftritt. Schließlich verspricht er Erlösung. Lessing entdeckt, daß ein heiteres Bild vom Tod dem Christentum angemessener wäre als das Gerippe. Nur der als Strafe für die Sünde verstandene Tod ist schrecklich, es ist "gewiß, daß diejenige Religion, welche dem Menschen zuerst entdeckte, daß auch der natürliche Tod die Frucht und der Sold der Sünde sei, die Schrecken des Todes unendlich vermehren mußte." Lessing meint, daß die Auffassung von einem Tod, der immer strafen soll, absurd ist. Die christliche Todeskonzeption hat "das alte heitere Bild des Todes aus den Grenzen der Kunst" verdrängt. Gleichzeitig versichert die christliche Religion, "daß der Tod der Frommen nicht anders als sanft und erquickend sein könne." Das "scheußliche Gerippe" ist als Darstellung des sanften christlichen Todes nicht angemessen; Lessing fordert dazu auf, das bessere Bild vom Tod wieder zu gebrauchen. Die rechte Religion führt hin zum Schönen. [W VI, S. 462]

Die Spottinschrift *Der hoffärtige Grabstein* im Göttinger Musenalmanach von 1784 legt nahe, daß nicht jeder die Ruhe verdient hätte. Die Erde ruht über Gerechten und Ungerechten und ist damit zufrieden. Grabsteinen werden Lügen zugemutet; verständlich ist, wenn einer sich einmal aussprechen will und klagt: "Hier liegt der halben Welt Furcht, Jammer, Angst und Schrecken. / Was kann doch unser eins nicht alles decken!" [S. 130]

2.2 Gevatter Genius: Lessings Wirkung

"Ferner sah man Jupiter mit einem Schubkarrn, auf welchem die Seele der Frau von Lindenberg geladen war. Vor den Karrn war der Adler gespannt, den Jupiter sonst zu reiten pflegt, wie man zuweilen einen Hund vor dem Karrn eines Scherenschleifers sieht." (Müller, Siegfried von Lindenberg)

NICHT MEHR SCHLIMM und Ort ungestörter Ruhe ist das von Aemilia bedichtete *Grab*: "Unsre Sorgen groß und klein / Schlummern alle mit uns ein." [GMA 1782, S. 135] Das Grab befreit von dem auf Erden Belastenden. Gewaltig war die Wirkung des neuen von Lessing entworfenen Todesbildes. Die philosophische Diskussion um den gräßlichen christlichen und den sanften antiken Tod beeinflußt die Alltagskultur des gebildeten Bürgers und die poetische Produktion der dichtenden und publizierenden Dilettanten in seinen Reihen. Eine von Pfeiffer verzeichnete Inschrift des Hoppenlau-Friedhofs läßt die "Genien der Freundschaft und Geselligkeit" trauern. [S. 26] In den Gedichten der Zeit um 1800 erscheinen Genien mit Fackeln.[1] Der "stille Knabe", heißt es in G. P. Schmidts *Dorfkirchhof*, senkt "einst die Fackel" und "den Staub im Grabe" tränkt "Thau des Himmels." [TBV 1805, S. 195] Einige Dichter beziehen sich in ihren Gedichten über den sanften Tod ausdrücklich auf Lessing. Sie teilen mit, wer ihnen das neue Bild vermittelt hat.[2]

Die alten Vorstellungen sind in Vergessenheit geraten. Die um einen heiteren Tod bemühten Aufklärer müssen die Bilder, die sie wieder einführen wollen, ausgiebig erklären. Moritz hat seiner *Götterlehre* Abbildungen beigefügt. Eine zeigt die Nacht mit Tod und Schlaf, eine weitere die Nacht, Morpheus und andere Traumgötter. Moritz erläutert: "Man sieht, wie die Alten das Dunkle und Furchtbare in reizende Bilder einkleideten." Die Nacht hüllt "den Tod und den Schlaf in ihren Mantel." Der Tod ist für den an Lessings Todesbild orientierten Moritz "durch eine umgekehrte Fackel und der Schlaf durch einen Mohnstengel bezeichnet." [S. 36 ff.]

Der Genius ist den Dichtern so vertraut, daß ihre Einbildungskraft sich der Figur bemächtigt, sie umgestaltet und in neuer Funktion und ungewohnter Umgebung handeln läßt. Manchmal weiß der Leser dann nicht recht, ob es ein Genius ist, der ihm begegnet. In Mörikes *Maler Nolten* erzählt Baron Jaßfeld dem Maler Tillsen von einer Skizze, die dieser gezeichnet haben soll. Sie zeigt eine Versammlung musikliebender Gespenster; eine Jungfrau spielt Orgel, ein schlummernder Jüngling lehnt sich an das Instrument, er hält eine brennende Fackel, ein Nachtfalter sitzt ihm im Haar, und auch der Tod schleicht am Rande herum. [S. 13 f.]

---

[1] So in Hirths *Lebensgenuss* [SMA 1799, S. 74], in Pfeffels *Bild des Todes* [VMA 1776, S. 149 f.], in Woltmanns *Erscheinungen* [GMA 1794, S. 183 f.], in Mniochs *Hellenik und Romantik, Der Tod* [S/TMA 1802, S. 231 f.] und in Elisas *Der Genius in wechselnder Gestalt* [TBV 1812, S. 36]

[2] Vgl. Moritz, *Auf Lessings Tod* [BG S. 170]; K. Schmidt, *An Gleim, über den Tod seines Bruders* [GMA 1786, S. 94 f.]; Jacobi, *An Gleim, bei der Feier seines Geburtstages* [VMA 1782, S. 9]; Gleim, *Auf Leßings Tod* [VMA 1782, S. 173]

2.3 Christliche Genien

"JEsus Christus! — Er ists, welcher die Fackel mir / Hält und träget empor!" (Conz, Der Tod an C)*

DER SANFTE TOD ist selten vor Lessing; dabei wäre er doch konsequent christlich. Der Herzog Anton Ulrich zu Braunschweig und Lüneburg schrieb das Gedicht *Sterbverlangen* und bat Gott, zu eilen und den Tod schnell zu senden. [W S. 35] Schmolck ist der Dichter der *Süßen Jesusliebe.* Der Tod erscheint wie ein Mitarbeiter des Einwohnermeldeamts oder ein Gefängniswärter. Er bringt den "Abschiedszettel", der zu Verabschiedende singt ihm getrost entgegen. [W S. 50] Wenn der Tod schon kommen muß, dann beruhigt, daß Gott ihn gesandt hat. Der Tod handelt nicht als autonomes Subjekt, er agiert in göttlichem Auftrage. Er ist nicht, wie der Genius oder der Schutzgeist, Projektion eigener Wünsche und Strebungen, sondern Vollstrecker und Vollzugsbeamter.

Der Genius kann verchristlicht werden. Auf dem Wiesbadener Alten Friedhof steht das Grabmal des Münzmeisters Zollmann (†1866). Ein Engel mit weiblichen Gesichtszügen, langem Haar und gewaltigen Flügeln sitzt auf einem Felsen, blickt wehmütig nach oben in die Ferne und stützt sich auf eine umgekehrte Fackel, die verlöscht. Die Illustration zu Karl Geroks Gedicht *Friedhof im Winter* in dem Album *Edelweiß* zeigt in der gleichen Zeit einen niedlichen Genius, dem ein säuglingshafter Körperbau eignet, mit einer umgekehrten Fackel. [S. 201] Dem auf dem Hoppenlau-Friedhof ruhenden Georg v. Schéler ist, spricht v. d'Autel in seiner *Rede am Grabe*, ein sanfter Tod erschienen; der Prediger dankt Gott, der "den Retter aus der Noth / Gesendet hat, den sanften Tod." Der Tod war dem Verstorbenen "ein Friedensbothe."

2.4 Herder und der Genius als Gestalt für alle Völker

HERDER ist, wie wir den *Briefen eines ehrlichen Mannes* entnehmen, voll von der "Griechen Geist" und immer bemüht, dem "Menschen seine Würde zu zeigen, ihn zur Sittlichkeit, zu guten Handlungen und zur Aufopferung für die Menschheit anzufeuren." [S. 35 f.] Er stimmt in der Schrift *Wie die Alten den Tod gebildet? Ein Nachtrag zu Leßings Abhandlung desselben Titels und Inhalts* dem schönen Todesbild Lessings zunächst zu. Es ist ein sympathischer Gedanke. Dann bahnt sich Herders Umdeutung an: der Gedanke an den sanften Tod beruhigt, er ist ein Euphemismus. Herder unterscheidet zwischen dem Tod selbst und seinen Folgen. Das Sterben ist schön. Die Auflösung im Tod aber muß uns nicht ängstigen. Sie betrifft uns nicht. Weiter unterscheidet Herder zwischen "mythologischen Gottheiten", diese sind "vestbestimmte, gegebne Personen", und "allegorischen Wesen", geschaffen von der "Einbildungskraft der Dichter und Künstler." Genien sind allegorische Wesen und frei gestaltbar. Herder kennt vier Bedeutungen des Begriffs des Todes in der griechischen Sprache. a) Moira ist die *Notwendigkeit* des Todes, das harte Schicksal, daß man sterben muß; b) Ker ist die *Veranlassung* und Gehilfin des Todes; der Tod hat seine Boten, Verhängnisse besorgen den Tod; c) der Tod ist ein *Abschied*; d) der *Zustand* des Toten ist schrecklich. Herder beobachtet, "daß auch die Gräber der Alten von traurigen und fürchterlichen Vorstellungen nicht frei gewesen." Er hat gezeigt, daß der Tod der Antike schrecklich war. Der Genius kann daher, so korrigiert er Lessings Auffassung, nicht für den Tod selbst stehen. Der Genius stellt nicht den Tod dar, er ist Ergebnis einer Verdrängung des Todes; "aus Sprache und Kunst ward" der Tod "verbannet, und in der letzten ein Genius an die Stelle gesetzt, der — nicht den Tod vorstellen sondern — *ihn nicht vorstellen, vielmehr verhüten sollte, daß man nicht an ihn dächte.*" Die Genien "waren nichts als ein Euphemismus der Kunst" und auf "Denkmälern ist daher kein Tod, sondern der Schlaf bezeichnet." Das Verhältnis zur antiken Todesauffassung kehrt sich mit Herder geradezu um: Lessing hat das Bild des heiteren antiken Todes entworfen und dem gräßlichen christlichen Tod gegenübergestellt; er weist darauf hin, daß dem nicht so sein und daß der Religion der Erlösung ein schöneres Bild entsprechen müsse. Herder zeigt, daß der antike Tod schrecklich war und nur der Euphemismus schön; die Genien als bloße "Bezeichnung der *Ruhe im Grabe*" können aber "*brauchbare Gestalten für alle Völker* werden." Schließlich schlafen und sterben alle Menschen, "die Bedeutung beider Figuren in ihrer Analogie ist allen verständlich." Was Lessing noch gefordert hat, das Ersetzen des Gerippes durch den Engel oder den Genius, das hat in Herders Deutung das Christentum schon einmal geleistet. Christus hat den Todesdämon verdrängt und den Tod in Schlaf verwandelt. "Wenn also irgendwohin, sollte man denken, so gehört der Engel des Schlafs mit der gesenkten Fackel vor die Grabmähler der Christen, da der Stifter ihrer Religion es zu einem Hauptzweck seiner Sendung machte, *den Tod in einen Schlaf zu verwandeln.*" Bald aber ging dem Christentum sein Wesen verloren und abergläubisch ward das Christentum auch in dieser Lehre.[3]

Haßler, 1819 Herausgeber der Inschriftensammlung *Der Wandler unter den Gräbern*, ist in seinem *Vorbericht* deutlich an Herder orientiert. Jesus, so Haßler, war der Tod "*Hingang zum liebenden Vater*", das Christentum ist ausgeartet und von ihm abgewichen. Jetzt ist der Tod ein häßliches Gerippe, den Alten war er Genius. [S. XVIII ff.] Die Alten verdrängten den Tod und wollten nur den schönen Genius sehen. Antike, wahres Christentum, Aufklärung stehen für Haßler wie für Herder zusammen gegen ein entartetes abergläubisches Christentum.

[3]W XV, S. 429; S. 431; S. 437 f.; S. 448; S. 450 ff.; S. 457; S. 481 f.

2.5 Der sanfte Tod in Stuttgarter Todesanzeigen

"Der Tod war ihr ein Engel des Friedens, der mit sanfter Hand ihren Geist von seiner sterblichen Hülle entkleidete." (Predigt für Auguste Erhard)

AUCH EINIGE DER TODESANZEIGEN, die den auf dem Hoppenlau–Friedhof Bestatteten gewidmet sind, vermitteln das Bild, daß ihnen ein sanfter Tod erschienen ist. Für Math. Köstlin war es ein "sanfter Tod, herbeigeführt durch FrieselFieber", Luise Heigelin ist "an einer nervösen Lungenlähmung sanft entschlafen" und Th. Plieninger starb "in Folge mehrmonatlichen Krankheitsleidens, durch einen sanften Tod."[4] Die Angehörigen Konr. Gottl. Brauns rufen ihm nach: "Sanft und schön wie sein Leben, so war auch sein Ende!", Albr. Fr. Lempp "endigte ein sanfter Tod die langen schweren Leiden", Jungfer Joh. Brodbeck starb "sanft nach vielen und heißen Leiden an der Brustwassersucht im 72. Jahre" und Marie Jak. Bühner ist von "ihren viermonatlichen schweren Leiden [...] sanft und ruhig entschlafen."[5] Es fällt auf, daß die Sanftheit des Todes gerne da hervorgehoben wird, wo die Leiden groß waren. Hier hat der eigentlich schlimme Tod freundliche Züge, es beruhigt, an ihn zu denken, da er von den Schmerzen erlöst. Deutlich wird die Dialektik des Sterbens und Trauerns in der Todesanzeige für Ernestine Maria Ludov. Lempp: "Sie war lebensmüde." [SK 30.7.1850]

Beneidenswert erging es Gustav Schwab. Was das irdische Ende betrifft, möchte man ihn sich gerne zum Vorbild nehmen. Er starb "schmerzlos, ohne Todeskampf" nach einem "in heiterem Familienkreise beschlossenen Sonntage." [SK 5.11.1850] Jeanette Gutmann und Emma Müller sind "nach längeren Leiden sanft entschlafen" und Caroline Mayer starb "unerwartet schnell und ohne Kampf."[6] Der Tod erscheint sanft im Wissen darum, was ihm vorausging — zur Umschreibung des Schrecklichsten noch wird der Euphemismus herangezogen und er lenkt in der Tat trefflich ab. In dieser Funktion und so allgemeingehalten, wie die Texte es sind, müssen sie nicht in der Lessing–Nachfolge stehen.

2.6 Der Alte Friedhof zu Gießen

DEM HOPPENLAU–FRIEDHOF ähneln andere Friedhöfe seiner Zeit. Die Besucher des Alten Friedhofs in Gießen und des Stuttgarter Hoppenlau–Friedhofs gewinnen von der Sepulchralkunst des Klassizismus ein gleiches Bild. Grabeinfassungen sind auch in Gießen nicht mehr vorhanden. Die Grabmale stehen, wie Denkmale in einem Park, weit auseinander. Die klassizistischen Grabmale sind von den übrigen getrennt und bilden im nordwestlichen Teil des Friedhofs eine Gruppe für sich.

Den Friedhof schmücken zahlreiche Säulenstümpfe. Einige tragen Urnen. Viele kleine Obelisken sind aufgestellt. Das Grabmal des RegierungsRaths Hess trägt die Inschrift: "SANFTE RUHE / DEM BESTEN GATTEN UND VATER." (†1829) Ein

[4] SC 29.10.1835; 2.11.1832; 23.10.1840
[5] SC 16.3.1814; 26.1.1819; SK 3.9.1846; 7.4.1846
[6] SK 28.12.1859; 1.11.1863; 7.12.1867

beflügelter Genius stützt sich auf eine umgekehrte große Fackel und blickt nach unten. Ein anderer steht an einem Felsen, an dem sich Efeu hochwindet. Auf dem Felsen ist über einem Dreieck eine Urne abgebildet. Ein Schmetterling fliegt auf. Der Genius stellt seine Fackel an den Felsen; mit der Hand, welche die Fackel hält, umfaßt er ein Büschel Mohn. Der Genius lächelt wehmütig.

Eine große Stele zeigt vorne eine rosenbekränzte Vase auf einem Podest (†1830). In die Vase beugt sich eine Schlange. Aus der Vase wächst eine Pflanze empor und senkt sich. Es ist die Aloë. Diese ist ein Symbol der Hoffnung. Sie blüht nur alle hundert Jahre einmal, doch dann prächtig. Auf der Rückseite des Grabmals beugt eine Trauernde sich über eine Urne.

2.7 Antike und Moderne in der Sepulchralkultur

"Über der Haustür hing ein Schild, auf dem ein rundlicher Amor mit einer umgekehrten Fackel in der Hand abgebildet war. Darunter stand geschrieben: 'Hier werden einfache und angestrichene Särge verkauft und beschlagen, auch gebrauchte vermietet und repariert.'" (Puschkin)

WENN WIR DIE ERSCHEINUNG, daß auf dem Hoppenlau–Friedhof antike und christliche Embleme nebeneinander stehen, in den Kontext der von Lessing und Herder geführten Diskussion stellen, dürfen wir nicht übersehen, daß Überlagerungen antiker und christlicher Vorstellungen in der Sepulchralkultur nicht nur für die Zeit des Hoppenlau–Friedhofs kennzeichnend sind; auch lateinische Inschriften des 16. und 17. Jahrhunderts vermitteln zwischen Antike und Christentum. Der Verstorbene kann da 1526 "glückselig und fröhlich unter den Heiligen im Olymp sein"; die Parze schnitt 1588 den Lebensfaden ab und der Verstorbene wird nun "im Olymp ewig leben im Palaste Jehovas"; Christus wird in einer Inschrift von 1645 wiedererwecken, der Tote aber ist "ein Schatten"; oder der Geist ist seit 1653 in "der wahren Heimat des Olymp", seinem "Herrn verbunden" und voller Auferstehungshoffnung.[7]

Neuere christliche Grabmale greifen antike Motive auf und schwanken zwischen dem christlichen und dem metaphysischen Gott. Auf dem Friedhof des Stuttgarter Stadtteils Münster lautet eine Inschrift: "Über den Sternen wird es einst tagen, / dort wird dein Hoffen, dein Sehnen gestillt, / was du gelitten und was du getragen, / dort der allmächtige Vater vergilt." (†1953 und †1983) An die Antike gemahnen die Sterne, mit dem Tagen ist eine Metapher dem kosmischen Zyklus entnommen, das hier nicht Erreichte wird dort erfüllt, und der christliche Gott belohnt irdische Duldsamkeit. Eine Inschrift des Friedhofs in Botnang hat bei geringfügigen Abweichungen den allmächtigen Vater durch "ein allmächtiges Wesen", d. i. durch jenes höhere Wesen, das wir verehren, ersetzt (†1987).

[7] DI XI, Nr. 66; XII, Nr. 158; XIX, Nr. 182; XXII, Nr. 300

2.8 Antikisches im Württembergischen

"Es gibt nichts schwierigeres, als einen Engel zu bilden. Man schwankt zunächst hinsichtlich des Geschlechtes: ist es ein Jüngling, ist es ein Mädchen?" (Zola)

Auf einigen neueren Friedhöfen begegnen dem Besucher Genien. Ein knapp lebensgroßer Genius sitzt auf einem Grabmal des Cannstatter Uff–Kirchhofs (†1913 und †1957). Er hat das linke Bein eingeschlagen und beugt sich, auf eine Fackel in der linken Hand gestützt, nach unten. In der rechten Hand hält er einen Kranz. Auf dem Stuttgarter Fangelsbachfriedhof hebt eine weibliche Gestalt einen Kranz empor. Ihr gegenüber steht auf einem Sockel ein kleiner puttoartiger Genius, der eine nach unten weisende Fackel in der Hand hat und traurig nach unten blickt (†1887 ...) Im Degerlocher Waldfriedhof streckt sich auf der Spitze einer großen Pyramide ein beflügelter Jüngling empor. Auf der Pyramide steht: "ABGESTÜRZT" (†1917 ...) Der Tod des Verstorbenen ist mit der Flugfähigkeit des Genius in eine Beziehung gebracht, die wenig einleuchtet, da Genien, soweit bekannt, eben nicht abstürzen. Auch im Märchen von *Amor und Psyche* im *Goldenen Esel* des Apulejus stürzt Psyche, die Geliebte, und nicht Amor in den Abgrund. Vielleicht wollten die Stifter des Grabmals ihre Hoffnung zum Ausdruck bringen, daß, wie ein Genius nicht stürzt, der Verstorbene auch nicht tot ist. Ebenso sitzt dort, in Degerloch, ein beflügelter Jüngling halb knieend, halb hockend vor einer Urne, auf die er sich mit dem rechten Ellenbogen stützt. In der linken Hand trägt er einen Kranz (†1914 ...) Auf einem Grabmal des Schorndorfer Alten Friedhofs steht eine Urne (†1914 und †1952). Über den Namen befindet sich ein Medaillon mit dem Relief eines halb knieenden, halb hockenden kleinen puttoartigen Engels, der die eine Hand wie zum Gebet vorstreckt, mit der anderen eine nach unten gerichtete Fackel hält.

In einen Grabstein des Cannstatter Uff–Kirchhofs ist ein Medaillon eingelegt (†1924 und †1968). Darauf blickt der halbabgewandte Mann zur gebeugten Frau zurück und reicht ihr die Hand. Zwei weitere Metallreliefs auf Grabsteinen des Kirchhofs für 1925 sowie für 1913 und 1945 Verstorbene zeigen einen Mann, der vor der hinter ihm schreitenden Frau steht. Beide, der Mann und die Frau, sind in antike Gewänder gekleidet. Von einander abgewandt reichen sie sich die linken Hände und greifen mit den rechten Händen sich vor die Stirn. Beide stehen gebeugt. Auf dem Ludwigsburger Alten Friedhof befinden sich zahlreiche Grabmale mit Darstellungen gesenkter Fackeln und zahlreiche Urnen. Eine Stele auf dem Friedhof, wohl von 1843, dem Todesjahr Hölderlins, zeigt links und rechts eine nach unten gerichtete brennende Fackel. Hinten steht: "DES GLAUBENS GRUND / GOTTES WORT / ES MACHT UNS GLÜCK[ ] / HIER UND DORT." Antike und Christentum sind versöhnt wie auf dem Hoppenlau-Friedhof. Auf dem Friedhof in Böblingen lehnt sich auf einem Grabmal ein in ein antikes Gewand gehülltes Kind schlummernd auf einen Würfel, auf dem ein kleines Kreuz steht (†1935). Dem Kind sind kleine Fügel gewachsen, es kniet und hält eine Rose in der Hand. Der Würfel ist Symbol des unberechenbaren und hier vernichtend eingreifenden Zufalls. Offenbar hat die christliche Heilserwartung, hat das Kreuz Zufall und Schicksal überwunden. Die Inschrift lautet: "Du unser Liebstes, schlumre süß / Ein Wiedersehn ist uns gewiß."

Ein Grabmal auf dem Alten Friedhof zu Schorndorf zeigt einen beflügelten Genius im Halbrelief, der sich an ein am Grabmal dargestelltes kleines Grabmal lehnt. Die Beine hat er überkreuzt. Den Kopf senkt er auf den Oberarm, dieser stützt sich auf das Grabmal, die Hand greift ins Haar. Auf Grabmalen dieses Friedhofs weilen, nicht weit vom westlichen Eingang, auch die beiden schönsten mir bekannten Engel. Da die Grabmale mehrere Lebensdaten tragen, läßt sich das Alter der Engel nicht sicher bestimmen; beide wirken recht jugendlich. Sie sind prachtvoll beflügelt und schimmern schwarz. Der eine, weibliche Engel steht auf einem Grabmal. Der Kopf ist gesenkt, die Hand hält einen Farnwedel, das Symbol der Auferstehung. Sein männlicher Partner sitzt auf einem Felsen auf dem Grabmal. Er streckt, verlockend, einen Kranz aus.

3 Der Tod und die Dichter

"In lieblicher Bläue war es kürzlich am St. Johannisfriedhof nahebei Dünklingen, wo Herr Fritz Scardanelli *sich aus der Welt der Erscheinungen zurückzog. Mit ihm, dem immer Bereiten, starb jetzt ein Mann, der in der hiesigen Welt einiges gefördert hat." (Henscheid)*

SCHILLER kennt und gestaltet das Bild des sanften antiken Todes in seinem Gegensatz zu der gräßlichen christlichen Vorstellung vom Tod. Schiller durchschaut aber den Euphemismus, der der antiken Heiterkeit zugrunde liegt. Für Novalis ist seit dem Auftreten seines Stifters das Christentum mit dem Tod versöhnt. Matthisson bemüht sich um eine Vermittlung zwischen Antike und Christentum, aber in seiner Lyrik stehen Motive aus beiden Epochen unverbunden nebeneinander. Goethe gelingt eine intensivere Durchdringung. Ihm tritt alles andere zurück hinter dem einen Gedanken der Rückkehr ins Leben. Für Klopstock, aus dessen *Messias* die Inschriften des Hoppenlau–Friedhofs ausgiebig zitieren, ist der Tod ein Schlaf, ein süßer Schlummer, der bis zur Auferstehung währt und zu einem Wiedersehen mit den Menschen, die einem auf Erden wichtig waren, hinführt.

3.1 Schiller und der ästhetische Tod

"... was er schreibt, kommt mir bloß vor, wie ein KrankheitsStoff." (Schiller an Körner über Herder)

WIE IN HERDERS GEDICHT *Der Tod, Ein Gespräch an Lessings Grabe* die Seele "im lieblichen Kuß" scheidet, so ist es in Schillers *Göttern Griechenlands* ein "Kuß", der "das lezte Leben von der Lippe" nahm.[8] Herders "Genuß bräutlicher Freuden" weist auf Novalis voraus. [W XXVIII, S. 135 f.] Schiller orientiert sich indes doch stärker

[8]Herder W XXVIII, S. 135 f.; Schiller W I, S. 193

an Lessing, er ordnet die Schönheit der Antike zu und dem Christentum ein "gräßliches Gerippe." Die Zeit "sanfter Menschlichkeit" ist vergangen. Auch an anderer Stelle klingt es ähnlich: "*Die Urne und das Skelet.* / In das Grab hinein pflanzte der menschliche Grieche noch Leben, / Und du thöricht Geschlecht stellst in das Leben den Tod." [W I, S. 378] Mit Herder hat Schiller aber doch auch in *Der Genius mit der umgekehrten Fackel* die antike Konzeption des lieblichen Genius als Euphemismus durchschaut. Lieblich sieht er aus. Aber der Tod ist "so aesthetisch doch nicht." [W I, S. 286]

Der Tod wird im Gedicht *Das Grabmal* von "A." hinter Bildern des Lebens und der Hoffnung versteckt: "Sarkophag, dich verzieren des Lebens bedeutende Bilder, / Und die Hoffnung bekränzt leise den ewigen Schmerz; / So verhüllt sich der Tod in die farbigen Spiele des Frühlings, / Was dich rührt und ergötzt, ist der Erinnerung Schein." [VeMA 1802, S. 52] Der Tod ist schrecklich und er muß versteckt werden. Wer sich der Toten erinnert, der muß zugleich hoffen, sie wiederzusehen, weil die Vorstellung einer völligen Vernichtung gräßlich wäre. Aber es ist nur eine Hoffnung, die den Schmerz besänftigen soll, und keine, die sich auf Vernunftgründe stützen könnte.

Die *Nationalausgabe* der Werke Schillers kennt unter *Zweifelhaftem und Unechtem* ein Gedicht *Der Tod*, in dem einem, der unter Kirchhoflinden schwermütig über die Jenseitsaussichten sinnt, zu seiner großen Freude der "liebe Tod" begegnet. Der Tod geht weiter und der Kirchhofbesucher weint ihm nach. Er wünscht, einmal wiederkehrend möge der Tod ihm doch auch nicht schrecklich sein. [W II-I, S. 462 ff.]

3.2 Novalis und das mit dem Tod versöhnte Christentum

"Wenn ich ihn nur habe ..." (Novalis)

LESSING UND HERDER haben drei- und vierstufige Geschichtsmodelle entwickelt. Bei Lessing folgt auf den a) *schönen* Tod der Antike b) der *gräßliche* christliche Tod; Lessing fordert c) den *heiteren* christlichen Tod. In Herders Deutung war a) der antike Tod *schrecklich*, b) Christus hat dann an sich den Tod *überwunden*, c) in nordischer Mitternacht entstand *Aberglauben*, d) der *Genius* eignet sich aber für alle Völker und sollte übernommen werden. Die jeweils letzte Periode wird postuliert und soll sich in der Zukunft erfüllen.

Novalis unterscheidet im geschichtsphilosophischen Konzept der fünften *Hymne an die Nacht* drei Stufen; die letzte Epoche ist mit Christus eingetreten. Die a) *Antike* war "ein ewig buntes Fest", es folgte b) eine *Zeit ohne Götter*, in der "die Seele der Welt" in "des Gemüts höhern Raum" gezogen ist. Dann hat "erwacht in neuer Götterherrlichkeit" c) *Christus* "die Höhe der neugebornen Welt" erstiegen. In der ersten Epoche kannten die Götter und die Menschen den Tod nicht. Da trat er unverhüllt zu den Tischen und hüllte "das Gemüt in wilde Schrecken", denn "hier wußten selbst die Götter keinen Rat." Der Tod ist ein "entsetzliches Traumbild", er beendet das Fest. Der Mensch verschönert sich das Bild des Todes in der zweiten Periode. Christus erscheint und beendet diese Zeit, er ist selbst, wie der Sänger weiß, der Tod: "Im Tode ward das ewge Leben kund, / Du bist der Tod und machst uns erst gesund." Christus stirbt und die neue Welt entsteht. [W I, S. 143 ff.] Das Christentum ist mit dem Tod versöhnt; Christus hat dies geleistet.

Was Lessing und Herder fordern, ist für Novalis bereits Wirklichkeit. Drei Perioden kennt auch *Der Fremdling*. Dem a) ewigen Lenz folgen b) der Untergang und c) die Rückkehr ins Vaterland. [W I, S. 339 f.] Novalis entwirft die Epoche, welche vor der Periode liegt, die Herder als Aberglauben in nordischer Mitternacht gedeutet hat.

So einfach, wie es sich für Novalis darstellt, kann es aber doch nicht sein, denn dann hätte Lessing nicht auf der Suche nach einem heiteren Todesbild auf die Antike zurückgreifen müssen.

3.3 Matthissons Mischungen

"... etwas, das sich durch Geist auszeichnete, habe ich nicht von ihm gehört." (Körner an Schiller über Matthisson)

DAS INTERESSE der Christen am antiken Todesbild führt dazu, daß auf Grabmalen des Hoppenlau-Friedhofs christliche und antike Symbole unbekümmert nebeneinanderstehen. Ganz Ähnliches, man sehe darin nun eine Durchdringung oder eine bloße Vermischung, läßt sich an den Gedichten Matthissons beobachten. Der Dichter knüpft an Lessing und Herder an; schrecklich ist ihm im Gedicht *An den Tod* dieser Tod nie gewesen. [W Hg. Bölsing, S. 128] Matthisson kennt das Ideal des antiken Todes: "Immer hat mit hohen Göttermienen, / Herrlich von der Hoffnung Licht umstralt, / Wie dem Sokrates du einst erschienen, / Mir die Phantasie dein Bild gemalt." Seltsam vermischt der Dichter in dieser *Elegie an den Tod* die Motive: der Tod ist "Genius der Unvergänglichkeit", dem "Sokrates erschienen", sein Antlitz lacht "Paradieseswonne", er ist ein "holder Jüngling" und er führt zum "Lichte der Verklärten" wie zum "Engelharfenton" vor "Jehova's Thron." [W Hg. Bölsing, S. 127 f.]

Ausnahmen sind es im Werk Matthissons nicht. Im Gedicht *An Damons Garten* führt ein Todesengel zu den Sternen, in Gedicht *An eine Leidende* geleitet ein "lächelnder Genius" zum "Engelgesang" und in der *Todtenfeier am Grabe Elisas* wirkt ein Verstorbener "unter der Seligen Chören" und ausdrücklich nicht auf einem Stern. [W Hg. Bölsing, S. 34; S. 73; S. 81 ff.]

Ist nun damit wirklich Herders Postulat — der Genius als Gestalt *für alle Völker* — erfüllt? [W XV, S. 457] Oder steht nur Fremdes, vielleicht auch Unvereinbares, bunt gemischt, unverstanden und undurchdacht und ohne rechten Sinn nebeneinander, des schönen Klanges wegen?

3.4 Goethe und die Rückkehr ins Leben

"Pfaffen und Mönche wissen die Todtenfeyer ihrer Heiligen besser zum Vortheil der Lebenden zu benutzen." (Goethe) "... daß nur der Lebende Recht hat ..." (Goethe) "Wenn ich dich *nur habe ..." (Eckermann)*

GOETHE gelingen andere Vermittlungen. Im V. Kapitel des VIII. Buches der *Lehrjahre* wird der Saal der Vergangenheit beschrieben. Der Besucher tritt hinein, vorbereitet zu einem "ernsthaften, ja zu einem schauerlichen Anblick", doch "wie angenehm ward man daher überrascht, als diese Erwartung sich in die reinste Heiterkeit auflös'te." [W I-XXIII, S. 197] Der Tod wird schön gemacht. Lieblich soll er aussehen. Er soll *doch* ästhetisch sein. Im VIII. Kapitel des VIII. Buches der *Lehrjahre* finden die "Exequien Mignons" statt. Kinder antworten den Chören: "Einen müden Gesellen bringen wir euch; laßt ihn unter euch ruhen, bis das Jauchzen himmlischer Geschwister ihn dereinst wieder erweckt." Damit wird auf die Auferstehung angespielt, und Mignons Herz hing ja auch "an der katholischen Religion." Sie wünschte oft, "auf geweihtem Boden zu ruhen, und wir haben," berichtet der Abbé, "nach den Gebräuchen der Kirche, dieses marmorne Behältnis und die wenige Erde geweihet, die in ihrem Kopfkissen verborgen ist." Die Jünglinge verkünden, daß das "schöne Gebild der Vergangenheit" in den "Herzen" leben und wirken soll. Und es war die "Schere einer Parze", die den "Lebensfaden" zerschnitt. Ärztliche Kunst "hat alle ihre Mittel angewandt, den Körper zu erhalten und ihn der Vergänglichkeit zu entziehen." Trägt noch die Leiche den Schein des Lebens, sollen sich die Lebenden vollends vom Tod abwenden; der Chor verkündet: "Kinder! kehret ins Leben zurück!" Antikische und christliche Elemente finden zusammen, das letzte Wort haben die Jünglinge: "Schreitet, schreitet in's Leben zurück!" Die Exequien der Katholikin Mignon werden antikisch zelebriert, das Ineinander weist darauf hin, daß es dem Autor mit beiden Anschauungen nicht so ernst gewesen sein kann, daß alles zurücktritt hinter dem einen Gedanken der Rückkehr "in's Leben zurück." [W I-XXIII, S. 253 ff.] "Leben schafft Leben", scheibt Goethe am 11. September 1820 Sulpiz Boiserée. [W IV-XXXIII, S. 212] Dies ist die adäquate Auffassung in der Periode der heiligen Poesie. Es geht "ins Leben hinan", wo "in der Schönheit reinem Gewande" die "Liebe mit himmlischem Blick und dem Kranz der Unsterblichkeit" den Trauergästen begegnen möge. [W I-XXIII, S. 255]

Es muß ein ernstes Bedürfnis bestanden haben, alles Nichtchristliche doch noch mit dem Christentum zu versöhnen. Goethes Bekannter Falk war "gewohnt überall den Mund etwas zu voll zu nehmen." [Riemer, S. 39] Er versuchte, im Gespräch mit Goethe am 12. Januar 1813 die Monadenlehre zu verchristlichen. Goethe hat ihm seinen Glauben an die Fortdauer der Entelechien vorgetragen. Falk bemüht sich nun, mit dem Christentum irgendwie zu vermitteln: er fragt zuerst, ob nicht "die Übergänge aus diesen Zuständen für die Monaden selbst mit Bewußtsein verbunden wären?" Dann sucht er angestrengt eine Möglichkeit, den christlichen Gott in die Monadenlehre einzubauen.[9] An sich könnte man ja darauf verzichten. Oder möchte es doch. Manchmal. Aber ganz wohl ist einem dabei nicht. Es ist doch schöner, wenn der christliche Gott auch noch dabei ist.

3.5 Ästhetisierung des Todes

"... und an der Mauer herum sind Grüfte, wo die, welche schon eines beherbergen, mit weißen Marmorplatten geschlossen sind, die meist durch ihre simple, herzvolle Aufschrift sich sehr von unsern gotischen Grabsteinen unterscheiden." (Hölderlin an seine Schwester über den Kirchhof in Dessau)

GOETHE antwortet am 1. Juni 1805 auf Cottas Anfrage, "ob man nicht unserm Schiller ein Trauerdenkmal auf dem deutschen Theater setzen sollte," es solle "die Kunst, wenn sie sich mit dem Schmerz verbindet, denselben nur aufregen, um ihn zu mildern." [W IV-XIX, S. 7] In der *Euphrosyne* ist es für ihn die Kunst, die sich dem Tod entgegenstellt: "Lass nicht ungerühmt mich zu den Schatten hinabgehn! / Nur die Muse gewährt einiges Leben dem Tod." [SMA 1799, S. 11] Ein Versuch, den Tod ohne Zuflucht in Jenseitiges zu bewältigen, ist die Ästhetisierung. Man kann das Jenseits in den Dienst des Diesseits stellen und mit Goethe und "mit Lorenzo von Medici sagen, daß alle diejenigen auch für *dieses* Leben tot sind, die kein *anderes* hoffen." [Eckermann, S. 85] Nicht nur Lorenzo sah es so; Young stimmt ein. [III, S. 203]

Auch wenn es sonst möglich wäre, sich mit ihm abzufinden, müßte der Tod verstören, weil er am einzelnen aufweist, daß sich die Natur nicht beherrschen läßt. So wird das Schreckliche versteckt; wo es doch unabweisbar hervorbricht, soll es schön sein. Die Ästhetik ist für Odo Marquard im Aufsatz *Über einige Beziehungen zwischen Ästhetik und Therapeutik in der Philosophie des neunzehnten Jahrhunderts* ein Versuch, mit der Natur fertig zu werden, wo die Geschichte zu versagen droht.

Hegel beschreibt im *Antigone*-Kapitel der *Phänomenologie des Geistes* die Bestattung als einen Sieg über die Natur. Der besonders schöne Friedhof, so Rehm, ist ein Versuch, "den Tod durch Gestaltung zu besiegen." [S. 187 f.] Der Friedhof wird dann, wie Lenaus *Salzburger Friedhof*, zum schönen Ort: "Wenn alle Schmerzen auch ein Herz durchbohren / Dem man sein Liebstes senkt zur Grube nieder, / Doch glaubt es leichter hier: wir sehn uns wieder, / Es sind die Toten uns nicht ganz verloren." Die Schönheit ist da "Hüterin der Toten." [W I, S. 284] Lenau schreibt am 15. November 1831 an Kerner, er sei "kein Asket", aber er "wollte gerne im Grabe liegen." [W II, S. 104] Lenaus Friedhof ist schön; der Kirchhof in Mörikes *Maler Nolten*, auf dem Nolten Agnes sucht, wirkt wohltätig aufs Gemüt, weil sich mit den Brettern des Tischlers und den Leinwandstreifen des Mädchens Spuren des alltäglichen Lebens auf ihm finden. [S. 284] Eine Problematisierung des ästhetisch aufbereiteten Todes gelingt schon K. L. Kannegießer im Gedicht *Bei einer geschmückten Leiche.* [TBLF 1821, S. 294 f.]

[9]In: *Goethes Gespräche* II, S. 774 ff.

3.6 Klopstock und der Tod als Schlaf

"Und obs auch währt bis an die Nacht / Und wieder an der Morgen / Doch soll mein Herz an Gottes Macht / Verzweifeln nicht noch sorgen." (Inschrift Ottensen, Friedhof, †1886 und †1895)[10]

IN KLOPSTOCKS *Messias* ist der Tod zum "süßen Schlummer" geworden. (XVII, Vs. 412) In Höltys Gedicht *Der Tod* führt er als "Friedensbothe" in die "Heymath." [W I, S. 88] Er ist sanft und man muß sich vor ihm, wenn man *Klopstocks Ode an seine Fanny* vertraut, genausowenig fürchten wie vor dem Schlaf, dem halben Tod: "Stirb sanft!" ist der Wunsch für die "mit unaussprechlicher / Empfindung" Geliebte, sie soll "in die Ewigkeit / Ruhig hinüber" schlummern. [AdtM 1771, S. 160]

Der sanfte Tod ist mit den christlichen Vorstellungen vereinbar. Was Lessing und Herder forderten, wünschen die Inschriften des Hoppenlau-Friedhofs oder es ist ihnen schon erfüllt: "WIR LIEGEN UND SCHLAFEN / GANZ IM FRIEDEN." (Eberbach) — "Ruhe sanft / du guter Engel." (Haymann) — "Ruhe in Frieden / Vögele Kaufmann." Der Asche wird sanfte Ruhe gewünscht (Bühner; Ebert). Dem Gerechten bringt der Tod Ruhe: "SIE GEHEN ZUM FRIEDEN EIN UND / RUHEN AUF IHREM LAGER DIE / DA WANDELTEN IN REDLICHKEIT. JESAIAH 57, 2." (Herz) Das gleiche Jesaiah-Zitat befindet sich auf einem weiteren Grabmal: "Sie komen zum Frieden / und ruhen aus auf ihrem Lager, / die gerade vor sich gewandelt / haben." (Schachtel)

Auf dem Alten Friedhof in Wiesbaden soll nichts die Ruhe dessen, der zu früh verstarb, stören: "SCHLUMM'RE SANFT, O THEURER / MEINES LEBENS, / RUHE SANFT, NICHTS STÖRE / DEINE RUH' / ALLE HÜLF' UND MÜHE WAR / VERGEBENS / DU EILTEST, ACH ZU FRÜH / DEM GRABE ZU." (†1884 und †1897) Der Tod kommt immer zu früh und kein Kraut ist gegen ihn gewachsen. Er trifft immer die Besten und Gerechtesten. Wenigstens soll er da zu einem befreiten und sanften Schlummer hinführen. Ohne diesen Trostgrund wäre der Tod ganz unerträglich für die Zurückbleibenden.

Ein Grabmal des Hoppenlau-Friedhofs zeigt einen bebänderten Blumenkranz und mit einem Stab, um den sich zwei Schlangen mit Vogelköpfen winden, zwei umgekehrten Fackeln und einem Flügelpaar die Attribute des Gottes Hermes; der hier Bestattete, G. F. Otto, ist "Handelsmann" gewesen und Hermes war so sein Gott. Die Inschrift auf dem Grabmal stellt den Vers 1220 aus dem XV. Gesang des *Messias* vor. Nach diesem Leben beginnt ein neuer Schlaf.

"Dieses Leben ist Schlaf
aus dem
ein letzter uns
aufweckt.
Klopstock"

[10] Die in der vorliegenden Schrift ohne weitere Quellenangabe vorgestellten Inschriften des Friedhofs in Ottensen und die Todesanzeigen aus Hamburger und Hannoverschen Zeitungen wurden mir von Gabriele und Hans-Martin Ritter mitgeteilt.

Das Grabmal des Kaufmanns schmücken die Attribute des Gottes der Handelsmänner, der zugleich der Begleiter der Seelen ins Totenreich ist. Die Rückseite des Grabmals trägt eine Inschrift aus dem Hauptwerk des Dichters, der mit ihm den Versuch unternahm, ein christliches Epos zu schreiben und damit Antike und Christentum zu versöhnen. Die Inschrift spricht das aus, was Lessing und Herder in ihrem Bemühen um ein heiteres antikisches Bild vom Tod angeregt haben: Der Tod ist nur ein Schlaf. Die schönsten Grabmale des Hoppenlau–Friedhofs lassen ein Stück deutscher Geistesgeschichte nacherleben; auf ihnen stimmt alles miteinander überein.

4 Forderungen an Gott

GOTT wird um 1800 zur Liebe, zum Geist, zur Unendlichkeit. Die philosophische Diskussion bereitet diesen Wandel vor. Kant zeigt, daß wir nur fordern können, es müsse Gott geben. Gott ist notwendig, damit der Tugendhafte glückselig wird. Die zeitgenössischen Dichter, noch mehr die dichtenden Dilettanten, stimmen ein: Es muß Gott geben! Hegel kann später Gott beweisen, weil ihm Gott zum menschlichen Geist geworden ist.

4.1 Brockes und das Vergnügen an der gotterfüllten Welt

"Das Vieh, das selbst nicht säen kann, / Trifft ungesät sein Futter an." (Brockes)

DEN DICHTERN vor Kant konnte es noch selbstverständlich sein, daß die Welt von Gott erschaffen ist und daß sich in ihren Erscheinungen Gott spiegelt.

Eines der inspiriertesten Gedichte des B. H. Brockes sind die *Gedancken über einen Hof voll Feder=Vieh, absonderlich über die Schönheit der Pfauen, bey Gelegenheit, als mir eine Russische, Türckische und Grönländische Gans geschencket worden* im sechsten Band des *Irdischen Vergnügens in Gott.* Brockes bezieht hier auch klar Stellung im Monogamismus–Streit. Dazu nächstens mehr. Prachtvoll aber ist das Gedicht. Liebevoll versenkt sich Brockes in die Betrachtung des Hühnerhofs; andächtig vertieft er sich in das Irdische: "Wie prächtig wohnt der Hahn / Bald der, bald jener Hennen bey! / Ist er nicht gleichsam angethan / Mit einem Helm, mit Sporen an den Beinen? / Wie muthig sträubt er sich, wann etwan ein Compan / Mit seiner Weiber Schaar sich suchet zu vereinen! / Da er die Flügel schlägt und sich zum Kampfe rüstet. // Die Welschen Hühner ebenfalls / Sind schön, sind trefflich schön. Man seh den Hals / Vom Welschen Hahn nur an, wann er erhitzt sich brüstet. / Wie feurig ist das roth, wie ist sein Kopf so bläulich. / Wie ist sein Zorn, der in den Augen flammt, / Zugleich so lächerlich und gräulich!" [S. 161-168] Gott, so die Brockesische *Frühlings=Betrachtung*, hat alles dies für uns geschaffen und so müssen wir ihn preisen. [V, S. 37]

Hohes Lob wird dem Hahn in der Vossischen *Grabschrift unseres Haushahns* zuteil. [VMA 1795, S. 113 f.] Von der aus Mißgunst geborenen Reform des Adlers, die Abschaffung der Polygamie bei "dem gesamten Federvieh" betreffend, und dem prompten scharfen Protest des Hahns, welcher ihm dann letztlich schwer zum Schaden gereicht, indem der Adler, ein strenger Monogamist, bis auf eines alle Hühner verzehrt, berichtet Pfeffel im Gedicht *Der Gesezgeber.* [VMA 1785, S. 118 f.]

Eine Art Gottesbeweis gelingt Brockes in der *Blumen=Schrift* sogar aus den Anfangsbuchstaben der — freilich sorgfältig und unter offensichtlichen Schwierigkeiten ausgewählten — Blumen; vielleicht will Brockes hier aber gar nicht beweisen und hat nur ein recht inniges Vergnügen an seiner Anordnung; ganz klar ist es nicht. Die Buchstaben ergeben den Satz: "GOTT IST GROS." [IV, S. 45] Die arbeitshypothetische Grundlegung, niedergelegt in der *Erbaulichen Betrachtung eines zeitigen Frühlings*, welche alles dies zu mutmaßen erlaubt, mag einleuchten: "Da alles auf der Welt so schön; / Wie herrlich muß der Schöpfer seyn." [I, S. 6] Ja, der Schöpfer muß herrlich sein, wenn es ihn gibt, und wenn es ihn nicht gibt, dann sind die Creaturen ja auch schon schön genug. Doch kam dann Kant. Er hat mit der Teleologie aufgeräumt. Seit seinem alles zermalmenden kritischen Auftreten ist es nicht mehr möglich, die Welt naiv als ein von Gott geschaffenes und sinnvolles Ganzes zu verstehen. Es bedarf dazu einer Anstrengung. Brockes aber sieht in allem noch unreflektiert die Spuren des Göttlichen. Er kann, so heißt ein Gedicht, *GOTT geben, was GOTTes ist*: "DAß ich schmecken, hören, sehen, / Riechen, fühlen, gehen, stehen, / Meine Hand so künstlich lenken, / Schreiben, lesen, sprechen, denken, / Lernen und behalten kann, / Seh' ich als ein Wunder an, / So nur eine GOttheit schenken, / Und kein Zufall wirken, kann." Der Mensch ist der Höhepunkt der Schöpfung, seine Fertigkeiten können nicht aus Zufällen resultieren, die Natur- und die Geistesgeschichte verlaufen teleologisch. Eine Gottheit muß dies gewirkt haben. [I, S. 478]

4.2 Kants Postulate

"Daß in dir das Gras für mich / Auf so wundersame Weise / So zum Trank als auch zur Speise / Zubereitet werd ..." (Brockes) "... sondern nur Glückwürdigkeit.*" (Fichte an seine Braut) "... aber nur jenes, welches der Preis deiner Würdigkeit ist." (Schiller)*

GOTT gerät bei Kant in die Abhängigkeit vom Endlichen. Dies wird deutlich im §87 *Von dem moralischen Beweise des Daseins Gottes* in der *Kritik der Urteilskraft.* Der "Endzweck" des Menschen, "das höchste in der Welt mögliche [...] physische Gut ist *Glückseligkeit.*" Diese Glückseligkeit soll aber mit der "*Sittlichkeit*, als der Würdigkeit glückselig zu sein", übereinstimmen. Wir können uns nicht vorstellen, wie "bloße Naturursachen" den "Endzweck", die Verknüpfung der "Glückseligkeit" mit der "Sittlichkeit" bewirken können. Wenn wir notwendig "Sittlichkeit" und "Glückseligkeit" erreichen wollen, müssen wir annehmen, daß es einen Gott gibt, der für die Verknüpfung sorgt. [W V, S. 576 f.] Gott wird hier nur *angenommen*, damit der *Endzweck* erreicht wird. Wird auf den Endzweck verzichtet, ist Gott nicht notwendig. Gott wird postuliert. Er existiert nicht an und für sich, sondern wir fordern, daß es ihn geben müsse, um unserer Zwecke willen. Gott existiert an und für uns. Warum Gott nur postuliert werden kann, daß also "kein Beweis in theoretischer Absicht" für unsere "menschliche Vernunft möglich sei", zeigt Kant im §90 *Von der Art des Fürwahrhaltens in einem moralischen Beweise des Daseins Gottes* der *Kritik der Urteilskraft.* Es ist für uns "zur Bestimmung der Ideen des Übersinnlichen [...] gar kein Stoff da." [W V, S. 597] Postuliert wird Gott auch schon in der *Kritik der praktischen Vernunft*; auch da hat Gott für eine der "Sittlichkeit" entsprechende "Glückseligkeit" zu sorgen. Es ist "moralisch notwendig, das Dasein Gottes anzunehmen." [W IV, S. 255 f.]

Mit Brockes muß man dem, der einen *Eigennützigen Gottesdienst* feiert, vorwerfen: "Du liebst den Schöpfer deinetwegen." [VI, S. 330] Kant wird dann selber im August 1791 von Maria v. Herbert angerufen "wie ein Gläubiger zu seinen Gott um Hilfe, um Trost oder um Bescheid zum Tod."[11] Kant hat Gott in die Abhängigkeit von den menschlichen Zwecken gebracht. Nun muß der Philosoph erleben, daß die früher Gott zugedachte Verehrung sich auf ihn, Kant, bezieht. Dies kann Kant wirklich nicht gewollt haben. Plessing spricht in seinem Brief an Kant vom 15. Oktober 1783 diesen als Wohltäter sowie als verehrungswürdigen und edelmütigen Menschenfreund an.[12] Baggesen reißt sich im Brief vom 24. April 1792 an Reinhold immerhin zusammen, nur "einen Wunsch" hat er: "Kant, ehe ich sterbe, zu sehen, seine Füße zu küßen."[13] Unerwartet findet der gefühlsselige dänische Dichter am Ende zu einer wohltuenden Beschränkung.

4.3 Die moralische Notwendigkeit Gottes

"Wenn Liebe könnte Wunder tun / und Tränen Tote wecken, / dann würde dich gewiß nicht hier / die kühle Erde decken." (Inschrift Degerloch, Neuer Friedhof, †1987) "Gut handeln ist schlechterdings die einzige Religion ... " (Voß an Brückner)

HIPPEL berichtet in seiner *Selbstbiographie*, daß sein Vater es mit ihm "insbesondere auf die moralische Ueberzeugung, daß ein Gott sey" angelegt hat und es "kraft der existierenden Welt" voraussetzt, "daß er seyn müßte." [W XII, S. 62] Die Fragen nach Gott müssen sich genauso wie Kant den Almanach–Dichtern gestellt haben; es erstaunt, wie deutlich sich in ihren Dichtereien Kants Forderung vorbereitet und wiederholt. Einige Varianten lassen sich unterscheiden. Wer nach der Möglichkeit einer Welt ohne Gott fragt, dem zeigt sich gleich: Gott muß sein! Rhetorische Fragen machen eindringlich klar, daß Gott notwendig gebraucht wird. Voß findet *Trost am Grabe*, er ist stolz auf den "Geist, der Welten denket." [VMA 1784, S. 54] Dieser darf nicht vernichtet werden. Das wäre unbegreiflich und völlig sinnlos. Die instrumentelle Vernunft hat ihren Eigenwert und dieser läßt ein Weiterbestehen notwendig erscheinen. Es ist mit dem Geist aber noch nicht so weit, daß sein zeitlich begrenztes Wirken in sich sinnvoll wäre.

[11] In: *Deutsche Briefe*, Hg. Schmölders, S. 24

[12] In: *Briefe von und an Kant* I, S. 241 ff.

[13] In: *Aus Jens Baggesen's Briefwechsel mit Karl Leonhard Reinhold und Friedrich Heinrich Jacobi* I, S. 180

Unabdingbar ist das Jenseits. Tiedge will in der *Urania*, dem *lyrisch–didaktischen Gedicht in sechs Gesängen*, wissen: "Geißeln uns so zwecklos hundert Plagen / Durchs Gewühl des Lebens hin?" Der Dichter gibt sich fassungslos und fragt: "Edle darben! und es ist ein Gott?" (I, Vs. 299 f.; Vs. 132) Conz will im Gedicht *An Lotte Hochstetter beym Tode ihrer Schwester Luise* nicht wahrhaben, daß der irdische Tod endgültig sein könnte. Er erwägt: "Was man verliert? ... Ich lästre! Verloren die himmlische Güte?" [TBN 1799, S. 272] Aber es darf nicht sein. Ein aparter Beweis des Himmels aus der Güte der menschlichen Seele gelingt Stiftsprediger Flatt nach der Beerdigung von Auguste Emilie Friderike Pistorius. Der Prediger folgert: "Wärst Du auch die Einzige so gute, so reine, so edle Seele auf der Erde gewesen, so müßte es einen Himmel geben: *denn eine solche Seele kann nur für einen Himmel geschaffen seyn.*" Becker nahm in sein *Mildheimisches Liederbuch* ein Gedicht Weddigens auf. Der ist besorgt: "Hoff' ich vergebens, wenn der Tod mir Trennung von den Meinen droht?" Und in einem anderen Gedicht der Sammlung heißt es: "Welch ein Geschenk, daß an den Staub gekettet wir durch den Wink des Unerforschten sind, wenn er uns nicht von der Vernichtung rettet, in der des Lebens letzter Hauch verrinnt?" [S. 108] Nur Spott bleibt für das Danäergeschenk des vergänglichen Lebens. Geist und Güte können nicht untergehen, die Plagen des Lebens dürfen nicht umsonst gewesen sein. Drollinger schon dichtete ein *Lob der Gottheit*: "Wie, oder schuff ein blindes Spielen, / Ein Zufall ohne Geist und Fühlen / Dies schöne Werck? o Nein! o Nein!" [W S. 7] Neuffer befaßt sich 1788 mit der *Unsterblichkeit*. Er beteuert: "Kein blinder Zufall schuf mich, so wirft mich auch / Kein blinder Zufall wieder in Todesnacht, / So wahr du selbst, o Namenloser! / Ueber den Sphären der Welt gebietest, / Und alles Lebens ewige Quelle bist!" [W S. 15] Eine teleologisch nicht gesteuerte Evolution ließe den Menschen in finsterer Nacht allein. So muß denn Gott sein.

Gern spielt man wie K. Schmidt im Gedicht *An Madame Zachariä* die schlimme Vorstellung von Trennung und Vernichtung durch, damit umso deutlicher wird, was man an Gott hat. Ohne "Tag der Erndte" wären die Trennungen, die den Menschen zugefügt werden, unbegreiflich. "Wäre kein grosser Tag der Erndte, / Der der Liebenden Staub, kein Garbenbinder, / Der der Liebenden Seelen wieder einte; / Unbegreiflicher dann, o Tag der Trennung / Des Geliebten von der Geliebten! wärst du, / Als der trennende Gott! Und, die wir süsse / Tröstung weinen, wir schwiegen, wie der Tod schweigt!" [GMA 1778, S. 9 f.] Ganz ähnlich argumentierte eine 233 Jahre ältere lateinische Inschrift in Heidelberg: "Wenn es, Philippus, nicht Hoffnung auf ewiges Leben gäbe, wärst du zu früh gestorben." [DI XII, Nr. 246] Andere Konjunktivkonstruktionen in lateinischen Inschriften aus der zweiten Hälfte des 16. Jahrhunderts beteuerten, *wenn* Vornehmheit, Frömmigkeit, Hilfsbereitschaft, Geist, Bildung, Tugend, musikalische Fertigkeiten, Liebreiz, Scham und Keuschheit, Besitz, Redlichkeit, Name und Herkunft vor dem Tod bewahren könnten, *dann* lägen die Verstorbenen nicht hier.[14] Selbst in den Einzelheiten der Syntax ähneln sich die deutschen Gedichte der Periode

[14] Lat. Inschr. Osnabrück, 1594 [DI XXVI, Nr. 165]; Heidelberg, 1560 [DI XII, Nr. 296]; Heidelberg, 1587 [DI XII, Nr. 402]; Heidelberg, 1590 [DI XII, Nr. 425]

um 1800 und die lateinischen Grabschriften des Humanismus.

Auf dem Neuen Friedhof in Degerloch versucht eine Inschrift einen Beweis für das Wiedersehen aus der Schönheit der Freundschaft. Die Inschrift ist bereits in dem 1839 erschienenen *Blumenkranz gewunden für die Freundschaft und Liebe oder Aufsätze zum Andenken in Stammbücher* enthalten. [S. 25] Die Freundschaft verbürgt die Ewigkeit: "FÜR DAS KURZE / MENSCHENLEBEN IST DIE / FREUNDSCHAFT VIEL ZU / SCHOEN! / EWIGKEITEN MUSS ES GEBEN, / WO SICH FREUNDE / WIEDERSEHEN." (†1987) Es muß einfach sein. Man wird sehen. Wir wissen es nicht.

4.4 Untragbare Trennungen

"Du bist! du bist! sagt Lavater. Du bist!! / Du bist!!! du bist!!!! du bist Herr Jesu Christ!!!!! / Er wiederholte nicht so heftig Wort und Lehre, / Wenn es ganz just mit dieser Sache wäre." (Goethe)

TIEDGE widmete seiner Seelenfreundin das Gedicht *An Elisa: Nach einem Gespräch über Fortdauer im April 1798.* Er erklärt: "Diesen Himmel zu vernichten / Wäre keine Gottesthat." [TBV 1800, S. 287] Gott wird moralisch in die Pflicht genommen. Tiedge geht mit Gott um, als hätte dieser Kant studiert. Der Dichter tritt an den Schöpfer heran mit der festen Erwartung, er müsse seine Entscheidungen mit den Forderungen des Philosophen abstimmen, sie an ihnen ausrichten. Der ehedem christliche Gott ist in den Augen der Gebildeten unter seinen Anhängern zu einem geworden, der sich mit der Philosophie des deutschen Idealismus intensiv beschäftigt und sie verinnerlicht hat. Nähme Gott die in der eschatologischen Ethik dilettierenden Dichter ernst, dann könnte er wirklich gar nicht anders als die forciert vorgebrachten Forderungen zu erfüllen und die an ihn herangetragenen Gottestaten zu verrichten. Letztlich ist die Paradoxie, zuerst gezeigt zu haben, daß sich von Gott nichts sagen läßt, dann aber, in geschweiften Klammern, vor denen *Postulat* steht, die alte angeblich zertrümmerte spezielle Metaphysik doch zu behalten, in Kant angelegt. Kant stand auf dem Übergang. Das Neue hätte überfordert, wäre gar nichts vom Alten bestehen geblieben. Man wünscht sich freilich, der Philosoph wäre weniger selbstgewiß aufgetreten. Das Unfaßbare und Unbegreifliche soll wegen seiner Unverständlichkeit nicht sein dürfen. Dies ist die naive Voraussetzung. Brockes befaßt sich im *Irdischen Vergnügen in Gott* mit der *Unsterblichkeit der Seele.* Er fragt, was dem Menschen seine Begabungen nutzten, wären sie bloß für "den Augenblick allein, / Den wir hier sind bestimmet." Man kann es sich wirklich nicht vorstellen. Das "Ungefehr" darf nicht sein; die "wahre Tugend" erhält "selten Lohn, das Laster selten Straf'"; das alles ist untragbar; wir dürfen, dies fordert "unsers *Ew'gen Schöpfers Ehre*", nicht an unserer Fortdauer zweifeln. [VII, S. 119 f.] Der Schöpfer wird bei seiner Ehre genommen; der Dichter glaubt, auch Gott müsse da empfindlich sein und es könne ihm nicht gleichgültig sein, was wir Menschen von ihm denken. Der Verlust, die Trennung ohne Hoffnung auf ein Wiedersehen, das endgültige Abbrechen der irdischen Beziehungen ist

"Dr.", dem Verfasser des Gedichtes *Lebewohl*, unfaßbar: "Welch ein Verlust, wär dort kein Wiedersehn." [GMA 1798, S. 184] Man sehnt sich nach Sicherheit. In der dauernden Spannung, im unentwegt bedrückenden Unberechenbaren läßt sich nicht leben. Man sehnt sich nach einem kindlichen Bewußtseinszustand, in dem alles einfacher war, in dem nichts bedrängte und in dem für alle Fragen eine klare und beruhigende Antwort bereitstand. Lyrik, die sich eschatologischen Problemen widmet, läßt die Dichter reden, als wären sie Kinder. Es darf einfach nicht sein. Ludwig Richter trägt am 13. Dezember 1849 in sein Tagebuch ein, daß das Heimweh nach dem "unbekannten Vaterlande" keine Torheit sein kann, denn sonst wären unsere "heiligsten Gefühle" und unser "edelstes Streben" nichts anderes als Narrheit. [III, S. 105] Der Prinz in Schillers *Geisterseher* räsonniert: "Zukunft! Ewige Ordnung! — Nehmen wir hinweg, was der Mensch aus seiner eigenen Brust genommen und seiner eingebildeten Gottheit als Zweck, der Natur als Gesetz untergeschoben hat — was bleibt uns dann übrig?" [W XVI, S. 124] Selbst der Tod Christi wäre, in A. W. Schlegels Sicht *Vom jüngsten Gericht*, "vergebens" gewesen, wenn der Dichter für sich, nur und ganz besonders für sich, für seine eigene schlechte Subjektivität, keine Rettung sähe. [S/TMA 1802, S. 218] Damit Golgatha nicht sinnlos gewesen ist, muß der Mensch — sei es nun Schlegel, der "im grunde", informiert Schiller am 16. Februar 1799 Goethe, wie sein Bruder "doch nichts" taugt, oder ein anderer — gerettet werden. [W XXX, S. 84] Gott hängt vom Menschen ab. Die Verhältnisse haben sich völlig umgekehrt.

4.5 Tiedges Urania und die hoffnungspendende Tugend

"Deinen heiligen Namen kann nichts entehren, und wenn ihn / Auf sein Sudelgefäß Ewald, der frömmelnde schreibt." (Schiller und Goethe, Urania)

TIEDGE, dem Dichter der *Urania*, erscheint ein Leben ohne Unsterblichkeitshoffnung absurd und sinnlos; ohne Unsterblichkeit ist "Tod um uns, und nichts, als Tod." (IV, Vs. 352) Das Irdische als solches ist nichts wert. "Sich den Weg zum Nichtsseyn zu beblümen; / Ich kann nicht so glorreich untergehn. / Winken dort nicht höhere Berufe: Dann ist Tod, und nichts, als Tod um mich! / O dann steht das Thier auf seiner Stufe / Höher, seliger, als ich!" (I, Vs. 272-277) Das Tier darf aber nicht seliger als Tiedge sein. Darum muß es die Unsterblichkeit geben, in der der Dichter den zumeist mehrbeinigen Mitgeschöpfen etwas voraus hat. Gott muß dafür sorgen. Es muß ihn geben, damit er dies kann. Ohne Gott ist das Leben unerträglich. "Es sey kein Gott, die Tugend ein verhaßter, / Ein öder Lebenszwang, der jede Freud' entwürzt; / Ein Himmel sey die Lust, der Gott darin das Laster. / Die Menschenwürde sey von ihrem Thron gestürzt: / O! dann ist nirgends Licht und Leben." (II, Vs. 195-199) O! Nein! Es darf nicht sein! Einen eigenen Wert haben Tugend und Menschenwürde da noch nicht. Die Tugend bereitet auf das Jenseits vor. In den prosaischen Inhaltszusammenfassungen vor den einzelnen Gesängen klingen Tiedges Ausführungen fast wörtlich an Kant an. [S. 30; S. 98] Die Tugend garantiert die Unsterblichkeit. (IV, Vs. 512 ff.) Sonst nichts. Den Weg aus allen Unsicherheiten soll, so Tiedges *Urania*, die triumphierende Tugend weisen: "Die Tugend kämpft, und fodert den Sieg nicht vergebens; / Sie triumphirt: Es ist ein Gott!" (II, Vs. 496 f.) Auf Hasenclevers Gemälde *Die Sentimentale* liest ein Mädchen die *Urania* und den *Werther*. Sie ist von den Dichtern wie vom Mond verzaubert und betrachtet letzteren schmachtend. Immer wieder zeigt sich, daß Tiedges *Urania* die besten Belege bereitstellt. Seinerzeit, berichtet Klöden, wurden sogar Theaterlokale *Urania* genannt. [S. 294] Tiedge überzeugte auf der ganzen Linie und die Bekehrten danken es im Tonfall des Proselytenmachers. Eberhard fragt im Gedicht *An Tiedge, als er mir seine Urania in der Handschrift mitgetheilt hatte*: "Denn gäb es keinen Gott und kein' Unsterblichkeit, / Wer hätte solch ein Lied Dir, Theurer, eingegeben?" [TBV 1794, S. 287] Wir wissen es wirklich nicht. Wir wissen überhaupt viel zu wenig um die Eingebungen des Theuren. Die forcierte Unsterblichkeitsdiskussion vermag zu enervieren. *Werthers* Verfasser, so erfährt am 25. Februar 1824 Eckermann, hat "von Tiedges *Urania* nicht wenig auszustehen gehabt; denn es gab eine Zeit, wo nichts gesungen und deklamiert wurde als die *Urania*."

4.6 Starke Einwürfe

BROCKES nennt es in der *Ersten Staffel zur Gottheit* den "ewig wahren Schluß: Es muß ein GOtt, ein Schöpfer seyn." [VII, S. 678] Er liefert eine *Genaue Untersuchung unserer Seelen*. [VIII, S. 494-496] Es geht bei ihm ganz herzerfrischend "poßirlich" zu. In den *Gedanken über die Geheimniß=volle Veränderung der Raupen* kommt ihm "zuletzt noch" ein "starker Einwurf." Dieser erscheint zunächst "von Gewicht", aber so ganz leuchtet er doch nicht ein. Das alles ist sehr stark. Der geneigte Leser kann das Entstehen philosophischer Theoreme mitverfolgen. Brockes macht die Forschung anschaulich. "Aber welch ein starker Einwurf fällt mir hier zuletzt noch ein! / Können Engel, ohne Körper, seliger und weiser seyn; / Warum nicht auch unsre Seelen? Dieser Schluß scheint von Gewicht; / Dennoch überführt er mich, von der Folge, völlig nicht." [VIII, S. 177] Er ist ungeheuer erbaulich. Man glaube aber nicht, Brockes sei einfach ein dichtender Eschatologe in der putzigen Aufbauphase der Disziplin gewesen; nein, nein, ein solcher Eindruck wäre ganz und gar sehr verkehrt, ein solcher Einwurf zählt nicht; wenn der Dichter divinatorisch geleitet sich in besonders herausragender Verfassung präsentiert, wie im Gedicht *Zum Traum=Gesicht*, dann erreicht er höchste spekulative Vernunft als ein Vorläufer, als eine frühe entelechiale Realisation Fichtes: "Auf solche Art, gedacht ich, setzet sich / Ein jedes *Ich* der Welt, *gerad* den *andern Ich* entgegen." [VI, S. 293] Freilich steht er da unter superlunarem Einfluß; Brockes hat im Gedicht das lyrische Ich sehr kühn Verbindung mit einem Außerirdischen vom Jupiter aufnehmen lassen, und der — möglicherweise bedingt durch irgendwelche zeitlichen Verzerrungen im Zuge der speziellen Relativitätstheorie — kann eben wissen, was später Fichte sagen wird.[15]

[15]Von einem weiteren Außerirdischen berichtet das Kapitel *Klopstock als Dichter der Familienbeziehungen* der vorliegenden Schrift.

4.7 Zuversicht und Nüchternheit

"'Du hast Unsterblichkeit im Sinn; / Kannst du uns deine Gründe nennen?' / Gar wohl! Der Hauptgrund liegt darin, / Daß wir sie nicht entbehren können." (Goethe)

BÖCKLIN stellt in seiner 1808 erschienen Sammlung Inschriften vor: "Wer Gottes Glauben und wahre Vernunft hat, — wird nie an seiner Fortdauer im Tode zweifeln." Doch klingt es so, als sei dies eine etwas verkrampfte Zuversicht, die hauptsächlich Unsicherheit verdecken soll. Andere Inschriften räsonnieren: "Glaube mir: — die menschliche so völlige Herrschaft über alle Wesen — schliesset sich keineswegs mit völliger Niederlage seines eigenen Wesens." — "Nur durch den Tod wird das Geschöpf, das den höchsten Grad seiner Vollkommenheit erreichte, eines weitern Wachsthums fähig." — "Zweifel an *ewiger* Geistesexistenz wäre der gröste aller Widersprüche!" [S. 72; S. 85; S. 80] Im vierten der *Hyperboreischen Briefe* macht ein *Hippias an Xantus Ueber Doktor Leß' Gott* Mitteilungen: "Es ist ein Gott! Ewige, unläugbare Wahrheit." [S. 112] Caroline Schlegel hingegen bekennt am 9. Juni 1799 Gries, daß sie die Vorstellungen, die Gott zu einer Bedingung machen, ablehnt. [BdtR S. 126] Auf dem Hoppenlau-Friedhof beteuert die Inschrift für den Generalleutnant und Gouverneur von Stuttgart Ludwig Friederich v. Stockmayer: "NEIN! DIE LIEBE STIRBET NICHT." (†1837) Die forcierten Versicherungen über Gott und die Unsterblichkeit, welche aus Irdischem Jenseitiges ableiten, sind deutlicher Ausdruck gewaltiger Erschütterungen; wem die Welt nichts ist und wer es vor diesem Nichts nicht aushält, muß wie Gleim im *Trostgesang, am Grabe meines Bruders* umso lautstarker bekennen: "Allmacht sprach zu der Vernichtung: Werde! / Sterblichkeit der Seele kann nicht seyn!" [GMA 1786, S. 113] Die Seele ist unsterblich und, versichert Gustav Schwab in seinem Gedicht *Im Namen der Freunde gedichtet und am Grabe gesprochen* für Hauff, die schöpferische Kraft muß weiterwirken und darf nicht verstieben. Erfreulich nüchtern nach so manchem sich überschlagenden Pathos wirken Kügelgens Überlegungen zur Arbeitshypothese Christenglauben in seinen *Jugenderinnerungen eines alten Mannes*: "Wenn dieser denn auch wirklich eine Täuschung wäre, wie die klugen Leute fabeln, so fragt sich's, ob solche Täuschung nicht jeder Wahrheit vorzuziehen sei, die uns in Noth und Sünden stecken läßt. Aber es ist nicht so; ein Steffansglaube wächst nicht auf dem Stamm der Lüge." [S. 470][16] Goethe, wie sich oben zeigte, sah es ähnlich; Lenau, wie wir unten noch sehen werden, auch.

---

[16]Sonst ist so manche Lebenserinnerung vom hier und überhaupt an entscheidenden Stellen dieser Arbeit gern herangezogenen Kügelgen beeinflußt oder gar veranlaßt. In den Vorworten zur ersten und zur zweiten Ausgabe der *Jugenderinnerungen* Klödens zeigen sich die Herausgeber Jähns 1874 und Koetschau 1911 von Kügelgen gefesselt und wünschen Klöden Kügelgens Erfolg [S. V ff.] Der Prospekt *Billige Bücher aus dem Insel-Verlag*, den ich in einem vor dem Ersten Weltkrieg erschienenen Buch fand, zitiert eine Besprechung der *Rheinisch-Westfälischen Zeitung* zu Klödens *Jugenderinnerungen*, in welcher diese weit über Kügelgen gestellt werden.

4.8 Kritische Philosophie und Sepulchralkultur

"Sehet! es lebt euch ein zweyter Fridrich *auf!" (Kurzer Abriß der Lebensgeschichte des verstorbenen Königs Friedrich VI. SC 1.9.1786) "Messen wir nicht das Leben der Menschen / nicht nach der kürzeren oder längeren Dauer ... / Friedrich II." (Todesanzeige StZ 8.6.1989)*

ADOLF STAHRS VATER muß einer von denen gewesen sein, die Kant populär gemacht haben.[17] "Unser vortrefflicher Kant" (Goethe) beeinflußte auch die Inschriftendichtung. Drei Vorschläge, die Böcklin 1808 in seiner Sammlung präsentiert, belegen es: "Lass dich immer von dem allgemeinen Gesetze der Ordnung regieren!" — "Trage stets zur allgemeinen Vollkommenheit des Ganzen bey!" — "Wir können nichts als Phänomene wahrnehmen!" [S. 26 f.; S. 30] Ähnlichen Einfluß wie der Königsberger Kopernikus hat auf Böcklin nur noch ein weiterer großer Philosoph, Heraklit, und diese Nachbarschaft Kants mit dem Dunklen von Ephesos ist doch recht unerwartet. Böcklin verzeichnet in seinem Sammelwerk die Inschriften: "So — fließt alles dahin!" — "Selbst widersprechende Elemente — / Vereinigen sich auch in dir!" [S. 15] "Die Menschheit selbst ist eine Würde", schreibt Kant in der *Metaphysik der Sitten.* [W IV, S. 600 f.] "Wie sie gelebt, macht / nur der Menschheit Ehre", lautet eine Inschrift auf dem Alten Friedhof in Ludwigsburg (†1857 und †1830).

In der Grabschrift für die auf dem Hoppenlau-Friedhof bestattete Auguste Emilie Friedericke Pistorius, geb. Feuerlein (†1816) schlägt sich die auf Erden unüberwindbare Dichotomie von Neigung und Pflicht nieder. Die Erde ist eine Schule und das Leben dient der Vorbereitung auf einen zeitlich nachfolgend gedachten Ort, wo alle Widersprüche aufgehoben sind. Hier aber müssen wir uns bewähren, um der Glückseligkeit würdig zu werden. "FREUDIG / DIE SCHULE DES LEBENS / NÜZEND / FÜR DIE EWIGKEIT / NAHM SIE / LEIDEN ALS LEHRE / FREUDE ALS GESCHENK / PFLICHT ALS GENUSS." Hier unten bleibt es beim vielgeschmähten Sollen, das zeitlich nicht zur Erfüllung, die sein Ende wäre, kommt. So wird die Ewigkeit in schlechter Unendlichkeit ans Ende der Zeit gelegt und damit selbst zeitlich aufgefaßt. Frau Pistorius *nahm* die *Pflicht als Genuss.* Die Pflicht ist nicht in Höherem aufgehoben. Sie bereitet nicht schon an sich Genuß und beglückt. Sie, die Pflicht, ist eben Pflicht und ein Willensakt ist nötig, der das zunächst Lästige als Erfreuliches erscheinen läßt.

Hohes philosophisches Niveau erreicht die Inschrift für Chr. Fr. Henr. v. Oettinger (†1816) auf dem Alten Friedhof zu Ludwigsburg. Das Grabmal ist reich mit Mohn und Urnen geschmückt und eine seiner Inschriften lautet: "HEILIGER. GLAUBE / DASS. VERBINDUNGEN. WELCHE. DEN. ERKENNTNISFAEHIGEN. THEIL / UNSRER. WESEN. VEREINEN / ALLER. WANDLUNGEN. DES. SICHTBAREN. UNGEACHTET / EWIG. BESTEHN." Im gleichen Jahr starb FreiFrau Louise Alex. Beata v. Seefried; sie starb, teilt ihre Todesanzeige in der *Schwäbischen Chronik* vom 24. Julius 1816 mit, mit 37 Jahren und 5 Monaten an den Folgen einer zu frühen Entbindung. Am Schluß der Anzeige stehen die Verse: "Alles kehret wieder, / was wir geliebt mit

[17] Vgl. S., *Lebenserinnerungen* I, S. 223

reinem Herzen, was / als gut und schön sich unserm Geist vermählte." Bleibt in der Ludwigsburger Inschrift ewig bestehen, worin die erkenntnisfähigen Teile der Wesen sich verbanden, kennt die Anzeige neben der Fortdauer der geistigen Verbindungen die in der reinen Liebe des Herzens.

4.9 Kant, Lampe und Heine

"Man merkte sogleich, daß er ein frommer Mann war, den die Fleischeslust und die Vernunft niemals gequält hatte." (Zola)

SO ALSO stimmt man mit Kant überein. Heine hat ihn in der *Geschichte der Religion und Philosophie in Deutschland* entlarvt. Zuerst hat Kant da "den Himmel gestürmt" und "die ganze Besatzung über die Klinge springen lassen." Doch "nach der Tragödie kommt die Farce." Denn dann hat er den betrübten Lampe dastehen sehen und "halb gutmütig und halb ironisch" der Glückseligkeit des Dieners zuliebe Gott postuliert. Heine will hinter dem Spott über das Königsberger Paar die eigene Verwandtschaft mit dem armen Lampe verbergen; unerträglich muß es doch auch ihm gewesen sein, nach Kant nun ohne Gott auskommen zu sollen. Schade ist, daß wir uns die drei — Kant, Lampe und Heine — nur als intime Erzkontrahenten und freundliche Tischgegner vorstellen dürfen und daß dies nie geschichtliche Wirklichkeit war. "Religiöses Gefühl" hält ihn, Heine, von einer Auseinandersetzung mit den Gottesbeweisen, gegen welche Kant polemisiere, ab; Zweifel an Gott ist ihm "Zweifel an das Leben selbst, es ist der Tod." Eine "Diskussion über das Dasein Gottes" ist ihm "verwerflich" und "desto preislicher ist das Nachdenken über die Natur Gottes." Heine verdrängt, das argen Anfechtungen ausgesetzte *Gemüt* nimmt nach dem letzten herbsten Verlust seine Zuflucht zu dem, was ihm noch fest steht, zum bloßen "Bewußtsein der Urgüte und der ewigen Harmonie." [W V, S. 107 ff.] Und das kann dem gepeinigten, doch schnell auch wieder beruhigten heuchlerischen *Gemüt* nun auch wirklich niemand nehmen, das ist ihm geblieben.[18]

Merkwürdig verwickelt argumentiert Wieland 50 Jahre vor Heine in den *Gedanken von der Freiheit über Gegenstände des Glaubens zu philosophieren.* Heine verdrängt aus Unsicherheit, Wieland grübelt: Einerseits ist "nichts in der Welt [...] so heilig, daß es sich dem Richterstuhl der Vernunft entziehen, daß es nicht von der Philosophie untersucht und auf die Probe gebracht werden dürfte." Andererseits: "Wiewohl wir in gewissem Sinne alles dürfen, so frommet doch nicht alles." [W III, S. 549] Er war sich nicht sicher.

Im frühen 19. Jahrhundert hat die Aufklärung, welche als geistesgeschichtliche Bewegung im vergangenen Jahrhundert die philosophische Diskussion bestimmte, über die Gelehrtenkreise hinaus weitere Bevölkerungsgruppen erreicht. Die Aufklärung ringt mit dem Aberglauben; in der Literatur, in Lebenserinnerungen, Biographien und Brie-

[18] Was der Verfasser hinter seinen Bemerkungen über Heine verbirgt, kann hier nicht untersucht werden.

fen schlägt sich dieser Kampf nieder wie in Heines Schrift. Das Gemüt steht, wenn es sich nicht von der Vernunft unterstützen läßt, zwischen den verschiedenen Positionen; es soll sich entscheiden, aber es ist überfordert und verwirrt. "Mehrenteils", erklärt Miller im *Siegwart*, siegt denn da der Aberglaube, "weil er immer sehr furchtsam und ängstlich macht." [S. 42] Aufklärung, die nur den Verstand überredet, doch die Vernunft nicht zu überzeugen vermag, bleibt platter Rationalismus.

4.10 Hegel und der Geist als Gott

"Der Weltgeist ist doch Christusfeind ..." (Hiller) "Es ist ein ganz vortrefflicher Mensch; aber es steht seinen Äußerungen gar zu viel entgegen." (Goethe an Schiller über Hegel) "'Ich verstehe nichts.' — Der Idealismus erbitterte Bouvard schließlich im höchsten Grade." (Flaubert) "Man weiß ja überhaupt niemals etwas gewisses." (Proust)

WIE ABER ist es zu verstehen, daß Hegel ein Vierteljahrhundert nach Kants Tod *Vorlesungen über die Beweise vom Dasein Gottes* hält? Goethe wunderte sich. Eckermann berichtet vom 1. September 1829: "Ich erzählte Goethe von einem Durchreisenden, der bei Hegeln ein Kollegium über den Beweis des Daseins Gottes gehört. Goethe stimmte mir bei, daß dergleichen Vorlesungen jetzt nicht mehr an der Zeit seien." Die Gründe, weshalb Goethe das Unternehmen für veraltet hält, mögen überraschen: einerseits zweifelt ohnedies niemand an Gott, andererseits kann man über Gott nichts wissen. Wie schaut Hegels Gott aus? In seiner Nürnberger Gymnasiallehrerzeit war Hegel gezwungen, sich vergleichsweise verständlich auszudrücken. Die Zeitgenossen hatten es schwer mit ihm. Immerhin aber ist Professor Hegel der "Farbenlehre günstig" und "meldet" darüber "geistreiche Worte", lobt Goethe im Brief an Zelter vom 19. Oktober 1821. [W IV-XXXV, S. 146] Heute greift der Leser, der sich trotz allem mit dem unverständlichen Denker auseinandersetzen möchte, erst einmal dankbar auf die *Philosophische Propädeutik* zurück. In der *Religionslehre für die Mittel- und Oberklasse* teilt Hegel im §18 mit, Gott sei "dem Menschen nicht ein Fremdes", er gebe "in ihm sich die Anschauung seiner selbst." [W IV, S. 284] Ganz ähnlich heißt es in der 14. Vorlesung dann: "Der Geist des Menschen, von Gott zu wissen, ist nur der Geist Gottes selbst." Hegel kann Gott beweisen, weil er einen neuen Gottesbegriff zugrundelegt. Gott ist durch die Kantische Kritik gegangen und als Hegels Geist wiederauferstanden. Feuerbach wird ihm bald darauf erneut arg zusetzen. Jetzt aber, bei Hegel, ist Gottes Geist der menschliche Geist. Gottes Bewußtsein vom Menschen ist das Bewußtsein des Menschen von Gott. Das Wissen des Menschen von Gott ist ein mit diesem "gemeinschaftliches Wissen." [W XVII, S. 480] Der menschliche Geist ist absolut, da er das Absolute zu erkennen vermag. Er ist selbst das Absolute. Gott hat nichts dagegen, daß wir ihn erkennen; "Gottes Selbstbewußtsein" ist im Menschen. Es sind nur noch Rücksichten der Pietät, daß Hegel überhaupt von "Gott" und nicht schlicht vom nur menschlichen "Geist" spricht. Es leuchtet ein: ein solcher Gott läßt sich beweisen. Der "Geist der Menschenbrust" läßt sich die Erhebung "vom Zufälligen und Zeitlichen zum Unendlichen und Ewigen" nicht nehmen, trotz aller "Mäkelei des Verstandes." [W XVII, S. 385; S. 416] Der Geist ist Gott.

Goethe, "eine zu kostbare Acquisation" (Schiller an Cotta), indes gelangt, wie es scheint, zu keinem rechten Ergebnis. Einerseits bemerkt er zu Eckermann am 15. Oktober 1825: "Die Vernunft des Menschen und die Vernunft der Gottheit sind zwei sehr verschiedene Dinge." Andererseits sagt er demselben am 23. Februar 1831, daß er fühlt: Das höchste Wesen "ist der Verstand, es ist die Vernunft selber. Alle Geschöpfe sind davon durchdrungen, und der Mensch hat davon soviel, daß er Teile des Höchsten erkennen mag." Riemer hat zum 3. Juli 1810 den Ausspruch notiert: "Gott begegnet sich immer selbst; Gott im Menschen sich selbst wieder im Menschen." [Riemer, S. 319] Und Eckermann erfährt am 29. Mai 1831: Die "göttliche Kraft" ist "überall verbreitet und die ewige Liebe überall wirksam."

5 Der Wandel des Gottesbildes

ICH MÖCHTE in diesem für alle weiteren Überlegungen grundlegenden Kapitel zeigen, wie sich gegen Ende des 18. Jahrhunderts das Gottesbild so verändert, daß Geist, Liebe und Unendliches an die Stelle des christlichen Gottes treten. Liebe und Geist waren die dem Menschen vertrautesten göttlichen Emanationen. Sie ersetzen ihm nun einen persönlichen Gott von vielen Eigenschaften. Die Dogmen wurden beseitigt. Man erkannte, daß sich Gott nicht beweisen läßt. Dadurch entstanden Freiräume, die individuell, aber nicht unverbindlich neu besetzt werden. Die Bedeutung des Gefühls und der Familie, die neue Rolle der Hinterbliebenen, das Interesse an anderen Formen der Fortdauer und an einem Weiterbestehen der Beziehungen sind Phänomene, die sich im Kontext der zeitgenössischen philosophischen Diskussion um Gott besser verstehen lassen. Seit Kant kann Gott nur noch postuliert werden und in zahlreichen Gedichten schlägt sich dies nieder: Gott und die Unsterblichkeit werden als moralische Notwendigkeit gefordert. Wenn sich Hegel dann wieder ernsthaft mit Gottesbeweisen befaßt, ist dies nur möglich, weil Hegels Gott mit einem persönlichen Gott nichts mehr gemein hat: Gott ist der Geist. Oder er ist die Liebe. Nach derartigen Umformungen ist es nur noch ein kleiner Schritt, bis man, den Himmel in der eigenen Brust, auf den Namen Gott ganz verzichtet und nur noch dem Geist und der Liebe vertraut.

5.1 Gott ist der Geist

EINER TODESANZEIGE aus dem Jahre 1988 ist zu entnehmen: "Befiehl dem Herrn deine Wege / und hoffe auf ihn, / er wird's schon machen." [StZ 14.6.1988] Hier ist es immer noch, wie in vergangenen Jahrhunderten, der Herr und Gott, der alles zum besten richtet, nicht der Geist oder der Verwalter oder gar der Geschäftsträger desselben. Sepulchrale Kultur greift Vorstellungen auf, die ideengeschichtlich überholt sind. Wenn Gott selbst sich um etwas kümmerte, dann ging es, so Hippel im *Vertrauen auf Gott*, gewiß in Ordnung. [W VII, S. 286] Gerhardt dichtete den *Trostgesang*: "Steh in

Geduld, wart in der Still / Und laß Gott machen, wie er will."[19] Opitz stimmt ein: "Stellet Gott heim ewre sachen / Laßt ihn machen."[20] Gott wird — möge Hegel die schöne Stelle gekannt haben — gegen 1800 in Gleims Gedicht *Beruhigung* Weltverwalter: "Gott, der eine Weltverwalter, / Wirds schon machen! Lass' ihn nur!" [VMA 1797, S. 202]

Nicht nur die spekulative Philosophie glaubt es zu erkennen, auch das vorstellende Bewußtsein Bettina Brentanos empfindet: "Gott selbst hat keine andere Herberge als den Geist des Menschen."[21] Pfeffel schreibt das Gedicht *Der Schöpfer*: "Nach seinem Bilde schuf Gottes Kraft / Den Menschen. Jetzt vergilt / Der Mensch die Arbeit ihm; er schafft / Sich Gott nach seinem Bild." [TBD 1806, S. 164] Lichtenberg hat ein Gleiches beobachtet. [Aphorismen, S. 72] Der Geist wird um 1800 zum Ersatz für Gott. Freiherr v. Seckendorff beobachtet in den *Aphorismen, als Vorgänger eines Versuchs die Gesetze des Universums anzuschauen*: "In neuerer Zeit ist das Wort Gott an die Stelle des Wortes Geist herabgesetzt worden." [DM 1812, 4. Qu., S. 87] Um 1820 ist es soweit gekommen, daß protestantischen Pfarrern Gott ein Ärgernis und den Gebildeten Schellings Naturkraft Ersatz für Ihn ist. [Krummacher, S. 270] Lebendig webt in Schillers *Worten des Glaubens* "der höchste Gedanke" und "Es beharret im Wechsel ein ruhiger Geist." [SMA 1798, S. 222] V. Sallet weiß: *Das Reich Gottes ist inwendig in Euch.* [DtMA 1840, S. 12] Ramler verfaßte Ihm, dem Weltgeist, ein Gedicht, die *Rhapsodie.* [FMA S. 39] Überall begegnen wir im frühen 19. Jahrhundert diesem Geist. Böcklin kennt die Inschrift: "Nur *ein* göttlicher Arm umfängt uns!" [S. 19] In Matthissons *Abend* ist Gott der Schöpfer, der Unerschaffne, welcher im Abendwind gefühlt wird, der Vater des Wurms, der sich seines Veilchens freut, der Unbegreifliche — und schließlich auch der Weltgeist. [W Hg. Bölsing, S. 72 f.] Bettina Brentano kann sich unter diesem neuen Geist, der Gott ersetzt, nichts vorstellen und macht den Geist wieder persönlich. Sie sucht den Geist. In der *Günderode* überlegt sie: Ist es möglich, wie Sokrates einen richtigen Dämon zu bekommen? — "Ich sag als zu mir, laß nur ab, der Geist würde von selber kommen, könnt Deine Natur ihn behergen." — Sie wartet ab, als und als, und auf einmal, sie weiß gar nicht recht wie, es geht ihr nicht in den Kopf hinein, auf einmal, sie ist noch ganz durcheinander, da ist der Geist wirklich da. Ihr Genius, ihr Geliebter, ist der heilige Geist. Der Geliebte ist die Weltseele. Der Geist belebt alles. [W I, S. 252 f.; S. 338 f.]

Beseelt ist die Luft und sie vermag Wehmut zu empfinden in Karl Mayers einfühlsamem, erfreulich engagiertem und dabei prächtigem Gedicht *Unerfreulicher Anblick*: "Befestigt hängt von roher Hand / Ein Falk am Hoftor ausgespannt. / Die Luft, die diesen Starken trug, / Vermißt mit Wehmuth seinen Flug. / Mir scheint es, daß sie Kummer fühlt, / Indem sie seinen Flaum durchwühlt!" [DtMA 1855, S. 34] Seltsam nähert sich *Der Weltgeist* im gleichnamigen Gedicht ihm, Karl Mayer, in ihr, der Luft, an. Eine Biene verursacht ein "Sumsen", welches am Ohr des lyrischen Ich vorbei-

[19]In: *Deutsche Dichtung des Barock*, S. 164
[20]In: *Barocklyrik* I, S. 162
[21]B. v. A., *Goethes Briefwechsel mit einem Kinde* [W II, S. 290]

streift, “als ob es”, das Sumsen, “hohen Inhalts sei.” Nun stellt sich die Frage: “Von Gott und Welt, Sein und Vergehn / Treibt doch nicht Kunde durch die Luft?” Das emsigstrebsame Kerbtier, gewiß auf derlei gar nicht gefaßt und wohl lediglich gerade seiner Erwerbstätigkeit nachgehend, gerät dem an hohen Inhalten jederzeit Interessierten zum Orakel: “So sage, welch Geheimniß ruft / Der Weltgeist mir aus dir hervor, / Womit er so beherrscht mein Ohr?” [DtMA 1850, S. 14]

5.2 Geist und Liebe

KRUMMACHER dichtet das Lied: “Lobt den Herrn! / Er ist die Liebe.” [S. 424] Gott war die Liebe und ein eifersüchtig Liebender schon für Schmolck, den Autor des *Hochzeitsliedes.* [W S. 137] Der christliche Gott ist der Geist und er ist die Liebe. Er wird angebetet in Klopstocks *Vergebung der Sünde.*[22] Dies ist die christliche Tradition. Gott wurde einmal als Person vorgestellt, die viele Eigenschaften besitzt. Nun ist er nur noch Geist und Liebe. Oder, genauer: Geist und Liebe sind nun Gott. Hiller veröffentlichte in seinem *Geistlichen Liederkästlein* ein zum 20. Februar über den Bibelspruch 1. Johannes 4, 16 verfaßtes Lied, welches beginnt: “Singet Gott, denn Gott ist Liebe, Liebe, die da ewig währt!” In der christlichen Deutung ist uns die Liebe Gottes durch den heiligen Geist gegeben. Zum 14. August wählt Hiller den Bibelspruch 2. Timotheus 1,7; die erste Strophe des Liedes lautet: “Gottes Geist, der Glauben schafft, / gibt auch zu dem Lieben Kraft; / denn er ist ein Geist der Liebe / und erwecket gleiche Triebe.” Zum 3. April ließ Hiller sich vom Spruch Römer 5, 5 anregen; das Lied beginnt: “Gottes Geist gießt Gottes Liebe / selbst in unserm Herzen aus. / Wenn es ohne Liebe bliebe, / blieb es ein unselig Haus.” [S. 51; S. 227; S. 94] Der heilige Geist ist der Geist der Liebe, und dieser kann vom Weltgeist nicht sehr verschieden sein; es geht alles ineinander über.

Wenn Gott nicht mehr gedacht werden kann, muß das Herz von ihm zeugen. Doch das Herz ist überfordert. Alles modifiziert sich da individuell. Köpke, der Biograph Tiecks, empfindet diese Konflikte nach. Gott lebt. Er wird gefühlt. Aber er ist nicht zu bewältigen. Er ist unergründlich. Der endliche Mensch steht dem unendlichen Gott gegenüber. Die göttliche Liebe muß vermitteln. [Köpke I, S. 100 f.] Geist und Liebe ersetzen Gott. Der Weltgeist ist in Tiedges *Urania* die Liebe: “Es geht der große Geist der Liebe / Durch seine Schöpfung, die er trägt und hält.” (IV, Vs. 188 f.) Meyer spricht im Gedicht *Der Weltgeist* die “selige Liebe” an. [SMA 1796, S. 157] Offensichtlich sind beide identisch. Der Entwürfe eines ästhetisch geführten Lebens ausgestaltende Heinse erklärt im *Ardinghello*, wieso Liebe und Geist dasselbe sind und wie sich die Schönheit dazu verhält: “Liebe und Geist ist eins und dasselbe unter verschiedenen Namen, nur daß man Überfluß von Geist Liebe nennt: hohe Schönheit beherrscht alle Geister.” [S. 116] Bettina Brentano sieht es in *Goethes Briefwechsel mit einem Kinde* wieder anders: “Schönheit ist, wenn der Leib von dem Geist, den er beherbergt, ganz durchdrungen ist.” Sicher ist: “Schönheit vergeht nicht! der Sinn, der sie in sich

[22] K., *Geistliche Lieder* I, S. 10

aufnimmt, hat sie ewig, und sie vergeht ihm nicht." [W II, S. 343] Wäre nur dieser Sinn ewig. Lenau sind Gott und Liebe eins. Sophie v. Löwenthal schreibt er dies im Oktober 1836. In einem Brief an sie vom 4. Oktober des Jahres legt er Gott und Liebe auseinander, Gott beschützt die Liebe. Und am 10. August 1836 sagt er ihr, daß er nicht "an Gott denken" kann ohne an sie zu denken. Im Dezember 1837: "Meine Liebe hängt durchaus mit meiner Religion zusammen."[23] Nur Neuffer spielt im Gedicht *Das Eine* die Liebe *gegen* den Geist aus, der Geist bleibt "stets ein fremdes Wesen / Im unbegrenzten All der Welt", die Liebe aber "knüpft mit sanften Händen / Uns an die fremden Welten an." [TBN 1799, S. 4] Schleiermacher indes, berichtet Bettina Brentano am 3. März 1834 Pückler, "sagte oft, man kann nicht genug lieben, und nur die Liebe erzeugt Geist."[24] Bettina Brentano wägt, was das Verhältnis ihres eigenen Geistes zu ihrer Liebe betrifft, in einem Musterbrief der Sammlung *Die schönsten Briefe der Liebe und Freundschaft* ab: "Mein Geist hat einen kleinen Umfang, meine Liebe einen großen." [S. 7] Gerne, erfährt der Leser der *Günderode*, hätte Bettina sich mit ihrem Geist einmal unterhalten; er könnte nirgends den Fuß aufsetzen, wäre da die Liebe nicht. [W I, S. 254]

Der auf dem Hoppenlau-Friedhof bestattete Gustav Schwab schrieb das Gedicht *Gott ist der Begriff*. Er bekämpft diesen Satz, dieser ist "ein spitzes, kahles Felsenriff" und eine "Klippe", zu der er sein Glaubensschiff "nur mit Entsetzen" treiben könnte. "Wie? Gott ein Sein voll Nichts?" Wie? Hat Consistorialrath Schwab den Anfang der *Wissenschaft der Logik* gelesen? "Gott ein Sein voll Nichts? Ein Log'scher Kniff, / Der Welt — Natur und Geist — zu Staub zerriebe?" Schwab überblickt das gräßliche System — *Logik, Naturphilosophie, Philosophie des Geistes* — souverän. "Lenk' ab, o Nachen, steu're hin zum Port, / Wo hell in Sternengold aufglüht das Wort: / 'Gott ist die *Liebe*.'" [DtMA 1859, S. 12 f.]

5.3 Gott ist die Liebe

"Wie können Sie sich doch unterfangen, an der Größe meiner Liebe zu Ihnen zu zweifeln, Sie Atheist!" (Schmid an Klopstock, im August 1750) "Wo ich ihn nicht hab, / Ist mir das Grab, / Die ganze Welt / Ist mir vergällt." (Goethe)

SCHMOLCK schrieb das Lied *Gott lebt, wie kann ich traurig sein*: "Gott gibt und liebt! Nur unbetrübt! / Er wird mir endlich geben, / Auch dort mit ihm zu leben."[25] Gott hat in der christlichen Tradition schon immer geliebt, die Liebe war eines seiner Attribute; nun verselbständigt sie sich und die Liebe ist Gott.

Am 3. März 1800 starb Berg. Er war Senior der Theologischen Fakultät an der Duisburger Universität und besaß sehr viele Dissertationen. Maria Krummacher berichtet: "'Alles, alles muß vergehen', war eins seiner letzten Worte, 'nur die Liebe nicht, denn

[23] W II, S. 426; S. 424; S. 422; S. 529

[24] In: *Briefwechsel und Tagebücher des Fürsten Hermann von Pückler=Muskau* I, S. 216

[25] In: Kobe, *Benjamin Schmolck, der schlesische Liederdichter*, S. 38

Gott ist die Liebe.'" [S. 41 f.] Böcklin schlägt die Inschriften vor: "Wär' ich ein Seraph, o, ich schriebe / So mit Sonnenflammenschein: / Unser Gott, ist Gott der Liebe / Jedem Aetherwölkchen ein." — "Gott thronet aller Orten — und strahlt / von lauter Liebe." [S. 41 f.; 22] Daß Gott die Liebe ist, ist ein für Predigten wie für Inschriften besonders geeignetes Bekenntnis. In der Predigt für Math. Köstlin wollen die Lieben "versammelt seyn an diesem Grabe", um "die heiligende und erquickende Nähe Gottes, des Gottes, welcher die Liebe ist", zu fühlen. Den Angehörigen versichert der Prediger: "Du lieber verwaister Gatte, ihr lieben verwaisten Kinder, die ewige Liebe sucht euch in der tiefen Betrübniß." Seiler stellt in seinem Inschriftenmusterbuch von 1981 vor: "Hier ruht der Rest eines menschlichen Lebens, in dessen große Dunkelheit das Licht des Lebens geleuchtet, und das in diesem Licht begriffen hat, daß Gott die Liebe ist." [S. 133] Gottes Stelle ist freigeworden, die Objekte sind verloren und die Beziehungen werden wichtig; gefeiert wird nun die göttliche Liebe. "Lieb'", weiß A. J. Laur, der Dichter der *Liebe*, "ist Gottes Hauch." [GMA 1779, S. 157] Die göttliche Liebe, sagt Schiller über *Die Geschlechter*, verbindet das Getrennte. [SMA 1797, S. 62] Die "süße Liebe", so Ida, Gr. v. d. Gröben im Gedicht *An die Liebe*, ist Gott. [DM 1814, 1. St., S. 81] Matthisson, der Dichter der *Beruhigung*, läßt jeden Stern rufen: "Gott ist die Liebe!" [VMA 1787, S. 132] Voß schreibt das Gedicht *Gott ist die Liebe*; die Sterne wissen und das Herz bestätigt: "Gott ist die Lieb'!" [VMA 1800, S. 59] Einverständnis herrscht in der belebten und unbelebten Natur, vom Herzen bis zum Stern, wenn nicht vom Wurm bis zum Cherub. Gott liebt.[26] Bettina Brentano meint in einem ihrer Beiträge zur Musterbriefsammlung *Die schönsten Briefe der Liebe und Freundschaft*: "Gewiß ist die Liebe auch eine Frage an Gott, und der Genuß in ihr ist eine Antwort von dem lieben Gott selbst." [S. 15] In den "Armen des allliebenden Vaters", wünscht Goethe im Brief an die Gräfin Auguste Stolberg vom 17. April 1823, möge sich "alles wieder zusammen finden."[27] Gott ist dazu da, den irdischen Verbindungen eine Fortdauer zu gewähren. Dies ist zu seiner wichtigsten Aufgabe, zu seinem Hauptgeschäft geworden.

Überall ist diese Liebe, "die göttliche Pflanze der Liebe." Auch dem Leser der *Vertrauten Briefe über Friedrich Schlegels Lucinde* begegnet sie. [S. 15] In Süverns *Wiedergeburt* beginnen sieben aufeinanderfolgende Verse — "Ein Liebesathem", "Ein Liebesmeer", "Ein Liebeshauch", "Ein Liebesglanz", "Ein Liebesfeuer", "Von Liebeskraft", "In ew'ger Liebesglut" — mit Liebesemanationen. [S/TMA 1802, S. 29 f.] Alles ist eins und alles ist die Liebe, sie ist in allem, sie weht und wogt, zerfließt und verströmt, sie ist in Luft, Wasser und Feuer, ihre Kraft spendet Leben, sie gebiert Unendliches aus dem Nichts. Ähnlich liebesdurchweht, ja -überflutet ist der Nachruf für Cath. Barb. Hofmann in den Frankfurter *Frag= und Anzeigungsnachrichten* vom 6. April 1776. In den achtzehn Versen taucht die Liebe als Substantiv achtmal und als Partizip

[26]Jacobi beteuert es im *Lied* [VMA 1785, S. 60-62], Bouterwek in *Licht und Liebe* [GMA 1790, S. 57-60], Conz im *Garten zu Darmstadt* [GMA 1792, S. 84-86], Matthisson im *Abendlied* [Hg. Bölsing, S. 16 f.], Schniebes in der *Hymne auf das Abendmahl* [DM 1812, 2. Qu., S. 169-174] und ein Friedrich schreibt darüber *Noch ein Lied von der Liebe* [GMA 1784, S. 103-105]

[27]In: *Goethe und seine Freunde im Briefwechsel* I, Sp. 464

Präsens einmal auf.[28] Die Liebe ist die neue Religion. Herweghs Braut bekennt ihm am 24. November 1842: "Meine Liebe steht über jedem äußern Einfluß, sie ist meine Religion." Später, im folgenden Januar, allerdings hält sie "die Freiheit" für die "echte Religion der Menschen."[29] Die Liebe, entnehmen wir den *Sieben Elegien aus Selinos Erinnerungen*, ist himmlisch. [TBG/B 1803, S. 274] Auch die Mutterliebe ist eine Religion. [Goltz, S. 279] Wer an der Liebe zweifelt, ist Atheist. Liebe, schreibt Joh. Fichte an Charl. v. Schiller am 20. Oktober 1814, ist das Grundprinzip.[30] Sie verbindet mit der Menschheit und ist das "himmlische Prinzip" in Balzacs Roman *Glanz und Elend der Kurtisanen*, der "Lebensstoff" in *Eugenie Grandet*. [S. 623; S. 216] Schleiermacher erzählt in der Abhandlung *Über die Religion* die Schöpfungsgeschichte neu, um zu zeigen, daß der Mensch die Menschheit nur in der Liebe findet. [S. 49 f.] Lenau schreibt im Dezember 1836 an Sophie v. Löwenthal, daß seine Liebe mit dem "unsterblichsten Teil" seiner "Seele eins geworden" ist. Ende März 1837 erläutert er ihr: "Die Liebe ist nicht bloß da zur Fortpflanzung der Gattung, sondern auch, und gewiß hauptsächlich, fürs ewige Leben der Individuen." So kann er am 22. Juli 1837 wünschen: "Wir sterben ja doch zugleich, gelt, Du Liebste? gelt?" Im Brief vom 22. Oktober 1836 gelingt ihm ein Ewigkeitsbeweis — er findet die Bürgschaft für die Ewigkeit in der Liebe.[31] Brockes machte sich seine *Gedanken bey der Section eines Körpers*. Ihm gelingt ein Gottesbeweis aus der architektonischen Schönheit eines weiblichen Körpers. Brockes fordert, wenn man es so auslegt, stark beeindruckt auch gleich die Anbringung einer rühmenden Inschrift: "Ach! rief ich, laßt denn hier an diesem Schauplatz schreiben: *Hier kann kein Atheist ein Atheiste bleiben*." [VI, S. 298] Er hat recht. Viel später, mit Wurzbach, einem "Mann von mittelmäßigen Mitteln" (Wezel), wird es ganz seicht; er preist die Anmut, d. i. die Schönheit der Bewegung, welche Schiller ja auch eher den Frauen zuordnete, und nicht mehr die architektonische Schönheit, d. i. die des Körperbaus: "Ich glaube an ein künftig Leben / So oft ich deine Anmuth schau'." [I, S. 7] Man kennt das ja. Er mag ganz recht haben. Die seinsollende Erfüllung ist ihm zu gönnen. Angesichts seiner poetischen Möglichkeiten aber wäre es, zumindest für uns, erfreulicher, er beschränkte sich auf private Mitteilungen. Die Frau freilich möchte man auch nicht sein. Hoffmann von Fallersleben findet im Gedicht *Ich liebe dich in Gott* die allumfassende Synthese: die Geliebte ist in Gott und Gott in der Geliebten.[32]

---

[28] In: *Leben in Frankfurt am Main* VI, S. 106 f.

[29] In: *Georg Herwegh's Briefwechsel mit seiner Braut*, S. 51; S. 121

[30] In: *Briefe der Freunde*, S. 207

[31] In: L., *Briefe an Sophie von Löwenthal*, S. 46; S. 52; S. 68; S. 43 f.

[32] In: *Edelweiß*, S. 347; vgl. auch Julius Sturm, *Die Lieb' ist ein Geschenk* [*Heidenröslein*, S. 30]; Rückert, *Gott der alleinige Vertraute des Bundes* [*Heidenröslein*, S. 94]

5.4 Der liebende Gott und die Liebe als geistige Macht

"O wie sehr verliert sich die Allmacht in der Liebe!" (Young) "Liebt, Er ist ja selbst die Liebe." (Predigt Friederike Pistorius, 1761) "So daß wir gläubig Gott in Dir erblicken / Ist, heil'ge Liebe, Deines Waltens Art, / Du bist die Gottheit, menschlich offenbart." (Ludwig Bechstein, Liebe)

KLOPSTOCK sendet im Januar 1791 Inschriftenvorschläge an die Herzöge von Oldenburg. In Klopstocks Vorschlägen ersetzt die Liebe Gott. Menschliche Liebe besteht über den Tod hinaus: "Ewige Liebe! Du schufest aus Staub den sterblichen Menschen, / weckest den Menschen aus Staub zu der Unsterblichkeit auf." — "Liebe war ihr Leben, / Liebe folgt ihr übers Grab."[33] Menschliche Liebe, die Liebe der Hinterbliebenen dauert fort. Merkwürdig wird diese menschliche Liebe, obwohl doch die Liebe nimmer aufhört, in einer späteren Inschrift auf dem Wiesbadener Alten Friedhof gerade von der "Hand des Herrn" unterbrochen; die himmlische Liebe hat dem Verstorbenen die irdische ersetzt: "Der suchenden Liebe so fern, / doch in der Hand des Herrn!" (†1890 und †1894) Auf dem Hoppenlau-Friedhof trennt in einer der Inschriften für Morris Jacob der Tod, nicht der Herr, die Liebe in der Zeit und vereint sie in der Ewigkeit: "DIE LIEBE DIE DER TOD GETRENT / IN DER ZEIT, VEREINT ER WIEDER / IN DER EWIGKEIT." (†1870) Die Inschrift für Isack Ries hingegen läßt die von Gott geschaffene Liebe ewig fortdauern: "Der Geist Gottes schuf die Liebe, / sie überdauert Tod und Grab, / sie ist ewig." (†1870) Ganz ähnlich lautet eine Inschrift von 1814 auf dem Marburger Michael-Friedhof: "Nicht trennen wir uns gantz / die wir so innig uns / liebten. / Die Liebe ist ewig wie Gott." [Stölzel, S. 13] Eine teilweise zerstörte Inschrift des Hoppenlau-Friedhofs versichert: "[ ] / Glaube, Hoffnung, Liebe, / diese drei: / die Liebe aber ist die grösseste / unter ihnen. / I Cor. 13; 13."

Zwei Vorstellungen stehen nebeneinander: Gott ist die Liebe, vielleicht hat er auch die Liebe geschaffen, jedenfalls ist diese Liebe eine geistige Macht, abstrakt und unpersönlich, wenn auch konkret und persönlich in der Emanation. Immer wieder tritt daneben die Vorstellung vom liebenden Gott, vom persönlichen Gott, der die Menschen liebt, auf. Diese Vorstellung ist die ältere.

Beide Vorstellungen klingen an in Karoline von Günderodes Gedicht *An meine Heilige*: "Der Liebe Boten hat gesendet / Die Herrliche mir immerdar; / Propheten sind zur mir gekommen, / Enthüllten sie mir wunderbar." [W Hg. Görtz, S. 81 f.] Begegnet eine liebende Person oder die Liebe als Macht? Ist die Heilige die Liebe oder sendet die Heilige die Liebe aus? Es bleibt offen.

Bei Spinoza war in der *Kurzen Abhandlung von Gott, dem Menschen und seinem Glück* die Liebe Gottes zum Menschen problematisch geworden; da der Mensch mit allem, "was ist, [...] in Gott ist und Gott aus diesem allen" besteht, kann "keine eigentliche Liebe von ihm zu etwas andrem statthaben." [W I, S. 117] Diese Vorstellung

---

[33] In: Deuter, *Neu entdeckte Verse und Briefe von F. G. Klopstock über das herzogliche Mausoleum in Oldenburg*, S. 158

verträgt sich mit der von der allwirkenden Liebe weit besser als mit dem Bild vom liebenden Gott, das auch noch präsent ist; Novalis fragt in einem der *Geistlichen Lieder*: "Wer hielte ohne Freund im Himmel, / Wer hielte da auf Erden aus?" [S/TMA 1802, S. 189]

Als "Menschenfreund" erscheint Gott in Lavaters Gedicht *Die untergehende Sonne*; der "Vater" ist Licht in der Dunkelheit und wacht über die schlafenden Menschen. Der Tod weiß selber, daß er nicht zu strafen kommt — merkwürdig wäre es, wenn Gott nicht wüßte, daß er gut ist: "Und rufet uns, wenn wir ausgeruht, / Mit neuer Sonne: 'Gott ist gut! / 'Wer schafft so viele Freud' wie ich? / 'Ich lieb' euch, Kinder! Liebet mich!'" [FMA S. 178 f.] Manche Philosophen freilich wollen es nicht glauben. Von Collenbusch überliefert Jung-Stilling in seiner *Lebensgeschichte*, daß er "ein Gesicht" hat, "das Lavaters ganzes System erschütterte." [S. 253] Collenbusch muß sich in seinem Brief an Kant vom 23. Januar 1795 bemühen, den Denker davon zu überzeugen, daß Gott "die seine vernünftige Kreaturen bessernde Liebe" ist.[34]

Bettina Brentano stellt in der *Günderode* die Frage, ob Gott persönlich sei. Ihr Genius ist Person; Gott, der ihr die Liebe ist, nicht. Aber Gott spricht und ist der Liebende. Einerseits ist er unpersönlich, andererseits doch konkret und keinesfalls die als eine abstrakte Macht gedachte Liebe. So bleiben die Fragen, ob Gott Person ist und eine Antlitz und eine Hand hat, offen: "Die Sprach der Lieb ist also Sprach Gottes. Gott ist der Liebende — ist denn Gott persönlich? — Hat er ein Antlitz? — Kann ich ihm die Hand reichen?" [W I, S. 370]

Noch in den Versuchen, die Nächstenliebe zu begründen, zeigt sich, welches Gottesbild dahinter steht: Gott als liebende Person oder die Liebe als allgemeine Macht. In Klopstocks *Messias* besteht die Nächstenliebe um des Messias willen: "Liebet euch untereinander! Wie euer Messias euch liebte, / Also liebet euch untereinander! Dann wiss' es der Erdkreis, / Daß ihr mein seid; wenn ihr so untereinander euch liebet!" (IV, Vs. 1251-53) Für Spinoza zählten im *Theologisch-Politischen Traktat* allein die Werke, "das ganze Gesetz besteht in dem einen, nämlich in der Liebe gegen den Nächsten." Man soll "Gott gehorchen", und "Gott ist die Liebe." [W III, S. 213 ff.] Man kann auch die Tugend um ihrer selbst willen lieben oder darum, weil Gott es befohlen hat. Im zweiten Band der *Harfe* wird in den *Blättern aus Tina's Stammbuche* Mendelssohn zitiert; das Problem wird deutlich: "Gott nachahmen, / heißt / So, wie Er, das Gute lieben, / weil es gut ist; / Nicht, weil Gott es befohlen." [S. 356] Die Tugend kann als Person vorgestellt werden. Wieland preist im März 1751 Sophie Gutermann: "Tugend! o wie reizend schön bist du!" und: "Englische Sophie, mein Herz, mein Licht / Du bist selbst, ja, du bist selbst die Tugend." [B I, S. 11 f.] Jedenfalls: "Wo sich die Liebe ins Spiel mischt, stehen auch die Toten aus ihren Gräbern wieder auf." [Holtei, S. 39]

[34] In: *Deutsche Menschen*, S. 19 f.

5.5 Mittler und Boten

FÜR TIECK ist das Christenthum "auch darum eine so schöne Religion, weil es volle Freiheit läßt. Es kann und soll ein jeder sein eigenes Christenthum haben, es sich zu eigen machen nach seiner Individualität." [Köpke II, S. 253] Ganz ähnlich beschreibt es Novalis im *Blütenstaub*-Fragment 74; es ist dabei nichts "zur wahren Religion unentbehrlicher als ein Mittelglied, das uns mit der Gottheit verbindet." Eine unmittelbare Verbindung mit der Gottheit ist dem Menschen nicht möglich. Das Mittelglied aber muß er frei wählen können. Die religionsgeschichtliche Entwicklung, die mit der zunehmenden Freiheit des Menschen gleichläuft, läßt sich voraussehen. Die Quantität des Mittelgliedes vermindert sich hin zum einen Gottmenschen. "Wahre Religion ist, die jenen Mittler als Mittler annimmt, ihn gleichsam für das Organ der Gottheit hält, für ihre sinnliche Erscheinung." Dem Pantheismus kann "alles Organ der Gottheit, Mittler sein", der Monotheismus kennt "nur Ein solches Organ in der Welt für uns." [W II, S. 441 ff.] Schleiermacher kommt, wenn ich es recht sehe, ohne den von Novalis geforderten Mittler aus. Tieck ist stärker an Novalis orientiert: "'In allen Religionen ist für das menschliche Gefühl ein *Mittler* nothwendig geworden, um den ungeheuern Gedanken Gottes zu mildern, um ihn tragen zu können.'" [Köpke II, S. 251] Betrachtungen über die Religionsstifter, die als Mittler zwischen Gott und den Menschen auftreten, stellt Eckermann am 28. Februar 1831 an. Bei Hölderlin hat jeder seinen eigenen Gott. Nur Menschen, führt er im Aufsatz *Über Religion* aus, die gemeinschaftlich in einer bestimmten Sphäre "wirken und leiden", haben eine "gemeinschaftliche Gottheit." In und außer sich stößt der Mensch immer nur auf "Maschinengang"; daß ein Geist in der Welt ist, erfährt er nur in einer lebendigeren Beziehung zu seiner Umgebung. [W II, S. 638]

1777 veröffentlichte Voß in seinem Musenalmanach das Gedicht *An den Geist meines Vaters Johann Friedrich Boie.* Er richtet Fragen an den Geist. Es ist möglich, daß dieser noch seinen Angehörigen nah ist. "Späht dein Blick, gewöhnt an Sonnenblize, / Noch in diesem Grabthal unsre Thränen, / Unser starres Sehnen?" Vielleicht wirkt der Geist des Schwiegervaters auch als Mittler zwischen Gott und den Seelen der Hinterbliebenen, als Bote göttlicher Anordnungen. "Oder flüsterst du, noch jezt der Wächter / Deiner Gattin, deiner Söhn und Töchter, / Flüsterst du, als Schuzgeist, unsrer Seele / Göttliche Befehle?" [S. 41]

Helene Monheimer (†1867) war, sagt ihre Inschrift auf dem Hoppenlau-Friedhof, wohltätig. Ihre Gaben haben die Bedürftigen, denen sie die Geschenke zukommen ließ, in den Himmel gebracht, wo sie Frau Monheimer, wohl in anderer Form, wieder empfangen wird. Damit sind die Armen die Boten der biederen Besitzenden gewesen. "Hier wird ein Biederweib gefunden; / Frau Helene Monheimer / Ihre Güter hat sie in den Himmel geschickt, / die Armen waren ihre Boten, / und nun ist sie selbst dahin gegangen, / um sie wieder in Besitz zu nehmen. / Donnerstag, den 21. Ab. 5627." Einen von diesen Übermittlern und Zustellern völlig verschiedenen Boten spricht eine Pfeiffer bekannte und heute wohl zerstörte Inschrift des Friedhofs an. [S. 30] Sie wendet sich nicht an einen im Auftrag des Verstorbenen in den Himmel gesandten Kurier, sondern an einen Mittler zwischen den teuren Toten und den ihrer Gedenkenden. Dieser Bote hat bei den Lebenden Erinnerungen an die Verstorbenen angeregt, er soll nun den Dahingegangenen von den Nachkommen berichten. "Friedlich spielt die Maiensonne / Schwanke Schatten auf das Grab — / Dringst du nicht, o Frühlingswonne, / Warm belebend hier hinab? // Ja, dich senden wir als Boten: / Ruf uns einmal noch zurück, / Heute nur, die teuren Toten, / Daß sie schaun des Hauses Glück: // Elternfreude, Jugendwonne, / Was manch froher Tag uns gab — / Friedlich streut die Maiensonne / Licht und Schatten auf das Grab." Die Sonne wirft Schatten auf das Grab, sie bewegen sich, und der Besucher des Friedhofs versinkt in die Erinnerung an lange vergangene Zeiten. So, wie er der Toten gedenkt, sollen auch diese von ihm wissen. Die Sonne schenkte ihm die kostbaren Erinnerungen, nun soll sie auch umgekehrt den Toten von den Lebenden berichten und in doppeltem Sinne Bote sein: Mittler von dort nach hier und von hier nach dort. In der Eingangsstrophe zitterten Schatten unbeständig auf dem Grab und eine Frage tat sich auf, am Ende der Schlußstrophe steht das Licht klar abgegrenzt neben dem Schatten; Gestalten von scharf umrissener Kontur liegen auf dem Grab und das Gedicht, das den Weg vom Zweifel zur Fassung umschrieben hat, klingt ruhig aus: "Friedlich streut die Maiensonne / Licht und Schatten auf das Grab."

5.6 Verzicht auf Gott und der Himmel in der eigenen Brust

"Ich bete oft für dich wenn ich im Himmel binn, dort binn ich, wenn sie mich in ihren Armen hält." (Goethe an Behrisch) "Diese Stube, dieses kleine Haus ist ein Himmel, seit Egmonts Liebe drin wohnt." (Goethe, Egmont) "Konntest du den Himmel meiden? — / Ach, ich hätt' es nicht vermocht." (Karl Kugler, An Göthe)

FICHTES WITWE wendet sich am 1. Mai 1817 an Fouqué. Sie lehnt die Hoffnung auf "künftige Belohnung" als Voraussetzung "christliche[r] Tugend" ab. Für den, "der schon hier in Christo sich begnadigt fühlt mit unendlicher Glückseligkeit", ist keine "*künftige* Belohnung nöthig."[35] Balzac läßt in *Eugenie Grandet* konstatieren: "Die Zukunft, die uns jenseits des Requiems erwartete, ist in die Gegenwart verlegt worden." [S. 136] Alles einst Überirdische ist irdisch geworden. "O warum ist die GOttheit so gütig?" fragt Young. "Erstaunen über alles Erstaunen! Der Himmel ist unsre Belohnung — für den *hier* genoßnen Himmel." [II, S. 69] Reinhold schreibt im Februar 1793 Baggesen, daß er in dessen Gegenwart im Himmel ist.[36] Die Seelengüte offenbart den Himmel in Tiedges *Urania.* (VI, Vs. 654-659) Vom Geist, der diese Vermittlung leistet, schreibt Bettina Brentano am 15. Dezember 1833 Pückler.[37] Das Glück wohnt "nirgends als in meinem eigenen Busen", befindet Bräker. [S. 218] Ottilie in den *Wahlverwandtschaften* lebt "nur für Eduard" und durch die "Liebe zu ihm" findet sie sich in

[35]In: *Briefe an Friedrich Baron de la Motte Fouqué*, S. 87 f.

[36]In: *Aus Jens Baggesen's Briefwechsel mit Karl Leonhard Reinhold und Friedrich Heinrich Jacobi* I, S. 250

[37]In: *Briefwechsel und Tagebücher des Fürsten Hermann von Pückler=Muskau* I, S. 152 f.

einem "Himmel auf Erden." [S. 92] Ein Himmel, der "zuweilen so real heruntergebaut" wird "wie ein Theater- oder ein Betthimmel" findet sich in Jean Pauls *Flegeljahren.* [S. 450] Damit, daß Gott die Liebe geworden ist, kam der Himmel auf die Erde: "Keine der Gaben der Liebe verachten, / Macht dich hier den Unsterblichen gleich", versichert Bouterwek im Gedicht *Erdengenuß.* [GMA 1792, S. 121] Der Liebende, sagt Kochen über *Die Natur*, hat "lange gelebt im kurzen Leben; / Dem steht das Ewige fest; / Dem ist beschieden Unsterblichkeit!" [Poes 1809, S. 114] Das Gedicht *Amor und Psyche* eines mit "F." Signierenden bestätigt: Im Liebenden ist des "Himmels reinstes Glück." [SMA 1800, S. 243] Die Liebe ist, so Novalis im *Heinrich von Ofterdingen*, "die Gegenwart Gottes" und die Religion "ein unendliches Einverständnis, eine ewige Vereinigung liebender Herzen." [W I, S. 288 ff.] Die beobachtete Abhängigkeit des Jenseitigen vom Irdischen läßt sich auch hier feststellen. "Die sichre Bürgschaft für den Himmel / Ist doch der Himmel hier in unsrer Brust", meint Tiedge in der *Urania.* (IV, Vs. 196 f.) Gleim dichtet über *Das Christenthum*: "das Christenthum ist wahr, weil wahr ist, daß der Christ, / Der wie sein Schöpfer lebt, schon hier im Himmel ist." [GMA 1798, S. 63] Das einst Absolute ist zum Bedingten geworden und wird aus dem zuvor von ihm abhängigen Irdischen bewiesen. Satirische Varianten fehlen nicht. Der zynische Erzähler der *Nachtwachen des Bonaventura* argumentiert andersherum, meint aber ein Gleiches. Er fragt: "Was gibt es auf der Erde, das Sie im Himmel — wenn anders außer dem Lufthimmel über uns noch ein zweiter, oder gar mehrere existieren sollten — besser erwarten könnten?" Er gibt sich optimistisch: "Es kann nicht fehlen, daß dies Menschengeschlecht, das auf seinen eigenen Schultern immer höher kommt, oder sich, wie Münchhausen, bei seinem eigenen Zopf emporzieht, zuletzt sich bis in den Himmel verklettert, und es ganz unnötig wird, an einen zweiten zu denken." [S. 105] Nun fragt sich: Wenn Gott Geist und Liebe geworden ist und nur noch der alte Name mitgeschleppt wird, wenn das einst Jenseitige nun ganz im Diesseits gefunden wird, wozu dient dann überhaupt noch die Rede von Gott? Schleiermacher spricht es in der Schrift *Über die Religion* aus: Man kann auch ganz auf Gott verzichten und doch eine Religion haben. Der Wert einer Religion beruht auf der Art der Anschauung des Universums. Jeder hat seine individuelle Anschauung des Universums. Die "Idee von Gott" kann sich "zu jeder Anschauung des Universums" bequemen. "So müßt Ihr auch zugeben, daß eine Religion ohne Gott besser sein kann, als eine andre mit Gott." [S. 70]

Die Vorstellung, daß Gott zur Liebe wurde und daß damit der Himmel auf die Erde kam, ist auch im späten 19. Jahrhundert präsent. Karl Zettel projiziert sie in seinem hinreißenden Kurzepos *Gela: Ein Sang von Kaiser Rotbarts Lieb* ins staufische Mittelalter. Als Rotbart erstmals Gela, in deren Gedenken er am Ende der Dichtung die Pfalz Gelahausen gründen wird, begegnet, da hängt sein Blick "unverwandt an Gelas Haupt", denn nie hätte er "An solche Schönheit [...] je geglaubt, / An solcher Anmut zauberreichen Schimmer." Anschaulich beschreibt Zettel die Schönheit und Anmut Gelas und deren mentale Auswirkungen beim Betrachter, den darauf folgenden Blick des Herzogs und seine motorischen Folgen bei der holden Wirtstochter, und schließlich die sich auf die streifenden Blicke einstellende herzogliche Wirrnis: "Auf wirren Bahnen ohne Ziel und Schranken / Verloren sich ihm endlos die Gedanken. // Doch kaum ward Gela seines Blicks gewahr — / Husch — war sie holdgeschämig ihm verschwunden." Rotbart wähnt sich an einem hyperuranen Ort: "Des Herzogs Blicke streifen ihr Gesicht — / Wie ist ihm doch? die Stube wird zum Himmel! — / Die starren Wände glüh'n im Rosenlicht — / Er sieht der Sterne glänzendes Gewimmel." [S. 10]

5.7 Gott ist das Unendliche

"Das Streben nach dem Unerreichbaren, die Liebe zu dem Namenlosen ..." (Fr. an A. W. Schlegel) "Mich macht das ohnmächtige Streben dieser Herren nach dem Höchsten nur verdrüßlich ..." (Schiller an Körner)

Es ist "immer Romantik [...], wenn Irdisches zu Absolutem erhoben wird." Und "mit Romantik kann man für niemanden sorgen." [Broch, S. 23; S. 88] Neben Liebe und Geist tritt das Unendliche an die Stelle Gottes an der Spitze der Begriffshierarchie und setzt sich dem Endlichen gegenüber. Die Vermittlung, die Liebe und Geist leisten, ist nun auch hier gefordert. Es muß gezeigt werden, wie das Endliche unendlich sein kann. Hegel und Schleiermacher haben die Aufgabe gelöst. Das Endliche in Hegels *Wissenschaft der Logik* ist selbst unendlich, das Unendliche ist nicht außer ihm. Das Unendliche ist nicht erst für sich unendlich und wird dann auch noch irgendwie endlich, nein, es ist "für sich selbst schon ebensosehr endlich als unendlich." [W V, S. 160; S. 170] Ein unendlich fortgesetztes Endliches bliebe endlich und käme nie hin zum Unendlichen; das Endliche muß in sich schon unendlich sein. Hegel entwickelt spekulativ das wahrhaft Unendliche in der *Wissenschaft der Logik*. [W V, S. 149 ff.] Zur nicht vorhandenen Kluft zwischen Endlichem und Unendlichem äußert er sich in der 13. und 14. *Vorlesung über die Beweise vom Dasein Gottes*. [W XVII, S. 468 ff.]

Für Schleiermacher, den Autor der *Monologen*, ist das Anschauen des Geistes Ewigkeit und "unsterblicher Gesänge himmlischer Genuß." In jedem Moment des Lebens ist die "Beziehung zum Ewigen und Unendlichen" möglich. Jeder Moment der Zeit kann als "Element der Ewigkeit" herausgegriffen werden zur Verwandlung "in ein höheres freies Leben." Der Mensch kann ein unsterbliches, ewiges, göttliches Leben führen. "Jeden Augenblick kann der Mensch ausser der Zeit leben, zugleich in der höheren Welt."[38] Der Zugang zum Ewigen, erklärt Schleiermacher in der Schrift *Über die Religion*, ist ohne Vermittlung jederzeit möglich: "Mitten in der Endlichkeit Eins werden mit dem Unendlichen und ewig sein in einem Augenblick, das ist die Unsterblichkeit der Religion." [S. 74]

[38] S. 24; S. 11; S. 15; S. 21 f.

5.8 Ewigkeit im Augenblick

DIE EWIGEIT ist im Augenblick. Herder bestätigt es im Gedicht *Amor und Psyche auf einem Grabmal*: "Ach, daß uns ewig, ewig bliebe / *Der* Augenblick! / Im ersten holden Kuß der Liebe / Das reinste Glück!" [DHo 1795, 12. St., S. 59] Das Unendliche im Endlichen erleben wir im Augenblick. Die Augenblicke sind im Fluß. Sie gehen ineinander über. Aus dem Kontinuum der aufeinander folgenden Augenblicke wird der sogenannte erfüllte herausgenommen. Prägnant wird er in der bewußten Ausgrenzung aus der Fülle sich ähnlicher ineinander verschwimmender Augenblicke. Die Erinnerung an diesen lichten, göttlichen Augenblick ist das reflektierte glücklichere Glück. Die in der Zeit gesuchte Ewigkeit blitzt im Augenblick auf. Die Kräfte des Einzelnen, weiß Tieck in den *Lebens-Elementen*, "erblinden und entzünden / Sich ringend nach der Ewigkeit, / Der Seele Wurzel streckt sich weit, / Will greifen aus der Zeitlichkeit." [S/TMA 1802, S. 41] Der Seele, die auf keine nachfolgende Ewigkeit mehr vertraut, bleibt nur der Augenblick.

Goethe erläutert am 17. April 1823 der Gräfin Aug. Stolberg: "Bleibt uns nur das Ewige jeden Augenblick gegenwärtig, so leiden wir nicht an der vergänglichen Zeit."[39] Der Augenblick gewährt die Verbindung zum Ewigen innerhalb der unbefriedigenden schlechten empirischen Wirklichkeit. Der Augenblick symbolisiert das Ewige. "Jeder Zustand, ja jeder Augenblick", sagt Goethe am 3. November 1823 zu Eckermann, "ist von unendlichem Wert, denn er ist der Repräsentant einer ganzen Ewigkeit." Eduard, den reichen Baron in den besten Mannesjahren der *Wahlverwandtschaften*, treibt das "Bewußtsein, zu lieben und geliebt zu werden" ins "Unendliche." [S. 89] Das Leben ist kurz und was nachfolgen wird unbekannt. So bleiben dem das Innige und Ewige suchenden Gemüt nur die Bestandteile, die Momente, aus denen sich das kurze zeitliche Leben zusammensetzt. Tieck nimmt nach "lange[r] Zeit" am 16. Dezember 1803 wieder mit dem "vielgeliebte[n] Freund" Fr. Schlegel Kontakt auf: "Diese Kürze des Lebens nötigt uns auch, unsre Kraft darauf zu wenden, daß dieses Leben um so inniger werde, daß wir die Ewigkeiten in jedem vergänglichen Momente fühlen, dann ist es nicht mehr vergänglich." [BdtR S. 173; S. 183 f.] Verständlich, daß er da keine Zeit hat, Schelling zu lesen; und ihn auch nicht läse, wenn er weit besser schriebe. Bettina Brentano sieht es wieder einmal ganz anders. Sie teilt im November 1808 Arnim mit: "O laß auch, wenn's deine Kraft vermag, einmal die Ewigkeit ein Ende nehmen, damit sie sich spiegeln könne und beschauen und fühlen, daß sie selber es ist. Was nützt es sonst, ewig zu sein, der Ewigkeit!" [BdtR S. 412] Oder meint sie wirklich die in sich vermittelte Unendlichkeit, die das Endliche nicht außer sich läßt? Wir wissen es nicht. Wir wissen es bei ihr nie so genau. Sie beläßt es beim Ahnen und Fühlen.

Das Unendliche, so Hölderlin im *Hyperion*, ist im Endlichen: "Ich hab' es Einmal gesehn, das Einzige." [I, S. 93]

[39]In: *Goethe und seine Freunde im Briefwechsel* I, Sp. 462

6 Das Unendliche im Endlichen

"Es ist so eine Sache mit der Uebersinnlichkeit!" (Hippel) "UNENDLICHES ERSEHNT / DER HEISSE WUNSCH / NUR ENDLICHES GEWÄHRT / DAS KURZE LEBEN." (Inschrift Stuttgart, Weilimdorf, Neuer Friedhof) "JCH LIEBE DICH IMMENOCH" (Aufschrift an der Fabrikhalle der ehemaligen Transformatoren Union, Bad Cannstatt)

LIEBE UND TUGEND lassen im Endlichen das Unendliche erfahren. Sie sind das Ewige im Irdischen. Neben dieser Vorstellung vom Wert, den die Liebe und die Tugend in sich haben, steht im frühen 19. Jahrhundert immer wieder die andere, welche die Einheit aufgibt und das Endliche und das Unendliche auseinanderlegt. Die Tugend bereitet dann auf etwas vor. Sie wird ihren Lohn empfangen. Die Vollendung wird angestrebt um einer Ewigkeit willen, die als im zeitlichen Ablauf sich an das Irdische anschließend vorgestellt wird. Ersetzt schließlich das Streben nach der Vollendung der Menschheit das Streben des Einzelnen, dann ist die Menschheit zu lieben um dieser Möglichkeit der Vollendung willen.

6.1 Liebe

"Und unsere Seelen begegnen sich immer und ewig!" (Susette Gontard an Hölderlin) "Liebe und Güte können in meinem Herzen nicht sterben ..." (Caroline Böhmer an Meyer) "Die Liebe ist der Dichtung Stern, / Die Liebe ist des Lebens Kern, / Und wer die Lieb' hat ausgesungen / Der hat die Ewigkeit errungen." (Rückert) "Wenn ich nichts mehr habe, / Ein's noch ist mein Teil: / Treue Liebe bis zum Grabe ..." (Hoffmann von Fallersleben)

TUGEND UND LIEBE sind in Blums Gedicht *An die himmlische Liebe* "heilig verkettete Bande", sie gewähren den "Sterblichen dauernde Freude." [VMA 1781, S. 173] In der Leichenpredigt für Aug. Emilie Fr. Pistorius, geb. Feuerlein (†1816) wird dargestellt, wie Liebe durch Weisheit und Tugend veredelt und durch Religiosität erhöht werden kann. "*Liebe* war der Grundzug des ganzen vortrefflichen und gefühlvollen Wesens der Vollendeten — Liebe, die durch Weisheit und Tugend geleitet und veredelt, durch ächte christliche Religiosität genährt, belebt und erhöht wurde." Eine andere Vermittlung zwischen Liebe und Tugend gelingt Miller im *Siegwart.* Der Held des Romans ist seit er liebt ein neuer Mensch; "Liebe ist gewiß die Mutter der Menschlichkeit, und grosser Tugenden." [S. 680 f.] Stehen so an der Spitze der Begriffshierarchie des frühen 19. Jahrhunderts Liebe und Tugend in einer Spannung, deren Auflösung in verschiedenen harmonisierenden Konstellationen zwischen Liebe und Tugend gelingt, so hat unter den nach den geliebten Objekten unterschiedenen Formen der Liebe diejenige unter den Menschen weitgehend die Gottesliebe ersetzt. Marwitz schreibt am 7. April 1812 an Rahel Varnhagen und wundert sich über einen, der es anders sieht und "einen bewußten persönlichen Gott jenseits der Welt" sucht.[40] Was Jahrtau-

[40]In: R. V., *Briefwechsel mit Alexander von der Marwitz, Karl von Finckenstein, Wilhelm Bokel-*

sende selbstverständlich war, ist nun zu einem Kuriosum geworden. Wieland gleicht in den *Gedanken von der Freiheit über Gegenstände des Glaubens zu philosophieren* aus: Die "reine und tätige Liebe der Menschen, die wir sehen", ist "das untrüglichste Kennzeichen unserer Liebe zu Gott, den wir nicht sehen." [W III, S. 544] Die "Leidenschaft der Liebe" ist, teilt Rahel am 8. Juni 1826 P. Wiesel mit, "das einzig Ewige auf Erden."[41] In Beckers *Mildheimischem Liederbuch* findet sich eine eindringliche Beschwörung. Man muß lieben. Abstrakt und wahllos. "Liebe Menschen seyd doch gut! Liebt euch doch als Brüder!" [S. 155] Wie sie, die Menschen, so kommen. Alle sind gleich. Jeder ist gut. Alle sollen geliebt werden. Menschen sind Menschen. Übersehen wird, daß Mensch nicht Mensch ist. Man wirft sich auf das Allgemeine. So entgeht das Eigene und jeweilig Besondere der konkreten liebenswerten Menschen.

Gott, heißt es in den *Erfahrungen* der Luise Fürstinn v. Neuwied, wird im Menschen geliebt. [GMA 1800, S. 20] Diese Synthese von Ewigem und Zeitlichem, welche die Trennung voraussetzt, um dann zur Einheit zu gelangen, ist um 1800 im Bewußtsein präsent, doch es ist nicht die ideengeschichtlich fortgeschrittenste Vorstellung. Ist das Göttliche ganz in den Menschen übergegangen, dann ist das verlorene Irdische unwiederbringlich dahin.[42] Jeder irdische Verlust ist endgültig. Mißlungenes läßt sich nicht besser wiederholen, Versäumtes nicht nachholen. Weder Ersatz noch Ausflucht stehen bereit. Das Verlorene kommt nicht wieder: "Und wird mir ewig nicht!" bedauert Helmina v. Chezy im Gedicht *Die Nachtigall.* [DM 1812, S. 185] Lenau schreibt im Oktober 1836 Sophie v. Löwenthal von der Liebe, die eine ewige, allesschaffende Macht geworden ist; am 22. Februar 1837 berichtet er ihr von den "Augenblicke[n] der Liebe, wo das Herz im Himmel ist und jeden Wunsch vergißt." [W II, S. 426; S. 441 f.] Die Augenblicke voller Liebe erheben im Irdischen über das Zeitliche. Jeder Augenblick ist einzigartig. Er kehrt nicht wieder, hat aber allein Bestand.

Zwischen der Vorstellung, daß das konkrete Zeitliche gerade dadurch seinen Wert erhält, daß es unwiederholbar, einzig, einmalig ist, und der anderen, derzufolge die abstrakte Liebe immer währt, steht Neuffer mit dem *Rundgesang:* Zwar singt der Chor, daß "der Liebe Glut [...] nie vergeh'n" kann und "Was je geliebt" sich immer liebt, aber ein skeptischer Gegner widerstreitet heftig. [TBN 1799, S. 78] Neuffer gelangt zu keinem glückhaften Ineinander, er bleibt bei einem schlechten undurchdachten Nacheinander sich widerstrebender Meinungen stehen.

Die Liebe als das auf Erden im Augenblick Ewige soll außerdem zeitlich unbegrenzt und über die Trennung hinweg fortdauern. Sie ist in sich unendlich. Und sie soll zur Unendlichkeit führen. So wird eine neue Synthese versucht. Die Gedichte der Periode um 1800 legen das im Moment Erfahrene in der Zeit auseinander. Die Liebe soll nicht enden.[43] Das Einzigartige soll auf einer langen zeitlichen Strecke jedem einzelnen

---

mann und Raphael d'Urquijo, S. 185

[41]In: *Rahel Varnhagen im Umgang mit ihren Freunden*, S. 259

[42]Vgl. Karoline von Günderrode, *Gebet an den Schutzheiligen* [W Hg. Pigenot, S. 161]; *Die eine Klage* [W Hg. Pigenot, S. 165]; *Ist alles stumm und leer* [W Hg. Görtz, S. 93]

[43]Vgl. Conz, *An N. beym Tode seiner Braut* [TBN 1799, S. 108]; M–e, *An Hyppolita* [GMA 1798, S. 77]; Schiller, *Elegie auf den frühzeitigen Tod Johann Christian Weckherlins* [W I, S. 37]; Schiller, *Tri-*

Moment den Wert geben, der nur im besonderen Augenblick erfaßt werden kann. Daß dies nur in der Erinnerung möglich ist; daß nur sie das im Augenblick erlebte Glück über die Zeit hin aufbewahrt und es im Nachsinnen über Vergangenes vervielfältigt, wird erst im weiteren Verlauf des Jahrhunderts zur allgemeinen Erfahrung.

Epideiktische und monumental fixierte Inschriften stimmen im Glauben an die zur Unendlichkeit führende Liebe mit den Gedichten überein. Böcklin stellt abgezogene Räsonnements vor: "Zwey gute Menschenseelen, wenn sie wollen, — können sich bis in's Unendliche hin verbinden." — "Liebe triumphirt über den Tod; Liebe triumphirt über den ersten Tod und über den letzten Tod, über einen Tod und über alle Tode." — "Ich wäre nie Liebender geworden, wenn ich nicht Gläubiger geworden wäre." [S. 73] Es ist ein ganz eigentümliches Verhältnis zwischen den Liebenden und den Gläubige(r)n. Böcklin schränkt stark ein. Die unendliche Verbindung ist nur den Tugendhaften, die wollen, möglich; die Liebe baut auf dem Glauben auf. Sie steht noch nicht sicher und gültig für sich.

Auf den Grabmalen des Hoppenlau–Friedhofs bezeugen die Hinterbliebenen ihre fortdauernde konkrete Liebe. Der Grabstein für Vict. Hermann ist "Zum immer waehrenden Andenken / der zärtlichsten Liebe gestiftet / von seiner Gattin." Liebe und Dank bestehen fort. Die Inschriften versichern oder konstatieren: "NEIN! DIE LIEBE STIRBET NICHT. / DENKMAL / DER INNIGSTEN LIEBE UND VEREHRUNG / DEM THEUREN VOLLENDETEN / GEWIDMET VON SEINER / GATTIN." (L. Fr. v. Stockmayer) — "Die Liebe und der Dank / folgt dir in die / Ewigkeit nach." — "Denkmal / unvergänglicher / Liebe von / ihren dankbaren / Kindern." (Kempter) Chr. Ludw. Adelmann erhält ein "DENKMAL / DER INNIGSTEN / LIEBE."

Daß die Liebe nicht stirbt, beteuert ein Grabmal des Ludwigsburger Alten Friedhofs (†1840), das mit Tränenfläschchen und gesenkten Fackeln geschmückt ist. Das Herz, das arme, hat seine Pflichten: "Ewig lebt des Herzens Pflicht. / Theure Todten ruht im Frieden / Unsere Liebe stirbt ja nicht!" Die Liebe ist Pflicht und nicht mehr. Ihr Fortdauern wird versichert und versteht sich nicht von selbst.

Die Hinterbliebenen sind dankbar und die anderen sollen es wissen. Auf dem Füssener Alten Friedhof wurde 1821 Franz Anton Schmied bestattet. Seine Inschrift lautet: "Was mir mein Vater je gewesen, / Das sagt nicht dieser Leichenstein; / Doch Mit= und Nachwelt sollen lesen, / Der Sohn wird ihm stets Dankbar sein." Böcklin erhellt sehr schön die Kausalverbindung zwischen den kardinalen Tugenden und dem jeweils folgenden Lohn: "Sie war es, was sie sollte seyn / Liebe, Güte, Redlichkeit — / Drum zieren ihr den Leichenstein / Ehre, Achtung, Dankbarkeit." [S. 77] Freilich sähe man lieber die Liebe mit Liebe statt mit Ehre und die Güte mit Güte statt mit Achtung erwidert. Böcklins Begriffe korrespondieren miteinander nur ganz unbefriedigend.

Heute erfährt der geneigte Stuttgarter Friedhofsbesucher, welcher sich zum Thema Auskünfte einholt, daß bestehen bleibt, "was du liebend / getan!" (Zuffenhausen, †1960) — "EWIG AUFERSTEHEN / IST DER LIEBE SINN / OPFERND UNTERGE-

---

umf der Liebe [Anth 1782, S. 58]; Matthisson, *Elisas Geburtstag* [W Hg. Bölsing, S. 51 ff.]; Hölderlin, *Menons Klagen um Diotima* [W I, S. 105]; Claudius, *Die Mutter am Grabe* [W I, S. 339]

HEN / EWIGER GEWINN." (Feuerbach, †1967) Eine Inschrift auf dem Friedhof in Rommelshausen läßt offen, ob dieses nicht sterbende Lieben bei der endgültigen Wiedervereinigung neu einsetzt oder, wahrscheinlicher, schon jetzt im Zustande der Trennung von dem im Himmel weilenden Familienglied aufrecht erhalten werden kann: "MEINE LIEBE ZU EUCH STIRBT NIE. / ICH WERDE EUCH IM HIMMEL LIEBEN, / WIE ICH ES AUF ERDEN GETAN HABE." (†1977) Die erste Zeile könnte der Friedhofsbesucher für eine Hypostasierung der Liebe halten, es wäre eine abstrakte ewige Liebe, abgeleitet vom irdisch Erfahrenen, dessen Ende unvorstellbar erschiene. Erst die beiden folgenden Zeilen verbürgen das konkrete Weiterwirken.

6.2 Tugend

"Tugend ist mein Leben, / Der hab' ich ergeben ..." (Opitz) "Herr, wenn ich dich nur habe, / Mein Herz von Tugend blüht." (von Birken) "Dein Fromm- und Redlichsein wird dir zur Grabesschrift." (Hofmann v. Hofmannswaldau) "Natürlich, er hat immer recht; er ist ein Christ, er ist großmütig!" (Tolstoi)

FRÜHER SOLLTE GOTT die belohnen, welche für die Verstorbenen beteten. Eine nicht genau datierbare Inschrift aus dem 16. oder 17. Jahrhundert lautet: "Wer fur vns pitt dem wol got schir / lonen nach seine herczen begir. / Vnd sie behütten hie vor leyt. / Vnd dort dy ewig seiligkeit / Werd vns nach dem elenden l(ebe)n. / M(it) freu(de)n ewiglich gegeben amen." [DI VIII, Nr. 444] "Die Gottesfurcht", dichtete Schmolck, "bringt Segen ein; / Ihr Lohn wird groß im Himmel sein."[44] In dem Band *Des Herzogs Anton Ulrich zu Braunschweig und Lüneburg geistliche Lieder* erschien das *Morgenlied*: "Jeder wird allda empfangen / Seinen wohlverdienten Lohn." [S. 5] Wenn die Welt keinen Wert hat, dann muß der nachfolgende Himmel die Erfüllung bringen.

Tugend kann ausgeübt werden, weil sie in sich wertvoll ist, oder weil, in der älteren Sicht, ein irdischer oder himmlischer Lohn in Aussicht steht. Dann bläst der Tod "der reinen Güte / Odem" nicht aus. In Conz' Gedicht *Auf einem Kirchhofe* heißt es weiter, daß die "Edelthaten" frommer Herzen "über Gräbern fort" leben und der "Tugend goldne Saaten" dort "höh'rer Aernte" reifen. [GMA 1794, S. 135] Ewald Chr. v. Kleist schreibt in gleichem Sinne *An Herrn E*** nach einer tödtlichen Krankheit*: "Es wartete der grosse Lohn / Den Tugend giebt, auf mich." [W S. 74]

Die Inschrift für die auf dem Hoppenlau-Friedhof ruhende Nanette v. Schoenlin gibt sich bescheiden: "DER TREUSTEN LIEBE LOHN — / IM BESSEREN JENSEITS IHR / BESCHIEDEN!" (†1863) Was auf Erden schon beglückt, soll auch noch an einem besseren Ort belohnt werden. Unbestimmt formuliert eine Inschrift auf dem Eßlinger Eberhardhaldenfriedhof: "Reiche Ernte harret sein / im ew'gen Leben." (†1874)

Neunundachtzig Jahre zuvor wurde Juliana Gräfin Sievers auf dem Friedhof in Ottensen bei Hamburg beigesetzt. Ihre Inschrift verheißt einen ähnlichen Lohn in der

[44] In: Kobe, *Benjamin Schmolck, der schlesische Liederdichter*, S. 68

Ewigkeit. "TUGENDHAFT LEBTE / UND / SANFT ENTSCHLIEF / DER / LOHNENDEN EWIGKEIT ENTGEGEN." (†1785) Klopstock ruht auf dem gleichen Friedhof. "ER SANG DEN MENSCHEN MENSCHLICH DEN EWIGEN, / DEN MITTLER GOTTES." Seine Grabschrift weiß von einem besonderen Lohn. "UNTEN AM THRONE LIEGT / SEIN GROSSER LOHN IHM EINE GOLDNE / HEILIGE SCHALE VOLL CHRISTENTHRÄNEN." (†1803) Klopstock, der heilige Dichter, wird vor den Thron Gottes treten. Vielleicht spricht seine Grabschrift sogar von einem Thron, der dem Dichter selbst errichtet ist.

Metaphern aus dem Kreditwesen verwendet eine lateinische Inschrift von 1619 in Oppenheim: "Doch da ich den Vater mit elffacher Nachkommenschaft beglückt habe, warum sollte er sich da weigern, nachdem er den 'Zins' erhalten, einen Verlust (des 'Kapitals') zu erleiden." [DI XXIII, Nr. 265] Ein Doppelepitaph in Buchen von 1617 und 1619 führt aus: "Dise bede obgemelte personen haben gott zu lob undt Ehr in das / heilig Almusen undt in die kirchen zu buchen verschafft tausent / Guldten Auff Ein Ewige Zinß." [DI VIII, Nr. 384] Kapital-Akkumulation findet sich noch bei Schiller; er schreibt am 23. und am 24. Mai 1802 an Franckh: "Möge der Himmel der theuren Abgeschiedenen alles mit reichen Zinßen vergelten." [W XXXI, S. 136] Der himmlische Geburtstag ist dergestalt der große Zahltag. [Young I, S. 263] Young lobt an der Tugend ihren Wert in sich *und* ihre Folgen für das Seelenheil. [II, S. 269]

Böcklin sammelte Inschriften, die ausdrücken, daß Lohn erwartet wird: "Uebet euch im Wohlthun — in der Gedult — wie auch sonst christlichen Tugenden; — und dann fürchtet nichts!" — "Auf Erden blieb' ich unbelohnt! — Jetzt aber bin ich mehr als entschädigt!" [S. 69 ff.] Drüben wird nicht nur der Lohn ausgezahlt; es lockt zudem ein Gewinn. Auf dem Alten Friedhof an der Sebastiankirche in Füssen fand ich die Inschrift für Magd. Schmied: "Den Lohn wird einst die Mutter finden / Im Lande der Glückseligkeit." (†1818) Und auf dem Gießener Alten Friedhof steht geschrieben: "Die Frommen leben fort, / Der Herr ist ihr Lohn." (†1875)

Die "unverfälschte Güte" des Herzens, sagt Justi im Gedicht *Dem Andenken Elise'ns geweihet*, "kann und wird im Grabe nicht vergehn!" [GMA 1801, S. 146] Jacobi konstatiert in den *Zufälligen Ergießungen eines einsamen Denkers*: "Wer das Genie der Liebe und der Tugend hat, der glaubt notwendig an Gott, an Vorsehung, an Unsterblichkeit." [W I, S. 146] Güte, Sanftmut, Anmut, Schönheit verweisen auf eine Quelle, die sich im Empirischen nicht ergründen läßt. Von irgendwoher kommend, geben sie unlösbare Rätsel auf. Ein postmoderner Gottesbeweis müßte hier anknüpfen. Die Tugendhaften, so Luise Brachmanns *Erfüllung*, werden sich wiedersehen: "Auf ewig sehn wir dann die *Reinen* wieder." [Poes 1809, S. 107] Meyer versichert im Gedicht *Ludwig der Sechzehnte*, daß die Tugenden unsterblich sind: "Aber der Tugenden Loos ist unsterblich zu sein." [GMA 1794, S. 130] Offenbar sind da aber doch nicht nur die Tugenden als ewige Ideen gemeint, sondern es klingt an, daß der tugendhafte Mensch mit ihnen unsterblich sein soll.

In Tiedges Sicht bedarf die Tugend der Krone "da drüben." (I, Vs. 342-345) Er versichert in der *Urania* weiter: "Die Tugend kann nicht untergehn!" (VI, Vs. 586) Ihm bleibt nichts anderes, er hat, jedenfalls in der Fiktion seiner seinsollenden Dichtung, alles auf Erden aufgegeben. Wenn der Himmel nicht wäre, stünde er verlassen da. Tiedge spürt dies; aber er will es nicht wahrhaben und will sicher auftreten. So schreit er. Tiedges Beliebtheit gründet in seinem ideengeschichtlichen Zurückbleiben. Die fortschrittlichere Konstellation, welche Zeitgenossen von ihm erleben, ist, zu verzweifeln, da auf den jenseitigen Himmel verzichtet wurde und der irdische versagt.

Es kommt, meinte schon Brockes, *Alles von Gott.* Brockes lehnte aber die Vorstellung von dem fatalen Dienst–um–Lohn–Verhältnis zwischen dem Menschen und Gott — welches vor bald 800 Jahren schon *Parzival* ruinierte — ab. Brockes redet von einem anderen, von einem nicht eschatologischen Lohn. Es geht um das uns hier schon Bescherte. Gott hat es gegeben, er schenkte aus Gnade. "Mein Geist, was willt du dich erkühnen?" Der Dialog mit dem eigenen Geist setzt sich fort: "Willt du denn Gott was abverdienen? / Soll etwan, was er schenkt, ein Lohn, von deinen guten Werken sein? / Bey dieser Meynung ist dein schwärmender Verstand / Mit einem Irrthum stark beladen." [VI, S. 383]

Auf Erden hat die Tugend schon ihren Lohn in Matthissons Gedicht *Die Tugend, dem Grabe Elisas geweihet.* [W Hg. Bölsing, S. 104 ff.] Die Ausübung der Tugend macht glückselig. "Der selige Friede der Tugend," notiert Elisa v. d. Recke am 22. Febr. 1790 in ihr Tagebuch, "ist ohnehin des Lebens höchstes Glück!"[45] Daß die Tugend auf Erden Frieden schenkt, ist die säkularisierte Variante, die einen Ausgleich sucht, indem zwar auf den Lohn nicht verzichtet wird. Dieser Lohn wird jedoch nicht erst im Jenseits gewährt, sondern schon auf Erden zuteil. Einst Überirdisches gelangt dergestalt verinnerlicht vom Himmel auf die Erde. Mitgeschleppt wird das Alte; auf den Lohn will man nicht verzichten. Auf dem Hoppenlau–Friedhof wird im Lob des Gerechten das Alte Testament herangezogen: "Malachi 2, 6 / Das Gesetz der Wahrheit / war in seinem Munde / Unrecht ging ihm nie / über die Lippen. / In Frieden und Gerechtigkeit / wandelte er vor Gott." (A. M. Arnold) Die Inschriften des Hoppenlau–Friedhofs heben sowohl die privaten als auch die öffentlichen Tugenden der Verstorbenen hervor: "LIEBE UND FRIEDE / WAR DEIN LEBEN." (C. J. v. Pistorius) — "Hier ruht in Frieden / eine gute Mutter." (C. Mayer) — "DEM GEDAECHTNIS / SEINER UNVERGESSLICHEN / ACH VIEL ZU FRÜH VERBLÜHTEN / ZÄRTLICHEN GATTIN / CAROLINA OFFTERDINGER / DER BLÜTHE DER ANMUTH / DER ZIERDE IHRES GESCHLECHTS / WEIHET DIESES GRABMAL. / TRAUERND BIS ZUM WIEDERSEHN." (C. Liebenau) Der Witwer nennt in der Todesanzeige die Ursache des Todes seiner Gattin. Er sagt "mit blutendem Herzen die schrekliche Kunde" und stellt sich selbst in seinem Schmerz über den Verlust dar. [SC 2.8.1801] Die Inschrift hingegen ist gefaßt. Die "schöne Hülle" und die "bis auf einen seltenen Grad ausgebildete, noch viel schönere Seele" der Anzeige ist in der Inschrift zur "BLÜTHE DER ANMUTH" und der "ZIERDE IHRES GESCHLECHTS" geworden.

[45] In: Rachel, *Elisa von der Recke*, S. 315

6.3 Vaterlandsfreunde

EIN ERFREULICHER AUFSTIEG wurde dem Freiherrn Carl Alex. v. Seckendorff zuteil. Ihm ist die Trennung zwischen der Achtung für den Monarchen und der Wertschätzung für die Freunde aufgehoben. Der König, heißt es in seiner Predigt, ist ihm Freund.

In der Predigt für den Grafen von Schéler sind Königstreue und Freundschaft getrennt: "Wir stehen am Grabe eines edlen Mannes, eines tapfern Kriegers, eines, seinem Könige mit unerschütterlicher Treue und Anhänglichkeit ergebenen Dieners, eines biedern Freundes seines Vaterlandes, seiner Mitbürger, seiner Waffengefährten." König, Vaterland, Waffenbrüder, Soldaten, Mitbürger trauern um den "Biedern." Seine Tugenden sollen sich an seine Söhne vererben. V. Stockmayer versichert: "Auch nach dieser schmerzlichen Trennung bleibst Du mit uns vereint."

Sorgfältig sind die Tugenden unterschieden in der Inschrift für Conrad v. Bangold (1780-1851), der auf dem Cannstatter Uff-Kirchhof bestattet ist: "Dem Freunde treu / Des Armen Stütze", "Im Kriege tapfer, / Im Rathe weise", "Des Heeres Zierde". Das Grabmal schmücken ein großer Helm und ein umkränztes Schwert. Joseph v. Theobald diente dem Vaterland. Sein Grabmal zeigt zwischen einem Winkelmesser mit einem Dreieck und einem Behälter, aus dem Schriftrollen ragen, ein von Eichenlaub und Blumen umranktes Kreuz, auf dem ein gekröntes Malteserkreuz steht. Die Inschrift darunter lautet: "NACH ZEHN FELDZÜGEN IM DIENSTE / DES VATERLANDES / WURDE DER VERFASSUNGSVERTRAG / DES VATERLANDES / VON IHM MITUNTERZEICHNET." Genau aufgelistet sind die Feldzüge im Dienste des Vaterlandes auf dem Grabmal Ferd. Fr. v. Garttruffs (1782-1856) in Ludwigsburg auf dem Alten Friedhof. Bei ihm sind es sogar elf Feldzüge: "In 53 Dienstjahren / und 11 Feldzügen, / treu dem Könige, / tapfer im Kriege, / entschloßen als Führer / —— / 1794. 1795. 1796. / 1805. 1806. 1807. / 1808. 1812. 1813. / 1814. 1815." Zwei Feldzüge früher setzte die Laufbahn Georg von Schélers ein. General=Major von Stockmayer trug am Grabe Schélers vor, daß dieser "in allen Chargen rühmliche Feldzüge gemacht" hat, "und zwar im Ganze eilfe; nämlich: 1792, — 1793, — 1794, — 1795, — 1799, — 1800, — 1805, — 1806, — 1807, — 1809, — und den ewig denkwürdigen Feldzug von 1812 gegen Rußland." In der Erinnerung verklärt sich vielerlei.

Den Beifall des Staats fanden die 1775 auf dem Ulmer Alten Friedhof bestatteten Joh. und Ludw. Alb. Häckel für ihre zahlreichen ebendiesen, den Staat, tragenden Tugenden. Bedenklich muß stimmen, daß darunter die Vaterlandsliebe an allerletzter Stelle steht. Beide fürchteten, wie Theobald, den Tod nicht. [Ungericht, S. 103] Ähnlich reihten auch ältere Grabschriften Tugenden aneinander; die Übersetzung einer lateinischen Inschrift von 1533 lautet: "Frömmigkeit, Gelehrsamkeit, Treue, Weisheit und Tugend können nicht verborgen werden an diesem geringen Ort." [DI XXIII, Nr. 150]

6.4 Claudius und der gute Mann

"Herr, wenn ich dich nur habe, / Im Herzen und im Mund!" (v. Birken)

DIE INSCHRIFT auf dem Hoppenlau–Friedhof für Chr. Fr. v. Stein lautet: "Sie haben / Einen guten Mann / begraben / Uns war er [mehr]". Sie variiert die erste und letzte Strophe des Gedichts *Bei dem Grabe meines Vaters* von Matthias Claudius. [W I, S. 106]

Bei Claudius war der gute Mann *mir* mehr; die Abweichung leuchtet bei einer Verwendung des Gedichts als Grabinschrift, welche die Gefühle der im Plural auftretenden Angehörigen ausdrücken soll, ein. Wohl auch unabhängig von Claudius war das *Uns war er mehr* beliebt. Kanzler von Müller rief es in seiner Gedächtnisrede auf Goethe, gehalten in der Trauerversammlung zu Weimar am 9. November 1832, aus. Wenn die Hand des Verleumders lang schon vermodert, wird zu Weimar noch gerufen werden: "*UNS WAR ER MEHR!*" [UG S. 870] Generalsuperintendent Vogt hielt Schillers Leichenrede. Sie beginnt mit den Worten: "Und sie haben einen guten (großen) Mann begraben, und uns war er mehr"; Voß gebraucht in seinem Brief vom 13. Mai 1805 an Griesbach, der von Schillers Tod handelt, die Wendung: "Ach, sie haben Einen guten Mann begraben, und uns war er mehr."[46]

Goltz kennt das *Uns war er mehr!* in der Prägung des Dichters, er zählt auf, wie es dem Manne im Leben so ergeht. Wenn er tot ist, singen seine Kinder "manchmal mit Claudius, dem Wandsbecker Boten, 'ach sie haben einen guten Mann begraben, und mir war er mehr!'" Der Wandsbecker Bote veranlaßt ausweglose Grübeleien beim braven Kinde Goltz. Es rätselt über "den Schmerzensruf, welchen der brave Claudius seinem ebenso braven Vater ins Grab nachschickte: 'Ach sie haben einen guten Mann begraben und mir war er *mehr!*' Was ich aber mit dem mehr machen sollte, das begriff ich nimmermehr!" [S. 22; S. 129] Auch die Inschrift *Auf einen guten Vater, von Asmus* im *Wandler unter den Gräbern* von 1819 verwendet die Verse von Claudius. [S. 117] Die Todesanzeige für den Haller Stadt=Bibliothekar Gräter in der *Schwäbischen Chronik* vom 14. Februar 1806 variiert: "Ach! sie haben / Einen edlen Greis in Ihm begraben, / Aber uns, uns war er mehr!"

[46] In: *Schillers Tod und Bestattung*, S. 49; S. 60

6.5 Vollendung

"Viel Stolz schadet unsrer Vervollkommnung ..." (Philippine Gatterer an Bürger) "Die Erfahrung, daß unbedingte Tugend und Güte irgendwo sind, ist ja die schönste, die man machen kann." (Gottfried Keller)

EINIGE INSCHRIFTEN drücken, neben anderen Vorstellungen, die Hoffnung auf Lohn für das tugendhaft geführte Leben aus. Steht diese Hoffnung allein für sich, dann gilt es, sich auf Erden zu vollenden, um der Schau Gottes würdig zu werden. Es ist die christliche Auffassung, daß die Werke des Gerechten ihm nachfolgen und daß das Leben lediglich Vorbereitung auf das Jenseits ist. Neben dieser Vorstellung steht jetzt die andere, schon in der Antike vertretene, derzufolge die Vervollkommnung in sich wertvoll ist.

Ein tugendhaftes Leben, so Mendelssohns *Phädon*, soll die Fortdauer verbürgen. [S. 49] Matthisson schreibt das Gedicht *Die Unsterblichkeit*. Die Vollendung führt hin zu der "Seraphim Triumfgesange." [W Hg. Bölsing, S. 79 f.] Nach dem Tode setzt sich das auf Erden Begonnene irgendwie fort. Schink versichert im Gedicht *An die Gräfinnen Fries, am Abend des Todes ihres edlen Bruders*, daß der Bruder nicht untergegangen ist, daß er belohnt wurde und weiterwirkt, und daß er zu den Zurückbleibenden eine Verbindung als Schutzgeist aufrechterhält, indem er ihnen Vorbild ist: "Sein Leben hier war nur Beginn / Des schönen Lebens edler Thaten. / In bessern Welten setzt er's fort; / Hier waren seine Thaten Saaten, / Doch reiche Ernte sind sie dort. / Den Ihr beweint, er hat nicht ausgelebet, / Und schwand er Euern Blicken gleich, / Er schied nicht von Euch, sondern schwebet, / Als Schutzgeist, segnend über Euch." [GMA 1789, S. 121 f.]

Hier, sagt Mendelssohn im *Phädon*, beginnen wir damit, uns zu vervollkommnen. In jenem Leben fahren wir fort, "uns in Tugend und Weisheit zu üben, uns unaufhörlich vollkommener und tüchtiger zu machen." Es wäre ungereimt, wenn wir auf dem Weg zur "Vollkommenheit gehemmt und zurückgestoßen werden sollten." Jeder strebt nach seiner Vervollkommnung. Das menschliche Leben reicht nicht dazu aus. Es muß eine Fortsetzung geben.[47] Dynamisch gerät noch das Jenseits; nicht einmal dort ist Ruhe.

Diese Konzeption der Vervollkommnung des Einzelnen muß Gott und die Unendlichkeit postulieren. Die Hoffnung auf ein Fortschreiten der Menschheit kann auf *diese* Setzungen verzichten. Für Mendelssohn ist der tugendhafte Mensch der letzte Endzweck der Schöpfung. Daher hat die Welt so eingerichtet zu sein, daß dieser Endzweck möglich ist.

Tieck schreibt 1831 Raumer, daß er glaubt, es müsse nachfolgen, was man sich erarbeitet und in der Begeisterung geschaut hat. [Köpke II, S. 141] Karoline v. Günderrode sehnt sich nach einer irdischen Vollendung, um in die Gemeinschaft der Vortrefflichen zu treten.[48]

[47] S. 95 f.; S. 103 ff.; S. 92 f.

[48] In: Bettina von Arnim, *Die Günderode* [W I, S. 281]

Sehr beliebt ist auf dem Hoppenlau–Friedhof das Wort: "SELIG SIND DIE TODTEN. / DIE IN DEM HERRN STERBEN / SIE RUHEN VON IHRER ARBEIT / UND IHRE WERKE / FOLGEN IHNEN NACH. / OFFENBARUNG JOHANNIS 14. CAP. 13. V." (Federer) Die Bibelstelle wird auf dem Friedhof vollständig oder nur in den beiden ersten Zeilen oder auch nur, indem die Stelle angegeben wird, weitere sieben Mal benutzt.[49]

Zwischen der Vorstellung von der im Himmel belohnten Tugend und der von der in sich wertvollen Tugend steht die von einer Tugend, der ein dankbares Erinnern zuteil wird. Ein Autor "E." schreibt das Gedicht *Unter der Rose*: "Und sie bleibet nach uns. Im Gemüth der freundlichen Nachwelt / Sprosst die Rose des Danks ohne zerreissenden Dorn." [SMA 1800, S. 239] Im Leben gerät fast alles unvollkommen. Im Nachleben in der Erinnerung soll es anders sein. Die Erinnerung stellt Bilder eines von allen Problemen, Sorgen, Nöten, zeitweilig fehlenden Übereinstimmungen befreiten Lebens bereit. Glücklich ist, wer vieles vergißt und manches aufbewahrt.

In Tiedges Gedicht *Friedrich Nicolai* überlagern sich verschiedene Vorstellungen. Der Mensch nimmt ins Jenseits "nur seine Tugend mit." Gleichzeitig bleiben für uns "die Saaten stehn." [BG S. 196 f.] Ähnlich überkreuzen sich zwei Vorstellungen im Gedicht *Was da bleibet* Winzers: Es zählen das Wirken und die Früchte, der Richter aber legt das Wirken "in die Waage." [DtMA 1840, S. 214 f.] Das Fortwirken und das Gericht stehen im Gedicht nebeneinander. Jede Vorstellung allein würde als Trostgrund ausreichen. Aber was fragen Trostgründe nach der Logik.

6.6 Vervollkommnung der Menschheit

"Die Kinder werden das Werk der Väter fortsetzen ..." (Zola)

WER die Vollendung will, aber doch auf die Unendlichkeit — von Gott im Jenseits gewährt oder in neuen Leben — nicht bauen mag, der muß auf die Vervollkommnung des Menschengeschlechts setzen. Schließlich, sagt Hume in der *Untersuchung über die Prinzipien der Moral*, hat jeder einen gewissen Hang zum Wohle der Menschheit. [S. 51 f.] Postulate sind aber auch hier erforderlich, denn empirisch läßt sich diese Vollendung nicht nachweisen. Sie mag evident erscheinen; man mag glauben, sie lasse sich erfahren und sei zu beobachten. Beweisen läßt sie sich nicht.

Kant meint in der *Anthropologie in pragmatischer Hinsicht*, der Mensch erreiche seine Bestimmung nur in der Gattung, die Tendenz könne "zwar wohl öfters gehemmt, aber nie ganz rückläufig werden." In der Schrift *Über den Gemeinspruch: Das mag in der Theorie richtig sein, taugt aber nicht für die Praxis* untersucht er, "ob in der menschlichen Natur Anlagen" sind, "aus welchen man abnehmen kann, die Gattung werde immer zum Bessern fortschreiten" und nimmt an, "daß, da das menschliche Geschlecht beständig im Fortrücken in Ansehung der Kultur, als dem Naturzwecke desselben, ist, es auch im Fortschreiten zum Besseren in Ansehung des moralischen

---

[49] Chr. Lenz; S. u. G. Schwab; Metzger; Schmid; Ruthardt; Schott; Schleehauff

Zwecks seines Daseins begriffen sei, und daß dieses zwar bisweilen *unterbrochen*, aber nie *abgebrochen* sein werde." Beweisen müsse nicht er, sondern der Gegner. Bei allen Zweifeln müsse man doch immer recht handeln. [W VI, S. 676; S. 165 ff.] Kant bleibt bei halb uneingestandenen Setzungen stehen, die seine Nachbeter übersehen, nicht wahrnehmen. Seine Philosophie hütet sich nicht vor dem Absinken ins Seichte, Erbauliche und gerät schal.

Für Wieland besteht in der Schrift *Über das Fortleben im Andenken der Nachwelt* das wahre Leben eines wirklichen Menschen im Wirken zu einer "Vervollkommnung der Menschheit." [W III, S. 794] Herder verfaßte einen Aufsatz *Ueber die menschliche Unsterblichkeit*. Wenn er einmal "von der Unsterblichkeit des Geistes oder der Seele" *nicht* redet, dann bleibt noch die "andere Unsterblichkeit des Namens und Nachruhms." Unsterblich ist in dieser Sicht allein, "*was in der Natur und Bestimmung des Menschengeschlechts, in seiner fortgehenden Thätigkeit, im unverrückten Gange desselben zu seinem Ziel, der möglichstbesten Ausarbeitung seiner Form wesentlich liegt.*" [W XVI, S. 28 f.; S. 33 f.]

Lessing entwirft in der *Erziehung des Menschengeschlechts* den vollendeten Menschen. Lessing kennt auch die Vollendung des Einzelnen über mehrere Leben hin. [W VIII, S. 508 f.] Für Schleiermacher, den Autor der *Monologen*, hilft "freies Handeln [...] die Menschheit fortbewegen auf der rechten Bahn zu ihrem Ziele hin." [S. 66] Er freut sich in der Schrift *Über den Wert des Lebens* des Daseins der Millionen so wie seines eigenen Lebens. In den *Monologen* sagt er, daß es gilt "die Menschheit in sich zu betrachten."[50]

6.7 Liebe zum Universum

"Die Welt mit ihrer Pracht, was dieses ganze Ganze? / Hab' ich nur, Jesu, dich, so hab' ich alles Gut." (Fleming)

EINE über die Menschenliebe hinausgehende Hinwendung zum Universum drückt die Inschrift auf Carl Ludw. Aug. Freiherrn von Phull aus; unter russischer Schrift heißt es: "Nicht uns, dem Universum gehören wir an." Auf dem Ulmer Alten Friedhof sagt eine Inschrift des späten 19. Jahrhunderts für drei 1880, 1887 und 1898 Verstorbene, daß der Tod eine Befreiung ins Grenzenlose bringt und jedes Wesen im All fortlebt: "IM GRENZENLOSEN SICH / ZU FINDEN / WIRD GERN DER EINZELNE / VERSCHWINDEN / DA LÖST SICH ALLER / ÜBERDRUSS / STATT HEISSEM WÜNSCHEN / WILDEM WOLLEN / STATT LÄSTGEM FORDERN / STRENGEM SOLLEN / SICH AUFZUGEBEN / IST GENUSS. // KEIN WESEN KANN ZU / NICHTS ZERFALLEN / DAS EWIGE REGT SICH / FORT IN ALLEM / AM SEIN ERHALTE DICH / BEGLÜCKT! / DAS SEIN IST EWIG / DENN GESETZE / BEWAHREN DIE LEBENDIGEN / SCHÄTZE / AUS WELCHEN SICH / DAS ALL GESCHMÜCKT." [Ungericht, S. 100] Der erste Teil der Inschrift verwendet die erste Strophe des Gedichts *Eins und Alles*, der zweite Teil

[50]In: F. S., *Monologen nebst Vorarbeiten*, S. 182; S. 27

die erste Strophe des Gedichts *Vermächtnis* von Goethe. Dieser zweite Teil variiert mit Goethes *Vermächtnis* die letzte Strophe des Gedichts *Eins und Alles.* Dort regt sich das Ewige "fort in allen: / Denn alles muß in Nichts zerfallen, / Wenn es im Sein beharren will." Den Stiftern des Grabmals muß diese Fortdauer zu unpersönlich erschienen sein; dem Vers, daß alles *in Nichts zerfallen* muß, setzen sie den, daß *kein Wesen zu Nichts zerfallen* kann, entgegen.

Karoline von Günderrode, erfahren wir in Bettina Brentanos *Günderode*, sieht eine Vermittlung zwischen Natur- und Geistesgesetzen. [W I, S. 387] Früher gab es den Unterschied zwischen "menschlichen" und "himmlischen" Gesetzen; Nik. Horn, sagt seine lateinische Inschrift von 1578, kannte jene und begann diese zu erforschen. [DI XXIII, Nr. 181] Ewige Gesetze regieren die Welt und das Los des Menschen in Frankfurt am Main; die Hervorbringungen des Landes werden von zwei Inschriften des dortigen Hauptfriedhofs mit gewürdigt: "Edel sei der Mensch, hilfreich und gut", "Nach ewigen, ehernen, grossen Gesetzen / Müssen wir alle unsres Daseins / Kreise vollenden." (†1910) Die Inschriften verwenden die beiden ersten Verse der ersten Strophe und die sechste Strophe des Gedichts *Das Göttliche* von Goethe.

Brutal und unerbittlich waltet in Stuttgart das Gesetz der Natur. Freiherr Carl Alex. v. Seckendorff, predigt Grüneisen, wurde "durch das Gesetz der Natur erfaßt und unerbittlich" seinen Lieben "entrissen." Auf dem Hoppenlau-Friedhof nimmt in sechs Sprachen General von Résimont von seinem Sohn Alphonse Abschied: "ci-git" — "good-by, dear Friend! / —— / A Riverderci!" — "Dominus dedit, Dominus abstulit / Sicut Domino placuit, / ita factum est. — / Sit nomen Domini benedictum. / Joh. 1." Es folgt eine russische Inschrift. "Dem theuren einzigen Sohne / seiner schönsten Hoffnung, / dieses Denkmal zu gründen, / kam aus fernem Norden, / der, von Alter / und Schmerz gebeugte Vater / General von Résimont / —— / Fühlende Herzen flehet zu Gott / Für den Entschlafenen."

Einsicht in die Zyklik findet sich vielleicht auch in modernen Todesanzeigen: "Der Lebenskreis hat sich geschlossen." — "Von Erde zu Erde, / wieviel Sonne und Segen, / Liebe und Leid haben dazwischengelegen." [HAZ 28.6.1988; 23.6.1988] Es ist der ewige Naturkreislauf: "Im ewigen Kreislauf der Natur / bringt das Leben den Tod, / doch auch der Tod das Leben", und "Wie ein Blatt vom Baume fällt, / so geht ein Leben aus der Welt — / die Vöglein singen weiter." [StZ 20.6.1989; 23.6.1989] Eine Inschrift auf dem Friedhof in Möhringen stimmt ein: "DIE ZEIT HAST DU VERGES-/SEN — SIE IST DER FEIND / VOM GLÜCK — / DENN SIE NIM̄T / WAS DU BESESSEN — IRGEND-/WANN EINMAL ZURÜCK." (†1974)

6.8 Rührung über das eigene Fühlen

"Wenn man z. B. einen armen jungen Mann lehrt, sich selbst zu barbieren und sein Rasiermesser in Ordnung zu halten, so kann man mehr zum Glück und Behagen seines Lebens beitragen, als wenn man ihm tausend Guineen schenkt." (Benjamin Franklin) "Rührung kann wohl aus Bewegung entstehen, aber nicht aus Kunst, wie bewegte Milch Butter gibt, aber nur stehende Käse." (Jean Paul)

GOETHE versucht Charlotte v. Schiller am 16. Dezember 1803 für seine selbstgefällige Auffassung zu gewinnen, daß wir tugendhafter sind, als wir selbst wissen, denn sonst "müßte uns ein Zustand, der nichts als Aufopferung enthält, ganz unerträglich werden." [W IV-XVI, S. 381] Gleichen–Rußwurm führt Mitte Juni 1794 in einem Brief an Schiller aus: "Dieser Enthusiasmus für Wahrheit Tugend Menschenwohl und jeden auf diese Begriffe sich beziehenden Gegenstand, ersezt nicht nur alle andere Hülfsmittel, sei es die Liebe d. Gottheit, der Unsterblichkeit etc. vollkommen, sondern wird auch seiner Natur nach nicht so leicht in Schwärmerei und noch weniger in Aberglauben ausarten, und also das Sittengesetz weder beschränken noch durchkreuzen." [Schiller W XXXV, S. 15] Schwärmerische Menschenliebe hielt Gleichen–Rußwurm noch für undenkbar. Er hat sich getäuscht.

Findet auf dem Hoppenlau–Friedhof das Interesse am Wohl der ganzen Menschheit im knappen Bekenntnis zum Universalismus und in formgewordener Vielsprachigkeit seinen noblen Ausdruck, rühmen Almanach–Gedichte lieber geschwätzig und selbstgefällig das tugendhafte Leben zum Wohle der Welt. Freilich ist solches Wirken gefährlich und bleibt zumeist abstrakt. Nastasja Filippowna schreibt in Dostojewskijs *Idiot* an Aglaja Iwanowna: "Bei der abstrakten Liebe zur Menschheit liebt man fast immer nur sich selbst." [S. 596] D. H. Lawrence kommentiert im *Mann, der Inseln liebte*: "Wer aber nun die Welt vollkommen haben möchte, muß sich vor wirklicher Liebe und vor wirklichem Haß hüten. Mehr als ein allgemeines Wohlwollen darf er nicht erhoffen." [S. 267] Man gefällt sich darin mitzuteilen, wie wohl man sich bei eigenen tugendhaften Taten gefühlt hat. Es geht immer um das Fühlen, das hochherzige, um das eigene schöne zurechtgemachte Gefühl, um die Vermittlung im Ich und in einer gerührten edelmütigen Seele — schon die Titel solcher Produktionen lassen ahnen, wie unpassend derlei auf einem Grabstein erscheinen müßte: *Die Wohlthat*, Karoline Kramer wendet sich *An ein schönes Bettelmädchen, das mich auf einem einsamen Spaziergange mit besondrer Anmuth um ein Almosen bat*, Krauseneck schreibt Verse *Auf ein armes Kind.*[51]

Eine Variante ist die Wohltat gegenüber dem Invaliden. Pfeffel liefert einen diesbezüglichen Beitrag für Beckers *Mildheimisches Liederbuch*. Ein Edelmann nimmt da einen alten Soldaten — "Vor Prag verlor ich auf der Streife dies Bein durch einen Schuß: da griff ich erst nach meiner Pfeife, und dann nach meinem Fuß." — zu sich, der im Krieg, wie sich herausstellt, den sterbenden Vater seines jetzigen Wohltäters pflegte.

[51] GMA 1776, S. 175 ff.; StMA 1785, S. 118-122; Gd, S. 100 f.

pflegte. [S. 164 f.] Haarsträubend ist es! "Wer zittert nicht vor edler Wuth, wenn Mächtige des Armen Gut in ihre vollen Kasten ziehn, sich nur um ihren Bauch bemühn?" ruft empört Städele in ebendiesem *Liederbuch.* [S. 110] Freilich, freilich.

Allüberall überbordet Selbstgefälligkeit und spreizt sich. Einschlägig Prägnantestes präsentiert das *Mildheimische Liederbuch.* Gleim, entelechial als problematisch gewordener Brockes zu bestimmen, bietet da den — schätzungsweise — halben *Grzimek* — d. i. dessen Personal — auf, aber bloß, um ihn — d. i. es — niederzumachen: "Tieger, Panther, Adler, Katze, Löwe! habt auch ihr Verstand? Eure Krall' und eure Tatze nehm' ich nicht für meine Hand." — "Stärk' und Größe muß verderben, Behemoth und Krokodill, Löw' und Wallfisch müssen sterben, wenn's der Geist des Menschen will." — "Wohl, ja wohl will ich mich freuen, daß ich Mensch bin! Seht mich an! Ihr in Haufen und in Reihen seyd dem Menschen unterthan!" [S. 113] Gleims Vorgehen muß dem heutigen Betrachter unangebracht brutal erscheinen und anwidern. Andernorts verlautet denn auch Entgegengesetztes von Gleim. Im Gedicht *Die Vorsehung* kritisiert er scharf das Abendland: "Der Mensch? Ja! Ja! / Nicht zwar der Mensch in Asia; / Der in Europa, der die beste / Kultur hat, der! der ist das größte Ungeheuer! / Wo wütet wohl, wie Er, / Ein andres so mit Schwert und Feuer? / Der Mensch ist Luchs, ist Wolf, ist Tiger und ist Bär! / Er übertrift, obgleich er keine scharfe Zähne / Wie die Hyäne hat, an Tollwut die Hyäne." [VMA 1798, S. 21]

Overbeck betrachtet in seinem *Liederbuch*-Beitrag sich selbst und ist dabei ganz arg glücklich: "Wie wunderbar bin ich gemacht, mit welcher Kunst, mit welcher Pracht! Jemehr ich mich betrachte, wird mein Herz zu frommen Dank gerührt." Noch erregender ist es dann aber dem in sich Verliebten, wenn er einen hat, auf den er herabschauen kann. Da muß "der blinde Mann" herhalten, der sein Almosen wohl nur bekommt, weil er anerkennend des angeblich wunderbar Gemachten Selbstverliebtheit steigern hilft: "Der blinde Mann, der gestern kam, und traurig seinen Pfennig nahm, der arme, stille blinde Mann zeigt mir das Glück der Sinne an." — "O blinder Mann, du weist es nicht, wie mir das Herz vor Wehmuth bricht: ich fühle meiner Sinne Glück und danke Gott mit nassem Blick." [S. 101 f.]

Fromme Wohltäter traten auch in deutschen und lateinischen Inschriften von 1550-1610 auf, sie unterstützten die Armen und Hilfsbedürftigen.[52] Appolonia Strauben (†1649) verhielt sich wie eine von den "Heyls weybern" in "ehe und haushaltung"; es läßt sich nichts Schlechtes nachsagen. [DI VIII, Nr. 436] Ein "Ehrliches Weib", d. i. ein Biederweib, ist mehr wert als alles andere: "Kinder Zeugen Vnd Städte Beßern / macht Ein Ewig gedächtniß, aber Ein Ehrliches / Weib mehr dann dir allebeyde", versichert eine Inschrift von 1574. [DI XXIII, Nr. 174] Eine Heilige muß die Freyin Ludowika von Remchingen, "die lezte des Remchingischen Namens", bestattet auf dem Alten Friedhof zu Füssen, gewesen sein (†1793). Die Inschrift befindet sich auf einem Wandgrabmal an der Friedhofsmauer, welches eine Totenkopfdarstellung über einem

[52] Vgl. die Wohltäter in den deutschen und lateinischen Inschriften lat. †1609 [DI XVII, Nr. 322]; lat. †1610 [DI XVII, Nr. 327]; dt. †1604 [DI XVI, Nr. 319]; dt. vor 1600 [DI XVI, Nr. 320]; lat. 1572 [DI I, Nr. 244]; lat. 1580 [DI XIV, Nr. 136]; lat. †1554 [DI XIV, Nr. 107]; lat. †1564 [DI VI, Nr. 85]

Weihwasserbecken zeigt: "Nächst an diesem Steine ruht / Eine wahre Christin / welche Gott täglich inbrünstig verehrte: / Eine wahre Mutter der Armen, / Welche eher sich selbst was entzog, als den Dürftigen hilflos lies: / Eine wahre Dulderin, / Welche dem Iob an Menge des Leidens und Starckmuth glich." Manchmal geschahen die Wohltaten um des himmlischen Lohns und manchmal um ihrer selbst willen, meist blieb es offen und nur die Tatsache als solche wurde erwähnt. Schon die Form der Inschrift mag die gerade beobachteten Selbstgefälligkeiten verhindert haben, vor allem aber neigte nicht jede Zeit zu ihnen wie die um 1800. Das überschwappende, den Weg an die Öffentlichkeit suchende Gefühl ist eine Erscheinung der Periode um 1800. Umso eindrucksvoller stehen in diesem Kontext die gemessenen und herben klassizistischen Inschriften.

Sehr artige Anregungen zu einer angewandten Humanität findet der geneigte Menschenfreund in den *Aufzeichnungen eines nachgeborenen Prinzen*: "Wie leicht ließen sich in allen Städten Oertlichkeiten zu anständiger Befriedigung natürlicher Bedürfnisse anbringen?" Doch, dann wäre schon vieles besser. Am weitesten sind die Römer: "In Rom nimmt man krumme und schwächliche Männer zu Kirchendienern vorzugsweise. Die Gestalt des Priesters tritt nebenbei hiedurch vortheilhaft hervor!" [S. 28] Der Vorschlag leuchtet ein. Aus Balzacs Hauptwerken kennen wir Priester von vorteilhafter Gestalt zur Genüge.

Unter großer emotionaler Anteilnahme ist entdeckt worden, daß wir alle Menschen sind und hierin uns gleich. Leicht schwappt die Freude darüber über. Die Inschriftendichter halten sich erfreulich zurück. Neben der Liebe der Wohltäter zu ihren Günstlingen kommt eine weitere Form der Liebe, und zwar die hypertrophe Liebe zu aber auch allem Beseelten, die sich bekundet im brennenden Interesse am Seelenheil des Würmchens, auf dem Hoppenlau-Friedhof nicht zum Zuge.[53] Büschenthal verfaßt ein Gedicht *Auf dem Grabe eines Herrgottsthierchens, von Kindern in einer Nußschale beerdigt*: "Doch im kleinsten Schälchen / Wird dein liebes Seelchen / Einst von Gott gesucht." — "Doch zu schönerm Loose / Ruft aus ihrem Schooße / Einst dich Gottes Wort." [DHa III, S. 326] Indes, leider, zu allem oben Angeführten völlig im Widerspruch konstatiert Young: "Wenn ein Gott blutet, so blutet er nicht für einen Wurm." [I, S. 355]

Die Inschriftendichter müssen abdämpfen und sich auf vorsichtiges Andeuten beschränken. "O wie habe ich diesen trefflichen Jüngling beweinet, mit lautem Geschrey der Liebe beweinet!" klagt Gellert gegenüber J. A. Schlegel am 22. Januar 1758; er ist, teilt er am gleichen Tag Joh. Wilh. Biehle mit, "beynahe in Ohnmacht gefallen," als er Kleists Gedicht auf seinen, Gellerts, "vermeynten Tod" las. [B II, S. 147 f.] Das herausbrechende Gefühl in den Stein gehauen, der dauernde Affekt, der fortwährende Anspruch auf Rührung — es wäre unerträglich.

---

[53]Vgl. Hermann, *An Gott* [StMA 1793, S. 73-75]; Tiedge, *An W. G. B.* [VeMA 1802, S. 276 f.]; Klopstock, *Die Frühlingsfeier* [W S. 89 ff.]; Gleim, *Der Fabeldichter und das Würmchen* [W III, S. 217]; Gleim, *An ein kaum sichtbares Würmchen, das mir auf's Papier kam* [W VII, S. 152]

7 Die Diskussion um die Unsterblichkeit

"Gedanke der Unsterblichkeit du bist es, der das Herz erfreut." (Mildheimisches Liederbuch) "Doch zur Unsterblichkeit *war* sterben *der einzige Weg." (Haug)* "Liebe. *Welche? Wo? Im Himmel oder auf Erden?" (Caroline Schlegel an Hardenberg)*

REHM stellt fest: "Keine Frage wird stärker um die Jahrhundertmitte erwogen als die der Unsterblichkeit." Die Unsterblichkeit wird in der populären Philosophie und der Dichtung zum zentralen Problem. Dies ist nur in einer bestimmten geschichtsphilosophischen Konstellation möglich. Der Tod darf nicht mehr, wie im Hochmittelalter, ein Gemeinschaftserlebnis sein. Der Tod muß zum persönlichen Tod geworden sein. Die ganze Thematik ist verweltlicht worden, es geht nicht mehr so sehr, wie im Barock, um den Tod, sondern eben um die Unsterblichkeit.[54]

1791 bringen Brustkrämpfe Schiller an den Rand des Grabes; er läßt sich Stellen aus Kants *Kritik der Urteilskraft*, welche Unsterblichkeit verheißen, vorlesen. Nie wird auf die Leistungen einer vorangegangenen Epoche verzichtet, es geht immer höher hinauf. Wenn Goethe die Unsterblichkeit als Postulat der Glückswürdigkeit des Menschen nicht akzeptieren kann und "an Stelle des Glücks die rastlose Tätigkeit" setzt, dann ist doch die Denkform noch die gleiche, es bleibt "ein Gemeinsames, nur immer in höherer Ebene gedacht." [Rehm, S. 344] Und wenn die Romantiker nun wieder die — stark umgeformte — Religion heranziehen, um mit dem Todesproblem fertig zu werden, so sind die Inhalte der Klassik doch nicht verloren, die Romantik kennt und verarbeitet den klassischen Humanitätsbegriff, auch wenn es jetzt wieder übersinnlich zugeht. Denn das Übersinnliche ist nicht irgendwo; es ist angelangt im diesseitigen Einzelnen. Jedenfalls: es ist nicht zu jeder Zeit alles möglich, trivial genug, und gewisse Vorstellungen sind nunmehr, jedenfalls da, wo der Weltgeist zugange ist oder doch gelegentlich vorbeischaut, endgültig passé: "Aber schrecklicher ists, wenn der Trompete Schall / Einst die Gräber durchhallt", verheißt drohend Nurnbergers Gedicht *Das lezte Gericht.* [WMA 1781, S. 94] "Es ist ein Schnitter / heißt der Tod, hat / G'walt vom großen Gott", lautet eine Inschrift des Friedhofs in Winterbach (†1934). Dies nur zur Abgrenzung. Ich möchte zunächst zeigen, wie sich die angesichts eines nur noch postulierbaren Gottes eingetretene allgemeine Verunsicherung in einer Präsenz der verschiedenartigsten Jenseitsvorstellungen äußert. Die Aussagen werden immer vager. Ich werde einzelne Standpunkte in der Unsterblichkeitsdiskussion beschreiben. Unsicherheit ist die *eine* Reaktion auf die große Erschütterung. Aber auch die Rückkehr zum Überwundenen trägt das Mal der Veränderung. Die Rückkehr ist vom geschichtlichen Wandel gezeichnet. Die Verkrampftheit zeigt, daß es jetzt bestimmt und forciert *gegen* etwas geht, wo zuvor alles selbstverständlich war.

---

[54]S. 251; S. 66; S. 139; S. 250 f.

7.1 Vielfalt der Vorstellungen

"Für Gott ist alles schön und gut und gerecht; die Menschen halten das eine für ungerecht, das andere für gerecht." (Heraklit) "Buggo preist Gott und freut sich, den Tartarus zu überlisten!" (Lateinische Inschrift Schönau, vermutlich 1149) "Liebt euch, redet der Herr; und brüderlich duldet einander! / Aber die höllische Pest Unduldsamkeit scheucht in den Abgrund!" (Voß)

SCHWER VERUNSICHERT nach Kants kritischem Auftreten blickt man auf die Vorstellungen fremder Kulturen. Man hat gelernt, daß man über Jenseitiges nichts Sicheres wissen kann und daß die christlichen Inhalte nicht besser verbürgt sind als die anderer Religionen. Man bekennt sich zur Toleranz.

Schmolck projizierte im Gedicht *Die glückseligen Morgenländer* noch die Versöhnung in eine ursprüngliche Einheit und in die historische Ferne; der christliche Gott war in einer bestimmten Konstellation vor zweitausend Jahren der Gott aller Orientalen gewesen. [W S. 16] Mendelssohn erklärt Sophie Becher am 27. Dezember 1785, daß er sich "mit jedem Religionsgebrauch, der nicht zu Intoleranz und Menschenhaß führt", freut.[55] Und Jenny v. Gustedt meint in ihrem Brief vom 3. September 1833 an Helene v. Mecklenburg, bei aller Verschiedenheit sei man sich einig: "wer nach seiner innigsten Überzeugung Recht thut, hat vor dem Tode nichts zu fürchten."[56] Konkurrierende Vorstellungen sind bekannt und werden erwogen. Schiller versichert in der *Elegie auf den frühzeitigen Tod Johann Christian Weckherlins*: "Nicht in Welten, wie die Weisen träumen, / Auch nicht in des Pöbels Paradiß, / Nicht in Himmeln, wie die Dichter reimen, — / Aber wir ereilen dich gewiß." [W I, S. 36] Claudius rät seinem Sohn Johannes vorsichtig, keine Religion zu verachten. Man wisse nicht, "was unter unansehnlichen Bildern verborgen sein könne."[57] Voß schreibt am 18. September 1792 an Miller, er könne "selbst an den Katholiken [...] alles dulden, nur nicht ihre Unduldsamkeit." [B II, S. 126] Als sich *Candide* nach der Religion erkundigt, welcher die Leute in Eldorado angehören, antwortet der gelehrteste Mann des Landes: "Wir haben, denke ich, dieselbe Religion wie die ganze Welt: wir beten Gott vom Morgen bis zum Abend an!" Das Gebet ist ein unaufhörlicher Dank, alle sind Priester, Mönche gibt es nicht. [S. 96] Pückler schreibt am 19. Oktober 1864 Ludmilla Assing, er erwarte ein "religiöses Reformgenie", das "den Wust veralteter Religionen durch eine *zeitgemäßere* neue" ersetzt.[58] "Auf Unduldsamkeit und Unverständnis ist die Sicherheit des Lebens gegründet." [Broch, S. 25] Hier, in dieser Phase der Unsicherheit hat man für alles Verständnis. Man weiß es ja selber auch nicht besser und nicht genauer. Die christliche Religion ist nicht mehr allein und unhinterfragt maßgeblich. Man versucht wie Karoline von Günderrode in der *Geschichte eines Braminen* im Vergleich der Religionen das Gemeinsame zu finden, das dann mehrfach abgesichert erscheint.

---

[55] In: Rachel, *Elisa von der Recke*, S. 221

[56] In: Lily Braun, *Im Schatten der Titanen*, S. 184

[57] In: *Der Brief ein Geschenk*, S. 17

[58] In: *Briefwechsel und Tagebücher des Fürsten Hermann von Pückler=Muskau* IV, S. 106

[W Hg. Pigenot, S. 116]. Wezels *Belphegor* fragt: "Und sollte es nicht vielleicht dem Schöpfer und also auch dem Menschen gleichgültig seyn müssen, ob der *Höchste*, der *Größte*, dessen Begriff unser Gedanke doch niemals umfaßt, in dem Wurme, dem Stier, der rohen Misgeburt, der ungebildeten Phantasie, im Stein, Holze, Metall oder in der bloßen Idee, als Tier, Jehovah, Jupiter angebetet wird?" [S. 258] Goethe gesteht am 6. Januar 1813 Jacobi, er könne nicht an "einer Denkweise genug haben" und sei "als Dichter und Künstler Polytheist, Pantheist hingegen als Naturforscher." [W IV-XXIII, S. 226]

7.2 Kontroversen

"Was liegt am Glauben? Die Hauptsache ist, daß man glaubt." (Flaubert)

WÄHREND in allen Religionen das Gemeinsame gesucht wird, wird auf der anderen Seite das Christentum für jeden ein besonderes. [Köpke II, S. 51] Die Bibel wird entwertet. Das Epigramm des Autors "X." über *Die Bibel* lautet: "Was ist die Bibel? Ein Buch, wo jeder, was ihn gelüstet, / Sucht, und jeder sogleich, was ihn gelüstet, entdeckt." [VMA 1786, S. 188] Joh. v. Müller bekennt sich im Brief vom 27. Februar 1772 an J. H. Füßli zur religiösen Toleranz; 37 Jahre später, am 9. März 1809, klagt er K. F. Stäudlin: "Alle positive Religion geht verloren"; den Eltern teilt er am 16. Juni 1771 mit: "So will man uns jetzt unsere Bibel rauben, und der offenbarste Naturalismus soll in den protestantischen Kirchen herrschend werden." [B S. 39; S. 404; S. 36] Klopstock ereifert sich im Gedicht *Die Feinde des Creutzes Christi* gegen die sogenannten Gottesleugner: "Weit mächtig wütet ihre Pest; / Doch nie mehr, als Gott sie machen läßt."[59] In Millers *Siegwart* kommt es in einer Bauernhütte zu einer Prügelei, weil die Frau einem bettelnden Lutheraner Milch und Brot geben wollte und Pater Anton macht unter Tränen versöhnend den Bauern plausibel, "daß ein Ketzer auch ein guter Mensch seyn kann, an dem Gott Wohlgefallen hat." [S. 59] Schiller befaßt sich mit dem "tägliche[n] Verfall des wahren Christenthums im Lengefeldischen Haus," der "schon längst" wie "eine Zentnerlast auf" seinem "christlichen Herzen gelegen" habe, in seinem Brief an Charlotte von Lengefeld vom 2. August 1788. [W XXV, S. 89] Gleim poltert im *Vater unser*: "Gott ist *Gott* in allem! — *Götter* / Können also nirgend seyn!" [W II, S. 180] Logisch überzeugt es nicht, aber darauf kam es ihm nicht an. Ein nicht vorhandener Zusammenhang wird suggeriert. Goethe schreibt *Das Heilige und das Heiligste*; ihm ist das Heiligste "das, was heut und ewig die Geister / Tiefer und tiefer gefühlt, immer nur einiger macht." [SMA 1797, S. 41] Die Positivität der Religionen wird von "G." und "S." in einer der *Tubulae Votivae*, die den Titel *Mein Glaube* trägt, wie in Hegels frühen theologischen Schriften kritisiert: "Welche Religion ich bekenne? Keine von allen, / Die du mir nennst! 'Und warum keine'? Aus Religion." [SMA 1797, S. 163]

Creuzer versucht in Briefen vom 9ten Juni 1799 und vom 15. Dec. 1799 Savigny Mitteilungen über die Schwierigkeiten beim Erfassen mit dem Verstand und den Vorzug

[59] In: K., *Geistliche Lieder*, I, S. 16

des Ahndens zu machen;[60] Fichtes Witwe versichert am 1. Mai 1817 Fouqué: "Das Erste und wesentliche des Christenthums ist nicht etwa der Glauben, an irgend ein Faktum, sondern es geht allein das Gemüth, — das Innerste des Gemüths an."[61] Vom Empfinden Gottes "im innersten Herzen" berichtet Klöden. [S. 163] Die Problematik einer solchen Abkehr von allen Inhalten liegt darin, daß sich alles ins Unbestimmte, Vage, Unsagbare, ins Gefühl, vielleicht gar in den fragwürdigen Hegelschen "Brei des Gefühls" auflöst. Die Toleranz schlägt dann in schlechte Mystik um, die zu früh das Denken abbricht. Es kann ein rechtes Durcheinander entstehen. Krummacher berichtet 1821 an Möller von einem Kandidaten, der in Berlin und Tübingen studiert hatte und an dem sich nun ein "wunderlich Gemisch" beobachten lasse. [S. 284] Andere beklagen vergleichbare Erscheinungen: "Welche Schule der Religion!"[62]

Jung-Stilling fragt Fouqué am 12. März 1812: "Kann man denn wirklich in Berlin studieren? — Außer Tübingen und Basel weiß ich keine Universität mehr, wo man nicht Gefahr läuft, anstatt Theologie, Neologie zu studieren."[63] Hippel berichtet in seiner *Selbstbiographie* von anderen Erscheinungen: "Dieser gewiß gelehrte Mann [Schultz] lehrte mich die Theologie von einer andern Seite kennen, indem er in selbige so viel Philosophie brachte, daß man glauben mußte, Christus und seine Apostel hätten alle in Halle unter Wolf studirt." [W XII, S. 96] Hier soll die Theologie philosophischen Ansprüchen genügen.

Die Inhalte gehen verloren. Schleiermacher steckt vielleicht wirklich hinter allem, was Krummacher in Augenschein nehmen muß. Fritz Strich weist darauf hin, daß bei Schleiermacher "alle möglichen Religionen [...] die Religion" ausmachen. "In allen Religionen ist die Religion zu erkennen." [II, S. 12] Erheblich frühere Kritik formulierte J. A. Schlegel im Brief vom 24. Februar 1756 an Gellert: "Ich habe Ursache, zu glauben, daß in Berlin die meisten, die noch Religion haben, nichts als Eklektiker sind, die da sich ihr System selbst machen, und nur glauben, was ihnen ansteht."[64]

Die Kontroverse hat auch den Hoppenlau-Friedhof erreicht. Spuren finden sich noch in einer Predigt. Rieger faßt in der Predigt für Storr zusammen: "Unter dem Vorwande, die Spreu von dem Waizen zu sondern, findet man eine Wahrheit nach der andern zu leicht, wirft besonders die eigenthümlichen Wahrheiten des Christenthums als Spreu hinweg."

---

[60]In: *Briefe Friedrich Creuzers an Savigny*, S. 36; S. 71

[61]In: *Briefe an Friedrich Baron de la Motte Fouqué*, S. 86 f.

[62]In: *Briefe eines Pfarrers an seinen Vetter im Priesterhaus ****, S. 15 f.

[63]In: *Briefe an Friedrich Baron de la Motte Fouqué*, S. 567; S. 191

[64]In: *C. F. Gellerts Briefwechsel* II, S. 37

7.3 Trockener Religionsunterricht und Schwierigkeiten beim Begreifen

"Mein Mann hat die neuen Klopstockischen Oden verschlungen. Wir haben sie angefangen zu lesen, und er mußte uns die neuen auslegen; diese scheinen nur für Männer geschrieben zu sein; sobald wir sie verstanden, bekamen sie einen großen Reiz." (Caroline Herder an Gleim)
"'Ich weiß, was ich weiß!' — 'Was weißt du denn?' — 'Ich begreife nichts.'" (Dostojewskij)
"Und dann fragst du dich, warum muß das sein. / Doch die Antwort gibt dir nur das Leben ganz allein — / mit der Zeit, erst wenn die Sommer deines Lebens gehn, / wirst du verstehen. / Udo Jürgens" (Todesanzeige SWP, 7.3.1989)[65]

DER RELIGIONSUNTERRICHT ist die Institution der kollektiven Vermittlung religöser Vorstellungen. Im mißratenen Religionsunterricht erweist sich, wie schwer im frühen 19. Jahrhundert der Umgang mit den religiösen Inhalten geworden ist. Wo die Erwachsenen nicht mehr glauben, gelingt es ihnen auch nicht mehr, die aufgewecktesten unter ihren Kindern zu überzeugen. Sie langweilen sich. Von Kügelgen ist prägnant zu erfahren, wie der Verlust der Inhalte sich konkret bemerkbar macht. Pfarrer Roller unterzieht seinen Schüler einem Examen: "Er fragte mich nach dem ersten Gebot: ich kannte es nicht. Ich wußte auch vom ersten Glaubensartikel nichts, hatte nie davon gehört, und selbst das Vaterunser war mir fremd. Endlich mußte ich sogar die sehr allgemeine Frage nach dem, was ich denn eigentlich wisse, unbeantwortet lassen." [S. 288] Später zeigt es sich dann aber freilich: es ist im Herzen alles vorhanden und bekannt, nur die rechten Worten stellen sich nicht ein, die wurden nicht gelernt und sind nicht zur Hand.

Ludwig Richter stören der trockene Religionsunterricht des Rationalismus und die fehlende Kenntnis von den höchsten Dingen. [I, S. 54] Auch Klöden leidet unter dem trockenen und dürren Religionsunterricht. Klöden versteht wenig. Alles wird schnell weggelesen, aber "durchaus nichts erläutert." Er berichtet von der Katechisation des Kaplans Meerkatz: "Er fragte, wir antworteten. Sie lautete: 'Wieviel heilige Zehngebote Gottes gibt es?' Zehne. 'Wer hat sie gegeben?' Gott der Herr.'" [S. 159; S. 108 f.] Und so weiter. Aber so arg wird er es in Wirklichkeit doch nicht getrieben haben. Aber wer weiß. Meerkatzen sind Meerkatzen. Doch egal. Kußmaul erfährt eine religiöse Unterweisung im Heidelberger Lyzeum. Das Neue Testament wird aus dem Griechischen übersetzt, erklärt wird nichts. [S. 69 f.] Daß der Konfirmationsunterricht schlecht ist, erfahren auch Holtei und Gerok.[66]

Trencks Instruktor versteht nichts von der Bibel. [S. 27] Robert v. Mohls religiöse Erziehung ist, ganz anders als die sittliche, "sehr lax." [I, S. 69] Die "alte Dogmatik fiel", stimmt Klöden ein, "aber die erhabene Sittenlehre des Christentums blieb unangefochten." [S. 387] Einer "täglichen religiösen Ermahnung" durch den Vater "im

[65] Die in dieser Arbeit vorgestellten Anzeigen aus der *Südwestpresse* wurden mir von Marianne Schneider–Langer übereignet.

[66] Karl von Holtei, *Mit dem Thespiskarren durch die Lande*, S. 32 f.; Karl Gerok, *Schwäbische Jugend*, S. 56

Christentum" erinnert sich Schubart. Doch der Religionsunterricht ist schlechter als der in den sprachlichen Fächern. Auch sein eigener Unterricht in Geislingen gerät nicht besser.[67] Hippel berichtet in seiner *Selbstbiographie* von einer "Dame von vornehmer Geburt," die von seiner Predigt "auch kein Wort verstanden" hatte. [W XII, S. 106 f.] Die Inhalte gehen verloren und der Konfirmationsunterricht taugt nichts. Varnhagen teilt in seinen *Denkwürdigkeiten* mit, daß er im Religionsunterricht vieles nicht verstand. [I, S. 58 f.] Klöden besucht unregelmäßig die Armenschule: "Was darin vorgenommen wurde, begriff ich nicht, und das 'a, b, ab, b, a, ba' langweilte mich unendlich." Später, in Preußisch-Friedland, verstand er "die meisten Bibelverse gar nicht, oder auch wohl falsch." [S. 52; S. 79] Heine — der sich sonst gern heinisierend als intimer Kenner des *Schulgeheimnisses der Hegelschen Philosophie* zu installieren trachtet — gesteht Lassalle Ende 1845 ein, "von der Hegelschen Philosophie nichts begriffen zu haben."[68] Die ist aber auch wirklich schwer. Gutzkow hingegen erinnert sich in seiner Schrift *Aus der Knabenzeit* noch an das treffliche Argument: "Ich kann ja nicht in die Schule gehen! Denn ich weiß nichts!" [S. 311]

Grillparzer, ein "angenehmer wohlgefälliger Mann" (Goethe an Zelter), kam als Kind "nie in die Kirche." In seiner *Selbstbiographie* berichtet er von den Folgen, die sich im Gymnasium einstellten; da mußte er in der Messe "wie ein Wilder" die andern beobachten und ihnen alles genau nachmachen, weil er selber gar nichts wußte. [S. 19]

Selbstverständlich kann es auch einmal anders sein. Gutzkow berichtet *Aus der Knabenzeit*, daß Lehrer Schuberts "biblische Geschichte" ins Herz ging. "Wenn er von Joseph und seinen Brüdern erzählte, weinte alles." [S. 312] Gründliche und fördernde geistliche Unterweisung erfährt Bräker. [S. 39] Klödens Mutter ist jede der Religionsstunden bei Prediger Troschel "eine Feierstunde, in welchen ihr in ihrem freudenlosen Leben ein besseres und edleres Sein aufging." [S. 18 f.] Voß teilt in den *Erinnerungen aus meinem Jugendleben* mit, daß er keine Probleme hatte, ihm eignete ein gutes Gedächtnis. [S. 8] Raumer hat ebenfalls keine Sorgen, jedoch nur wegen der allgemeinen Gleichgültigkeit, und Raumer ist denn auch unzufrieden. [S. 2 f.; S. 11]

Bettina Brentano berichtet in der *Günderode* von ernsthaften Gedanken, die sie sich gemacht hat. Nach dem Nachtessen geht sie in den Garten. "Das Vaterunser, den Glauben, den englischen Gruß kann ich nur noch bruchstückweis; den ganzen Sommerabend, auf den ich so lüstern war, hab ich versimuliert, um den Glauben wieder zusammenzuflicken: 'Aufgefahren zu den Himmeln' — so weit — schreibe mir's im nächsten Brief was folgt." Das Begreifen ist schwer. Besonders für Bettina. "Gestern sprach ich mit der Großmutter, die sagte: 'Was der Verstand nicht faßt, das begreift das Herz.' — Ich begreif das wieder nicht." [W I, S. 292]

---

[67] S., *Ein schwäbischer Rebell*, S. 27; S. 33; S. 46
[68] In: *Gespräche mit Heine*, S. 525

7.4 Die vielen Religionen

"Es gab wenige Kasuisten und Pastoraltheologen, die er nicht gelesen, sogar den Talmud, bloß um selig zu werden." (Jean Paul)

DIE INHALTE sind nicht mehr wichtig. Man sucht das, was den Göttern der verschiedenen Religionen gemeinsam ist, und dies Gemeinsame ist der Geist und ist die Liebe. In dieser Sicht, mit diesem Wunsch nach Versöhnung geht man an die anderen Religionen heran. Jean Paul wehrt sich in der *Vorschule der Ästhetik* gegen oberflächliche Synkretismen, er beobachtet die Vielzahl der Vorstellungen und den "Mangel an einem einzigen Gott" kritisch. Mythologien, an die der Dichter nicht glaube, könne er nicht fruchtbar machen. Es helfe dann nicht, die vielen Religionen aufzuhäufen. [W V, S. 384; S. 73] Es geht immer nach Hause. Unter der Heimat kann sich jeder vorstellen, was er mag. Klopstock dichtet die Inschrift: "Wir sind alle Wanderer, / u. früher, später kommen wir alle / in der Heimath an."[69] Es ist so sympathischer. Die Liebe, so eine Hoppenlau–Inschrift, wird in der Heimat nicht enden: "Dankbar blicken wir zurück auf ihr Leben / voll treuer Liebe und trösten uns dass die / Liebe nimmer aufhöret droben in der himm–/lischen Heimath unsterblicher Seelen." (Schneider, Trierig) Prälat von Gerok predigt für Elise Erhard: "Die liebe Vollendete hat, wie wir hoffen, nun die bleibende Stadt, die bessere Heimath gefunden." Ähnlich verhält es sich mit dem "himmlischen Empfang" in Uhlands Gedicht *Auf einem Grabstein*, unter dem man sich auch Verschiedenstes vorstellen kann: "Wenn du auf diesem Leichensteine / Umschlungen siehest Hand in Hand, / Das zeugt von irdischem Vereine, / Der innig, aber kurz bestand; / Es zeugt von einer Abschiedsstunde, / Wo Hand aus Hand sich schmerzlich rang, / Von einem heil'gen Seelenbunde / Von einem himmlischen Empfang." [W I, S. 93]

Voß, der Dichter der *Luise*, erkennt: "Wir gläuben / All' an Einen Gott!" [VMA 1784, S. 141] In Luthers Lied *Wir glauben all an einen Gott*, welches in der Sammlung *Dr. Martin Luther's geistliche Lieder* enthalten ist, ging es allerdings immer nur um den christlichen dreifaltigen Gott und "Die ganze Christenheit auf Erden / hält in einem Sinn gar eben." [S. 55 ff.] Die anderen Religionen kommen nicht in den Blick. Voß befaßt sich im Brief an Brückner vom 20. Juni 1784 mit der christlichen und nichtchristlichen Bedeutung des Liedes *Wir glauben All' an einen Gott*, welches, neben dem streng christlichen Sinn, auch meinen könne: "Der Jude, Christ und Hottentott, / Die glauben All' an einen Gott." [B S. 207 f.]

Man beobachtet, wie sich fremde Kulturen dem Tod gegenüber verhalten, und empfindet fremde Totengesänge nach. Meyer ist der Autor des *Cherokesischen Todesgesangs*, Schiller dichtet die *Nadowesische Todtenklage*, Lappe schreibt *Stärkodder's Sterbelied* und Rühs verfaßt ein *Scandinavisches Todtenlied.*[70] Brockes unternahm zuvor einen *Versuch, die Anstößigkeit vielerley Religionen zu heben*, er läßt mit sich

[69] In: Deuter, *Neu entdeckte Verse und Briefe von F. G. Klopstock über das herzogliche Mausoleum in Oldenburg*, S. 157

[70] GMA 1791, S. 123 f.; SMA 1798, S. 237-239; GMA 1802, S. 95-98; GMA 1802, S. 215-217

reden: "Daß ein falscher Gottesdienst auch so gar Abgötterey, / Bloß nur ein' Unwissenheit= keine Bosheitssünde sey, / Ist mit Recht wohl nicht zu leugnen." [IX, S. 424] Für ihn bestand die Aufgabe im Gedicht *Einiger Grönländer Unwissenheit von Gott* darin, darzustellen, daß diese "Unwissenheit" keineswegs Gott "eine Ehre rauben kann" und daß aus diesem grönländischen "Zustand" noch eine "Lehre" für uns herauszuklauben ist. [VI, S. 403 f.] Er befaßte sich mit der *Verschiedenheit der Begriffe von Gott*. Wir alle meinen es redlich, weshalb sollte Gott da einen von uns hassen? [IX, S. 428] So sind dann *Atheistenkriege unnütz und unnöthig*. [IX, S. 431 f.] Es ist unnütz, sich zu bekriegen, denn ganz kann keiner von uns Gott kennen. Brockes wußte um die *Unmöglichkeit GOtt zu begreifen*. [VII, S. 659]

Der christliche Gott ist unbegreiflich. Hiller dichtet: "Gott, dein Lieben ist ein Lieben, / das kein Mensch begreifen kann." [W S. 509] Und er verfaßte ein Lied, in dessen dritter Strophe es heißt: "Kurz, Gott ist ganz unbegreiflich. / Seelen, überlegt es reiflich." [W S. 129] Egal — alle handeln in Gott.

7.5 Persönliche Unsterblichkeit

"Daß wir uns, nach dieser Erden / Unsers Thuns erinnern werden." (Brockes) "... da das Leben Deiner Liebe sich vom Vergänglichen geschieden hat." (Sinclair an Hölderlin) "Aber, schröcklich ists zu hören, / Strauß will durch sein Teufel-Werk / Die Unsterblichkeit zerstören, / Auch sogar in Würtemberg*! / Dieses zeigt doch mehr und minder / Einen ganz verstockten Sünder!" (Mörike)*

Der Unsterblichkeitsglaube ersetzt die Gewißheit der Auferstehung. Klopstock verfaßte die Inschrift: "Gott schuf den Menschen aus Staube: / u. aus Staub schaft er ihn zu der Unsterblichkeit um."[71] Mit Klopstock bahnt sich der Übergang an zur allgemeinen Hoffnung auf Unsterblichkeit. Jean Paul fordert in der *Vorschule der Ästhetik* die menschliche Unsterblichkeit. [W V, S. 455] Frau Rath Goethe vertraut am 23-ten Juni 1777 Lavater an, daß "unsre Cornelia unsere eintzige Tochter nun im Grabe" ist und "ohne den Felsenfesten Glauben an Gott", der "mit einem Wort die Liebe ist — ohne Glauben an den wäre so etwas ohnmöglich auszuhalten." Aber "wir wissen daß über den Gräbern unsterblichkeit wohnet."[72] Knapp siebzig Jahre später sucht Gervinus im Brief an Dahlmann vom 3. Januar 1846 das "Wesen" der "christlichen Verheißungen" in "dem Glauben einer Unsterblichkeit, die schwerlich an den Begriff der Gottheit Christi gebunden ist."[73]

Bemerkenswert vorsichtig formuliert Wieland 1812 in der Schrift *Über das Fortleben im Andenken der Nachwelt* seine Zweifel: "Indessen, wie natürlich und erfreulich auch dieser, von der Vernunft kräftig unterstützte Glaube an die Unsterblichkeit der Seele jedem guten Menschen sein mochte, der sich zu dem dazu nötigen Grade von

[71]In: Deuter, *Neu entdeckte Verse und Briefe von F. G. Klopstock über das herzogliche Mausoleum in Oldenburg*, S. 158

[72]In: Catharine Elisabeth Goethe, *Correnspondenzen und Spiegelungen*, S. 17 f.

[73]In: *Briefwechsel zwischen Jacob und Wilhelm Grimm, Dahlmann und Gervinus* I, S. 282

Aufklärung erhoben hatte, vollkommene Überzeugung konnte derselbe nicht bewirken: eine dunkle Ahnung, daß das Gegenteil vielleicht doch nicht unmöglich sei, scheint selbst den Weisesten und Besten zuweilen vorgeschwebt zu haben." [W III, S. 790 f.]

Der Begriff wird ungenau gebraucht, er ist in Schleiermachers Abhandlung *Über die Religion* Synonym der Ewigkeit, die in der Zeit möglich ist. [S. 130] Kant kann die Unsterblichkeit der Seele nur *fordern*, so wie er auch Gott nur postuliert hat. Er befaßt sich damit im Kapitel über *Die Unsterblichkeit der Seele, als ein Postulat der reinen praktischen Vernunft* in der *Kritik der praktischen Vernunft*. [W IV, S. 252 f.] Mendelssohn, dem Autor des *Phädon*, ist ein Leben ohne Aussicht auf Unsterblichkeit völlig sinnlos. [S. 52 f.; S. 96 f.] Wenn die Unsterblichkeit des ganzen Menschen oder auch nur die der ganzen Seele problematisch wird, nimmt man Unterscheidungen zu Hilfe. Schon Spinoza läßt in der *Kurzen Abhandlung von Gott, dem Menschen und seinem Glück*, hier wohl stark an Descartes orientiert, die dem Körper verbundene Seele untergehen, während die zu Gott hingewandte Seele unverändert bleibt. [W I, S. 116] Gegen dreihundert Jahre nach Spinoza lehnt Schopenhauer in *Die Welt als Wille und Vorstellung* die "Unsterblichkeit der Individualität", diesen ins Unendliche fortgesetzten "Irrthum", ab. [II, S. 563]

Vage ist der Unsterblichkeitsbegriff auch deshalb, weil meist nicht ganz klar ist, was genau fortdauern soll. Sophie Becher fragt in ihrem Brief vom 24. December 1785 an Mendelssohn: "Verweben sich die ersten Eindrücke der Kindheit mit unsern Nerven, die der Tod abschneidet, oder bleiben sie in der Seele?"[74] Leibniz war die Erinnerung wichtig; eine Fortdauer ohne Erinnerung, erklärt er im §34 der *Metaphysischen Abhandlung*, erscheint ihm nicht erstrebenswert. Ein ähnliches Problem stellt sich noch Mendelssohn, wenn er im *Phädon* diskutiert, ob der Geist wach oder in schlafähnlichem Zustand fortdaure. [S. 81 ff.] Überraschend ist — im wörtlichen Verstande — in Francks Lied *Letzter Wille eines in Gottes Willen lebenden und sterbenden Christen* nicht der Geist der Sitz der Persönlichkeit. Das Ich ist vom Geist unterschieden. Das lyrische Ich will sich auf Jesus verlassen. Es macht sein Testament, "Eh mein Geist sich von mir trennt." [W S. 76] Bettina Brentano erwägt, ob sie mit dem eigenen Genius reden kann; Schmolck spricht im Lied *Das süße Andenken des Himmels* wie Franck mit seinem Geist: "Himmelan schwing dich, mein Geist." [W S. 156] Die Vorstellung einer unpersönlichen Fortdauer, eines Weiterlebens der Gattung und nicht der Art, sieht Herder im Glauben des frühen Christentums, während man später "lieber mit der runzlichen Haut umgeben seyn"[75] wollte und an eine persönliche Auferstehung glaubte. Die Herdersche runzliche Haut wiederhaben wollte Franck im *Süßen Lebensgedanken einer christgläubigen Seele*: "Mein Jesus wird mich wiederüm / Mit dieser meiner Haut umgeben." [W S. 81]

Jung-Stilling erzählt in seiner *Lebensgeschichte* von der irdischen Unsterblichkeit Johann Stillings: "Sein Einfluß auf Leben, Sitten und Betragen seiner Nachbarn, war so groß, und so tief eingreifend, daß seine ganze äußere Lebens- und Handelsweise unter

[74] In: Rachel, *Elisa von der Recke*, S. 219
[75] *Wie die Alten den Tod gebildet* [W XV, S. 481 f.]

alle Bauern seines Dorfes verteilt ist, der eine lacht wie er, der andre hat seinen Gang angenommen, der dritte seine Lieblingsausdrücke usw. Sein Geist ruht zerteilt auf seine Freunde, und macht ihn auch für diese Welt unsterblich." S. [337] Für Karoline von Günderrode ist die Erinnerung das Wichtigste; Bettina Brentano stellt in der *Günderode* deren Gedicht *Lethe* vor: "Kann ich die Seligkeit auf jener Flur / Nur durch den Tod von diesem Ich erringen, / So leite fern von ihrer Zauberspur / Mich die Erinnerung auf ihren zarten Schwingen." [W I, S. 389 f.]

Heute sprechen die Todesanzeigen unbestimmt und unsicher von der Wandlung: "Unser Leben wird gewandelt, / nicht genommen." [StZ 26.6.1989] Verse Whitmans finden sich in der *Stuttgarter Zeitung* vom 15. Juni 1989: "Meiner vielen Wandlungen eine steht mir bevor." Und am 6. Juli 1989 stehen in einer Todesanzeige der Zeitung ein offenbar anthroposophischer Text und ein christlicher, der von der Verwandlung redet, nebeneinander: "Wer stets zum Geiste strebt, / Der darf unverzagt hoffen [...] Rud. Steiner", "Der gute Hirte leitet dich dahin, / wo du verwandelt wirst [...] Adam Bittleston".

7.6 Christliche Todesüberwindung

"Baldt, kalt! Zeitlich. Seelig! / Ach! Ihr Hertzen! Welche Schmertzen!" (Inschrift Marbach, Wandgrabmal an der Alexanderkirche, †1700) "Wenn ich dich erwünsch und habe, / Geb ich alles Wünschen dran." (Gerhardt) "HERR, / GIB MIR EINEN HEILIGEN / HUMOR, / DER JEDEN TAG ERHELLT. / LASS MICH IN DEINEM / REICHE ARBEITEN / BIS ICH HEIMKEHREN DARF / ZU DIR, / O GOTT!" (Inschrift Stuttgart, Ostfilderfriedhof, †1979)

Die Inschriften des Hoppenlau–Friedhofs, welche christliches Dulden, Ergeben, Überwinden, Kämpfen, Hoffen, Genesen und Siegen zum Ausdruck bringen, sind zumeist wenig originell. Sie gestalten zeitlose Themen und sind von der philosophischen Diskussion und der geistesgeschichtlichen Eintwicklung ihrer Zeit scheinbar unbeeinflußt. Themen, welche die großen Kirchenlieddichter der vergangenen Jahrhunderte aufgriffen und gestalteten, erscheinen nun in der Inschrift. Andere christliche Lieblingsgedanken werden von der Almanach–Literatur so gern aufgegriffen wie von den Inschriften des Friedhofs, sie begegnen uns auch als Grabschriften anderer Friedhöfe, oder sie sind so wenig spezifischer Ausdruck ihrer Zeit, daß sie heute in Todesanzeigen auftauchen. Soweit wir nur die christlichen Motive — Trennung von Staub und Geist, Verheißung der Krone des Lebens, Erquickung, Genesung, erfüllte Sehnsucht, Trost in der Überwindung der Welt, Seligkeit in Gottes Ruh, Sterben, das Gewinn ist, Leben und Sterben im Herrn, der weltüberwindende Sieg — betrachten, ist der Hoppenlau–Friedhof ein Friedhof wie jeder andere auch, wenn diese Themen nicht die in anderen Kapiteln dieser Arbeit vorgestellten poetischen Verklärungen erfahren haben.

Die Trennung von Körper und Geist umschreiben mehrere Inschriften des Friedhofs. In der Inschrift für Carl Alexander Sigmund und Julie Carol. Henr. von Seckendorff heißt es: "Heilige Ruhe dem Staub / Göttlichen Frieden dem Geiste" und in der für

Luise Gottliebin Schmied: "DIR WERDE WAS DEIN THÄTIGER GLAUBE / DEIN STILLES WIRKEN DIR VERHEIST / DES GRABES RUHE DEINEM STAUBE / DES HIMMELS FRIEDE DEINEM GEIST." Spätere Inschriften auf den Alten Friedhöfen in Ludwigsburg und Sindelfingen sagen das Gleiche: "Wie wohl ist meinem Leib', / Nach ausgestandenen Leiden, / Wie wohl ist meiner Seel' / Zu höher'n Himmelsfreuden." (†1851; †1869) Eine Inschrift auf dem Fellbacher Alten Friedhof endet: "Den Geistleib kañ man nicht begrabn / Die Erde soll das Ihre haben." Zuvor versichert sie: "Sterben heist nicht ganz vergehn / Die Hülle ruhet nun im Grab / Durch Jesum werd ich auferstehn / Dis ists was ich geglaubet hab." (†1853) Der Anspruch, *nicht ganz* zu vergehen, mutet vergleichsweise bescheiden an. Und der Reimzwang, der nach dem "Grab" ein "geglaubet hab" fordert, bewirkt einen unbeabsichtigt resignierten Beiklang. Man hat immer noch Schwierigkeiten mit dem Dichten.

Die Trennung kennt auch eine Inschrift Böcklins: "Von allem bleibt am Ende wenigstens Staub übrig: — von mir aber nicht bloss Staub — sondern ein unsterblich beglückter Geist!" [S. 72] Die Hoppenlau-Inschrift für Gräfin Anna v. Zeppelin verspricht die "Krone des Lebens"; diese Krone mußte, wie eine sehr viel ältere Inschrift (†1670) auf dem Alten Friedhof zu Gießen mitteilt, errungen werden: "Mein Leser gehe hin, kämpf= / lauff= und halte glauben, / Wie diese Fraw gethan, / So wird dir niemand rauben / Die schöne Lebens=Kron." Schmolck bedichtete *Die gekrönte Treue.* [W S. 158] Zahlreiche Gedichte des zu Ende gehenden 18. Jahrhunderts befassen sich mit der Krönung im Tod.[76] Eine Grabschrift des Eberhardhaldenfriedhofs in Eßlingen stellt die Krönung irdisch vor und bedient sich dabei eines Bibelspruchs: "Eine herrliche Krone ist / ein greises Haupt, auf dem / Wege der Gerechtigkeit / wird es gefunden. / Spr. Sal. 16,1." (†1891)

Der Tod bringt dem Christen Genesung und Erquickung; auf der linken Seite einer aufgeschlagenen Bibel befindet sich die Inschrift für Marie von Dallwitz: "Koṁet her zu mir, / Alle, die Ihr mühselig / und beladen seyd, ich / will Euch erquiken." Georg Grünwald schrieb über das Bibelwort vom Erquicken ein Gedicht, das in dem Sammelwerk *Dichter und Sänger des Kirchenliedes* enthalten ist. Ein salopp parlierender Gottessohn wartet auf mit Versprechungen an jedermann: "'Kommet her zu mir', spricht Gottes Sohn, / 'all die ihr seid beschweret nun, mit Sünden hart beladen, / ihr Jungen, Alten, Frau und Mann, / ich will euch geben, was ich han / will heilen euren Schaden.'" [II, S. 7]

Die Genesung in Gott bedichtete Franck im Lied *Herr, gehe nicht ins Gericht mit deinem Knechte.* [W S. 57] In Eberts *Genesung* ist Gott Jehovah der "Gott der Wiedergenesung." [W S. 2] Die Hoppenlau-Inschrift für August Friedrich Lempp lautet: "Er ist genesen"; die für Ernestine Maria Ludovike Lempp: "Ihre Sehnsucht ist erfüllt."

Zwei Inschriften — die für Clemens von Hayn und die für Dorette von Kahlden

[76] So Siegmars *An Laura* [StMA 1793, S. 110-112], Klopstocks *Der Tod* [GMA 1775, S. 166 f.], Aemilias *An den Schlaf* [GMA 1789, S. 130], J. Chr. Wagners *An einen Freund* [GMA 1782, S. 68 ff.], Höltys *Der Tod* [W I, S. 80], sein Gedicht *Auf den Tod des hochwürdigen und hochgelahrten Herrn J. G. Sunter* [W I, S. 164 f.], J. A. Cramers *Auf D. Zachariä's Tod* [VMA 1778, S. 81 ff.], Mniochs *Der Tod* [S/TMA 1802, S. 229 ff.] und Matthissons *An den Tod* [W Hg. Bölsing, S. 23]

— verwenden das Neue Testament (Joh. 16,33): "SEID GETROST / ICH HABE DIE WELT ÜBERWUNDEN / JOH." Das Motiv der Überwindung ist zu Beginn des Jahrhunderts beliebt; auf dem Alten Friedhof zu Füssen ist ein siebenjähriges Kind, das 1823 verstarb, Überwinderin: "Früh hab ich überwunden, / Nach kurzen Lebensstunden / Hat mich der Herr zur Ruh gebracht." Mit geringen Abweichungen lautet eine Todesanzeige für ein mit sechs Monaten verstorbenes Kind in der *Schwäbischen Chronik* vom 31. Januar 1819 ebenso. Aber auch gegen Ende des Jahrhunderts taucht das Motiv auf; eine Inschrift des Frankfurter Hauptfriedhofs für einen 1883 Verstorbenen und andere teilt mit, was da überwunden wurde — es ist die Angst: "IN DER WELT DA HABT IHR / ANGST: WOHL UNS, WIR HABEN / DIE WELT ÜBERWUNDEN." In den alten Kirchenliedern erscheint Christus als Sieger über den Tod und als Überwinder.[77] In neueren Gedichten, so in Kosegartens *Ellwieens Schwanengesang*, Eschenburgs *Elisens Tod* und Höltys *Der Tod* ist es der Verstorbene, der überwindet.[78] Heute erscheint das in der christlichen Tradition durch die Zeiten hindurch beliebte Wort von der Überwindung in Todesanzeigen, die beginnen: "Weinet nicht, ich habe es überwunden ..." oder: "Ich habe das Leben überwunden ..." [WZ 21.6.1988; HAZ 28.6.1988]

Die in Gott Verstorbene ist selig: "Selig alle, die im Herrn entschliefen, / Selig, Mädchen, bist auch du; / Engel brachten dir den Kranz und riefen, / Und du gingst in Gottes Ruh.'"[79] Zitiert wird die dem Anlaß entsprechend leicht variierte erste Strophe von Höltys *Elegie bey dem Grabe meines Vaters.* [W I, S. 190 f.] Vom Dichter an den Vater gerichtet, wird das Gedicht hier beim Tod eines Mädchens verwendet. Wird hier die Verstorbene von Engeln abgeholt, erscheint in der Inschrift Mathilde Daffiners (†1841) auf dem Wiener Zentralfriedhof die Trennung von Staub und Geist als Abschied des Engels von seiner Hülle: "Ein Engel floh gen Himmel / Die Hülle blieb zurück / Und nichts ist hier gestorben / Als zweier Eltern Glück."[80] Es ist ein altes, schon in der Antike ausgestaltetes Thema, daß Gott, wen er liebt, früh sterben läßt. Zeus und Jehovah halten es hier gleich. "Ihre Seelen gefielen Gott / darum eilte er mit ihnen / aus diesem bösen Leben", lautet die Hoppenlau–Inschrift für Karl und Gustav Krauß. Der gleiche Gedanke findet sich in der Inschrift für Antonia Duhl (†1858) auf dem St. Marxer Friedhof zu Wien. Man weiß zu Wien ein halbes Jahrhundert nach Kants kritischem Abtreten noch ganz genau, wo Gott ist, und umschreibt sinnfällig: "Sie war zu gut zu fromm / für dieses Erdenleben / Drum rief sie Gott zu sich, dort wo die Engel schweben."

---

[77]So in den Osterliedern Selneccers, Hermans, Liscovius', Schmolcks, den Himmelfahrtsliedern Liscovius' und Behembs, Selneccers *Hymnus: Zum Preise Christ*, Freylinghausens *Zu dir, Herr Jesu, komme ich*, Luthers *Jesus Christus, unser Heiland, der den Tod überwand* und in Lisvovius' *Vom Leiden Christi.* Die Lieder sind in den jeweiligen in der Abteilung *Dichter* des *Literaturverzeichnisses* nachgewiesenen Ausgaben der *Geistlichen Lieder* der Verfasser enthalten.

[78]SMA 1796, S. 169 f.; AdtM 1773, S. 64 ff.; Hölty W I, S. 88

[79]Inschr. HF [Pfeiffer, S. 28]

[80]Die in dieser Schrift ohne weitere Quellenangabe vorgestellten Inschriften Wiener Friedhöfe verdanke ich Gabriele Häfele.

Der Christ lebt und stirbt in Gott, er kommt vom irdischen in den himmlischen Frühling: "Leben wir, so leben wir dem Herrn: / Sterben wir, so sterben wir dem Herrn", "Schnell zu dem ewigen Frühling / Entrückt v. d. Frühling der Erde", verheißen die Hoppenlau-Inschriften für Friedrich Ernst und Wilhelmine Sophie von Hartmann.

Der Tod ist ein Sieg. Eingängig reimt die Inschrift für Carl und Marie Röhm: "Der vom Kreuz / zum Throne stieg / hilft auch dir / zu deinem Sieg!" Die Verse sind am Sockel eines Eisenkreuzes angebracht, welches einen Schmetterling, einen Kreis, eine umgekehrte Fackel und Mohnkelche zeigt. Der Glaube, heißt es auf einem Grabmal, auf dem die Namen nicht erhalten sind, siegt: "Der Glaube ist der Sieg / der die Welt überwindet." Wer in der Krankheit unterliegt, versichert das *Klag- und Trostlied eines Kranken* in der Sammlung *Liscovius geistliche Lieder*, kann durch seinen Glauben immer noch den Tod besiegen. Nicht sicher identifizieren konnte ich ein *Messias*-Zitat auf dem Grabmal Ernst Friedrich Theodor Plieningers: "JOH. [ ], 25 / [ ] DER SIEGENDE GLAUBE / [ ] IST DEM ENDLICHEN STAUB / [ ] INS EWIGE LEBEN ERRETTEN. / [ ] MESS. X."

In Gedichten um 1800, aber auch schon im Gedicht *Der Sieg Christi* von 1712 unter den *Geistlichen Liedern Zinzendorfs*, sind immer wieder der Verstorbene oder Christus Sieger.[81]

Das Leben ist ein Kampf und ein Erdulden, doch nach dem Sieg und dem Überwinden lockt die Heimat. Programmatische Aussagen macht eine Inschrift des Alten Friedhofs in Füssen: "Must du dulden — dulde gerne! / Kämpfe! bis dein Auge bricht / Herrlich glänzt dort in der Ferne / Deiner Heimat Morgenlicht." (†1845 und †1861) Dem Frommen hebt der Tod die Verbindung zu den Angehörigen nicht auf. Ein Christ vermag angesichts des ewigen Lebens, d. i. dessen Verheißung, alles zu ertragen. In der Tagebucheintragung Ludwig Richters vom Oktober 1854 in Loschwitz, in welchem er sich mit dem Tod seiner Frau im August des Jahres auseinandersetzt, kommen mit Christus, der das Leben, und dem Sterben, das Gewinn ist, der Auferstehung und dem Morgenrot, dem Vatershause mit den vielen Wohnungen, dem Glauben und Schauen mehrere der wichtigen Themen seiner Zeit zusammen. [III, S. 120 f.]

[81] So im anonymen Gedicht *Cypressen auf Joseph's II. Grab* [BG S. 42], bei Mnioch [*Der Tod.* S/TMA 1802, S. 229-234], Hölderlin [*Hymne an die Freundschaft.* StMA 1798, S. 57-61], Stölting [*Die Auferstehung.* DtMA 1840, S. 66-69], Salis, [*Der Gottesacker.* VMA 1797, S. 105-109], I. A. Cramer [*Auf den Tod der Reichsgräfin von Stolberg.* GMA 1775, S. 69-71; *Auf D. Zachariä's Tod.* VMA 1778, S. 81-83], Hölty [*An Laura.* GMA 1770, S. 76], Matthisson [*Die Sterbende.* W Hg. Bölsing, S. 55 f.], Klopstock [*Der Messias* XII, Vs. 206-211; XV, Vs. 23 f.; Vs. 766-769]

7.7 Variationen über Bibelsprüche

"Daß Du zugleich mit dem heilgen Christ / An diesem Tag geboren bist ..." (Goethe an Charlotte v. Stein)

DIE CHRISTLICHEN INSCHRIFTEN des Hoppenlau-Friedhofs befassen sich mit der Trennung von Staub und Geist. Vom Grabe, in dem der Staub ruht, geht der Blick dahin, wo nun der Geist weilt: "Nun wenden wir den Blick vom Grabe / Hinauf, wohin sein Geist sich hob." (Ritter) Die nicht christliche, die neutrale Variante ist, den Blick auf das zurückbleibende unsterbliche Werk wandern zu lassen: "Doch wenden wir den Blick von dem Sterbebette unsers Dichters auf das, was unsterblich von ihm auf Erden zurückgeblieben ist, auf seine Werke", fordert Oesterleys Einleitung *Dach's Leben und Dichten* auf. [S. LIV] Folgen wir der Inschrift für Friedrich Pythagoras Riecke, dann liegt das, was vom Verstorbenen übrigbleibt, nicht im Grab; das *Ich* spricht von woanders her: "Such' mich im Grabe nicht, — da, wo ich bin / Sehnt sich am Ende jede Seele hin."

Die Inschriften für Charlotte von Roeder lautet: "DIESER ZEIT LEIDEN / SIND NICHT WERTH, DER / HERRLICHKEIT, DIE AN / UNS SOLL OFFENBAR / WERDEN / RÖMER 8 VERS 18" und: "Sey getreu bis an / den Tod, so will ich / dir die Krone des / Lebens geben. / Offenb: Joh: Vs. 10." Bürger kannte den Vers aus der Offenbarung; er parodiert im Brief an "H." vom 6ten Februar 1772: "Bleib den Musen getreü bis in den Tod, so wird dir Apoll die Krone des ewigen Nachruhms geben." [B I, S. 42] So wie oben das Werk, hat hier der irdische Nachruhm dem Poeten das früher Jenseitige ersetzt. In dem Jahr, in welchem *Werther* Entscheidendes erlebte, bahnt sich auch in der nichtfiktiven Briefkultur die Zeit der heiligen Poesie an. In Millers *Siegwart* muß Kronhelm Thereses entsagen. Er darf ihr auch nicht mehr schreiben. Er bittet Siegwart, ein Blatt, sein "letztes Vermächtnis an Theresen", abzuschreiben und ihr zu schicken. Er sehnt sich nach dem Tod. Und er variiert: "Dulde, o meine Liebe! Sey getreu bis an das Ende!" [S. 466 ff.]

Die Inschrift des Hoppenlau-Friedhofs für Iulie Düvernoy verwendet einen Vers des Johannes-Evangeliums (14, 2): "IN MEINEM VATERSHAUSE / SIND VIELE WOHNUNGEN. / ICH GEHE HIN / EUCH DIE STAETTE / ZU BEREITEN." Bereitet die Verstorbene selbst die Stätte vor? Oder wird ein Wort aus dem Evangelium übernommen, ohne daß die Beziehung zum eigenen Geschick so weit reicht? Es bleibt offen. Von dem Vers des Johannes-Evangelium ist auch eine Inschrift auf dem Ulmer Alten Friedhof für 1881 und 1882 Verstorbene beeinflußt, bei deren Lektüre der zwischen Gräbern Wandelnde sich fragt, ob da von der Liebe der Verstorbenen oder der Liebe Gottes gesprochen wird: "Die Liebe die für uns so gerne / Vorausgesorgt in dieser Welt / Hat dort gewiß in jenem Sterne / Ein Vaterhaus für uns bestellt." [Ungericht, S. 69] Goethes Bearbeitung findet sich im Brief an die Gräfin Aug. L. Bernstorff vom 17. April 1823: "In unsers Vaters Reiche sind viele Provinzen, und da er uns hier zu Lande ein so fröhliches Ansiedeln bereitete, so wird drüben gewiß auch für beide gesorgt sein." [W IV-XXXVII, S. 19] Es hat ihm Ärger eingetragen.

Das Sterben ist dem Christen Gewinn. "Christus war mein Leben / und Sterben ist mein Gewinn / ich habe Lust abzuscheiden / und bei Christus zu sein", lautet die Inschrift für Richard Wiesner. Die Angehörigen des früh Verstorbenen sind dieser Auffassung und legen sie ihm in den Mund, eine Frankfurter Todesanzeige für einen 1725 mit 34 Jahren, 10 Monaten und 10 Tagen Verstorbenen behauptet es, Klopstock weiß es, und schon die Barock- und Kirchenlieddichter machten von dem Bibelwort Gebrauch. Heinr. Alberts dichtete im Lied *non qui certamina segnes aspiciunt ...*: "Sein Tod ist mein Gewinn, / Mein Verdienst sein Leiden."[82] Christi Tod ist unser Gewinn auch in Freylinghausens *Mein Herz, gib dich zufrieden*, das eigene Sterben ist der Gewinn in weiteren Liedern des Sammelwerks *Deutsche Choräle.* [S. 14; S. 29] Die *Lust abzuscheiden* begegnet uns wieder in Schmolcks Lied *Testament.* Als in Klopstocks *Messias* Nephtoa stirbt, trübt "deren Auge nicht Wehmut, / Denen Sterben Gewinn." (XIX, Vs. 744 f.)

Während noch um 1800 in Stuttgarter Zeitungen kaum einmal eine Todesanzeige poetisch ist, erreicht in Frankfurter Todesanzeigen die Sepulchrallyrik eine frühe Blüte.

Die Todesanzeige für Martinus Difenbach erschien am 23. September 1725 in den Frankfurter *Frag= und Anzeigungsnachrichten*: "Frühe Sterben war Gewinn; denn weil Christus war sein Leben, / Wird er für so frühen Tod ihm das Jammer=Leben geben, / Nach des Glaubens Zuversicht."[83] Wohl darin gleicht Difenbach, wie es weiter heißt, der Sonne, daß er, so wie sie an jedem Tag, einmal doch auferstehen wird. Doch so ganz sicher ist es nicht, deshalb wird versichert, daß die Rechnung nicht trügt. Schrecklich wäre ein Irrtum hier. Etwas unklar ist der Schluß. Es kann ja nicht gemeint sein, daß Christus Difenbach einem neuen Jammerleben übereignen wird. Vermutlich darf Difenbach sein altes Jammerleben *ab*geben und ein neues, ganz anderes, grandioses, nicht mehr jämmerliches Leben beginnen. Es wäre ihm so zu wünschen.

Als in Schillers *Räubern* die Bande eingekreist wird, fordert ein Pater sie auf, den Hauptmann zu verraten. Moor erklärt seinen Kumpanen, sie sollten sich nicht darauf freuen "als Helden zu fallen", denn sie seien "heillose Diebe" und nicht mehr. Es folgt seine Auslegung der Bibelstelle: "Das Leben ist den Dieben Gewinn, dann kommt was schröckliches nach — Diebe haben das Recht vor dem Tode zu zittern." [W III, S. 72] Wenn sie christliche Diebe sind.

---

[82]In: *Deutsche Barocklyrik*, S. 156 f.

[83]In: *Leben in Frankfurt am Main* I, S. 72

8 Die Hinterbliebenen

"Hätte er sich weniger über das Elend beunruhigt, das uns im Falle seines Todes bedrohen würde, wäre das gefürchtete Ereignis, davon bin ich überzeugt, nicht so bald eingetreten." *(Anne Brontë)*

DIE HINTERBLIEBENEN in ihrer Trauer über den Verlust werden im frühen 19. Jahrhundert zum zentralen Thema der Inschriften und Gedichte. Die Familie ist wichtiger geworden ist als je zuvor. Dies drückt sich nun schon darin aus, daß in der Fiktion der Inschrift mehrere Möglichkeiten des Dialogs durchgespielt werden. Es kann nun innerhalb einer Grabschrift verschiedene Dialogsituationen geben und damit Varianten dessen, wer in ihr mit wem über wen redet. Eine Grabschrift kann über den Tod sprechen oder über den Toten, sie kann den Verstorbenen anreden oder die Hinterbliebenen oder den unbekannten Friedhofsbesucher, und sie kann diese Anrede mehrmals wechseln.

Der Tod war im Mittelalter für die Sterbenden und ihre Angehörigen ein kollektives Erlebnis, er wurde in der Renaissance zum persönlichen Ereignis, und nun, im frühen 19. Jahrhundert, ist er zu einem Geschehen geworden, das in der Sicht der Angehörigen am stärksten sie, die Hinterbliebenen, betrifft. In der Rede der Angehörigen geht dies so weit, daß für sie nicht der Verstorbene tot ist. Sie selbst, die Trauernden, sterben. Sie glauben, daß der Verlust ihres Verwandten für sie unersetzlich und einzigartig ist, während es dem Toten selbst im Vergleich zu diesem Leid seiner Angehörigen wohl ergangen ist. Die Angehörigen sind davon überzeugt, daß der Tod des Hauptbetroffenen für ihn nicht so schlimm ist wie für sie, seine Hinterbliebenen.

Der Tod wird zum schweren Schicksal für die Familie. Die Liebe ist Gott, sie gilt den Angehörigen. Verbindliche Glaubensinhalte sind nicht mehr da. Die Familie überläßt sich dem Gefühl, das nach Ersatz für die alten Inhalte sucht, und weint bittere Tränen der Wehmut. Aber diese Tränen gelten den Trauernden selbst, nicht dem Verstorbenen. Und dies versichern die Überlebenden dem Opfer auch. Ansonsten ist es seltsam. Solange fest geglaubt wurde, daß der Verstorbene auferstehen werde und auf dem Weg in den Himmel nur eine Weile ausruhe, hätte man ihn wirklich nicht beweinen müssen. Jetzt, wo die Gewißheit verschwunden ist, hat man Grund zu weinen. Und man weint auch. Aber eben nicht über den Verstorbenen, sondern über sich selbst.

Nun, im frühen 19. Jahrhundert, ist die Auferstehung nur noch Metapher für das Wiedersehen. Das Szenario der Auferstehung liefert Bilder für die erwünschte jenseitige Begegnung mit den auf der Erde geliebten Menschen. Wer in einer Grabschrift noch von der Auferstehung spricht, dem geht es um das Wiedersehen.

Der Friedhof wird zum Besuchsziel, da auf ihm etwas an den Verstorbenen erinnert und sein Geist am Grabe gespürt wird. Klopstock wird zum beliebten Dichter der Familienbeziehungen, weil er in seinem Epos die Verhältnisse in der Kleinfamilie gestaltet und Möglichkeiten einer fortdauernden Verbindung zwischen den Lebenden und den Toten aufzeigt. Der *Messias* stellt Vorbilder für das innige irdische Trauern und für das Verhalten beim überirdischen Wiedersehen naher Verwandter bereit. Der Verstorbene wird beneidet und die Hinterbliebenen sind die Opfer.

8.1 Goethe und Etzel

"Wenn eine Inschrift dialogisch wäre, so würde sie den Verkehr stören, indem die Vorübergehenden auf den Straßen stillestehen würden." (Abbé Galliani)

AUF *Goethes Tod* hat Egon Ebert 1832 ein Gedicht geschrieben. Die Vermischung der Motive und der mehrfache Wechsel der Anrede im Gedicht lassen sich merkwürdig ähnlich bei einer Inschrift des Hoppenlau–Friedhofs beobachten. Sie spielt mehrere Themen durch und beläßt es nicht bei *einer* Anrede. Was sonst auf verschiedene Grabmale verteilt ist, erscheint hier in *einer* Inschrift. Vor einem Vergleich des Gedichts mit der Inschrift zunächst Auszüge aus Eberts Trauergesang:

> "Der Meister *Goethe* war's, der sanft hinüberschlief. / Doch nein, er *war* es nicht, er ist's, er bleibt, er lebt, / So lang ein Menschenherz in Lust und Trauer bebt, / So lang im Menschensinn noch Himmelsahnung liegt, / So lang die ird'sche Grenz ein Traum noch überfliegt, / Er lebt durch Thaten fort; denn Sangeswerk ist That"; "Doch deiner Hülle noch ward Ehrendank — sie ruht / In stiller Gruft, die sonst Gekrönten auf sich thut! / Mit Fürsten steigst du auf, erhabner Dichterfürst, / Wenn die Posaun' einst tönt und Gruft und Erde birst, / Mit ihnen steigst du auf, den Bruder an der Hand, / Den lang vor dir der Tod in dies Gewölb' gebannt, / Mit *Schiller*, der dir gleich, der einst dein warmer Freund, / Dem jetzo dein Gebein, wie einst dein Geist, sich eint. — / Ruht süß, ihr beiden denn, und euer morsch Gebein / Mag späten Enkeln noch ein heil'ger Anblick sein, / Indes sich euer Geist von Stern zu Sternen schwingt / Und dort den Engeln hell von Engelswonnen singt." [UG S. 873 f.]

Heilig waren früher einmal die Reliquien der Märtyrer, nun sind es die Gebeine der Dichter. Engel leben unbewußt und unmittelbar; irdische Sänger sagen ihnen von ihrem glückseligen Zustand.

Dem Einwurf *Doch nein* ähnelt der in der von "J. J. B." verfaßten *Grabschrift* für Tersteegen in dessen *Geistlichem Blumengärtlein*: "Ach, daß ein solcher starb! doch nein! es lebt *Tersteegen!*" [S. 374] Im *Schwäbischen Merkur* findet sich am 1. September 1786 ein *Kurzer Abriß der LebensGeschichte des verstorbenen König Friedrichs II.*, in welchem es heißt: "*Er stirbt!* / 'Er stirbt?' / Nein! — den unvergeßlichen Kranz / Flicht die *Unsterblichkeit Ihm!*" Das Unfaßbare darf nicht sein. Sätzen, die nicht beruhigen, wird sofort widersprochen. Worte, die das Schreckliche beim Namen nennen, werden umschrieben. Den Tod nennt man Leben und das Sterben Eingehen in die Unsterblichkeit.

Im Gedicht auf Goethes Tod sind die Gefühle Thema. Der Dichter preist mit Wehmut und Lust. Die Mitwelt trauert, denn die irdische Liebe hat auch den Körper geliebt. Der sanft Entschlafene soll süß ruhen. Es fällt auf, daß nicht ein einzelner

Trostgrund angegeben ist. Es stehen mehrere und dabei völlig verschiedene Beruhigungen nebeneinander: a) Nur der Leib wird zerstört, nicht der Geist, und b) noch dem Leib wird Ehrendank, er ruht unter Gekrönten und c) mit Schiller. Mit ihm wird er dereinst d) aufsteigen. Der Geist schwingt e) zu den Sternen und singt f) den Engeln. Dazu treten noch ganz irdische Erwägungen: g) die Enkel, h) die Menschenherzen sowie i) die Taten und die Saat. So treffen hier die verschiedensten Vorstellungen zusammen, die, wie die Inschriften belegen, in der Zeit wichtig waren. Was sonst meist vereinzelt und allein für sich auftritt, steht hier nebeneinander in einem Gedicht. Die festen Inhalte sind verloren, jeder darf glauben, was er will. Der "Menschensinn" trägt die "Himmelsahnung" in sich und bedarf keiner vermittelnden Institutionen. Das Gefühl bürgt für das Jenseits, nicht mehr, dank Kant, der Verstand, noch nicht die Vernunft. Die Inschrift auf Etzel kennt auch einige dieser Themen:

"Segne, Wandrer, in der Graeber Stille,
Unsers Gatten, unsers Vaters Grab.
Eines theuren guten Mannes Hülle,
Senkten Sie in seinen Schoos hinab.
Sieh geruehrt auf diesen Hügel nieder,
Denn ein Künstler, Christ und Menschenfreund,
Redlich und nach alter Sitte bieder,
Ward an EZELS früher Gruft beweint —
Liebe wollte Dir ein Denkmal schenken —
Hat Dir, Theurer! diesen Stein gesezt,
Liebe hat dein süsses Angedenken,
Uns noch tiefer in die Brust geäzt.
In der Engel, Deiner Brueder, Mitte
Wallt Dein Geist durch Gottes Paradies.
Mag sie schlummern seine muede Huelle.
Ruhe schmekt dem mueden Pilger süs. [ ]"

Eine ähnliche Formulierung wie das "Redlich und nach alter Sitte bieder" gebraucht Schubart in seiner donnernden Verteidung der biederen misthaufenreichen Stadt Aalen — Redlichkeit, alte Sitte und Biederkeit gehören auch für Schubart zusammen, sind fast eins.[84] Der Geist ist im Paradies, die Hülle möge ruhen. Etzel ist unter seinen Brüdern, den Engeln. Die Vorstellung, daß die Engel Brüder sind, könnte von Höltys Gedicht *Der Tod* beeinflußt sein. [W I, S. 80] Hölty gesteht am 20. Februar 1775 seinem Bruder: "Das einzige, was mich aufheitert, ist die Hoffnung, unsern lieben Vater im Himmel wiederzusehn und zu umarmen."[85]

Etzel lebt auch im Angedenken fort, in der Liebe der Familie. Und der "Wandrer" wird angesprochen, auf sein Mitgefühl wird Anspruch erhoben. In schöner Urbanität setzen die Verfasser der Inschrift voraus, dem Wandrer müsse nur gesagt werden, daß mit Etzel ein guter Mensch hier liegt, und schon bleibe dem Fremden nichts anderes übrig, als gerührt stehen zu bleiben. Etzel liebte als Menschenfreund die Menschen um

[84] S., *Ein schwäbischer Rebell*, S. 26
[85] In: *Genius der Jugend*, S. 38

des Allgemeinen und des Verbindenden, um eben Menschheit willen; daher müssen die anderen Menschen auch ihn eben dieses Verbindenden wegen lieben. Vor allen anderen aber lieben seine Angehörigen Etzel.

Die Tugenden Etzels werden angeführt. Ruhe, Tugenden, Vollendung, Engel, Trennung von Leib und Seele, Liebe, Weinen, Wehmut, Rührung, Angedenken, Fortleben im Herzen — darin stimmen Eberts Gedicht und Etzels Inschrift überein. Die Gedichte ähneln sich aber auch noch in anderer Hinsicht: die Anrede wechselt, nacheinander wird über den Toten, zu dem Leser, zu dem Toten gesprochen. Üblicher als ein solcher Wechsel ist jedoch, daß eine bestimmte Beziehung im Inschriftentext durchgehalten wird.

8.2 Die Heilige Familie

"Menschenhass? Nein davon verspürt' ich beim heutigen Stücke / Keine Regung, jedoch Reue, die hab ich gefühlt." (Goethe und Schiller, Menschenhass und Reue) "... nemlich — das ganze Stück von Anfang bis zu Ende sey Ein Einziger großer Fehler ... " *(Briefe eines ehrlichen Mannes)*

DER TOTE und die Familie setzen den Dialog fort, der Tod ist Schicksal der Hinterbliebenen. Ariès sieht diese Erscheinung im Zusammenhang mit der Entchristianisierung: "Wenn Gott tot ist, kann der Kult der Toten zur einzigen authentischen Religion werden", der Tod ist jetzt "der Tod des Anderen."[86] Mit Gottes vermeintlichem Tod ist die Wiedervereinigung anläßlich der Auferstehung unsicher geworden. Daher beteuern die Angehörigen, daß sie des Toten gedenken und ihn allem philosophiegeschichtlichen Wandel zum Trotz doch gewiß wiedersehen werden. "Weinen will ich, bis mich wird vereinen / Gott mit dir an jenem großen Tag", heißt es in Christ. Sophie Ludwigs *Elegie bei dem Tode meiner Tochter*, und L. Th. Kosegarten findet in *Elwinens Klage um Elwill* zu einer "Hoffnung ach! des Wiederauferstehens / An der Allvollendung großem Tag, / Strahlen=Hoffnung jenes Wiedersehens, / Nie verbittert durch der Trennung Ach."[87]

Mit dem Wunsch des Wiedersehens in einer besseren Welt, dem Lebewohl, wehmütigen Blicken, den Kindern, dem lieben Vater, der lieben Mutter, und damit der ganzen Heiligen Familie geben sich am Schluß des erfolgreichsten Stücks Kotzebues, *Menschenhaß und Reue*, einige der in der vorliegenden Arbeit wichtigen Motive ein furioses Stelldichein. Vergleichen läßt sich — Gott sei Dank — mit Kotzebues Höhe des Affekts nichts auf dem Friedhof. Welche Versöhnung findet in diesem furchtbaren Finale statt? Dem Baron Meinau ist die Frau, Gräfin Eulalie, davongelaufen. Meinau ist zum mildtätigen Menschenhasser geworden. Eulalie hat bereut und arbeitet im Haus des Grafen Wintersee, dessen Gartenhaus Meinau bewohnt. Wintersees Schwager verliebt sich in die unerkannte Eulalie, Meinau soll den Brautwerber machen. So sehen sich die

[86] A., *Geschichte des Todes*, S. 695; A., *Bilder zur Geschichte des Todes*, S. 255
[87] GMA 1797, S. 63; GMA 1790, S. 11

Ehegatten wieder. Meinau verzeiht später Eulalie, glaubt aber noch, er könne sie nicht wieder ins Haus nehmen. Doch die Freunde betreiben die endgültige Versöhnung, sie schaffen die Kinder herbei, und alles, alles wird sehr, sehr gut:

> "MALCHEN Lieber Vater —
> WILHELM Liebe Mutter —
> *Vater und Mutter reißen sich los von den Kindern, sehen einander an, breiten die Arme aus, und stürzen sich einer in des andern Arme.*
> UNBEKANNTER Ich verzeihe dir!
> *Die Gräfin und der Major heben die Kinder in die Höhe, welche sich an ihre Eltern anklammern, und:* lieber Vater! liebe Mutter! *rufen.*
> *Ende.*" [W S. 125 f.]

Ganz ähnlich klingt es bei Bräker — es ist aber doch ganz anders. Naivität und Gefühl sind ungeheuchelt bei sich. Uli Bräker nimmt Abschied: "Liebe, liebe Mutter! tu doch nicht so, es wird mir nicht gänzlich fehlen. Behüt' euch Gott! lieber Vater, liebe Mutter! Behüt' euch Gott alle, liebe Geschwisterte!" [S. 76] Friedrich Wilhelm IV. — "Gott gebe dem neuen Herrn recht gesunden nüchternen Menschenverstand! Das Andere hat er wohl Alles." (Immermann) — lag schon ganz auf der Linie seiner Zeit. Jedenfalls noch beim Regierungsantritt. Bei der Huldigung am 15. Oktober 1840 meinte er zu den im Berliner Lustgarten Versammelten: "In allen Stücken will Ich so regieren, daß man in Mir den echten Sohn des unvergeßlichen Vaters, der unvergeßlichen Mutter erkennen soll, deren Andenken von Geschlecht zu Geschlecht in Segen bleiben wird."[88] Irdischer und himmlischer und unvergeßlicher königlicher Vater — alles schwingt mit, alle sind dabei — die Differenzierungen sind unwichtig — jedenfalls da, wo der Redner, wie es heißt, seine unsäglichen Reden schwerst betrunken zusammenschwadroniert. In Kotzebues Stück *Der Ruße in Deutschland* meint der Baron: "Wem Fürst und Vaterland so tief ins Herz geschrieben, / Der wird auch Weib und Kind und seinen Vater lieben." [TB 1807, S. 145] Das heute zum Äußerlichen oder Undenkbaren Gewordene, die Liebe zum Vaterland oder zu seinem Repräsentanten, verbürgt bei Kotzebue die Gültigkeit der intimen Bindungen. Alle gehören einer großen Familie an. Der *Schwäbische Merkur* veröffentlicht das Gedicht *Am ersten Jänner 1794* zum Stichtag. Der Regent ist der Vater, der den Kindern zuruft: "*Meine Kinder! ich bin euer Vater.*" Gerne hängt die Muse an "seinen Vaterbliken", sie jubelt: "Heil dem Vaterlande!" und: "Mit uns ist unser Väter Gott!"

Es kommt vor, daß die Heilige Familie in der ihr entsprechenden Umgebung wohnt. In *Wilhelm Meisters Wanderjahren* genügen die "Kinder", ein "nicht allzugroßer junger Mann", ein "sanftes, liebenswürdiges Weib" und die Heilige Familie des frühen 19. Jahrhunderts ist komplett. [W I-XXIV, S. 5] War das Erinnern in den Seelenmessen und in den Fürbitten der Liturgie institutionell vermittelt und war der Ort dieses Gedenkens das Kollektiv, so gewährt der Familienkult ein inniges Andenken, welches die Instanz eines klerikalen Mittlers nicht benötigt. Wenn sich bei der erbaulichen Lektüre der Familie Kügelgen am "stillen Sonntag-Morgen" um die "natürliche Liebe der Familie"

[88]In: Max v. Boehn, *Biedermeier*, S. 105

ein "heiligeres Band" schlingt, das mit der "ewigen Heimath" verknüpft, dann sind die alte und die neue Religion, das Christentum und die Liebe, schön verbunden. [S. 121 f.] Die festen Inhalte des Christentums können — das hat Pfarrer Roller später bei Kügelgens Examen erfahren — bei dieser gemeinsamen Bibellektüre nicht mehr wichtig gewesen sein. Dieses Band, das hier Kinder und Mutter umschlingt, bindet dann später auch an den Vater; es knüpft sich wohltuend um Vater und Sohn: "Die Unterredung mit meinem Vater hatte mich mit neuen Banden der innigsten und ehrerbietigsten Liebe an diesen meinen besten Freund gekettet und mich gekräftigt." [S. 414 f.]

Der religiöse Affekt bezieht sich nicht mehr ausschließlich auf Gott. Die Liebe hat Gott ersetzt. Sie gilt dem Einzelnen als Einzelnem. Jedes Familienmitglied ist einzigartig und unersetzlich. Die Vorstellung, daß ein teures Familienglied nicht mehr ist, daß der Tod es zerstört und in seine elementarischen Teile aufgelöst hat, verstört so sehr, daß die Zurückbleibenden den Blick von dieser Vernichtung abwenden und sich mit dem eigenen Schmerz befassen. Dies lenkt ab. Die Angehörigen erinnern sich. Sie wissen, was sie mit den Verstorbenen verloren haben. Inschriften des Hoppenlau-Friedhofs lauten: "EINE GUTE TOCHTER EINE GUTE SCHWESTER / EINE GUTE GATTIN EINE GUTE MUTTER." (Kniestejt Schauber) — "GRABSTÄTTE / DER TREUSTEN, LIEBEVOLLSTEN / GATTIN UND MUTTER." (Koestlin) — "HIER RUHET MEIN GELIEBTER GATTE." (Bilfinger) — "Hier ruht der liebevolle / sorgsame Gatte u. Vater / der treue zuverläßige Freund / der beharrliche eifrige / Föderer alles Edlen u. Guten." (E. Pflaum)

Die Familie wird in Schleiermachers Schrift *Über die Religion* zum Abbild des Universums, die Wohnung zum Allerheiligsten, das Familienleben zum Gottesdienst. [S. 127] In den *Monologen* sagt er, daß schon die Vorahnung der Ehe glücklich macht. [S. 79] Die Familie, die ein unersetzliches Mitglied verloren hat, trauert. Zur Besinnung gelangt sie erst später. Die Hinterbliebenen überlassen sich dem Gefühl. Das Objektive ist verloren gegangen. Alles löst sich in Subjektives auf. Die Lebenswirklichkeit und die philosophischen Texte der Zeit spiegeln sich. Alltag und Theorie gehen Hand in Hand.

Die Angehörigen der auf dem Hoppenlau-Friedhof Bestatteten danken für die Treue und die Liebe der Dahingegangenen. Sie setzen das Denkmal aus Achtung und Liebe. Der teure Verstorbene wird unvergessen bleiben. Der Verewigte wurde geliebt bis zur Trennung und darüber hinaus. "DIE KINDER DANKEN EUCH EURE / LIEBE UND TREUE VON GANZEM HERZEN." (Obach)

Weitere Inschriften auf dem Hoppenlau-Friedhof lauten: "Dem Andenken / der geliebten Schwester." (Birzele) — "Dem theuren, / unvergeßlichen Vater, / die dankbaren Kinder." (Stellheimer) — "ER WAR DER TREUESTE VATER / GLÜCKLICH IM SCHOOSE DER SEINEN / VON IHNEN GELIEBT BIS ZUM SCHEIDEN." (J. E. Heigelin) — "DER LIEBEN MUTTER / LOUISE PALM, GEB. MURSCHEL / GESTORBEN DEN 30. JUN. 1843 / AM RUHEORTE GEWIDMET VON IHRER UND / IHRES SELIGEN ERSTEN GATTEN DES LIEBEN / VATERS CARL BENTUN IN ULM / EINZIGER TOCHTER / EMILIE / ALS ZEICHEN INNIGSTER DANKBARKEIT." Hier wird der

Akt, in dem die einzige Tochter das Denkmal setzt, bedichtet. Erst in zweiter Linie geht es um die Verstorbene. Mutter und Tochter bleiben auf dem Grabmal zusammen. Ebenso kann die Witwe das Denkmal setzen: "DIE TROSTLOSE WITWE / HAT IHM DAS DENKMAL ERRICHTET." (Athanasieff) Die Inschrift für die Eheleute Blanck lautet: "DIESES / DENKMAL / ERRICHTETEN / AUS / ACHTUNG UND LIEBE / DIE / HINTERBLIEBENEN." Achtzig Jahre zuvor "wiedmen", auf dem Epitaph in der Wimpfener Stadtkirche für den 1747 verstorbenen Christian Winckler das Denkmal "die HINTERBLIEbne." [DI IV, Nr. 308]

Inschriften der Alten Friedhöfe in Offenbach und Gießen sind nicht zur Fassung gelangt. Hier trauern die Kinder um die treuen Mutterherzen, welche verloren sind: "Unauflöslich ist der Schmerz / Um Dich Du treues Mutterherz." (Offenbach, †1901) — "Du gutes Mutterherz, / Du hast gesorgt, gebangt, / gebebt stets und gerungen / um Deiner Kinder Wohl, / und Deiner Kinder Schmerz." (Gießen, †1898) Seltener gilt die Trauer einem Vaterherz: "Hier ruhet aus vom Erdenschmerz / Ein vielgeliebtes Vaterherz." (Gießen, †1899)

8.3 Trauer

DIE SCHMERZEN der Hinterbliebenen sind unbeschreiblich. Das ewige Leben ist nicht mehr sicher; nichts aber kann die Verstorbenen ersetzen.

In einer älteren Inschrift des Alten Friedhofs zu Gießen nehmen die Anrede des Wanderers, seine Vita und die Versicherung, daß die Verklärung gewiß ist, mit 30 Zeilen den größten Raum ein. Die Grabschrift setzt mit einem Befehl, dem eine achtungsvolle Anrede des Wanderers folgt, herb und zugleich herzlich ein: "Steh still o Wandersmañ. / Hier wo in sicherer u. stiller Rúh. / der grüne Rasen deckt so viele müde zú. / nicht weit von diesem stein, / Schliesst auch die grufft die sterbliche und schwache / schaalen ein / weyland herrn / Johann Christoph Verdrieß. / älteren Bürgermeisters, Raths und Kerichtsgehauss, / Kirchen ältesten, wie auch Kauff und Handelsmanns / allhier: / welcher / im Jahr 165z den 13 AUGUST gebohren, / und, nachdem er mit seiner Ehelichen Haußfrau / Anna Eliesabetha, gebohren Glunnstin, / von 1677. den 6. Februar. biß 1719. den z8 JULII, / da Sie ihm, im 67 Jahr ihres alters, in der Sterblichkeit / vorgegangen / in die 43 Jahr, eine vergnügte und gesegnete Ehe geführet, / und mit derselben 6 Söhne und 3 Töchter erzeichet, im Jahr 17z9, den z6 FEBRUAR. / im 77. Jahr seines geruhigen und gesegneten alters / nach 9tägiger leibesschwachheit / Seine dúrch Christi blút theuer erkauffte Seele / Seinem Schöpfer, Erlöser und Heiligmacher / zu getreuen Händen übergeben / die sterblichen Hüllen beyder vertrauten Eheleuten sind / Hier, nebeneinander, beygelegt, biß sie der Herr, / an Jenem grossen tag zum neuen u. ewigen Leben / erwecken und verklären wird." Die Inschrift ist bezaubernd schön. Die Seele des Handelsmannes wurde genau siebzehnhundert Jahre vor seinem sanften Tod teuer erkauft. Verdrieß ruht in sicherer Stille unter einem schönen grünen Rasen zusammen mit anderen, die auch schon alle müde waren, sodaß ihnen der Tod nicht schlimm gewesen sein kann. Herders Konzeption eines sanften christlichen Todes war in der Fiktion oberhessischer Grabschriften zu Beginn des 18. Jahrhunderts Wirklichkeit. Die Verfasser der Inschrift stellen sich die Dreifaltigkeit als Person anschaulich vor; der Verstorbene übergibt ihr seine Seele *zu getreuen Händen.* Ein solcher christlicher Tod ist nicht schlimm. Es melden sich nach der langen Abschilderung des irdischen und himmlischen Weges des Verstorbenen auch schon die Hinterbliebenen, die "hinterbliebene 5 Kinder", und teilen mit, daß sie das Grabmal errichtet haben: "Zum steten denck und danckmal / haben dieses gedächtnus / Ihren Liebsten Seligen Eltern / aúfgerichtet / die hinterbliebene 5 Kinder."

Die auf dem Hoppenlau-Friedhof verlesenen Leichenpredigten widmen sich dem Schmerz der Hinterbliebenen. "Verwandte und Angehörige" weihen F. E. v. Hartmanns "Gruft Thränen herzlichen Dankes." Die Angehörigen des Wilh. v. Goes empfinden "vor Allem [...] billig ein aufrichtiges Leid über den großen Trennungsschmerz" der Tochter. Der Geist der Verstorbenen, heißt es in der Predigt für Elise Erhard, habe den Frieden, der Leib ruhe sanft, ihr "Gedächtniß bleibe im Segen." Doch auch die Hinterbliebenen erfahren Anteilnahme. Sie "nehme der himmlische Vater unter seine heilige Obhut und Leitung." Allen gebe er den Glauben der Verstorbenen.

Betrachten wir die Inschriften, so lassen auf dem Hoppenlau-Friedhof die früh Vollendeten ihre Angehörigen in Wehmut zurück: "Wir erinnern uns / Deiner mit Liebe." — "Denkmal / der innigsten Liebe / und tiefen Wehmuth / gewidmet / der früh vollendeten theuren / Gattin und zärtlichen Mutter / von ihrem Gatten / und ihren beiden Söhnen." — "AELTERN UND GESCHWISTERLIEBE / PFLANZTE DIES DENKMAL MIT STILLER / WEHMUT DER VORANGEGANGENEN." Marie Federer, der die beiden ersten Inschriften gewidmet sind, starb 1842 im Alter von einunddreißig Jahren, Marie Heep (†1835), der die dritte Inschrift gilt, wurde nur siebzehn Jahre alt.

Teilweise zerstört sind die Inschriften auf Cath. Wilh. Flatt: "GEWEIHT / DEM THEUREN ANDENKEN / MEINER GELIEBTEN BRAUT / CATH. WILH. FLATT / GEB. D. 3ten IANUAR 1795. / GEST. D. 10ten JUNI 1819 / REG. QUART. MEISTER HELLER." — "SI[ ] RUHE [ ] BEY DER ASCHE / DES GELIEBTEN VATTERS." — "DRUEBEN [ ] WIR UNS WIEDER." — "DIE LIEBE HOE[ ] / —— / ZWAR DURCH[ ]ÜHLT [ ] ES [ ] HERZ / IAMER VOLLER TRENNUNG SCHMERZ / DOCH STRAHLT MIR IM HIMMELSLICHT / DER GELIEBTEN ANGESICHT!" In der ersten Inschrift spricht Heller von sich, er hat das Grabmal nicht der geliebten Braut, sondern seinem Andenken geweiht; in der zweiten Inschrift wünscht er der Geliebten Ruhe und in der dritten versichert er, daß das Wiedersehen gewiß ist. Schließlich stellt er sich in seinem Jammer dar, der von Zuversicht, vielleicht auch von einer Vision, gebändigt wird. Heller läßt dabei offen, ob er später einmal das Antlitz der Geliebten im himmlischen Licht anzuschauen hofft, oder ob ihm, da er noch auf Erden wandelt, beim Blick ins bestirnte Firmament die Braut zulächelt. Beides ist möglich, ja vielleicht wahrscheinlich und gleichermaßen schön.

Die Inschrift für Caroline Fr. v. Misani umschreibt die Sprachlosigkeit, die sich nach einem unbegreiflichen Verlust einstellt: "RUHE SANFT / DER GATTINNEN / DER MÜTTER ZÄRTLICHSTE / MIT DEINEM SAEUGLING AN DER SEITE / UNSERN

SCHMERZLICHEN VERLUST / SUCHT MENSCHENSPRACHE / VERGEBENS ZU SCHILDERN SELBST DIE ZEIT / KAÑ DEN SCHMERZ DER TRENNUNG / NICHT LINDERN / NUR WIEDERVEREINIGUNG DORT / BEGLÜKE UNS WIEDER." Die Fassungslosigkeit, welche die Sprache verschlägt, entwickelt sich auf dem Hoppenlau-Friedhof letztlich doch zur lebendig geprägten Form.

Am schlimmsten ist der Tod des letzten Sohnes. Im Februar 1852 starb Gottlob Geiselmann, der "Gastgeber zur Sonne" in Ludwigsburg. Sein Grabstein auf dem Alten Friedhof der Stadt trägt die Inschrift: "Lasst uns weinen denn sie haben unsern lezten Sohn begraben." Tränenfläschchen schmücken das Grabmal. Dort sind auch Carl Gottl. und Gottl. Fr. Pfister (†1832 und †1833) bestattet. Ihre Inschrift lautet: "Lasset mich Weinen, / den sie haben mir den lezten meiner 5 Söhne begraben."

Heute sind Grabschriften, insbesondere solche, welche den Verlust des letzten Sohnes beklagen, vom Medienkonsum geprägt. Der Stil der Zeitungsberichterstattung schlägt durch. Es wurde nicht schlicht der letzte Sohn verloren, nein, es geschah dies auf tragische Weise; ein tragischer Unfall war es, der das Opfer entriß. Ergriffen abgefaßt, wird die Dauer der Grabschrift nicht berücksichtigt. Persönliches Leid gelangt auf dieser Stufe neuerer Gefühlskultur nicht mehr zu einem Ausdruck, der den Schmerz bewältigt und dabei das Individuelle in einer Form aufbewahrt, die sich mitteilen läßt. Man rekurriert auf nichtssagend gewordene Leerformeln, die dem wichtigsten und vielleicht einzigen genutzten Schriftmedium entnommen sind. Doch stimmt die erstarrte Sprache zum stereotypen Grabmal.

8.4 Klopstock, Matthisson und der Blumenkult

DER FRIEDHOF wird zum Besuchsziel, der Besuch des Grabes zum beliebten lyrischen Thema. Chamisso verfaßt das Gedicht *Die Waise*: "'Wer sitzt auf meinem Hügel, / Von der die Thränen sind?' / Ich bin's, o liebe Mutter, / Ich, dein verwaistes Kind." [WeMA 1830, S. 169] Zeichen des Andenkens und eine in ihrer Verbreitung neue Erscheinung ist das Ausstreuen von Blumen auf dem Grab. Novalis streut Blumen und wird, wie er am 11. Mai 1797 ins *Journal* einträgt, vom Andenken an die Geliebte belebt. [W IV, S. 35] Die Verstorbene ist in Matthissons Gedicht *Der Grabstein* vergessen, wenn kein Laub mehr aufs Grab gestreut wird. [W Hg. Bölsing, S. 119 f.] Wilhelm will im VIII. Kapitel des VII. Buches der *Lehrjahre* Blumen auf Aureliens Grab streuen. Die Natur selbst verteilt in Höltys *Elegie bey dem Grabe meines Vaters* die Blumen und besorgt den Kult der Menschen. [W I, S. 190 f.] Klopstock läßt in der *Bestattung* die Blumen sich um eine welkende Rose versammeln und das Begräbnis ausrichten; sie verstreuen Laub.[89] Die Familie streut in Fr. L. Stolbergs *Hochzeitsfeier* Blumen auf die Gräber.[90] Karoline v. Günderrode sind in *Adonis Totenfeier* die Blumen heilig, weil in ihnen etwas von den Verstorbenen weiterlebt. [W Hg. Pigenot, S. 160] Klopstock bat am 20. März 1800 — d. i. an Hölderlins dreißigstem Geburtstag — Heimbach

[89] In: Steckner, *Wie die Poesie, so die bildenden Künste*, S. 58
[90] In: Fr. L. St., *Die Insel*, S. 205 f.

darum, auf dem Grab des Konrektors Stübel "mit leiser Nennung meines [Klopstocks] Namens" Blumen zu verteilen. [W S. 1181] Er ist der große Dichter des Blumenkults, so häufig wie er läßt kein anderer Blumen verstreuen. Jede *Messias*-Lektüre erweist dies. Blumenstreuen, finstrer Tod, jüngstes Gericht, Auferstehung, ein ausgesätes Körnlein, eine Blume im Frühling der anderen Welt kommen in Schreibers *Todtenhymne* zusammen. [TBD 1809, S. 268 ff.] Als Matthissons Tante gestorben ist, erinnert er sich in seiner *Selbstbiographie*, verbringt er jeden Abend an ihrem Grab "und niemals ohne Zweig oder Blume aus dem eigenen Gärtchen. Von jetzt an wurden die Stellen aus *Klopstocks* Messias, welche die Verstorbene wenige Wochen zuvor mit ihm gelesen hatte, ihm zur Lieblingsunterhaltung." [S. 13]

8.5 Klopstock als Dichter der Familienbeziehungen

"Herr Gott, Vater, Sohn, und Geist, / Hör unser Flehn!" (Klopstock) "Klopstock ist Ihnen der Mann im Monde ..." (Jacobi an Wieland) "Glaube und Hoffnung / Liebe und Gebet / verbinden die Bewohner / dieser und jener Welt." (Inschrift Wien, Hietzinger Friedhof, †1892) "... die Sonne scheine warm in Dein Gesicht, / der Regen falle sanft auf Deine Felder ..." (Todesanzeige FR 25.8.1988)

FÜR DEN HOPPENLAU–FRIEDHOF wird Klopstock nicht als Gestalter des Blumenstreuens, sondern als Dichter der Verwandtschaftsverhältnisse in der Kleinfamilie wichtig. Diese Beziehungen werden auch in den anderen Texten der Zeit nacheinander ausgiebig angeführt; die Inschriften des Hoppenlau–Friedhofs aber zitieren Klopstock. Voß veröffentlichte 1784 in seinem Musenalmanach das Gedicht *Trost am Grabe*, in dem er aufzählt: "Ach des Wonnetags, der wieder / Ewig Freund und Freund / Eltern, Kinder, Schwestern, Brüder, / Mann und Weib vereint." [S. 53 ff.] Der Wonnetag der Auferstehung gewährt ein allumfassendes Wiedersehen.

Leichenpredigten zählen gleichermaßen auf. Gottl. Storr war, teilt Rieger mit, "als Gatte, als Vater, als Lehrer, als Amtsgenosse, als Freund, als Verwandter, als Glied der kirchlichen, bürgerlichen und menschlichen Gesellschaft sittlich edel und musterhaft gut." Grüneisen weiß, was Hauff zuteil wurde: "Innige Sorge der Mutter und der Geschwister; reiche Liebe der Braut und Gattin; Besitz wackerer Genossen, treuer Freunde; Achtung aller Umgebungen, und für die Schöpfungen des Geistes ein Beifall, der seine bescheidenen Wünsche weit übertraf."

Differenziert, doch unübersichtlich sind die verschiedenen Beziehungen schon in einer lateinischen Inschrift in Heidelberg von 1582 aufgelistet: "dem Gatten, Schwiegervater und Vater, den Enkeln und Kindern, den liebenswertesten Seelen errichteten Katharina Hecht, Justus Reuber und Elisabeth Sprenger, die Gattin, der Schwiegersohn und die Tochter, die Goßmutter und die trauernden Eltern dieses Denkmal." [DI XII, Nr. 359]

In Millers *Siegwart* haben sich Mariane und Siegwart die Liebe erklärt. Mariane bittet beim Ball Siegwart, sie öfter zu besuchen. "Meine Mutter liebt Sie, mein Vater ist Ihnen gut, und mein Bruder denkt auch wieder besser von Ihnen." [S. 696] Als

Bräker vom Tod seines Vaters berichtet, stellt er neben die menschlichen Beziehungen die entsprechenden Eigenschaften und Verhaltensweisen: "Oh, welch einen guten Vater hatten wir, welch einen zärtlichen Ehemann unsre Mutter, welch eine redliche Seele und Biedermann alle, die ihn kannten, an ihm verloren." [S. 173]

In Karoline v. Günderrodes Grabschrift ersetzen die Naturerscheinungen die Verwandten. [BdtR S. 349] Sie steht auch hier an der Spitze ihrer Zeit. Ganz anderes empfand noch Hamann. Er gesteht am 31. März 1759 Lindner: "Habe ich Gedächtnis Jesum Christum den gekreutzigten — Bruder, Vater, Freund, Weiberliebe alles flüßet in Ihm zusammen." [B I, S. 314] Die Seminaristen lieben Klöden. Das ist aber noch längst nicht alles. Klöden prahlt: "In der Stadt stand ich überall in hoher Achtung; mein freundschaftlicher Zirkel, obgleich nur eng, war ein überaus herzlicher, mein Familienkreis ein durchaus reiner und beglückter." Viele Herzen sind ihm gewogen und ziehen ihn an ihre Tafel. Die Behörden sind sehr zufrieden. Die gesellschaftlichen Beziehungen angenehm. Gott ist mit ihm. Alles ist gut. [S. 462 f.] Wunderbar. Nur lächelt sie nicht schelmisch, rauscht nicht die Donau von fern, klingt nicht leise Musik herüber und steigen keine Raketen auf. Dann wäre die Zeit vollends erfüllt. Aber Klöden ist kein *Taugenichts.*

Die drei Grabmale der Familie Plieninger zeigen Klopstock–Verse auf allen vier Seiten. Im Text der Inschrift für Wilh. Math. Jul. Plieningers sprechen Bruder und Schwester miteinander. Lazarus spricht zu seiner sterbenden Schwester Maria. Zitiert werden die Verse 592-595 des XII. Gesangs. Lazarus betet dann, auf dem selben Grabstein, auch für die tote Schwester Maria. Es sind die Verse 670-673 des Gesangs. Lazarus fährt auf dem Grabstein in seinem Gebet fort; ich ergänze die teilweise zerstörte Inschrift nach den Versen 684-687 des XII. *Messias*–Gesangs:

> "NUM. 6, 24-26 / [Ihr ist es] MORGEN GEWORDEN. SEI MIR / NOCH EINMAL GESEGNET / [Wenn du mich] HÖRST UND WENN, WER / [Unten am] GRABE NOCH WEILET / [Dich zu] SEGNEN VERMAG [, du Hörerin / Dessen, der uns nun, / Nicht den Engeln verstummt,] DICH SEGN[e er] / DER GÖTTLICHE TODTE. / MESS. XII"

Marias Seele trennt sich von ihrem irdischen Leib, um die Seele ist der himmlische Leib gereift, sie ist selig. Aus dieser Episode zieht das Grabmal Th. Plieningers die Verse 717-725 des Gesangs heran.[91]

Beliebt war die Episode um Lazarus. Klopstock berichtet Fanny am 10ten Juli 1750 von seinen Erfolgen mit Lazarus und Cidli bei Mädchen. Er wird um Lazarus und Cidli willen "von liebenswürdigen Leserinnen zugleich geliebkost und zugleich verehrt." Man hat ihn "mit Thränen belohnt."[92] Bei seiner Totenfeier, berichtet der *Schwäbische Merkur* am 1. April 1803, liegt in der Kirche vor dem "BegräbnißPlatz" das "erhabene Gedicht des Verewigten, der Meßias", auf dem Sarg. Später wird aus

[91] In den Kapiteln *Irdische und himmlische Väter, Tränen, Klopstock und die Auferstehung, Von Klopstock zu Hebbel* und *Klopstocks festlicher Frühlingsmorgen der Auferstehung* dieser Schrift stelle ich weitere *Messias*–Inschriften vor.

[92] In: *Klopstock und seine Freunde* I, S. 30

dem XII. Gesang vorgelesen: "die Schilderung des Todes der Maria, Lazarus Schwester; hohe Gedanken der Religion."

Die wichtigsten Familienbeziehungen werden durchgespielt, wenn im *Messias* auf dem Gestirn der unsterblichen Menschen von uns Sterblichen berichtet wird: "In dem Arme der liebenden Mutter, die gern mit ihr stürbe, / Und nicht sterben kann, stirbt die Tochter. Umfaßt von dem Vater / Und an sein Herz gedrückt, stirbt ach der Jüngling im Aufblühn, / Seines Vaters einziger Sohn. Vor jammernden Kindern / Sterben Eltern, ihr Trost, und die Stütze der wankenden Jahre. / In ihr Elend vertieft, stirbt eine teure Geliebte / An der Brust des zärtlichen Jünglings." (V, Vs. 224-230) Messerschmid schreibt, wohl vom *Messias* angeregt, *Die Gräber*: "Früh entwindest du schon Freunde dem Freundesarm, / Und die blühende Braut raubst du dem Bräutigam, / Und dem Gatten die Gattin, / Und den Säugling der Mutterbrust." [TBV 1805, S. 286] Auch Neuffer hat seinen *Messias* gründlich gelesen und eine eigene Fassung entwickelt, die er im Gedicht *Unsterblichkeit* (1788) vorstellt. Überall wütet der Tod. Das lyrische Ich aber sagt ihm Bescheid: "Vom Mutterbusen raubst du den Säugling weg, / Zerstörst des Vaters Hoffnung im Untergang / Des Jünglings, reissest aus des Freundes / Arme den Freund, von der Brust den Liebling." [W S. 13]

Eine ähnliche Gestaltung der Verwandtschaftsverhältnisse begegnet uns in einem Gedicht, das sich mit einer Katastrophe im Tierreich befaßt. Ein mit "F." zeichnender Autor veröffentlichte 1773 im Göttinger Musenalmanach die *Klägliche Mordgeschichte, welche sich nahe bey einem Kirchhofe zugetragen.* Der hochgespannte Leser erfährt, daß ein Marder in einen Taubenschlag einbrach. Die Moritat fährt fort: "Er tödtete die Männer und die Frauen, / Und sog ihr Blut; // Und schonete der Mutter auf den Nestern, / Selbst junger Bräute nicht; / Er würgte sie, dem Bräutigam, den Schwestern / Im Angesicht. // So starb ein Stamm sechs brüderlicher Täuber, / Nicht seiner Liebe froh; / Die gleiche Zahl der kaum gepaarten Weiber / Starb eben so." [S. 74] Wenn der Tod in den Blick kommt, oder wenn er einschneidend eingreift, dann wird der Wert der innigen Familienbande evident.

Wer heute, seiner Lebenswirklichkeit entsprechend, eine die Verhältnisse in der Kleinfamilie panegyrisch abhandelnde Grabschrift von poetischer Qualität stiften will, muß, da enge Familienbande der modernen hohen Literatur kein Thema mehr sind und sie so der Sepulchralkultur keine geeigneten affirmativen Vorlagen bereitstellt, auf ältere Texte zurückgreifen oder selber dichten.

8.6 Irdische und himmlische Väter

HÄUFIG thematisieren Hoppenlau–Inschriften die Familienbeziehungen. Die Inschriften sind schlicht und schön. Sie benennen den Verlust und sie sprechen von der Hoffnung des Wiedersehens: "Der vorangegangenen Gattin / und Mutter von ihrem zu- /rükgelassenen Gatten, der / mit Ihr das schönste Glük / seines Lebens verlohr." (Ch. W. v. Hügel) Vater, Bruder und Schwester trauern um Louis Eugen Schultheiss. Die Inschrift erwähnt die persönlichen Verhältnisse, aber deren Ausgestaltung dominiert nicht. Sie deutet den Lebenslauf an, aber dieser gerät nicht zur langatmigen Vita: "AN DIESEM GRABE TRAUERT / UM DEN DURCH LIEBE UND WAHL / ERWORBENEN SOHN / DER VATER / UM DEN BRUDER DER BRUDER / UND DIE SCHWESTER / VIEL HAT DAS GRAB UNS / ENTRISSEN / VIEL WIRD DER HIMEL UNS WIEDERGEBEN." Die Verstorbenen waren ihren Angehörigen das *schönste Glük* und *viel*. Die Inschriften des Hoppenlau-Friedhofs reihen nicht Superlative aneinander und überlassen sich nicht dem herausbrechenden Gefühl. Was sie sagen hat Bestand und ist in seiner Wahrheit.

Die Verwandtschaftsgrade sind auch in den Predigten, die auf dem Hoppenlau-Friedhof gehalten wurden, wichtig. Die Predigten rühmen ausgiebig. Carl Marcell Heigelin war "ein Muster in den Pflichten des Sohnes und des Vaters, des Gatten und des Freundes, ja des gleichgealterten und des väterlichen Freundes, wie er es den Jugendgenossen seines Herzens und den Zöglingen seines Hauses und seiner Schule gewesen war."

Die Verhaltensweisen, welche den jeweiligen verwandtschaftlichen Beziehungen entsprechen, die Hauptbetätigungsfelder und die hervorragendsten Tugenden der Auguste Em. Fr. Pistorius, geb. Feuerlein verweisen in ihrer Predigt von 1816 aufeinander. In den Worten *Nach der Beerdigung gesprochen in der Hospital=Kirche den 18. Julius 1816*, welche im Heft ihrer Leichenpredigt enthalten sind, macht Stiftsprediger Flatt diese Verhältnisse deutlich: "Ein Kleinod, wie es sich nur selten findet, ein wahrhaft unschäzbares Kleinod hast Du uns so schnell, so plözlich entrissen. Eine Tochter, Gattin, Mutter, Großmutter, Schwester und Freundin, deren ganzes Wesen Liebe, Zärtlichkeit, Treue, Anhänglichkeit war — eine Krone ihrer ausgebreiteten, durch Bande der schönsten Eintracht verbundenen Familie — eine weise und sorgfältige Erzieherin ihrer Kinder, eine thätige ordnungsliebende Vorsteherin ihres Hauses, eine edle Wohlthäterin der Armen, eine köstliche Perle ihres Geschlechts, ein Muster der Einfachheit, Demuth und Anspruchslosigkeit — eine achtungswürdige Frau, reich an Geist und Herz, voll Sinn und Verstand, voll tiefen Gefühls für alles Wahre und Gute, voll ungeheuchelter warmer Religiosität ist es, deren früher Verlust mit unzählig vielen heißen Thränen beweint wird." Der Auflistung ihrer a) *Familien- und ihrer sonstigen Beziehungen* (Tochter, Gattin, Mutter, Großmutter, Schwester, Freundin) folgen die ihrer b) *Eigenschaften* (Liebe, Zärtlichkeit, Treue, Anhänglichkeit) und ihrer c) *Aufgaben in der Gemeinschaft* (Erzieherin, Vorsteherin, Wohltäterin); diese Aufzählung wird umrahmt von d) *neuem Lob* (Krone, Perle, Muster); es folgt e) ein Überblick über die vorbildlich entwickelten *Bestandteile ihres Gemüts* (Geist, Herz, Sinn, Verstand, Gefühl für das Wahre und Gute, ungeheuchelte warme Religiosität).

Gott zählt — jedenfalls in der Trauungsrede für Friderike Pistorius, geb. Neuffer — mit dazu. Gott steht an der Spitze der Großfamilie. Er wird, wohl stark von Klopstock beeinflußt, angerufen. Gott, heißt es weiter, ist die Liebe. Der Bruder, der die Trauungsrede hält, erklärt der Schwester und dem Schwager, dem Brautpaar, wie Gott, der Vater, zum irdischen Vater über dessen — oder besser die gemeinsamen — Söhne und Töchter und Kindeskinder spricht.

Daß der irdische Vater die Seinigen verlassen muß und nun der im Himmel weiter für sie sorgt, teilt die Inschrift auf dem Alten Friedhof zu Ludwigsburg für Joh. Heinr. und Friederike Schmidt mit (†1845 und †1869). Ein Hinweis, ob dieser himmlische Vater neben seiner Fürsorge für die Hinterbliebenen wohl auch etwas für den verstorbenen irdischen Vater zu unternehmen gedenkt, fehlt: "Ein treuer Vater ruht an diesem Ort, / Ein treuerer sorgt für uns / fort und fort." Solche Inschriften scheitern daran, daß der Verstorbene, der doch besser gelobt werden sollte, notwendig im Vergleich mit Ihm etwas schlecht wegkommen muß. Hier gerät er fast in den Verdacht der Untreue.

Uli Bräkers irdischer Vater schärf ihm beim Abschied ein: "Und vergiß nie, daß, wenn ich dich schon nicht mehr sehe und höre, dein bessrer Vater im Himmel in alle Winkel der Welt sieht und hört, was du denkest und tust." Ein Gleiches geschieht beim Abschied in Schaffhausen. Uli erlebt dann eine elende Zeit in Berlin. Er räsonniert: "Doch, wer weiß? Noch lebt mein guter Vater im Himmel." Die Vorsicht lebt noch. "Gott lebt noch! es wird schon besser werden!" Auch beim Hausbauen gerät er in große Schwierigkeiten — und die beiden Väter schauen einträchtig zu: "Mein Vater sah meine Angst, und mein Vater im Himmel sah sie noch besser." [S. 76; S. 89 f.; S. 126; S. 184; S. 169] Sie unternehmen nichts.

Am Morgen des Leichenbegängnisses seines Vaters wacht *Siegwart* in Millers Roman nach fürchterlichen Träumen im tränennassen Bett auf. In seinem Gebet gehen der irdische und der himmlische Vater ineinander über. [S. 879] Im Klopstock-Zitat der Hoppenlau-Inschrift für Gottlieb Friedrich Otto begegnen sich ein Vater und sein frühverstorbener Sohn. Benoni segnet den Vater. Samma weiß:

"Dieses Leben ist Schlaf
aus dem
ein letzter uns
aufweckt.
Klopstock"

Zitiert wird Vers 1220 aus dem XV. Gesang des *Messias*. Die Beliebtheit der Geschichte von Samma und Benoni bestätigt Schubart, der Klopstock in mehreren Städten populär gemacht hat. Er weiß noch genau, wie er mit der "rührende[n] Episode von Samma, Joel und Benoni" bekannt wurde. "Von diesem Augenblick wandelte mich größte Ehrfurcht an, wenn man den Namen Klopstock nur nannte."[93]

Schubart ruht nun im Hoppenlau-Friedhof wenige Meter neben einem Grabmal, das eine Inschrift aus dem Hauptwerk des von ihm verehrten Dichters Klopstock trägt. Diese Inschrift ist einer Episode entnommen, von der Schubart besonders zeitlebens gerührt ward. Auf dem Hoppenlau-Friedhof findet im Tode wieder zusammen, was sich im Leben nah und bedeutend war.

[93] S., *Ein schwäbischer Rebell*, S. 29

8.7 Hypertrophie der Trauer

"Warum werden uns Freunde geraubt?" (Young) "Aber Euch und meine Freunde zu verlassen, das ist bitter." (Gellert) "Was zählt, ist weder mein Tod noch der Ihre, sondern der Tod dessen, den wir lieben." (Gabriel Marcel)

DAS GRABMAL Max Arnolds trägt die Inschrift: "Dich wiedersehen / ist unsere Hoffnung / unser einziger Trost / hienieden und selbst / der Gedanke an dich / eine Ahnung von den / Freuden Jenseits." Das Gedenken ist die Wahrheit der Jenseitsfreuden. Nur sein Tod hat die Seinigen betrübt, teilt die Inschrift auf der linken Seite des Grabmals mit: "Sein Hinscheiden / war der einzige / Schmerz, den er den / Seinigen bereitete." Diese Versicherung findet sich zusammen mit dem Bild vom Garten Gottes auch in älteren Gedichten.[94] Im Gedicht *Trost aus anderer Unglück* heißt es: "Zum minsten ist der Tod der *Deinen* / Die allererst und letzte That, / Womit sie dich betrübet hat, / Und wodurch du hast lernen weinen." [Canitz W S. 175] Auch wenn es Fürsten zu loben gilt, läßt sich die Formel verwenden. In der Sammlung *Der Wandler unter Gräbern* von 1816 findet sich die Grabschrift *Auf einen guten Fürsten*: "Er preßt' uns keine Thränen aus, / Als nur durch seinen Tod." [S. 27] Offenherzig benennt Kirchenrath Dr. v. Maier in seiner Predigt für Max Arnold den Grund des Trauerns: Die Guten trauern darum, "daß ein so edles Gemüth abtritt, ohne der Gesellschaft die Schuld seiner Bildung abgetragen zu haben durch eine sie fördernde Wirksamkeit."

Sepulchralkultur dient den Hinterbliebenen, nicht den Toten. "Es ist", heißt es in der Predigt für Auguste Emilie Friderike Pistorius, "doch die süßeste Linderung des Schmerzens — und, was noch mehr ist — das Bild der Lebenden und Sterbenden hebt uns am kräftigsten zu der Welt empor, aus welcher aller Trost des Glaubens und der Hoffnung auf uns strömt." Die letzten Wünsche in den Predigten gelten häufig den Hinterbliebenen.

Man weiß nicht, was es mit dem Tod auf sich hat. Der Tote ist nicht mehr da. Er wurde begraben und *verscharret*, wie es in älteren Inschriften hieß. Er bedarf keiner Fürsorge. Er kann am Grabschmuck keine Freude haben; konsequent verzichten einzelne neuere Grabmale auf den Schmuck. Das Opfer ist verewigt. Es ruht in Frieden. Es ist eingegangen in Gott. Ihm ward wohl. So richten sich die Affekte, die sich einstellen müssen, wo unabänderlich Trennungen zugemutet werden, auf die vom Tod indirekt Betroffenen, die Hinterbliebenen.

Rahel Varnhagen erklärt am 4. Mai 1811 Alex. v. d. Marwitz: "Ein Freund, abgetrennt von uns, nimmt Stücke Leben mit."[95] Die Verlagerung des Interesses weg vom Verstorbenen und hin zu den Hinterbliebenen erreicht ihren Gipfel, wenn, wie in Boutterweks *Empfindungen auf einem Kirchhofe*, schlimmer als der eigene Tod der der Freunde ist: "Sterben will ich. Doch euch überleben, / Theure den Gedanken trag'

[94]Justi, *Dem Andenken Elise'ns geweihet* [GMA 1801, S. 144]; Ludw. Fuchs, *Auf den Tod seiner Gattin, an Herrn Götz* [AdtM 1775, S. 178]

[95]In: R. V., *Briefwechsel mit Alexander von der Marwitz, Karl von Finckenstein, Wilhelm Bokelmann, Raphael d'Urquijo*, S. 24

ich nicht." [GMA 1789, S. 151] Lessing klagt am 4. August 1767 Nicolai: "Meinhard ist gestorben; ich bedaure uns." [B I, S. 256] Voß teilt am 15. August 1774 Brückner mit: "Ich wende doppelte Sorgfalt auf meine Gesundheit, weil mein Tod viele Freunde betrüben würde; für mich würd' ich gleichgültiger sein." [B I, S. 174] Krug v. Nidda dichtete den *Zipressenkranz am Schwestergrabe*: "Nur *wir*, die Hinterbliebnen, sind gestorben." [TBV 1825, S. 174] Goethe klagt am 1. Juni 1805 Zelter: "Ich dachte mich selbst zu verlieren, und verliere nun einen Freund und in demselben die Hälfte meines Daseyns." [W IV-IX, S. 8] Der Trauernde ist in Maßliebens Gedicht *Der Todte* mit dem Herzen immer bei dem Verstorbenen und darum auf Erden schon tot. [GMA 1804, S. 66] Gut für den Verstorbenen ist, daß seine Angehörigen leben und den Jammer tragen. F. L. Stolberg richtet Verse *An Agnes*: "Ich müsse weinen, Agnes, bei deinem Grab! / Es wird mir Trost sein, daß du um mich nicht weinst, / Daß mein der Jammer ward, und daß du / Weinen mich siehst aus des Himmels Lauben." [VMA 1784, S. 65]

Es geht nur noch um die Zurückbleibenden, die Hinterbliebenen, die trauernden Opfer. Buri stellt sich umherschwebende Seelen vor, die sich intensiv mit dem trauernden lyrischen Ich befassen; er gestaltet diese Vorgänge im Gedicht *Wehmuth*: "Gewiß umschweben Seelen / In diesem Hauche mich, / Erseufzen leis' und quälen / Um meine Trauer sich." [TBLF 1805, S. 247] Pater Philipp bereitet in Millers *Siegwart* diesen darauf vor, daß sein Vater sehr krank ist. Siegwart meint: "Lieber, lieber Gott! — Ach das ist ja schröcklich! Wie wird mirs gehn?" Er denkt an sich. Dann liest er den Brief seiner Schwester: "Gott steh mir bey, und helf mirs tragen!" [S. 502 f.] Louis Lambert liegt in Balzacs *Verlorenen Illusionen* im Sterben. "Wir sind es, die zu beklagen sind", meint einer der Anwesenden. [S. 360]

Der Tod des Freundes tötet, so Schleiermacher in den *Monologen*, die Zurückbleibenden. [S. 81 f.] Schlimm, dichtet Varnhagen *Beim Tod eines Kindes*, ist nicht, daß ein Kind gestorben ist, sondern daß man selbst nicht mehr Kind ist. [Ch/VMA 1806, S. 95] Laut Klöntrups Gedicht *An Fr. Hahn* ist glücklich, wer "in der Jugend stirbt, / Er sieht die Gräber seiner Geliebten nicht." [GMA 1786, S. 160] Schiller verfaßt am 15. Juni 1780 einen Kondolenzbrief an Chr. Daniel v. Hoven. Er stellt fest: "Je mehr ich mich dem reifern Alter nähere, desto mehr wünscht ich als Kind gestorben zu sein." [W XXIII, S. 11 f.] Der Tod, behaupten sie, ist schlimm für die Zurückbleibenden. Louise Brachmann versichert im Gedicht *Nach der Genesung*: "Der stirbt nicht, den der Tod von hinnen ruft: / Du wärst zu einer schönen Welt entschwebt, / Und hättest scheidend *mir* den Tod gegeben." [TBLF 1807, S. 39] Dies wäre ihr in der Tat das Schlimmste. Lichtenberg bekennt am 19. März 1772 Dieterich und Frau: "Der Tod des guten Leibmedicus ist mir würcklich nah gegangen, auch blos seiner Frau und Kinder wegen, denn selbst sterben kan so übel nicht seyn, denke ich jetzt, da es nebelt und regnet und ich böse Augen habe." [B I, S. 34] Pückler gesteht Ludmilla Assing am 11. November 1858, daß der Tod "für die Zurückbleibenden [...] doch immer entsetzlich" ist. Und "daß die arme Fouqué gestorben" ist, schreibt er am 12. Oktober 1831 Varnhagen, tut ihm "auch recht leid, besonders um seinetwillen, wie denn immer die Uebrigbleibenden bei allen Todesfällen die wahrhaft Bedauernswerthen sind."[96] Befassen sich Pückler und Lichtenberg mit fremden Schicksalsschlägen, denkt das Ehepaar Klopstock an die eigene Zukunft. Meta erinnert Klopstock am 10. September 1758: "Du weist, ich hab immer gewünscht, die Nachbleibende zu seyn, weil ich wol weiß, daß dieß das schwerste ist." [GMK S. 582] Selma, erinnert sich Jung–Stilling in seiner *Lebensgeschichte*, hatte Todesahnungen; jetzt erkrankt sie wirklich schwer. "Er rief aus seinem Innersten hervor, daß es durch aller Himmel Himmel hätte dringen mögen, nicht um Selmas Leben; denn er verlangte keine Wunder, sondern um Kraft für seine müde Seele, um diesen harten Schlag ertragen zu können." [S. 360] Niemand weiß, was mit den Toten und mit Gott und mit dem Himmel ist. Sicher ist der Schmerz der Zurückbleibenden.

Die "mütterlichste der Mütter" fleht in Chr. Stolbergs *Elegie an die Grafen Hans, Andreas und Christian von Bernstorff bei ihrer Einsegnung* "an Gottes Thron" um Erbarmung für die Kinder. Umgekehrt sollen sich auch die Kinder der Mutter erbarmen. [VMA 1784, S. 96] In einer Inschrift von 1956 auf dem Untertürkheimer Friedhof verwahrt sich die Verstorbene gegen alles diesbezüglich noch über das Lebensende hinaus Inkommodierende: "Mein früher Tod / Mein frühes Glück / Drum Kinder / wünscht mich nicht / zurück." Schink destruiert in den *Klagen eines Witwers: Nach dem Englischen* den angeblich so großen Schmerz des Zurückbleibenden. In der achten Strophe schlägt die Heuchelei hemmungslos in Hohn um: "Groß ist mein Leid, mein Schmerz ist scharf. / Gottlob, daß *sie* nicht weinen darf / An meines Grabes Kammer! / Ihr zartes Herz ertrüg' es nicht. / Drum trag' ich gern aus Christenpflicht / Statt ihrer, diesen Jammer." [GMA 1801, S. 18] Anna Amalia starb am 10. April 1807. Caroline v. Egloffstein wandte sich am 23. April 1807 an ihre Schwägerin. Der Herzog erlaubte ihr, "aus dem Nachlaß der Verewigten" etwas zu wählen. Sie nimmt die "Briefe über die Humanität von Herder" und ihr fällt die "unterstrichene Stelle" auf: "Er sieht den Unglücksfall / Allein *in sich* und häuft auf Übel Übel. / Wer alles mit Vernunft betrachtet, wie / Es an sich selbst, und nicht für ihn nur sei, / Empfängt das Glück und hält das Unglück fern."[97] Ja freilich — wenn man alles mit Vernunft betrachtet — dann trinkt man sein Gläschen Apfelwein und freut sich, daß die Vorsicht noch lebt. Am besten ist, man selbst lebt und trägt den Jammer.

Daß die Hinterbliebenen die Hauptbetroffenen sind, ist keine neue Vorstellung. Fleming schrieb das Gedicht *Auf eine Leiche*: "Wer jung stirbt, der stirbt wol." [W I, S. 39] Das sagen die Alten. *Auf Herrn Timothei Poli neugebornen Töchterleins Christinen ihr Absterben* schrieb Fleming: "Und die Warheit rauß zu sagen: / Neid ists, daß wir sie beklagen." [W I, S. 277] Er dichtete *Auf Herrn Martin Münsterbergers seinen geliebten Söhnleins sein Absterben*: "Muß es denn gestorben sein, / ei, so ist es balde besser." Und: "Wen der Höchste herzlich meint, / den versetzt er jung an Jahren / in der Engel reine Scharen." [W I, S. 283 f.] Klare Einsicht in den Egoismus der wehmütig Trauernden bekundet erstaunlich früh schon Canitz in der *Klag=Rede Uber das frühzeitige*

---

[96]In: *Briefwechsel und Tagebücher des Fürsten Hermann von Pückler=Muskau* IV, S. 3; III, S. 65

[97]In: *Alt–Weimars Abend: Briefe und Aufzeichnungen aus dem Nachlasse der Gräfinnen Egloffstein*, S. 14 f.

Absterben Der Durchlauchtigen Chur=Printzeßin Zu Brandenburg, Frauen Elisabeth Henrietten, gebohrner Land=Gräfin zu Hessen: "Wohnet sie unter den Lilien, warum verlangen wir sie unter Dorn=Hecken? So gar ungütig ist offt unsere Wehmuth! So gar eigennützig sind alle unsere Wünsche!" [W S. 347]

Heute finden sich vergleichbare Überlegungen in Todesanzeigen, die den Schmerz der Hinterbliebenen in den Vordergrund stellen und den Verstorbenen seines Friedens wegen glücklich preisen. Er hat den Frieden, die Zurückbleibenden den Schmerz. [HAZ 29.6.1988] Ihm wird die Ruhe gegönnt, doch das Herz der Kinder ist voller Trauer. Sie erinnern an die Zeit des Leidens. [StZ 30.6.1988] Der Verstorbene ist nun nicht mehr da; es ist schwer, "diesen Schmerz zu tragen", denn ohne ihn "wird vieles anders sein." [WZ 28.6.1988] Eindringlich stellt sich das Problem in einer Todesanzeige der *Wetterauer Zeitung* vom 21. Januar 1989 dar. Sie verwendet Verse Mascha Kalékos. Hier ein Auszug: "Vor meinem eigenen Tod ist mir nicht bang, / nur vor dem Tode derer, die mir nah sind."

9 Wehmut

"Mit Schaam, Rürung, Wehmuth, Freude, Liebe und Bewunderung ..." (Chr. Stolberg an Motte Fouqué) "Mit stummer Wehmut sah'n der Eltern Blicke / Auf ihres Kindes bleich gehärmte Wangen; / Vergeblich war's, mit zärtlichem Geschicke / Zu scheuchen ihr das namenlose Bangen." (Karl Zettel, Gela)

Das frühe 19. Jahrhundert überläßt sich dem Gefühl der Wehmut. In der älteren Bedeutung des Begriffs war die *Wehmut* mit der allgemeineren *Rührung* synonym, nun bezieht sie sich insbesondere auf Verlorenes. Man hat dem Gefühl vertraut und den Himmel in der eigenen Brust gesucht; das Objektive ist verloren gegangen; und die Erfahrung, daß das Irdische unzureichend ist, schmerzt. Diese spätere Bedeutung der Wehmut bahnt sich mit Miller an. In seinem *Siegwart* zählte ich *Wehmuth* dreiundvierzigmal, *wehmüthig* einundfünfzigmal, das *Wehmüthige* viermal. Achtmal ist die Wehmut *tief*, viermal *süß*, zweimal *unaussprechlich* und je einmal *tiefst, unbeschreiblich, wollustreich, selig.* Die *innigste Wehmuth* ist zur Formel in Todesanzeigen zu Beginn des Jahrhunderts geworden. In der Literatur der Zeit begegnen uns andere Varianten der Wehmut häufiger. Sie ist *still, wonnig, süß, heilig, ernst, schweigend, bitter.* Die *stille Wehmut* ist auf Vergangenes und Verlorenes gerichtet. Sie wird beim Verlust und im Erinnern erlebt. *Schweigende Wehmut* tritt nach einem Todesfall ein. *Süß* und *wonnig* ist die Wehmut, wenn Glück und Schmerz sich mischen. *Heilige Wehmut* ist die Reaktion auf die Erfahrung der Unzulänglichkeit alles Irdischen. Unbefriedigend ist, daß all das, was dem Leben den letzten Sinn geben sollte, dies doch nicht vermag. *Ernste Wehmut* schaut sorgenvoll in die Zukunft.

Wehmütig stehen die Zurückbleibenden am Grabe der Verewigten. Die Leichenpredigten sprechen von dieser Wehmut. Wehmut ist die Stimmung derer, die versuchen, das Bewußtsein des Todes zu verinnerlichen. Die Predigt für den auf dem Hoppenlau–

Friedhof Bestatteten Carl Eugen v. Hügel erwähnt aufrichtige Wehmut und herzliche Teilnahme; die für Ludw. Alb. v. Gaisberg wehmütige Teilnahme, sowie Wehmut, Liebe und Verehrung; die für Abr. Arnold tiefe Wehmut und Trauer; die Predigt für Carl Marcell Heigelin spricht von "Wehmuth aus Liebe" und die für Marie Otto von "wehmuthsvoller Liebe."

"Thränen der Wehmuth" begegnen uns in den Predigten für Dor. v. Kahlden, Sophie Aug. Schwab und Emilie Zumsteeg. Ein "Andenken in Wehmuth" findet sich in der Predigt für Carl Alex. v. Seckendorff. Dank "mit wehmuthsvollem Herzen" wird ausgesprochen bei der Bestattung des Grafen Georg v. Schéler, ein Lebewohl "voll Wehmuth" bekommt Helene Monheimer zugerufen und sanfte Wehmut in der Hoffnung des Wiedersehens finden die, welche von Hofrath und Professor Joh. v. Kerner Abschied nehmen. Endgültig verloren ist die Kindheit, sie wird zum Paradies verklärt.

Nach einem traurigen Abschied stellt sich Wehmut ein. Die Zurückbleibenden vergießen Tränen der Wehmut. Das Objektive ist verloren und Gott wird gefühlt. Der Verstand hat demonstriert, daß sich Gott nicht beweisen läßt. Der Glaube ist obskur geworden. Es bleibt nur das Fühlen. Die Religion wird ästhetisch und die Poesie religiös. Wird überhaupt noch eine objektive Lehre erteilt, dann bietet sich an, das subjektive Moment der Vermittlung der Lehre mitzugeben. Die Reflexion ist wichtiger als ihr Gegenstand geworden. Die Liebe der Liebe interessiert, weniger die Liebe, nicht ihr Objekt.

9.1 Stille, wonnige, süße Wehmut

"Indessen, gib in Feierstunden / Und daß ich ruhen möge, der Toten / Zu denken. Viele sind gestorben, / Feldherrn in alter Zeit / Und schöne Frauen und Dichter / Und in neuer / Der Männer viel, / Ich aber bin allein." (Hölderlin)

DIE STILLE WEHMUT ist auf Vergangenes gerichtet. Bettina Brentanos Sehnsucht bezieht sich auf Unerreichbares. Dies macht sie wehmütig. Sie bekennt in *Goethes Briefwechsel mit einem Kinde*: "So ist die glücklichste Liebe von Wehmut durchdrungen, weil sie ihrer eignen Sehnsucht kein Genüge tun kann, so macht mich Deine Schönheit wehmütig, weil ich Dich nicht genug lieben kann." [W II, S. 338] Marianne von Willemer schreibt 1817 Goethe, daß ihr der August "wehmüthige Erinnerungen an schöne Stunden" bringt.[98] Heine berichtet Moses Moser am 18. Juni 1823 von der "Wehmuth" im "Gedächtniß" an "alte Tage." [B I, S. 232] Weil das Ännchen ihm plausibel macht, daß das ein "Haargesicht", eine "Iltishaut", ein "Tanzbär", eine "Dreckpatsche" ist, gibt Uli Bräker seiner "grauen Ursel förmlichen Abschied." Sie sah ihm "wehmütig nach und rief immer hinterdrein: 'Ist denn nichts mehr zu machen? Bin ich dir zu alt oder nicht hübsch gnug? Nur noch einmal.' Aber ein Mann, ein Wort." Von den Eltern nimmt er "voll Wehmut" Abschied; nach dem Abschied vom Ännchen sieht er "wehmütig ans Siebengestirn hinauf", "der ganze Himmel" scheint

[98] In: *Goethes Briefwechsel mit Marianne von Willemer*, S. 44

ihm "voll liebender Wehmut zu sein." Als er sich dann in Schaffhausen beim Tanzen blamiert, wirft der Vater auf ihn "einen wehmütigen Blick", der ihm "durch die Seele" geht. [S. 65 f.; S. 75; S. 80, S. 89]

Die Wehmut als "Sehnsucht nach dem Unerreichbaren", welche dieses "als ein schon Dagewesenes, Verlorenes" faßt, hat ein mit "J. G. S." zeichnender Verfasser in *Umrissen und Bruchstücken* im ersten Quartal der *Musen* von 1812 beschrieben. [S. 173-176] Die Wehmut erscheint in dieser Sicht als das sich im romantischen Streben nach dem Unendlichen einstellende Gefühl. Sie zielt auf Vergangenes.[99] Karoline v. Günderrodes *Pilger* sucht das Verlorene in fremder Zeit und in fremdem Land: "Es hält mich die Liebe, / Ich bliebe so gern, / Doch ziehet mich Wehmut / Zum Grabe des Herrn."[100]

Joh. Busch verfaßte den lyrischen Dialog *Die Ruhe und die Liebe*. Sie, die Liebe, erklärt, daß ihr Wesen ist, daß "Wehmuth aus der Wonne, / Und Wonn' aus Wehmuth quillt."[101] Sie muß es wissen. Wehmut liegt als Gemütsverfassung zwischen miteinander streitenden Affekten. Caroline Böhmer nennt es süßeste Wehmut. Sie erinnert sich im Brief vom 9. Juli 1784 an Luise Gotter und Wilh. Bertuch: "Welch ein Taumel von Liebe, Freundschaft und Glück hab ich durchlebt, und mit welcher süßesten Wehmut — immer die Grenze, wo Schmerz und Freude sich treffen — mit welchem Dank genoß ich ihrer." [BdtR S. 147] Süße und stille Wehmut auf einem Friedhof am Allerseelentag beschreibt Schelling in der *Clara*. [S. 18 f.]

Am Tage der Eröffnung des Testaments seines Freundes Larkens besucht *Maler Nolten* eine Aufführung des *Messias* von Händel. Ihn verlangt danach, die "süße Wehmut dieser Stunde bis auf den letzten Tropfen rein für sich auszuschöpfen." [S. 391] Xafer und Therese essen in Millers *Siegwart* mit dem alten Prediger Milchrahm. Therese würzt die Kost "durch ihre Freundlichkeit und den heitern Scherz", der Prediger ist "so munter, wie ein Jüngling" und Xafers Seele ist "voll Ruhe und süsser Wehmuth." [S. 157] Den in Not geratenen Herrmann, den Helden in Wezels Roman *Herrmann und Ulrike*, versetzt in "süße Wehmut", daß noch Ärmere, denen er helfen kann, in allem Elend fröhlich sind. [I, S. 329] In der Todesanzeige für Charl. Reg. Hauff in der *Schwäbischen Chronik* vom 13. Junius 1802 teilt der Witwer mit, er "hoffe mit süsser Wehmuth", daß man das Denkmal der Verstorbenen in seinem Herzen ehren werde. Novalis berichtet am 24. März 1797 Caroline Just von den "bitteren Freuden der Wehmut." [BdtR S. 83] Stechende Wehmut tritt ein, wenn nach langer Trennung etwas an die Geliebte erinnert. Als Mörikes *Maler Nolten* nach langer Zeit und nach vielen Verwicklungen wieder zu Agnes kommt, ist diese nicht zu Hause, da sie gerade ein Stück Tuch auf dem Kirchhof bleicht. Nolten sieht in der "Kammer der Geliebten" ein ihm bekanntes blaues Kleid "übern Sessel hängen; der Anblick durchzückte ihn mit stechender Wehmut." [S. 284]

---

[99]Vgl. v. Steigentesch, *Erinnerung* [SMA 1799, S. 34 f.]; Novalis, *Das Lied der Toten* [W I, S. 354]; K. A. Varnhagen, *Wehmuth* [Ch/VMA 1806, S. 15 f.]; Matthisson, *Maria* [W Hg. Bölsing, S. 37]; Matthisson, *Abendwehmuth* [TBD 1805, S. 2 ff.]; Tiedge, *Urania* [S. 9]; Lohbauer, *Nachtphantasie* [TBN 1799, S. 110 f.]

[100]In: Bettina v. Arnim, *Die Günderode* [W I, S. 388]

[101]In: *Erinnerungen an Johannes Busch*, S. 47

9.2 Das Fühlen Gottes

"Licht ist in meinem Herzen, aber so wie ich es in den Verstand bringen will, erlischt es." (Jacobi an Hamann) "Wenn's Gedanken waren, so hatte ich sie ohne mein Bewußtsein." (Wezel) "Gott erhalte mir immer diesen unbeschreiblichen lieben Schmerz — die wehmüthige Erinnerung — diese muthige Sehnsucht — den männlichen Entschluß und den felsen vesten Glauben." (Novalis) "Aber da blieb mir der Glaube meines Herzens ... " (Hölderlin an seine Mutter) "Zur Fastnachtszeit, zur Fastnachtszeit, / Da ist der Himmel gar nicht weit." (Hoffmann v. Fallersleben, Fastnachtslied)

DIE HEILIGE WEHMUT, sagt Schleiermacher in seinen Reden *Über die Religion*, begegnet da, wo das "Erhabene mit dem Geringen und Nichtigen aufs innigste gemischt" ist. [S. 166] Diotimas "stille Gedanken" herrschen "über den Trümmern." Ihr Geist hebt sich "aus schönem Leiden empor", das "himmlische Mädchen" steht "in seiner Wehmut da, wie eine Blume, die in der Nacht am lieblichsten duftet."[102] Das schöne Leben ist allein in "der gealterten Welt", die "schönere Zeit" ist "untergegangen", nun herrscht frostige Nacht; die "schönere Welt" ist "hinunter"; das heilige Leben welkt und schweigt bei den Barbaren; die "schöne Sonne" wird "nur wenig" geachtet; das edle Leben schweigt und bleibt unverstanden.[103] Bettina Brentano erklärt in der *Günderode*, man könne nicht "das Höhere um das Geringere" versäumen, die Hinwendung zum Geringen sei "das wahre Opfer, was uns göttlich macht." [W I, S. 338] Man überläßt sich der unendlichen Sehnsucht und ihr Gegenstand ist das Universum. Im Leben selbst ist alles mit Geringem vermischt, das Pathos angesichts dieser angeschauten allgemeinen Unzulänglichkeit ist die Wehmut. Sie ergibt sich aus der Unzulänglichkeit des Heiligen, Weltschmerz aus dem Versagen der profanen Ersatzinstitutionen. "Der Mensch des 19. Jahrhunderts braucht die Fata Morgana des irdischen Paradieses, da rund um ihn die Welt immer häßlicher wird." Der Weltschmerz wird dann später von der Weltangst abgelöst. "Der Mensch, dem sich das Jenseits entleert, will im Diesseits nicht umsonst gelebt haben."[104] "Ernste Wehmut" empfindet Karl von François in den Augenblicken vor der dann doch ausgesetzten Hinrichtung. [S. 32]

Die Wehmut dominiert, weil man allein dem Gefühl vertraut. Schleiermacher entwirft eine Gefühlsreligion; Hegel betont dagegen immer wieder, daß es auf die Bestimmtheit des Gefühls ankomme. Schniebes kommentiert in den *Stimmen des Christentums, Darstellung der christlichen Religion als Glaube*: "Jetzt setzt man fast allgemein das Wesen der Religion in *das Gefühl*, nemlich das Gefühl einer Abhängigkeit vom All, erzeugt und hervorgegangen durch einiges Anschaun desselben; eine Art Andacht." [DM 1812, 2. Qu., S. 57] Unverkennbar sind die Schleiermacher-Anklänge im *Anschaun*, deutlicher noch ist die Abwertung dieser *Art Andacht*. Herr Voigt in Bettina Brentanos *Günderode* meint, "Philosophie müsse nur durch die Empfindung begriffen [!] werden,

[102]Hölderlin, *Hyperion* I, S. 151

[103]Hölderlin, *An Diotima* [W I, S. 19]; *Diotima* [W I, S. 20]; *Diotima* [W I, S. 20]; *Geh unter, schöne Sonne ...* [W I, S. 72 f.]; *Diotima* [W I, S. 75]

[104]Hofmann, *Das Irdische Paradies*, S. 342; S. 331

sonst sei sie leeres Stroh, was man dresche." [W I, S. 277 f.] Das Herz muß es sagen; Hippel bestätigt in den *Lebensläufen nach aufsteigender Linie*: Gott ist unbegreiflich, aber das Herz sagt, daß er ist. [W IV, S. 138] Mit der Wehmut, die sich auf uneinholbar Vergangenes, auf die verlorene Kindheit richtet, kann man sich irgendwie abfinden. Dieser Wehmut fehlt der letzte Ernst, sie beruhigt sich schnell in der Religion. Sie wandelt sich, wie die Predigt für Carl Gottfr. Hoffmann belegt, in "himmlisch=heitere Hoffnung" um. Ernster ist es, wenn die Liebe an die Stelle des persönlichen Gottes getreten, die alte Ausflucht aufgegeben ist, und dann allem irdischen Hoffen entsagt werden muß. Karoline v. Günderrode vertraut am 18. November 1805 Creuzer an, daß sich in dieser Konstellation der "ungestüme Schmerz" ihr in "heilige Wehmuth" aufgelöst hat. [W Hg. Wolf, S. 291]

Die Wehmut kann in die Zukunft schauen. Ludwig Richter gesteht am 22. März 1856 seinem Freund Thaeter, daß die Aussicht auf ein einsames Alter ihn oft wehmütig stimmt. Beim Abschiednehmen von den "Erscheinungen der Jahreszeit" wird ihm wehmütig. [II, S. 29; I, S. 278 f.] Heines Gedicht *Du bist wie eine Blume* geriet in das Album *In zarte Frauenhand*: "Du bist wie eine Blume, / So hold und schön und rein; / Ich schau' dich an und Wehmut / Schleicht mir ins Herz hinein." Die Wehmut sorgt sich um die Zukunft: "Mir ist, als ob ich die Hände / Aufs Haupt dir legen sollt', / Betend, daß Gott dich erhalte / So rein und schön und hold." [S. 37] Da man selbst die Aufgabe nicht bewältigen kann, wird er herangezogen. Hier, zum Schutz der Blume, benötigt man ihn. Er wird gebraucht und man wendet sich gerne an ihn. Gott wird in Reinhardts Gedicht *In einer Mondnacht* gefühlt: "Ja! du bists, und deiner Liebe Wehen / Das so oft die Glut des Jammers kühlt, / Wie dein Mond hier, Menschen ungesehen / Aber niemals, niemals ungefühlt." [StMA 1785, S. 25] In Hermanns *An Gott* sind sogar ethische Entscheidungen erfühlbar. [StMA 1793, S. 74] Alles geht ineinander über, alles löst sich auf, alles ist eins. "Wer lehrt, daß weder Zeit noch Tod / den Liebenden Vernichtung droht?" fragt Städele in einem Gedicht des *Mildheimischen Liederbuches*. Die Antwort fällt leicht: Die *Empfindung* lehrt es, die *Empfindung!* "Du lehrst, nicht Witzes Grübeley, / daß Lieb' und Freundschaft ewig sey!" [S. 109] Die Zeit, in der der gewitzte Verstand über derlei grübelte, ist in der Tat vorbei. Daß nach der Zerstörung der speziellen Metaphysik der "Brei des Gefühls" (Hegel) überlaufen und sich in alle menschlichen Bereiche ausbreiten würde, in denen früher der Verstand etwas zu sagen hatte, dies konnte Kant nicht vorhersehen. "Von Andacht heiß, von Lust erstarrt, / Verspühr ich Sein' Allgegenwart", beteuerte schon Brockes anläßlich der *Betrachtung Göttlicher Gegenwart, bey Bluhmen.* [VIII, S. 20] Das Empfinden war wichtig in seinem Gedicht *Würdige und rechte Anwendung der Naturlehre.* [VI, S. 407] Im zehnten Band des *Irdischen Vergnügens* findet sich der *Lob=Gesang auf die vier Jahrs=Zeiten*: "Gott ist, überall gefühlt, allenthalben gegenwärtig." [S. 543] Jacobi beschreibt in den *Fliegenden Blättern* die unbegreifliche Gegenwärtigkeit Gottes. [W VI, S. 153] T. Witenmann wendet sich am 9ten Nov. 1783 an Jacobi; er hält vom Christentum mehr als von den Philosophen, der "Übergang vom Unendlichen zum

Endlichen" bleibe "den Philosophen unbegreiflich."[105] Hegel war gerade erst dreizehn geworden. Es leuchtet ein: Ist der Himmel auf die Erde gekommen und das Objektive nurmehr in der subjektiven Aufbereitung erträglich, muß die Erfahrung, daß sich auf dies Irdische nicht sicher bauen läßt, umso schlimmer sein, als die alten Trostgründe verloren sind. Jean Paul sieht es ähnlich. Prägnant schildert er in der *Vorschule der Ästhetik* die Zustände nach dem "Verluste des Himmels." [W V, S. 401] Außer der gewaltsamen Rückkehr bleibt nur die Möglichkeit, sich irgendwie mit der schmerzlichen Wehmut abzufinden.

Früher konnte Gott schon einmal als fröhlicher Erbe vorgestellt werden. Eine Aufzählung der Erben, unter denen die Dreifaltigkeit ist, und der vermachten Güter findet sich in Francks Lied *Letzter Wille eines in Gottes Willen lebenden und sterbenden Christen.* [W S. 74 ff.] Jetzt wird dies Verhältnis noch erheblich inniger und kollegial.

9.3 Reflektierte Wehmut

DIE KLAGE der Hinterbliebenen selbst wird in den Predigten zum Gegenstand neuer Wehmut. Denn Ludw. Fr. v. Stockmayer starb vor Weihnachten und das Christfest ist so zum "Fest der Trauer" geworden. Es wird, fragt seine Leichenpredigt, in der Trauergemeinde doch wohl keiner sein, "der diese Klage" der Angehörigen "nicht mit mitfühlender Wehmuth vernimmt?" Der Verstorbene selbst, daran erinnert man sich nun, sprach vor vielen Jahren in inniger Freude bei einem Familienfest "den Gedanken an das Ende auch dieses Glücks und die Nothwendigkeit, darauf sich gefaßt zu halten, ernst und wehmüthig aus." Elise Erhard gedachte einer "frühevollendeten Tochter" nach "vielen Jahren noch manchmal wehmütig". Nun ist sie selbst tot. "Mit Wehmuth stehen wir an ihrem Grabe." Goes war voll Wehmut, so früh sich seinem Dienst entziehen zu müssen. Aug. Em. Fr. Pistorius stand mit "inniger Wehmuth" an der Gruft einer Freundin. Fr. v. Hügel hat, schon erkrankt, noch mit "stummer Wehmuth" an einer Familienfeier, der Taufe der Tochter eines Schwagers, "in stiller Fürbitte Antheil" genommen. Nun trauert ein Vatersbruder "in ernster Wehmuth" um den Neffen.

Wie die Wehmut entsteht und worauf sie sich richtet, macht die Predigt für Carl Gottfr. Hoffmann deutlich. Die grauen Haare lassen erkennen, daß jemand dem Grabe näher steht als der Kindheit. Da beschleicht Wehmut das Herz.

Die Verstorbenen waren früher selbst wehmüthig, jetzt gedenken die Überlebenden ihrer in Wehmut. Der nun Verblichene kann aber auch selbst schon zu Lebzeiten Gegenstand der Wehmut gewesen sein. Hofprediger von Grüneisen spricht von den letzten Jahren Danneckers. Der Meisel ruhte und der Geist war verdüstert, "so daß wir nicht ohne Wehmuth das Wohlbefinden der äußeren Gestalt und die Freundlichkeit des geliebten Antlitzes bei der Abnahme seiner edleren Kräfte wahrnehmen konnten." Im Rückblick wird zwischen dem Körper und dem Geist des Lebenden unterschieden

[105] In: Friedrich Heinrich Jacobi, *Briefwechsel* III, S. 251

wie in der üblichen, sich auf den Toten beziehenden Formel vom Leib, der in der mütterlichen Erde ruht, und dem Geist in Gott. Gökingk verfaßte eine wehmütige *Elegie auf Bürgers Tod.* Als der Dichter nach Jahren Bürger wiedersah, da vermochte er kaum vor ihm sein "schwimmendes Auge zu bergen." Das "Feuer im Auge" Bürgers war zu "todter Asche verglommen", die "Stimme voll Klang" war "Tief in den Busen versenkt!" Als auch die Muse "zuletzt, gleich einer alternden Amme, / Immer launiger ward, winkte der freundliche Tod." [GMA 1796, S. 18]

Wehmütig schaut man auch den an, der heruntergekommen ist und sich vielleicht gar bis zum Ekelhaften vernachläßigt: "Lass die Wehmutsblike, guter Junge! Ich weiss es wohl, ich bin herabgekommen", ruft Alabanda "mit freundlichem Unwillen" zu *Hyperion.* [II, S. 27]

Der Mitmensch, dem das mit der Umwelt Verbindende zerstört ist, dem die gerne so genannte *Menschheit in sich* verloren ging, ist Objekt der Wehmut. Mit "wehmütigem Vergnügen" betrachtet Bräker einen Verrückten. [S. 127]

9.4 Auf der Suche nach der verlorenen Kindheit

"... dieser wenigen auserwählten guten Seelen, *die aus dem kindischen Alter der Welt noch übriggeblieben sind, die für eine Welt wie die unsrige zu viel* stille *Größe, zu viel* naife *Schönheit haben ..." "O süsse Zeit herzinniger Gefühle / Der Kindlichkeit!" (Salis) "Ihr wonnigen Tage der Kindheit! / Ihr Tage der glücklichsten Blindheit, / Der Spiele, der Scherze, der Lieder! / O kehrt dem Beschwörenden wieder!" (Haug, Guido's Klage) "Die Erinnerung an empfangene Liebe, als ein Zeugnis, daß man ein Mal im Leben liebenswürdig und wert war, ist es vorzüglich, welche die Sehnsucht nach der früheren Jugend nie ersterben läßt." (Gottfried Keller)*

HIPPEL meint in seiner *Selbstbiographie*, so wie jeder Morgen den Anfang der Welt vorstelle, so mache "jedes gute Kind" den "Anfang der denkenden Geschöpfe der Erde." [W XII, S. 59] Der Vossische Musenalmanach von 1788 enthält Sanders Nachdichtung *Als ich klein war: Nach Baggesen.* Das Gedicht stimmt Töne an, die erheblich später Bogumil Goltz aufgreifen wird. 1788 verlautet: "Es waren Zeiten einst; ich hieß der Kleine, / Mein ganzer Leib war einer Ellen hoch. / Mein Herz gedenkt der Zeiten, und ich weine, / Und drum gedenk' ich ihrer immer noch." Allein die Erinnerung an das vergangene Glück ist geblieben und diesen einzigen Trost möge Gott "ewig, ewiglich" bewahren. [VMA 1788, S. 78 ff.] Wehmut läßt sich bei der Erinnerung an die Kindheit nicht vermeiden. Die Natur stellt die verlorene Kindheit dar. Schiller beginnt seinen Aufsatz *Über naive und sentimentalische Dichtung* mit der Beobachtung, daß wir der im Kontrast zum Künstlichen naiven Natur "eine Art von Liebe und von rührender Achtung" entgegenbringen. Dieses Wohlgefallen ist moralisch. Geliebt wird nicht der jeweilige Gegenstand, sondern die Idee. [W XX, S. 413 f.] Die Kindheit ist verloren, das Ideal kann in den die Heilsgeschichte säkularisierenden Programmen — auch in Kleists Schrift über das *Marionettentheater* und in *Hyperions* exzentrischer Bahn — erst im

Zustand höchster Vollendung erreicht werden. Wir selbst sind unterwegs. In den naiven Gegenständen erblicken wir das, was uns fehlt. Das Kind erinnert an das Paradies und es verheißt den Himmel. Es wird wehmütig bewundert. Das Reich der Vorstellung ist verlassen und das Absolute noch nicht erreicht. Im Bereich des Verstandes — wenn es erlaubt ist, Heilsgeschichte und Geschichtsphilosophie auf Bewußtseinsformen abzubilden — wird das Kind verehrt, das an den Ursprung gemahnt und das Ziel vorstellbar macht.

Fünfzig Jahre nach Schillers Schrift sehnt sich Goltz nach der Kindheit. Sie verklärt sich ihm; das Kind ist ihm ein "himmlisches Geschöpf", es ist "Himmelstraum und Erdenglückseligkeit zugleich." Das Kind ist heilig. Man sieht ihm "die göttliche Abkunft" an, solange ihm nicht "die Schule und die konventionelle Dressur seine natürliche und übernatürliche Schönheit zu Schanden machen darf." Goltz verherrlicht das unschuldige Kind. [S. 20 f.] Schillers Gedanken haben hier ihre Trivialstufe erreicht. Man weiß noch, daß man einmal jung gewesen ist. Dabei sind die andern doch auch einmal jung gewesen. Vielleicht jünger als man selber. Doch, heißt es auf dem Friedhof zu Waiblingen, "Unser Leben / fähret schnell / dahin — als flögen / wir davon." (†1955 und †1982) Und man kann nichts machen. Goltz gibt der schlechten gegenwärtigen unpoetischen Zeit die Schuld daran, daß man sich sehnsüchtig der Kindheit erinnern muß. [S. 13 f.] Nach der Tugend, mit der die Kinder glücklich sind, sehnt sich "der erwachsene Mensch sein ganzes Leben hindurch." [S. 19] Einiges gerät ihm durcheinander. Er sehnt sich nach einer vergangenen Zeit und nach einer menschlichen Bewußtseinsstufe zugleich. Zu helfen ist ihm nicht. Tränen brechen aus den Augen und das Herz will in Wehmut zerschmelzen, wenn wir den Ort unsrer Kindheit wiedersehen und uns in der Erinnerung das Kinderleben wiederholen. [S. 125] Goltz kennt die Philosophen. In Wehmut gerät, so Goltz, auch die das *andere ihrer selbst* prügelnde Mutter. [S. 27] Jean Paul weiß in den *Flegeljahren* eine zu simple Antwort: "Ich glaube, man ist schon darum in der Kindheit glücklicher als im Alter, weil es in ihr leichter wird, einen großen Mann zu finden und zu wähnen." [S. 456] Als ob es darauf ankäme. Aber auch er bringt den Anfang und das Ende, das Paradies und den Himmel zusammen. Andere blicken nur zurück. "Wir tragen alle die Sehnsucht nach einem Jugendparadies in uns, das einst gewesen und nicht wieder zurückkehrt."[106] Conz bedichtet *Das nahe Göttliche*: "Werdet Kindlich, wie Kinder, so seid ihr göttlich." [TBV 1802, S. 226] Das Kind ist naiv, es erlebt unmittelbar und befindet sich in dem glückseligen Stadium vor aller Reflexion. Es ist so wie das vorstellende Bewußtsein. Das Kind glaubt. Aus dem Bereich des Verstandes läßt sich nur voll Wehmut auf das Kind blicken. Ein Mensch, dem, obzwar erwachsen und im Bereich des Verstandes, Kindlichkeit eignete, müßte, ließe sich vermuten, ohne Wehmut wohlgefallen. Der unbefriedigt alles prüfende Mensch wundert sich gedankenvoll über das selige Kind. Alle wären gerne Kind. Alle sind sich darin einig, daß es schön wäre, Kind zu sein, daß es schöner wäre, tot zu sein, und daß es am allerschönsten gewesen wäre, als Kind gestorben zu sein. Alle wären gerne tot oder doch wenigstens Kind. Nach dem Ideal zu streben aber ist mühsam

[106] In: *Ein Lebensbild in Briefen aus der Biedermeierzeit*, S. 1

und die meisten scheitern. Der zweite Teil der *Toten Seelen* wurde von seinem Autor bis auf wenige Bruchstücke zerstört; die zweite Hälfte des *Oblomow* ist unvergleichlich schwächer als die erste; einen dritten Band des *Hyperion* gibt es, soweit bekannt, nicht.

Auf dem Friedhof in Weiler bei Schorndorf lautet die Inschrift für Elisabeth Klein: "ALS GATTIN / BLÜHTE SIE MIR / ALS MUTTER / SANK SIE NIEDER / ALS MENSCH / GING SIE VON HIER / ALS ENGEL / KOMMT SIE WIEDER / SIE IST / VORAUSGEGANGEN / UM UNS EINST / ZU EMPFANGEN." (†1984) Die Inschrift bringt mit der Blüte und dem Niedersinken, dem Weg vom Menschen zum Engel und dem himmlischen Empfang mehrere wichtige Motive zusammen. Die ersten Zeilen handeln vom irdischen Werdegang, die mittleren von der Trennung und der Wiederkunft, die letzten vier vom Sinn, der diesem Geschehen innewohnt. Vielleicht ist auch gemeint, daß sie gar nicht erst beim himmlischen Zusammentreffen als Engel wiederkehrt, sondern schon zuvor, während die Angehörigen noch auf Erden weilen. Dann wäre die Inschrift noch klarer gegliedert. Die ersten vier Zeilen beschrieben die irdische Laufbahn, die letzten vier die himmlische Existenz. Die mittleren Zeilen widmeten sich der zwischen Himmel und Erde schwebenden neuen Lebensform als Engel, der den Kontakt zu den Angehörigen wahrt. Die Bahn ist exzentrisch. Sie beginnt mit dem irdischen Zustand der Vollkommenheit in der Blüte und endet im überirdischen Ideal des Engels. Dazwischen liegen das Niedersinken als Mutter, vielleicht bei einer Geburt, und die Notwendigkeit des Abschiednehmens.

9.5 Abschiede

"... unendliche Wehmut in Betrachtung des Vergangenen, man will ihm nach, da man es nicht festhalten kann." (Tagebuchnotiz Varnhagens)

HEBEL erläutert Hitzig am 14ten April 1801 das "Gefühl der innigen, wehmüthigen Theilnehmung" an einem Todesfall. [B I, S. 107] Wieland wendet sich am 5. Oktober 1772 an die Mutter. Er hat den Tod seines Vaters erfahren. Wehmütig geht es den Hinterbliebenen nur um sich. [B V, S. 8 f.] Charlotte Schiller, die "liebe Maus" (Schiller), denkt oft, schreibt sie Cotta am 2. Juni 1809, "mit Wehmut und heiliger Rührung an Schiller bei der traurigen Krankheit" ihres "armen Schwagers!"[107] Grabbe versichert Tieck am 18. März 1823, ein wehmütiges Gefühl ergreife jeden Gebildeten, der von Tiecks Krankheit höre, ja er wünscht sich sogar, er könne die Krankheit übernehmen.[108] Schiller hat Goethe, erfährt am 14. März 1830 Eckermann, dazu getrieben, seine Balladen zu schreiben. "Schon seit vielen Jahren" hatte Goethe sie im Kopf. Der Abschied von ihnen fiel ihm schwer. Die Trennung ist von Wehmut begleitet.

Sonnenwirtle Friedrichs Herz wird "von einer unsäglichen Wehmut ergriffen."[109] Er muß sein Vaterhaus verlassen, um nach *dem Frankfort* zu gehen. Eltern und Ge-

---

[107] In: *Briefe an Cotta* I, S. 48

[108] In: *Briefe an Ludwig Tieck* I, S. 243

[109] Hermann Kurz, *Der Sonnenwirt*, S. 237

schwister trauern, so eine Inschrift von 1908 auf dem Offenbacher Alten Friedhof, "in stiller Wehmut" um die kaum erblühte Jungfrau, der "Allbezwinger Tod" hat ihren Lebensfaden abgeschnitten.

Nach dem unaussprechlichen Jammer nach einem schlimmen Todesfall geht das Leben in "schweigender Wehmut" fort. Wehmut tritt auch bei nicht endgültigen Abschieden ein. Varnhagen scheidet mit Wehmut von den Mitschülern der deutschen Schule, als er in die lateinische Schule wechselt.[110] Der *Grüne Heinrich* empfindet, wie Varnhagen, Wehmut beim Verlassen der Schule. Hier ist es die Armenschule. Die zurückbleibenden armen Kinder hören Heinrich mit "wehmütigem Neide" von seinen neuen Verhältnissen erzählen. [S. 140 f.] Wehmut empfindet Bräker beim Abschied von Rottweil und von seinem Herrn. Die ins Feld Ziehenden sind "ganz niedergeschlagen, voll Wehmut und Kummer." Vielleicht ist es die Vorahnung des endgültigen Abschieds. Zwei Kinder sterben und Bräker, "von Wachen, Sorgen und Wehmut wie vertaumelt", wird auch krank. Doch in "süßer Wehmut" zerschmilzt das Herz, wenn es sich mit Gott eins weiß.[111] In Millers *Siegwart* begegnet der Held einem, den kaiserliche Werber mit sich führen. Keiner weiß etwas Genaues von ihm. Er führt eine Dose mit, auf die ein Mädchen gemalt ist. Oft weint er die Dose naß, heimlich küßt er sie. Siegwart bekommt eine Prise. Er preist das "Frauenzimmer", der Rekrut sieht den Engel "wieder wehmütig an." [S. 173 f.] Die Wehmut, sagt Stifter im *Hochwald* treffend, ist "ein Heimwehgefühl nach der Vergangenheit." [S. 92]

Ludwig Richter hört in Marseille voller Wehmut Flötentöne, die an die Heimat erinnern. Richter wird sich dessen, was das "Paradies der Kindheit" ist, bewußt, als er nach einer siebenmonatigen Frankreichreise wieder nach Hause kommt. [III, S. 3; I, S. 93] *Belphegor* trifft Medardus: "Meine gute Frau ließ ich hier begraben; siehst du, Brüderchen? hier in der Ecke starb sie — sieben Kinder — er stockte vor Wehmuth. — Doch die Vorsicht lebt noch, fuhr er erheitert fort, meine Kinder sind versorgt: morgen wandre ich fort: meine Möbel sind voraus." [S. 60] Der Wehmütige, der weiß, daß die Vorsicht noch lebt und daß darum kein Abschied endgültig ist, findet schnell zur Heiterkeit zurück.

Das späte 19. Jahrhundert wird sich dann eindringlich mit der Trauer befassen, die sich bei einer längeren Trennung einstellt. Julius Sturm veröffentlichte das Gedicht *Die Verlassene* im Album *Edelweiß*: "An gebroch'nem Herzen sterben / Ist ein tausendfacher Tod." [S. 383] Er zieht sich so lange hin. Und ein Ende ist nicht abzusehen. Karl Kugler richtet im selben Sammelband *An Göthe* wehmütige und schlechte Verse, in welchen er versucht, die Empfindungen, die besagter Goethe nach seinem Abschied von "Friedriken" als anständiger Mensch und als solcher von liebesfähiger Gemütsapparatur eigentlich gehabt haben sollte, eindringlich und tränenreich nachzuerleben. [S. 293] Als hätte er, Kugler, samt seinem lyrischen Ich keine anderen Sorgen.

[110] K. A. V. v. E., *Denkwürdigkeiten des eigenen Lebens* I, S. 166; S. 59

[111] [Bräker], *Das Leben und die Abentheuer des Armen Mannes im Tockenburg*, S. 105; S. 132 ff; S. 187; S. 224

9.6 Kinder sterben

STIFTSPREDIGER KÖSTLIN veröffentlichte am 27. November 1823 in der *Schwäbischen Chronik* die Todesanzeige für seine zweite Gattin. Ihr Name wird gar nicht genannt. "Bejammernswert ist aber das Los des schmerzlich beraubten Gatten, und der Kinder, die sie gebahr." Auch in den folgenden achtzehn Zeilen der Todesanzeige spricht Köstlin nur von sich, den sich ihm stellenden Aufgaben und wie er nun in ihrem Geiste fortwirken will. Den Tod seiner Frau erfährt er nur im Hinblick auf sich selbst. Die Musterpredigten in Heimbachs *Schaubühne des Todes* stimmen ein. In der Predigt *Am Grabe einer jungen Frau* wird betont, daß der Christ ja Hoffnung auf Auferstehung hat. "Zu übermäßiges Trauern wäre *Selbstsucht*." [S. 31 f.] In der Predigt *Am Grabe eines Kindes* klingt es ähnlich. "Beweinet auch nicht unmäßig eure Kinder; *ihr größtes Glück ist, früh von dieser Erde geschieden zu sein*" [S. 5 ff.] Im *Vorbericht* der *Schaubühne des Todes* erläutert der Bearbeiter Schuler, daß die Leichenrede lehren, trösten und ermahnen soll. [S. III] Hier leistet sie dies, indem sie den übermäßig Trauernden Selbstsucht unterstellt. Sie nennt Gründe für das beneidenswerte Los des Verstorbenen. Die Gründe sind innerhalb der geglaubten Lehre plausibel. Jean Paul führt in den *Flegeljahren* aus, daß öffentlich fast nur noch "die lachenden Erben in ihren Todes–Anzeigen" ein wenig empfinden dürfen. [S. 365] Geben sie sich da auch nicht als lachende Erben, spricht sich doch in einigen Todesanzeigen der *Schwäbischen Chronik* aus dem frühen 19. Jahrhundert der Egoismus der Hinterbliebenen deutlich und naiv aus. Inschriften sind gefaßt, Anzeigen geschwätzig. In der Todesanzeige für Georg Chr. Gottl. Herrmann teilt sein Vater mit, er selbst sei gerade erst zum Wohle der Familie von einer ernsten Krankheit aufgestanden, da sei mit dem Tod des Sohnes auch schon die nächste Prüfung ins Haus gestanden. [SC 1807, S. 80] Um den Toten geht es nicht, wohl aber um die Schicksalsschläge der Überlebenden. Pfarrer Duttenhofer informiert am 23. Januar 1807 darüber, daß seine "zween hoffnungsvoll Knaben von neun und eilf Jahren [...] ihrer treuen, vor acht Monaten mir erst entrissenen, Mutter in das Land des Friedens nachgefolgt" sind. "Sie ruhen in einer Gruft — was der Tod getrennt vereinigt das Grab! — In sieben Jahren wurden sechs Baaren aus meinem Hause getragen, und nun blieb mir nur noch Eine Tochter, die auch krank liegt. 'Einsam wird mein Nahme nun verhallen,' / 'Einsam werd' ich fallen in dem Streit!'"

Conz widmet *Dem Andenken meines Eduard* ein Gedicht: "Glückliches Kind! Dich lieben die freundlichen feindlichen Hohen; / Als sie vom Weh dich befreit, schufen das herbste sie mir." [Poes 1809, S. 134] Glücklich ist, wer früh stirbt, auch in Friederike Bruns Gedicht *An meine Kinder*. Die früh Verstorbenen entgehen allen Anfechtungen. [Gd S. 213 f.] Die trauernden Eltern und diejenigen, welche ihnen ein Gedicht schreiben, suchen Trostgründe. Ihnen vorzuwerfen, daß sie, die Überlebenden, gut reden haben, wäre ungerecht. Kokett erscheint ihre Haltung nur dann, wenn sie sich nicht nur in ihrem nach Trost suchenden Schmerz darstellen, sondern sich darüber hinaus, im Gegensatz zum vollkommenen Kind, auch als Sünder bezeichnen. Es ist schlimm genug, daß das Vollkommene untergeht und das Unvollkommene weiterlebt. Wehleidig müßten die Überlebenden nicht auch noch sein. In Haßlers Sammlung von 1819 befindet sich die

Inschrift *Auf ein Kind.* [S. 97] Das Kind ist "von den Thränen der Verführung [...] früh und schnell entflohn" hin zu "Gott und seinem Sohn." Haug dichtet *Wiege und Grab: Bei Gustavs Tod*: "Je näher unsre *Wieg'* am *Grabe*, / Je neidenswerther glücklich wir! / In *Deiner Wiege starbst du,* Knaabe! / Das schönste Loos fiel heute Dir." [TBD 1816, S. 311] Wyß verfaßte ein Gedicht *Auf den Tod eines Kindes*: "Wohl dir, daß du gestorben ein junges unschuldiges Kindlein, / Daß du nicht worden, wie wir, sündig ein älteres Kind!" [TBD 1814, S. 123] Das sagt man so. Das Kind hätte womöglich die Wahl, in bescheidenem Rahmen zum Sünder heranzureifen, vorgezogen. Doch die Eltern suchen Trost in der Überlegung, daß es gut ist, unschuldig zu sterben. Manchmal bewahrt die Formulierung noch auf, daß es so einfach nicht ist. Henriette Feuerbach klagt am 16. März 1880 Holtzmann: "Jung sterben war vielleicht ein Segen für ihn — aber doch gelebt sollte er haben, wenn auch kurz!"[112] Mit philosophischen Floskeln aber vermag man noch nicht einmal zu trösten; man ist nur lächerlich. Lavater bemüht sich am 9. November 1793 um Verständnis für Baggesen: "Du hast Dein Kind — *verloren*, sagt man? ach! der göttliche Glaube sagt: *der Verlorenheit entrissen.* Es ist ein entsetzlicher Schmerz, das Verschwindensehen eines so reellen Phänomens."[113] Haug macht sich, ließe sich deuten, im Epigramm *Lamechs Wittwerklage* über den Versuch, mittels kruder fachterminologischer Unterscheidungen bestehende Probleme zu eliminieren und Schmerzen zu beseitigen, lustig: "Noch stehst du bräutlich vor mir da, / Gleich Even, paradiesisch, / Und bist gestorben, Melida! / Jedoch Gottlob! nur physisch." [W 1827 I, S. 295] Haug hat es wohl anders gemeint.

9.7 Tränen

"Christus der Herr hat geweint, und seine moralische Bestimmung in Absicht seiner Nachfolger ist eine Thränensaat, — ein sanfter, weinerlicher Charakter ..." (Hippel an Scheffner)
"Nur Thränen der Wehmuth können daß sagen ..." (Susette Gontard an Hölderlin)

TRÄNEN werden in Wehmut vergossen.[114] Als Voß Klopstock von Höltys Tod berichten will, da kann er, wie er seiner Braut am 3. September 1776 schreibt, "vor Thränen nicht sprechen." Zuvor wäre er fast in eine tiefe Gosse gefallen. [B I, S. 309] Der Körper verwest, das Bild steht vor der Seele, und dabei werden die Augen nicht trocken. Die Pockenseuche, berichtet Klöden, wütet. "Wir vermochten oft vor Wehmut und Mitgefühl kaum zu singen." [S. 150] Lessings Vater ist gestorben. Joh. Theoph. Lessing fordert den Bruder am 24. August 1770 auf: "Mein Bruder, weine eine heilige Thräne." Lessing soll eine Grabinschrift schreiben. [B II, S. 369] Ein Briefmusterbuch meint, man könne damit Trost spenden, daß man beteuert, der Schmerz werde sich in

---

[112] In: *Deutsche Briefe*, Hg. Mattenklott, S. 185

[113] In: *Aus Jens Baggesen's Briefwechsel mit Karl Leonhard Reinhold und Friedrich Heinrich Jacobi* I, S. 448

[114] Vgl. Ung., *Der Geist an den Jüngling* [AdtM 1775, S. 44-46]; Tiedge, *Urania* (IV, Vs. 315 f.); Frau v. Korzfleisch, *An eine Freundin* [BG S. 185 f.]; Klopstock, *Der Messias* (XVII, Vs. 374-380; Vs. 390-393)

"Thränen einer begränzten Wehmut" lindern, die am Grabe fließen in der Erinnerung an Momente des Glücks. [Lang, S. 62 f.]

Im *Messias* und auf dem Hoppenlau–Friedhof sind es Tränen der Wehmut; unter der Darstellung einer Harfe steht auf Theodor Plieningers Grabmal:

> "APOC. 21, 4. / SCHWEIG' DENN, DU THRÄ/NE, DIE IN WEHMUT / TROST WEINT, / MACHE DAS HERZ NICHT / WEICH, TRÖSTE NICHT / MEHR / IST AM ZIELE DENN NICHT VOLLENDUNG, / NICHT IM THALE DES TO / DES WONNEGESANG? / MESS. XX."

Es sind die Verse 140-143. Diese *Messias*–Stelle war sehr beliebt. Rehm bemerkt über das Zitat dieser Stelle in Gerstenbergs *Ugolino*: "in diesen Versen [...] findet er allein den höchsten Ausdruck seiner Gefühle." [S. 299] Rehm selbst stellt die Verse dem Kapitel *Empfindsamkeit und Sturm und Drang* seiner Arbeit als Motto voran. *Messias* und Bibel stimmen überein. Die Hoffnung, daß Gott die Tränen abwischen wird, spricht der Text einer anderen Inschrift des Hoppenlau–Friedhofs aus: "GOTT WIRD WISCHEN / ALLE THRAENEN / VON IHREN AUGEN / OFFENB. IOHS. 7. V. 17." (A. v. Hügel) Oder die Heiligen sind es, welche die Tränen wegwischen. Der siebzehnjährige Frederic Travers ist am 7. Mai 1839 bei Offenbach im Main ertrunken und auf dem Frankfurter Hauptfriedhof begraben. Seine Inschrift verwendet Verse, die Klopstocks Vorbild Milton dichtete:

> "BENEATH LIE THE REMAINS OF / FREDERIC TRAVERS FIFTH SON OF BENJAMIN TRAVERS ESQ—RE / SURGEON OF LONDON / HE WAS DROWNED IN THE RIVER MAINE AT OFFENBACH NEAR THIS CITY / ON THE 7TH OF MAY 1839 IN HIS 17TH YEAR // THE PURITY AND LOVELINESS OF THIS / CHARACTER FITTED HIM FOR AN EARLY TRANSLATION / TO A BETTER STATE. // THERE ENTERTAIN HIM ALL THE SAINTS ABOVE / IN SOLEMN TROOPS, AND SWEET SOCIETIES / THAT SING, AND SINGING IN THEIR GLORY MOVE, / AND WIPE THE TEARS FOR EVER FROM HIS EYES / MILTON."

Die Angehörigen weinen in einer weiteren Inschrift des Hoppenlau–Friedhofs: "DEM ANDENKEN / DES / GENERAL=FELDZEUG=MEISTERS / FREI=HERRN VON HÜGEL, / GESEZT, / VON DEN SEINEN / DIE THRAENE DER GUTEN / FLIESST; / DEM UNVERGESSLICHEN." (J. A. v. Hügel) Die Predigt für den Grafen v. Schéler spielt sehr schön a) die verschiedenen *Beziehungen*, in denen ein Mensch zu andern Menschen steht — Mann und Frau, Vater und Kinder, Brüder und Schwestern, Freunde, Waffengefährten, d. i. Kolleginnen und Kollegen — durch; der Zuhörer erfährt genau, wer weint und b) welche *Affekte* — Schmerz, Dank, Liebe — dem Verhältnis der Trauernden von c) ganz bestimmten *Eigenschaften* — Liebende, Theilnehmende, schmerzlich Vermissende, Brave — zum Verstorbenen entsprechen. Alle vergießen Tränen und diese werden gerechtfertigt. Man braucht sich ihrer nicht zu schämen. Eine feine Klassifizierung der "Leichen=Tränen" leistet Young. [II, S. 89 ff.] Die Inschrift auf Aug. Em. Fr. Pistorius, geb. Feuerlein hebt hervor, daß die Tränen den

Hinterbliebenen und nicht der Verstorbenen gelten: "VON DEM GATTEN / UND IHREN 10. KINDERN." — "SIE WAR UNSER / ENTFLOHENE WONNE / IHRES BESITZES / LEHRE UNS WERTH SEYN / DER SEELIGKEIT / DES WIEDERSEHENS / ZWISCHEN HIER UND DORT / KNÜPFT GLAUBE / UND LIEBE DAS BAND." — "VERZEIHE DEN THRAENEN! / SIE FLIESSEN UNS! / NICHT DIR! / VIELE HAST DU GETROCKNET! / JEZT BIST DU DORT / WO KEINE MEHR FLIESSEN!" In ihrer Leichenpredigt heißt es: "Ach der Thränen, der köstlichen Thränen, die auf dieses Grab fallen, sind zu viele!" Die Tränen der Trauernden zeugen davon, was sie "an dieser Freundin verloren" haben. Doch: "Wir scheiden jetzt von Deiner Hülle — aber ewig — ewig=nie soll unser Herz von Dir scheiden." Gott vergebe die Tränen, bittet das *Lied, gesungen von den Kindern der freywilligen Armen=Anstalt bei der Beerdigung der Verstorbenen.* Die Hinterbliebenen entschuldigen sich für die Tränen. Die Inschrift fordert dazu auf, die Tränen zu verzeihen; schon die Todesanzeige in der *Schwäbischen Chronik* vom 18. Juli 1816 formulierte die Einsicht, daß das Weinen nichts nützt. Diese Tränen sind eine christliche Erbschaft.

In einer Grabschrift der Sammlung von John und Schlund gilt die Klage den Trauernden: "Klagt um die Trauernden, / Nicht um die Toten." [S. 22] Einsicht, daß es nicht ganz logisch ist zu weinen, Entschuldigung für die Tränen, und eine Verstorbene, die sich die Tränen verbittet, finden sich in Cz.' Gedicht *An Klopstock*, in Kretschmanns Gedicht *Auf Michaelis Tod* und in Mastaliers *Auf den Tod der einzigen Prinzeßin Tochter des regierenden Kaysers.*[115]

Den Trauernden, so predigt Kirchenrath v. Maier am 17. März 1871 für Abr. Arnold auf dem Hoppenlau-Friedhof, wird die Stimme des Verstorbenen ertönen: "Weinet nicht um mich, denn ich bin eingegangen zum Frieden." Neunundneunzig Jahre zuvor wird in der Todesanzeige für Heinr. Anton Bruckner — "Handelsmanns Söhnlein", es war "alt 1. Jahr, 4. Monat 16. Tage" — in den Frankfurter *Frag= und Anzeigungsnachrichten* vom 4. April 1772 gefragt: "Doch warum trauret ihr? Der Herr hat es gethan; / Als Engel soll das Kind schon jetzo bey ihm seyn."[116]

Eine Episode im V. Gesang des *Messias* berichtet von einem Paar, das beschlossen hat, angesichts der Gewißheit der Unsterblichkeit auf Tränen zu verzichten. Gott begegnet den Seelen der Weisen aus dem Morgenland. Die Seelen sind verklärt und haben einen neuen Leib. Hadad hat "die Geliebte / Seiner Seele" im "Haine Bethurim" verlassen. "Er entschläft; sie weint nicht um ihn. Dies hatte sie Hadad / Einst, in einer heiligen Stunde der Liebe, geschworen. / 'Ihrer und seiner Unsterblichkeit sicher, vergaß sie der Tränen'; / Aber sie liebten sich mehr, als sonst sich Sterbliche lieben." (Vs. 81-86) Rationalistische Tränenkritik bringt Böcklin vor: "Thränen schaden den Lebenden — und sind den Todten unnütz." [S. 89] Die Tränen, so heißt es auf einem neueren Grabstein des Alten Friedhofs in Füssen, stören die Verstorbene in ihrer Ruh: "Weinet nicht an meinem Grabe / Gönnet mir die ewige Ruh / Denkt, was ich gelitten habe / Eh ich schloss die Augen zu." (†1930)

---

[115] TBN 1800, S. 252; GMA 1774, S. 89 f.; AdtM, S. 91

[116] In: *Leben in Frankfurt am Main* VI, S. 16

10 Lehren

"Jetzt lieg ich hier im Sande." (Daniel von Czepko) "Ein schöner Gedanke, diese verdorbenen Gassenmädchen zusammenzustecken!" (Zola) "Der Tod ist unser größter Lehrmeister für's Leben./ Wir sollten ihn umarmen, wir sollten von ihm lernen, / wir sollten ihn als Teil des natürlichen Kreislaufs meistern." (Todesanzeige HA 3./4.3.1990)

ZAHLREICHE INSCHRIFTEN teilen mit, daß der Verstorbene ein vorbildlicher Mensch gewesen ist. Die Angehörigen, so sagen sie, eifern ihm nach. Es ist ein verbreiteter Gedanke, daß sich das Leben des Verstorbenen fortsetzt in der Familie. Ausgesprochen pädagogische Inschriften sind auf dem Hoppenlau–Friedhof selten. Für die Zeit des Hoppenlau–Friedhofs wird die schöne Inschrift, die nicht nützlich sein muß, wichtig. Früher war es anders.

10.1 Pädagogische Inschriften

"Ich Hofschauspieler Mimo war / Marquese, Duca, König, Czar, / Dey, Sophi, Bassa, Sultan gar. / Hier lieg' ich. Lerne, Menschenkind, / Wie flüchtig Menschenwürden sind!" (Haug, Mimo's Grabschrift) "PASSANTE FERMATI. / QUELLE CHE TU SEI ORA / IO LO SONO STATO. / QUELLE CHE IO SONO / OGGI TU LO SARAI / PRESTO." (Inschrift Gerlingen, Friedhof, †1985)

EINE DER INSCHRIFTEN für Auguste Emilie Friedericke Pistorius, geb. Feuerlein (†1816) bittet Gott, er möge die Angehörigen belehren, damit sie des Wiedersehens mit der Verstorbenen würdig würden: "SIE WAR UNSER / ENTFLOHENE WONNE / IHRES BESITZES / LEHRE UNS WERTH SEYN / DER SEELIGKEIT / DES WIEDERSEHENS / ZWISCHEN HIER UND DORT / KNÜPFT GLAUBE / UND LIEBE DAS BAND." Für die Verstorbene selbst war das Leben eine Bildungsanstalt: "FREUDIG / DIE SCHULE DES LEBENS / NÜZEND / FÜR DIE EWIGKEIT / NAHM SIE / LEIDEN ALS LEHRE / FREUDE ALS GESCHENK / PFLICHT ALS GENUSS."

Grabschriften mit eindringlicheren Lehren finden sich in der Sammlung von John und Schlund. Der Dialog besteht fort, die Kinder trauern und hoffen am Grab der Eltern, und die Eltern erteilen Rat: "Traurig sehr und doch getröstet / Ist an Eurem Grabe, liebste Eltern, unser Herz, / Denn wir hoffen einst vereint zu werden, / Wo wir dann leben ohne Schmerz." — "Vergesst, Kinder, Eure Eltern nicht, / Hört, was ihr Rath aus diesem Grabe spricht, / Lebt immer so, dass wenn ihr sterben müsst, / Das Leben auch den Tod versüsst." [S. 137] Auch die Kinder können den Eltern raten. Der Band verzeichnet zwei stellenweise übereinstimmende Tiroler Inschriften aus Angath und Unterlangkampfen. Die eine lautet: "Vater, wenn die Mutter weinet, / Tröste sie an diesem Grab, / Mutter, wenn der Vater weinet, / Trockne ihm die Thränen ab, / Denn wir sehn nach kurzer Zeit / Uns jenseits in der Ewigkeit." [S. 100; S. 97]

Wahrscheinlich fällt es bei nicht in den Stein gehauenen Grabinschriften leichter, grob daherzukommen, als es bei wirklichen, d. i. monumental fixierten Epitaphen möglich ist. Gleims ermahnender Text *Auf seinen Leichenstein* erschien 1783 im Göttinger Musenalmanach: "Frage: Dieser, der da schläft, / War er wohl so gut, als ich? / Und wenn du's nicht fragen kannst, / Leser, dann so bessre dich!" [S. 122] Der auf die eigene Tugendhaftigkeit sehr stolze vermag sich nicht vorzustellen, daß anderen diese gleichgültig sein könnte. Böcklin hat es nicht gestört, er nahm die Inschrift in seinen Sammelband auf. [S. 85 ff.] Die elf Jahre nach Böcklin erschienene Sammlung *Der Wandler unter den Gräbern* verzeichnet weitere pädagogische Inschriften: "*Die schöne Grabschrift.* / Steh, Wanderer! Ein Mensch liegt hier! / Erwirb auch du die Grabschrift dir: / 'Ein Mensch liegt hier!'" [S. 92] Schön ist sie nicht, die plumpe Inschrift. "*Beim Anblick der Todtengebeine.* / So stolz ihr euch gebärdet, / Und jetzt, voll Eitelkeit, / Des Rangs und Mammons freut, / O, seht hier, was ihr werdet! / Dann lernt ihr, was ihr seyd!" [S. 115] Es ist wohl der Tote, der so spricht, doch den sähe man lieber an einem Ort, wo er weniger neiderfüllt daherschwatzen müßte. Es ist so zu aufdringlich. Eine unerfreuliche lateinische Inschrift von 1574 teilt mit, daß ein Ehepaar hingerichtet wurde, weil der Mann für den Ehebruch Verständnis hatte. Der Leser wird gewarnt, er möge sich angesichts des Präzedenzfalls vor "ruchlosem Ehebruch" hüten. [DI IX, Nr. 429]

Früher waren die pädagogischen Inschriften um das Seelenheil des Lesers besorgt, wie diese Inschrift von 1633: "DV DER DIESES SICHEST VND LISEST BETRACHTE DEN LETZTEN AUGENBLICKC AN WELCH/EM HANGET DIE EWIGCKHAIT / VND BITTE GOTT FVR MICH." [DI XXI, Nr. 369] Oder dem jungen Menschen wird, wie in einer aus dem Jahr 1638, empfohlen, das Prangen einzustellen. [DI XV, Nr. 607] Nicht hier, aber dort ist der Ort des Prangens. Die Inschrift für Johann Melchior Winters (†1742) an der Alexanderkirche zu Marbach endet: "Komt dann der frohe Tag, der Herrlichkeit gegangen, / Laß Höchster seine Seel, in deinem Reiche prangen." Fleming verfaßte die *Grabschrift*: "Freund, was du liesest hier von mir, / hab' ich von Andern oft gelesen; / so wird man lesen auch von dir: / Was du bist, bin auch ich gewesen." [W I, S. 225] Eine lateinische Inschrift von 1603 empfiehlt dem Leser, sich auf den Tod vorzubereiten. [DI XII, Nr. 537] Die Verstorbenen wollen ein Exempel sein: "Welchs sich soll fleißen Jedermann / Solchem Exempel folg zu thon", oder es ist ihre größte Sorge, daß Weib und Kind recht leben.[117]

10.2 Matrimoniales

DER *Landprediger von Wakefield* des Oliver Goldsmith fand eine besonders sinnreiche Möglichkeit, die schon zu deren Lebzeiten für seine Frau angefertigte Grabinschrift pädagogisch einzusetzen und nützlich zu verwenden. Der Pfarrer ist "stolz darauf, ein strenger Monogamist zu sein." Er verfaßt für seine noch lebende Frau eine Grabschrift und rühmt darin "ihre Klugheit, Sparsamkeit und ihren Gehorsam bis zum

[117] Inschr. †1562 und †1565 [DI I, Nr. 235]; Inschr. 1569 [DI XII, Nr. 315]

Tode. Diese Grabschrift wurde zierlich abgeschrieben und in einem schönen Rahmen über dem Kamingesims angebracht, wo sie manche nützliche Zwecke beförderte." [S. 9 f.] Die Inschrift dient trefflich der Disziplinierung der Ehegattin und immerhin der Rahmen ist schön.

Letztlich treten die strengen Monogamisten immer noch weniger liederlich und herzlos auf als die strengen Polygamisten. Jung–Stilling berichtet in seiner *Lebensgeschichte* von Steifmann — er heißt wirklich so —, dem Lumpen, der das Glück genießt, nacheinander, d. i. in der Zeit, möglichst viele Eheweiber zu nehmen, welche er dann zu Tode quält. "Steifmann war reich, er hatte Geld, Güter, Ochsen, Kühe, Schafe, Ziegen und Schweine, dazu seine Stahlfabrik, worinnen Waren verfertigt wurden, mit denen er Handlung trieb. Er hatte jetzt nur erst die zweite Frau, hernach aber hatte er die dritte, oder wohl gar die vierte, geheuratet; das Glück war ihm so günstig, daß er verschiedene Frauen nacheinander nehmen konnte, wenigstens schien ihm das Sterben und Wiedernehmen der Weiber eine besondere Belustigung zu sein. Die jetzige Frau war ein gutes Schaf, ihr Mann redete oft gar erbaulich mit ihr von den Tugenden seiner ersten Frauen, so, daß sie, aus großer Empfindung des Herzens, oft blutige Tränen weinte." [S. 85] Der von Ramler im Gedicht *Auf den Rufus* ins Spiel gebrachte und in einer Fußnote erklärte Terminus "sich überweiben", welcher "zu viele Weiber nach einander nehmen" bedeute, vermag Steifmanns hybride Weiberei nicht zu fassen. [VMA 1787, S. 116] Die strengen weiblichen Polygamisten indes wirken genauso menschenvernichtend wie die männlichen. Die Inschrift *Auf eine Frau, die drei Männer hatte*, berichtet: "Drei Männer zwang ein Weib ins Ehejoch; / Zwei starben, einer lebt nur noch. / Wodurch entfloh denn er dem Schiksal jener beiden? / Er ließ sich von ihr scheiden." [VMA 1786, S. 9]

10.3 Über den Umgang mit Enkeln

"So ließ sein Sohn, Herr Michael, Graf von Wertheim, dieses Denkmal setzen, auf daß, wen er sich selbst zum Vorbild nimmt, demselben auch seine Kinder und Enkel nacheifern mögen in Klugheit, Tatkraft, Frömmigkeit und Gewissenhaftigkeit." (Lateinische Inschrift Wertheim, 1543)

INSBESONDERE ENKEL haben im frühen 19. Jahrhundert einen schweren Stand. Merkwürdig ist es mit zwei indirekt pädagogischen Inschriften des Hoppenlau-Friedhofs. Sie sprechen zum Verstorbenen *vom Enkel*, sind aber doch eigentlich *an den Enkel* gerichtet. Direktes Lob des Verstorbenen verbindet sich mit indirekter Ermahnung des Nachkommen. Auf dem Grabmal Friedrich Burkhard v. Pfaffs (†1817) steht das Gedicht: "Heilig möge dieser Stein / Deinen späten Enkeln seyn, / Durch Gesinnung, Tat und Leben / Jeder dir zu gleichen streben." [Pfeiffer, S. 26] Die Hauptpersonen unterreden sich; der zu Belehrende, das unmündige Subjekt Enkel, steht mit gespitzten Ohren und in gerader Haltung beiseite und hat sich aus den Diskursen der Protagonisten seine Handlungsanweisungen zu abstrahieren, d. i. er muß aufpassen, was da auf ihn gemünzt ist, es verstehen und in rechtes Handeln umsetzen, sonst wird es etwas setzen, vom Geisterreich initiiert und in der Ausführung schmerzhaft irdisch. Größeren Ansprüchen noch als die Pfaffischen Enkel muß der des Ehepaares Ioh. Cath. Magd. (†1806) und Georg Philipp Weiss (†1822) genügen: "WAS HIER LIEBE UMSCHLANG, WIRD DORT DIE LIEBE VEREINEN." — "Dem Enkel der zu Eurem Grabe wallt / Bleib Euer Vorbild in das Herz geschrieben / Und biss ihm der Erholungs=Ruf erschallt / Hör er nicht auf es dankbar nachzuüben." Mit dem Bäckermeisterenkel wird geredet wie mit einem Bedienten: Hör er einmal her und hör er nicht wieder auf, sonst wird er schon sehen. Freilich gäbe man sich mit dem Bedienten weniger Mühe.

10.4 Der Verlust des Objektiven

"Überall ist es das Individuum, das sich herrlich zeigen will." (Goethe) "Ich muß mich gleich mitteilen ..." (Clemens Brentano an Karoline von Günderrode) "Nichts erklären, nichts beweisen müssen ..." (Todesanzeige FR 1.8.1988)

DAS WEITERLEBEN der Ideale des vorbildlichen Großvaters findet seine eindringliche Darstellung in der Inschrift auf Joh. Fr. Albr. Const. v. Neurath:

"AM GRABE DES GELIEBTEN VATERS
SPRICHT DER SOHN ZU DEN ENKELN
FOLGET SEINEM BEISPIELE;
LIEBET GOTT ÜBER ALLES UND
EUEREN NAECHSTEN ALS EUCH SELBST;
DANN VERSÜSST AUCH EUCH DIE LIEBE DAS
LEBEN BEWUSST-SEYN DEN TOD."

Lehre und Lebensmaximen werden hier nicht einfach mitgeteilt; es wird vorgeführt, wie die Lehre weitergegeben wird. Das ganz subjektive Moment der Vermittlung, die angesichts der objektiven Lehre schlechte Partikularität der persönlichen Beziehung, das Zufällige wird mit festgehalten. Der fremde Betrachter wird in die Wohnzimmertür gestellt, er soll sich anschauen, was da geschieht, und beifällig nicken. Es wird Anspruch auf Zustimmung gemacht.

Tritt hier die Lehre gemeinsam mit ihrer Vermittlung als Inschrift auf, so wird das Beispielgebende in dem Abschnitt, welcher sich in Flauberts *Bouvard und Pécuchet* mit der Erziehung befaßt, im Bilde dargestellt und ein zusätzlich abgebildeter Herr kommentiert; er formuliert die Nutzanwendung für seinen Sohn. [S. 358] Wie der Vater, so spricht auch die Mutter auf einem Grabmal der Familie Neurath zu den Kindern:

"DIE MUTTER SAGT DEN KINDERN
AM GRABE IHRES GROSSVATERS U. VATERS
DENKT, REDET, HANDELT
WIE SIE
DANN WERDET IHR AUCH
FROH LEBEN, RUHIG STERBEN
WIE SIE." (C. F. F. v. Neurath)

Angeschaut wird nicht etwas Objektives, sondern die Beziehung; das Unpersönliche wird als Privates gefaßt und der Betrachter erfährt das Allgemeine nur in der intimen Aufbereitung. Es spricht nicht das Allgemeine zum Allgemeinen; das Mitzuteilende wird beschaulich gemacht und sucht das Gefühl des Betrachters. In Goethes *Wahlverwandtschaften* bezieht Lucianes Bräutigam alles auf sie; er erlebt die Welt durch sie vermittelt und ist unangenehm überrascht, wenn sich einmal jemand direkt an ihn wendet. [S. 152 f.] In der Szene, in welcher Drendorf im *Nachsommer* mit Kaspar im Winter ins Hochgebirge wandert und einen Blick ins Echertal tun will, scheint Stifter die Situation nach einem Bild Caspar David Friedrichs gestaltet zu haben. Unter Drendorfs Füßen ist ein "weißlichgraues Nebelmeer" ausgespannt. "Es schien riesig groß zu sein und ich über ihm in der Luft zu schweben." Von "unbeschreiblicher Größe" war das "Bild". Der Begleiter bestätigt: "Der Winter ist doch auch recht schön." [S. 624]

Diese Erscheinung auf dem Hoppenlau–Friedhof hat in der bildenden Kunst der Zeit Parallelen. Joh. Fr. Dieterichs (1787-1846) Bildnis *Staatssekretär Christian von Bellnagel mit Tochter Mathilde* zeigt Bellnagel sitzend. Nach vorn gebeugt stützt er das Haupt auf den rechten Arm. Er blickt leidvoll und trauert. Die kleine Tochter schmiegt sich an ihn. Über beide hinweg blickt die erhöht stehende Büste der verstorbenen Tochter. Dannecker zeichnete um 1792 die Skizze zu einem Grabmal. Am Pfeiler des Grabmals befindet sich ein Medaillon mit der Halbrelief–Darstellung der Verstorbenen. Am Grabmal haben sich zwei Trauernde eingefunden. Die eine sitzt zusammengesunken da, die andere blickt mit schmerzverzerrtem Gesicht zur Darstellung der Verstorbenen empor. Das von Canova geschaffene Grabmal Alfieris wurde 1810 zwischen den Gräbern Michelangelos und Machiavellis in S. Croce aufgestellt. Eine vollrund ausgeführte trauernde Italia beugt sich zum Porträtmedaillon des Dichters, welches am Sarkophag angebracht ist. Landolin Ohnmacht (1760-1834) ist der Schöpfer eines Grabreliefs aus Marmor für die 1795 verstorbene Frau Engelbach. Die Frau, deren Körper ein Gewand und deren Haare ein Tuch verhüllen, ruht, entspannt hingestreckt, auf einem Stuhl. Der rechte abgewinkelte Arm stützt sich auf die Lehne und greift zum Kopf empor, dieser ist nach oben gerichtet. Über den Augen schwebt ein Schmetterling, das Auferstehungssymbol. Weniger stark aus dem Marmor herausgearbeitet stehen am Knie der Frau zwei Kinder, die sie erschreckt anstarren und die ihre Arme nach ihr ausstrecken. Der Kupfer, welcher im *Taschenbuch zum geselligen Vergnügen* 1825 Dürers Grab darstellt, zeigt nicht nur das Grabmal selbst, sondern auch zwei Trauernde. Die Frau betrachtet das Grab und der Mann die Frau. Im *Taschenbuch für Damen* 1800 zeigt ein Kupferstich Kinder, die eine Urne auf einen felsartigen Grabstein stellen. Eines steht mit zwei Kränzen in den Händen gebeugt da und ein Mädchen beschriftet das Grabmal: "DENEN ZAERTLICHSTEN / ELTERN." [S. VIII] Man teilt nicht nur etwas mit. Man macht das Mitteilen der Mitteilung zum Thema. Immer wieder zeigt es sich: das Objektive ist verloren, die Beziehungen werden wichtig.

Auf dem Friedhof in Winnenden zeigt ein originelles Grabmal gewaltige Stufen, die nach oben zu einem schmalen, lichterfüllten Spalt führen (†1987). Die Treppe wird in perspektivischer Verkleinerung nach oben hin schmaler und die Stufen werden niedriger. Ein kleines Männchen steht mit dem Rücken zum Betrachter oben vor dem Spalt und schaut. Zuvor ist es wohl die mächtigen Stufen, welche an den Aufstieg zur Walhalla gemahnen, emporgeklommen. Jetzt blickt es ins Licht. Der Betrachter erahnt nur das in der goldgelben Farbe angedeutete Licht, er weiß nicht, was das Männlein sieht. Die Figur vermittelt zwischen dem Betrachter des Grabmals und einem Objekt, über das nichts mehr ausgesagt werden kann. Farben signalisieren, daß es vorhanden ist, und ein Modell lädt ein, sich vorzustellen, was es wohl sehen und wie das Rätselhafte ausschauen mag. Anders läßt sich das Verhältnis des Menschen zu den letzten Dingen und zu Gott nicht mehr darstellen. Postmoderne sepulchrale Kunst greift die in der bildenden Kunst vergangener Epochen schon einmal zur Gestaltung gelangten Vorstellungen auf. Ihr gelingen im Spiel mit der eigenen Historie originäre Hervorbringungen. Sie sind interessant, nicht schön.

10.5 Liebe der Liebe

"Ihr fordert Liebe, Treue von uns, aber ihr erwidert sie nicht." (Steinmüller, Luise Nordenfels) "Jedermann liebte mich darum, daß ich alles so liebte." (Jacobi) "Ihr Weiber, wie sehr verkennt ihr eure wahren Reize!" (Voß an Ernestine Boie) "Die Liebe ist nicht schön — es ist nur der Traum der Liebe, der entzückt." (Die Nachtwachen des Bonaventura)

HAUG spricht die *Warnung* aus: "O Männer! Forscht! Erforscht der Mädchenherze Triebe! / Oft lieben sie nicht *uns* — *nur unsre Liebe*." [StMA 1793, S. 92] "Es kommt", weiß Proust, "im Leben nicht darauf an, was man liebt, [...] sondern nur darauf, daß man liebt." [III, S. 1004] "Wenn wir in eine Frau verliebt sind", dann legen wir "einen Zustand unserer Seele in sie hinein", und so ist nicht "der Wert der Frau, sondern das Niveau unsres Zustands einzig von Wichtigkeit." [III, S. 1095] Proust hat solche Verhältnisse besonders intensiv durchschaut. Das Objekt ist einerlei und nur das Subjektive zählt. Karl Zettel legt in der Zeit auseinander und fragt: "Liegt nicht unser höchstes Glück / In des Glückes Vorempfinden? / Nimmer wirst du im Genuß / Jene süße Wonne finden."[118] Wehmütig schaut man auf die Kindheit zurück und glücklich dem Genuß entgegen. Haug kommt im *Lied für Hagestolze* zu weiteren ernüchternden Befunden: "Sie schwören, sie weinen; / Sie küssen; sie scheinen / Von Falschheit so frei! / Sie lügen und trügen! / Wem sind sie getreu? / *Nur ihrem Vergnügen!*" [W 1807 II, S. 30] Selbstverständlich meint er die Frauen, nicht die Hagestolze. Und alle wollen sie immer nur das eine. Gegenteiliges ist von Gutzkow, dem Autor des Romans *Wally, die Zweiflerin*, einem "literarischer Cartouch ohne Gleichen" (Heine), zu vernehmen: "Hütet euch, ihr Frauen! die Liebe der meisten Männer ist nichts, als eine Huldigung, welche sie sich selbst bringen." [S. 70]

Ist das aber wirklich so? — "O ihr Männer, was seyd ihr nicht vor Geschöpfe!" (Hase) — Geschöpfe, natürlich. — "Ah! diese Männer!" (Proust) — Ja. — "Ach,

[118] *Xenien*. [Karl Zettel, *Ernste Klänge*, S. 68]

diese elenden Männer!" (Richardson) — Aber wo. — "O die schwachen Streiter, die Mannspersonen!" (Wezel) — Ach was. — "Die Männer heute haben nur Palavern im Kopf und wozu sie einen rumkriegen." (Joyce) — Aber nein. Nun ja. Freilich. — "Und die Männer! Sie sind unerträglich, einfach tödlich." (Zola) — Nein. Natürlich gibt es auch Lumpe. — "Ach, alle Männer sind ja Egoisten; alle, alle sind Egoisten!" (Tolstoi) — So stimmt das nicht. — "Um ihre Lust büßen zu können [...] begehen Männer die größten Feigheiten, Niederträchtigkeiten, ja Verbrechen. Offenbar liegt das in ihrer Natur." (Balzac) — Ach, Natur. — "Sind alles Schweine, die Männer." (Regler) — Nie. — "Die Männer sind samt und sonders Saukerle!" (Zola) — Hum. — Aber "die Weiber taugen alle gleich wenig, ob hoch, ob niedrig, vornehm oder gemein." (Zola) — So. Ach ja. Zurück.

Einen Beitrag zur Liebe der Liebe wie auch zum Goldsmithschen Monogamismus-Problem liefert Stifter. In der *Mappe meines Urgroßvaters* spricht Augustinus mit Isabella über die Liebe. "'Es gibt Menschen,' fuhr ich fort, 'welche in der Liebe und Freundschaft nur das angenehme Gefühl suchen, das sie daraus ziehen.' — 'Das ist abscheulich,' antwortete sie." Was solche Menschen für Lumpe sind! Isabella und der Doktor sind sich einig — sie werden die Gegenstände lieben! [S. 355 f.] Hegel "ist ein so trefflicher Kopf und es wird ihm so schwer, sich mitzutheilen", schreibt Goethe am 14. März 1807 an Knebel. [IV-XIX, S. 283] Hegel kompliziert das Problem weiter in seinen Ausführungen in einem Brief vom Sommer 1811 an seine Braut über "böse Männer", die "ihre Frauen nur darum quälen, damit ihnen das Verhalten derselben, dabei ihre Geduld und Liebe, zur beständigen Anschauung komme." [B I, S. 370] Umgekehrt ist es aber ganz genauso. Célestine in Balzacs *Tante Lisbeth* führt aus: "Die Männer haben es gar nicht ungern, wenn man sie ab und zu quält! Es gibt so gewisse Quengeleien, die recht eigentlich ein Beweis für unsre Liebe sind!" [S. 461] Solche Ratschläge sind ganz schlecht und objektiv menschenfeindlich, ihre Befolgung macht nur anderen das Leben schwer. Sie macht das Leben auch interessanter. Freilich muß man sich diesbezüglich in einem fort schämen, wenn man in Gesellschaft ist.

10.6 Freude über Freude

"Herr, wenn ich dich nur habe, / Ach, das ist meine Freud'!" (von Birken) "Er freute sich über die Güte dieser Leute, und trauerte, daß er sich darüber freuen mußte." (Wezel) "Gleich wird er sich in der Zerstreuung eine herunterholen." (Mörike)

BÖCKLIN weiß: "Glück liegt im Geschmack — nicht in der Sache." [S. 34] Jean Paul treibt es in der *Vorschule der Ästhetik* noch weiter — auch "das Motivieren ist selber zu motivieren, könnte man oft sagen"; die Philosophie hingegen sucht "ewig ein Objekt und Reales [...] und nicht ihr bloßes Suchen"; Licht wird ins Licht gesetzt, Beurteilen beurteilt, eine Darstellung dargestellt, die Liebe der Franzosen für ihre Sprache geliebt, das Existieren existiert und das Erkennen wird erkannt.[119] Gnadenlos

[119]W V, S. 245; S. 248; S. 18; S. 359; S. 363; S. 325; S. 445

werden dem Leser alle gerade paraten Varianten zu der bescheidenen Idee zugemutet. Vult meint in den *Flegeljahren* zu Walt: "Und deine Liebe gegen den Menschen lieb' ich etwas mehr als den Menschen selber." Walt ist "in die Liebe verliebt." Später: "Um dieser Liebe wegen lieb' ich sie so." Freude über anderer Freude und Sinnen über das Sinnen begegnet gleichfalls in den *Flegeljahren.* Hätte er sich nur etwas zurückzuhalten vermocht. Anteil besteht am Anteil, Entzücken entzückt.[120] Alles ist verloren, nur die Beziehungen sind geblieben. Aber, kommentiert Jean Pauls Biograph de Bruyn, "Herder hatte schon recht: Liebe beschreiben kann Jean Paul besser als lieben." [S. 330]

Freude über die Freude kennt Ludwig Richter. Am Tag des Dürerfestes im Jahr 1828 studiert Richter Holzschnitte des Meisters und wünscht sich wehmütig seine Frau herbei, da diese sich über seine Freude freuen würde. [I, S. 305] Wäre sie da, könnte er sich über die Freude seiner Frau an seiner Freude freuen. *Siegwart* in Millers gleichnamigem Roman reist nach Ingolstadt, sein Freund Kronhelm kommt ihm entgegen und fährt in der Kutsche mit. Ein Kapuziner ist auch dabei. Innerlich, wie das eben Kapuziner so tun, freut er sich "recht herzlich über die Freundschaft der beyden Jünglinge, und über die Freude, die sie aneinander" haben. [S. 554] Doch, für so etwas haben Kapuziner ein Verständnis.

Karoline v. Wolzogen berichtet in ihren Erinnerungen an *Schillers Leben* über den angesichts der Freude der anderen gerührten Schiller. [S. 227] Die Liebe wird geliebt. Diese Haltung ist, wie Schiller im Aufsatz *Über naive und sentimentalische Dichtung* bestätigt, sentimentalisch. [W XX, S. 452; S. 471] Freude über Freude fällt unter den gleichen Begriff.

10.7 Pädagogische Plakate

"Daß im Tabac für euch so manche Lust sich füget ..." (Brockes) "Michel, hast du Toback?" (Voss)

HEUTIGENTAGS lassen sich die oben beschriebenen Vermittlungs-Erscheinungen vielleicht am schönsten an der ****-Cigaretten-Werbung auf den Plakaten und in den Anzeigen vom Sommer 1988 beobachten. Diese unterscheiden sich prägnant von denen anderer Marken, welche Cowboys, Pubertierende, seltsame Gestalten in noch seltsameren Umgebungen, Infantile, die von des Lebens Tücken Angekränkelten ihre Zigaretten anbieten, Paare zeigen. Im Mittelpunkt der erwähnten Plakate steht oft eine Frau in aufregender Gewandung, zumeist allein, manchmal mit einem Begleiter. Dabei bleibt es nicht, fast immer im Hintergrund, nur ausnahmsweise auch einmal vorne und ganz groß, steht eine weitere Gruppe oder ein einzelner Betrachter, und diese Nebenfiguren winken der Hauptfigur entgegen. Dargestellt ist auch hier das persönlich Aufbereitete, die Vermittlung, die Anerkennung.

Den beschriebenen ****-Plakat-Phänomenen ähnelt nur das gleichfalls im Sommer

[120] S. 112 f.; S. 154; S. 478; S. 341; S. 471; S. 73

1988 aktuelle und verschiedentlich variierte Motiv der **-Cigaretten-Werbung. Am Strand ist ein Paar dargestellt. Ein Schiff fährt vorbei und die Wellen schäumen hoch. Eine Frau sitzt im knappen gelben Badeanzug halb abgewandt und gießt aus einer großen Muschel Wasser auf ihren Körper. Er steht im Vordergrund des Plakats und begutachtet sie. Man ist "als 'Beobachter' einem weit niedrigeren Niveau verhaftet [...] denn als Schaffender." [Proust III, S. 1011] Der Plakatbetrachter wird aufgefordert und eingeladen ein Gleiches wie die Figur auf dem Plakat zu tun. Die Vordergrundgestalt des Plakats vermittelt zwischen dem Plakatbetrachter und dem Gegenstand. Die Vordergrundgestalt begafft die Frau, der Vorübergehende soll sich anschließen. Ein weiteres Plakat zeigt die sich Sonnende weiter abgewandt, sie untersucht die Muschel. Zuvor zeigte sie ihr Profil, nun den Rücken. Offenbar spielt die Szene unmittelbar vor der des anderen Plakats, denn die weiße Yacht ist hier weiter rechts im Bild. Auch das Meer schäumt um ein Geringes weniger. Auf beiden Plakaten gleich ist die Figur im Vordergrund. Die mit der Muschel Spielende verändert ihre Stellung — er verharrt im Schauen. Er hat sie fest im Blick. Er raucht die rechte Marke. Der Unterschied zur ****-Cigaretten-Werbung besteht darin, daß hier eine Einzelperson eine Einzelperson, dort hingegen meist eine Gruppe eine Einzelperson — oder eine weitere Gruppe — anschaut.

Wir gewinnen hier wertvolle Aufschlüsse über die Gewohnheiten des Weltgeistes. Zunächst macht er sich 1793 in der Epigrammatik zu schaffen, darauf tut er sich in der bildenden Kunst, der Grabinschriftendichtung und Ästhetik um, und dann endlich, gegen zweihundert Jahre nach dem ersten Auftreten, in der Cigaretten-Plakatwerbung. Daß diese Überlegungen in das Kapitel *Pädagogische Plakate* geraten sind, ist noch in anderer Hinsicht schlüssig. Denn auf all diesen Plakaten tritt auch noch der Bundesgesundheitsminister auf, und der rät, d. i. er rät ab. Jedenfalls und mit Proust: "Ebenso kostbare Entdeckungen wie in Pascals 'Pensées' kann man in einer Seifenreklame machen." [IX, S. 3481]

11 Formen der Fortdauer

"Seine Grabschrift sei der Ort, wo man ihn findet." (Schiller) "Der Nahme ist die ganze Macht und Ohnmacht des Menschen." (Clemens Brentano an eine Freundin Emilie Linders) "... daß mein Name nicht nur im Kürbis meines geliebten Kerners verfaulen wird, sondern auch mit und in seinem redlichen Herzen." (Lenau an Kerner) "Die Unsichtbaren Beziehungen dauren doch fort und das Leben ist kurz." (Susette Gontard an Hölderlin)

DAS UNENDLICHE ist irdisch geworden und wird in der Zeit gesucht. Die in die Zukunft gerichtete Hoffnung muß abstrakt bleiben und kommt nicht hin zum Empirischen; die Erinnerung aber kann konkret sein. Solange sich jemand ihrer erinnert, sind die Verstorbenen noch nicht völlig verschwunden. Sie leben in den Herzen der Kinder fort. Solange diese leben, ist der Verstorben nicht tot. Die Familie besteht weiter. Man läßt sich gemeinsam bestatten. Der Zurückgebliebene stirbt der Vorangegangenen nach. Und solange er lebt, umschwebt ihn ihr Geist.

Das Abstrakteste, das fortdauern kann, ist der Name, diese "sterbliche Unsterblichkeit." [Young II, S. 223] Ältere Grabschriften versichern, daß mit dem Tod der Körper sich vom Namen trennt, daß ein früher Tod die Fortsetzung des Namens verhindert und daß der Name sowenig wie Besitz, Redlichkeit und Herkunft vor dem Tode bewahren kann.[121] Andrerseits aber weiß eine Inschrift von 1610: "Ein guter Nam das beste ist / Der bleibet fest zu aller Frist." [DI XII, Nr. 576] Und auf dem Eßlinger Eberhardhaldenfriedhof heißt es für einen 1874 Verstorbenen: "Pred. Sal. 7,1. / Ein guter Name ist besser / deñ köstliches Oel." Der Name, das schlechthin Abstrakte, verweist auf die Person, das ganz Konkrete.

11.1 Erinnerung

"Man hat sich meiner so lange erinnert, daß man mich vergessen hat." (Young) "Sie sollen mich in Ihrem Andenken behalten, Sie mögen wollen oder nicht." (Zelter an Schiller) "Ich vergesse Sie alle beide nicht, das sage ich Ihnen!" (Zola)

IN FRÜHEREN EPOCHEN hatte "ZV . EWIGER . GEDACHNVS" die Witwe das Epitaph "MACHEN . LASSEN", oder es war "zu Christlicher gedecht/nus", daß man "diese[n] grabstain hatt mache[n] lassen", oder es war doch schon einfach die "Schwester: und Schwägerliebe", die den "grabstain" gesetzt hat.[122] In der Königsberger St. Burkardskirche "hat dieses" der "überlebende einzige / Sohn und Bruder" in "Hoffnung einer fro(e)lichen Urstendt, / aus kindlicher und brüderlicher affection zu rühmlichen Andencken setzen lassen", ein Denkmal vom trauernden Bruder erhält Georg v. Fleckenstein, "Hans Moritz Suen hatt seiner lieben Mutter zu ge/daechtnus diß monument Auffrichten Lassen" und in Merseburg wird ein Grabmal "als Pfand brüderlicher Liebe zu frommem Totengeleit" gesetzt.[123] Die trauernden Erben oder die Kinder und Schwiegersöhne sind die Stifter.[124] In Rothenburg haben "diesem ihrem sehr entbehrten Vater [...] die von 10 Kindern, 65 Enkeln und 3 Urenkeln bis jetzt trauernd Überlebenden dieses letzte Denkmal der Anhänglichkeit, Verehrung und Liebe errichten lassen"; in der Stadtkirche zu Wertheim nennt eine lateinische Inschrift die Leistungen des verstorbenen Großvaters: "Herr Michael, Graf zu Wertheim" hat "seinem teuren Großvater, dem besten Manne, dem klügsten Menschen, dem tapfersten Grafen ein Denkmal setzen lassen."[125] Die Angehörigen sind dankbar und errichten das Denkmal; oder ein anderer, der dem Verstorbenen verpflichtet ist,

[121] Lat. Inschr. 1619 [DI XV, Nr. 496]; Lat. Inschr. 1576 [DI V, Nr. 230]; Lat. Inschr. 1590 [DI XII, Nr. 425]

[122] †1607 [DI XXI, Nr. 331]; †1584 [DI XXI, Nr. 299]; †1629 [DI XXI, Nr. 362]

[123] Inschr. 1636 [DI XVII, Nr. 411]; Lat. Inschr. 1622 [DI IV, Nr. 248]; Inschr. 1588 [DI XVII, Nr. 204]; Lat. Inschr. †1564 [DI XI, Nr. 107]

[124] Lat. Inschr. 1601 [DI XIX, Nr. 143]; Lat. Inschr. 1614 [DI XIX, Nr. 143]

[125] Lat. Inschr. †1628 [DI XV, Nr. 530]; Lat. Inschr. 1543 [DI, Nr. 215]

stiftet das Epitaph.[126] Auch dreihundert Jahre vor der Zeit des Hoppenlau–Friedhofs stellten sich in den — meist lateinischen — Inschriften die Angehörigen in ihrer Trauer und in ihrem Schmerz dar. Die lateinische Inschrift von 1603 für Anna Maria Prenninger teilt mit, daß diese "zum großen Kummer, Schmerz und Wehklagen des Ehemanns still in Christus verschieden" ist. Ihr Mann beweint sie klagend. Sie liegt mit ihren Kindern bestattet. [DI XV, Nr. 423] Die ergreifendsten Texte verfaßten auch seinerzeit die Magister. Eine lateinische Grabschrift von 1639 lautet: "Für Dorothea Wanckelin, die so sehr liebreich war und die man nie ohne das Lob ihrer Ehrenhaftigkeit und das Gefühl bitteren Schmerzes nennen kann und die er deshalb, untröstlich in dieser Vergänglichkeit, stets betrauern muß, für die Gattin, die Hälfte seiner Seele [...] setzte, aufs tiefste betrübt, diesen Grabstein der Magister Valentin Heustreu, Rektor der Merseburger Schule, der die Hälfte, die übrig geblieben ist — so Gott will — im Himmel (mit der anderen wieder) zusammenfügen wird." [DI XI, Nr. 174] Der Leser möge sich des Verstorbenen erinnern; er soll von der Inschrift etwas lernen und recht leben; die Angehörigen sind "von bitterem Schmerz" erfüllt; sie setzen "in liebendem Angedenken" das Denkmal.[127] Inschrift von 1614; dann versucht der verzweifelte Gatte seinen Gemütszustand zu schildern: "Ach, dieses tränenreiche Denkmal ehelicher Liebe hat er aufgestellt weiterlebend mit bitterem Gemüt." [DI XXIII, Nr. 1]

Die meisten dieser Inschriften stammen aus der zweiten Hälfte des 16. Jahrhunderts. Bald darauf, in der ersten Hälfte des folgenden Jahrhunderts, weinen die Glocken über die Toten: "DIE SCHAEDTLINGSWETTER VERDREIB ICH DIE DOTTN BEWEIN ICH"; eine andere Glocke vertreibt die Ungewitter und beweint die Toten: "Der todten Leichnam ich bewein / Vertreib vngwitter . groß . vnd . klein . / Die . ganz . gemein . ruff . ich zvsam(m) . / zv bettn in Jesv . christi nam / Avch anzvhören Gotteß wortt / solchs wirdt belohnet hie und dortt."[128] Ältere Glocken hatten nicht geweint, jedoch die Toten beklagt.[129]

Ariès zieht Arbeiten über die Pariser Friedhöfe aus der zweiten Hälfte des 19. Jahrhunderts heran und belegt, daß die Familien im Grabkult eine Möglichkeit sahen, die Existenz der Verstorbenen zu verlängern.[130] Man versteht offensichtlich um 1870 die Erscheinungen der vergangenen Jahrzehnte und sieht, daß im allgemeinen Bewußtsein die Erinnerung der Hinterbliebenen wichtiger als die Vorstellung vom ewigen Anschauen Gottes und als andere ältere Trostgründe geworden ist. Man ist um 1870 in der Lage, ausdrücklich zu formulieren, was sich aus den vorangehenden Inschriften nur erschließen läßt, was aber schon um 1800 in den Schriften Schleiermachers angelegt ist. Schleiermacher fragt in den *Monologen*: "Was ist denn Tod, als grössere Entfernung?" [S. 81] Karoline v. Günderrode hat in den *Manen* klar und schön dargestellt, wie sich ein Fortleben im Gedenken vorstellen läßt. Sie hat zwei Formen unterschieden.

---

[126] Lat. Inschr. 1613 [DI XI, Nr. 160]; Inschr. 1606 [DI XVIII, Nr. 260]

[127] Lat. Inschr. 1481 [DI XXIII, Nr. 106]; Lat. Inschr. 1596 [DI XXIII, Nr. 1]; Lat. Inschr. 1582 [DI XXIII, Nr. 183]; Lat. Inschr. 1575 [DI XXIII, Nr. 177]

[128] Inschr. 1644 [DI XVIII, Nr. 341]; Inschr. 1623 [DI XVIII, Nr. 315]

[129] Inschr. 1451 [DI V, Nr. 31]; Lat. Inschr. 1504 [DI IX, Nr. 408]

[130] A., *Geschichte des Todes*, S. 592 f.

"Es ist nichts verloren", was "noch in Gedanken wirkt." Darüber hinaus stehen wir "in einer Verbindung mit *dem Teil* der Geisterwelt, der mit uns harmonieret." Der Tod scheidet, aber er vernichtet nicht. [W Hg. Pigenot, S. 104 ff.] "Auch die Manen sind etwas! nicht alles ist mit dem Tod aus", heißt es im Gedicht *Cynthiens Schatten* der *Horen.* [1796, 11. St., S. 98] Die Toten wirken ins Leben im *Lied der Toten* des Novalis. [W I, S. 354] Sein *Blütenstaub*-Fragment 34 vergleicht die Nähe des Betenden zu Gott mit der Gemeinschaft der Lebenden und Toten im Gedenken. [W II, S. 427] Wieland befaßte sich mit dem *Fortleben im Andenken der Nachwelt.* Er muß noch ein Bedürfnis gesehen haben, ein "Fortleben im Angedenken der Nachwelt" nicht nur den Großen der Welt, sondern auch dem einfachen Menschen, dem Nachbarn in Biberach, zu eröffnen. Nicht "glänzende Taten" lassen den "Dank der Nachwelt" erwarten; es "fordert vielmehr die Billigkeit, das bescheidene stille Verdienst um so mehr aus der Dunkelheit hervorzuziehen, und ein tugendhafter um seine (wenn auch kleine) Vaterstadt, auf welche Art es sei, vorzüglich verdienter Bürger ist ungleich würdiger, als mancher, der die Welt mit dem Geräusch seiner Taten betäubt hat, daß sein Andenken von den Nachkommen in Ehren gehalten, und sein musterhaftes Beispiel, zur Nachfolge aufgestellt, unter ihnen fortlebe, und wohltätig bleibe." [W III, S. 794 f.] Das Erinnern im Herzen hebt die räumliche Trennung auf. Zu Lebzeiten war der Ort der Gegenwart der Geist, diese Gemeinschaft kann bestehen bleiben. "Das Gespräch der Liebe" und "der Gemüther Wechselanschauung", sagt Schleiermacher in den *Monologen*, "hört nimmer auf." [S. 80 f.] Lenau differenziert fein. Im Jänner 1837 verspricht er Sophie v. Löwenthal: "Es ist ein Bund auf ewig. Solang mein Herz nicht welk und tot ist, werde ich dich lieben, und solang mein Geist nicht erloschen ist, werde ich deiner gedenken." [W II, S. 437] Nun wachen die "Schlafenden", die *Entschlafenen* Hölderlins, am "Herzen", in "verwandter Seele." [W I, S. 132] Die Liebe währt über den Tod hinaus, der Tod kann nichts entreißen. Die Gedichte der Zeit beteuern, daß die Erinnerung die Trennung überwindet.[131] Auch die Inschriften des Hoppenlau–Friedhofs versichern es: "Die Liebe höret / nimmer auf."[132]

Goethe schreibt Schlosser am 17. Mai 1819, daß er oft auf seinem Lebensweg an die "Denk= und Handelsweise" seiner "Mutter, an ihren Muth und Glauben kräftig erinnert" wird. [W IV-XXXI, S. 148] Sie erteilt Lehren und bleibt Vorbild über das physische Ende ihres Lebens hinaus. Frau Rath Goethe verabschiedet sich am 16-ten Febr. 1776 von Zimmermann: "Behalten Sie uns in gutem Andencken, und seyn versichert daß wir sind, biß ins Grab, ja noch drüber hinaus Ihre wahre und Auffrichtige Freunde C. E. Goethe" und Eleophe Bansa schickt am 5. Oktober 1848 an Emilie das Gedicht: "In den Freuden der Erinnrung / Bleibt das Leben ewig neu."[133] Charlotte

---

[131] Vgl. Bernh. Becker, *C. ... bei den Gräbern der Freunde* [VMA 1787, S. 148]; Kosegarten, *Elwinens Klage um Elwill* [GMA 1790, S. 11]; Fr. Brun, *Ich denke dein* [VMA 1795, S. 178]; Fr. Brun, *Die Trennung* [GMA 1796, S. 135-137]; Tieck, *Einsamkeit* [S/TMA 1802, S. 165]; Tieck, *An Novalis* [S/TMA 1802, S. 187]; Riemer, *Sein Name strahlt entgegen* [UG S. 871]

[132] Hoffmann; Eckstein; Wucherer und Mehl

[133] In: Catharine Elisabeth Goethe, *Correspondenzen und Spiegelungen*, S. 15; *Ein Lebensbild in Briefen aus der Biedermeierzeit*, S. 197

Schiller teilt am 21. September 1810 Cotta mit, daß ihr beim Anblick von Schillers Büste die Erinnerungen Trost spenden.[134] Ludwig Richter erinnert sich an drei, die schon lange tot sind, "und nur die Liebe ist geblieben und ein liebes, liebes Erinnern." Glück gewährt die wehmütige Erinnerung an Jugendfreundschaften. [I, S. 61; S. 190 f.] Die Zurückbleibenden gedenken der Toten. Diese können als Schutzgeister den noch lebenden Lieben nahe sein. Man kann sich diese Schutzengel real, in der äußeren Wirklichkeit lebend, vorstellen. Oder man kann ahnen, daß sie nur im eigenen Herzen existieren. Beim Verzicht auf diese schöne Vorstellung gewährt in Zolas Roman *Der Zusammenbruch* Trost, daß der geliebte Tote im letzten Augenblick seines Lebens an einen dachte. [III, S. 34] Der Gedanke, daß andere sich dann noch an einen erinnern werden, wenn man tot ist, ist so verlockend, daß er schon mitten im Leben Trost schenkt.[135] In Millers Roman *Siegwart* stirbt Sophie, weil der Held sie nicht liebt. Nach ihrem Tod soll ihm ein Paket von ihr übergeben werden. Es enthält eine "Art von Tagebuch." Unter dem Titel *An den lieben Siegwart* heißt es: "Das Bild der Thränen, die Du mir vergiessen wirst, tröstet mich in trüben Stunden." [S. 518 f.]

Die Liebe ist der neue Gott, das Gefühl die neue Religion, die Familie heilig. Der Blumenkult ist Ritus, die Erinnerung Gottesdienst. Das Vergessenwerden ist die endgültige Vernichtung. "ACH ER ANTWORTET UNS NICHT MEHR! / VIELLEICHT HÖRT ER UNS NOCH?" fragt eine Hoppenlau-Inschrift, deren Namen und Daten zerstört sind. Den gleichen Ausdruck findet die Skepsis im Gedicht *Abschied von dem Grabe meiner Mutter* eines mit "K. g. S." zeichnenden Verfassers: "Hörst du mich nicht?" [GMA 1776, S. 131] Die Verstorbenen können vergessen werden wie in Steigenteschs *Menschenaltern* und Lenaus *Nachhall.* [SMA 1800, S. 221; W I, S. 285] Man versichert, daß man nicht vergessen wird, wie Matthisson im *Todtenkranz für ein Kind.* [W Hg. Bölsing, S. 229] Das Vergessenwerden ist dann nicht schlimm, wenn, wie in Matthissons Gedicht *Der Grabstein* die Hoffnung des Auferstehens, der Glaube an "Jehovas Friede", geblieben ist. [W Hg. Bölsing, S. 119 f.] "Wer im Gedächtnis seiner Lieben lebt / ist nicht tod, er ist nur fern", versichert eine Inschrift des Frankfurter Hauptfriedhofs (†1907). Aber, fügt dort eine weitere Inschrift dem Satz hinzu, "TOT IST DER DER VERGESSEN IST." (†1863) Auch Margarete Klinckerfuß weiß es. Ihre Großmutter hatte die Worte "auf die Rückseite eines Porträts meiner aus dem Rheinland stammenden Urgroßmutter geschrieben." [S. 98] Unvergeßlich ist auf dem Gießener Alten Friedhof den Liebenden der, welcher für sie ihnen gelebt hat, er bleibt "unvergesslich unserem Herzen" (†1912), "Was Du uns warst, / Bleibt ewig unvergessen." (†1899)

---

[134]In: *Briefe an Cotta* I, S. 54

[135]So verhält es sich in Matthissons *Vollendung* [Hg. Kelchner, S. 17 f.], in M.s *Elegie* [AdtM 1774, S. 166], in Siegmars *An Laura* [StMA 1793, S. 110], in Pfeffels *An eine kranke Freundin* [VMA 1784, S. 52] und in Wezels *Herrmann und Ulrike* [II, S. 227]

11.2 Fortdauer im Herzen

"Nimmer bist du gestorben, du wohnst im Herzen der Freunde; / Oft noch, ein Engel, besuchst du die gereinigte Welt." (Messerschmid, An Novalis) "Ich weiß nicht, wo unsre Seele logirt, aber unser Genius *wohnt im Magen." (Baggesen an Reinhold am 26. Juli 1791) "EWIG LEBT DER EDLE / IM HERZEN DER SEINEN / EWIG VOR DEM THRONE / DES ERBARMERS." (Inschrift Schorndorf, Alter Friedhof, †1808)*

DIE VORSTELLUNG, daß die Verstorbenen im Herzen der Hinterbliebenen weiterleben und so, obzwar im Grabe ruhend, nicht völlig untergegangen sind, ist über die Jahrhunderte hin beliebt. Das Herz ist der Ort des Gedenkens in der Gemütsapparatur des Menschen. Es bewahrt etwas von den Toten auf. Bis es selbst nicht mehr schlägt. Dann sind die Toten völlig tot.

Eine Inschrift des Hoppenlau-Friedhofs versichert, daß der Verstorbene im Herzen derer, die an ihn denken, erwacht: "Zweierlei Stätten sind übrig von deinem Verweilen auf Erden: / Eine ein dunkelndes Grab, eine ein mütterlich Herz. / Neu im einen erwachst du mit jedem erwachenden Morgen, / Doch einen Traum nur ließ Gott hier im andern zurück." [Pfeiffer, S. 30] Eine andere Inschrift des Friedhofs greift die ältere Vorstellung, daß der Leib im mütterlichen Land ruht, während der Geist bei Gott ist, auf: "Sanft ruht der müde Leib im mütterlichen Land, / Noch sanfter ruht der Geist in seines Gottes Hand." [Pfeiffer, S. 25] Zinzendorf verfaßte in gleichem Sinne eine *Grabschrift auf sich selbst*: "Der *Herr* nimmt Sein', die *Erde* ihre Frucht; / Der Leib hat *sie*, die Seele *Gott* gesucht." [W S. 336] Canitz läßt im Gedicht *Sanffte Ruhe im Grabe* die Erde mütterlich den Leichnam decken. [W S. 224]

Eine klare Trennung nimmt das Epitaph für Josaphat und Konrat Schwartzmann (††1645) vor. Der Leib geht zur Mutter Erde, dem Geist werden die Vaterrechte im Himmel zuteil. [DI XV, Nr. 623] In einer Göttinger lateinischen Inschrift von 1621 wird der Wunsch ausgesprochen, der Verstorbene möge bald aus "der Mutter Erde wiedergeboren", das Herz aber "bald der Bühne zurückgegeben werden." [DI XIX, Nr. 163] Das irdische Leben bereitet vor auf das himmlische, das Leben ist ein Schauspiel, wir agieren auf den Bühnen hier oder dort.

Im Herzen, d. i. im "Hertz" ist schon vor der Zeit der Heiligen Poesie und des Hoppenlau-Friedhofs der "Nahme" des "Hertzgeliebten" im "Seegen angeschrieben", so in einer Inschrift für einen 1726 Verstorbenen auf dem Alten Friedhof in Ulm. [Ungericht, S. 119] Eine Inschrift des Hoppenlau-Friedhofs bringt zum Ausdruck, daß die Hinterbliebenen an die Verstorbenen denken; die Liebe bleibt in den Herzen der Kinder aufbewahrt: "IN DEN HERZEN / DER KINDER / BLEIBT FÜR EWIG / BEWAHRT — WAS IN / TREUER LIEBE / GEWIRKT." (Lauser, Lauser, Steidle) Zwei Grabschriften des Ulmer Alten Friedhof für 1893 und 1874 Verstorbene sprechen vom Weiterwirken des Vorbildes, es lebt im Herzen weiter: "DER MENSCH, DER MIT GOTT WANDELT / VERSCHWINDET NICHT WIE EIN SCHATTEN / SEIN SINN, BEISPIEL, REDE UND ARBEIT / LEBT, TÖNT UND WIRKT NACH IHM FORT." — "KALTES GESTEIN NICHT SAGT / WAS DEN DEINEN DU WARST / ABER DEIN LOB VERKÜNDEN /

DIE HERZEN IN DENEN DU LEBST!" [Ungericht, S. 53]

Das Herz ist der Ort der Erinnerung und des Gedenkens. Es ist ein Grab.[136] In Balzacs *Verlorenen Illusionen* tröstet sich Lucien im Abschiedsbrief an seine Schwester damit, daß er in den Herzen der Freunde weiterleben wird. Dort soll sein Grab sein. [S. 682] Die Lyrik der Zeit gebraucht das Motiv des Weiterlebens im Herzen ausgiebig.[137] Die Leichenprediger versichern, daß die Angehörigen sich des Verstorbenen dankbaren Herzens erinnern werden.

Moderne Varianten fand ich auf dem Waldfriedhof zu Degerloch: "DEM AUGE FERN / DEM HERZEN EWIG NAH." (†1942) — "IN DEN / HERZEN / JENER / WEITERLEBEN DIE UNS LIEBEN / HEISST / NICHT / STERBEN." (†1965 und †1976) Die Schrift ist in Gestalt eines Kreuzes angebracht; die Worte "WEITERLIEBEN DIE UNS LIEBEN" bilden den Querbalken. Es ist eine schöne Vorstellung. Doch auch die liebenden Herzen sterben einmal. Dann lebt der geliebte Tote nicht weiter. Sein Leben hat sich verlängert, aber der Tod wurde nicht beseitigt. Er kommt doch. Zwei weitere Inschriften des Stuttgarter Pragfriedhofs und des Alten Friedhofs in Vaihingen lauten: "ABER DASS DU GELEBT / FÜHLEN WIR TÄGLICH AUFS NEU." (†1911) — "WAS WIR LIEBEN / IST GEBLIEBEN / BLEIBT IN EWIGKEIT." (†1967)

Im Alten Friedhof zu Kornwestheim gestaltet sich in unserem Jahrhundert das Gedenken der Nachkommen eindringlich. Auf zwei Grabmalen von im 19. Jahrhundert verstorbenen Vorfahren haben die Angehörigen zusätzliche Inschriften angebracht. Eine weist hin auf die "Renovierung aus / Anlass des 94. Familientages" im Jahre 1968 und die Erneuerung zehn Jahre darauf; die andere lautet: "Renoviert in dankbarer Erinnerung / 1911 1968".

11.3 Dankbarkeit

"Dein Nachruhm bleibt, und bleibt Dir *ewiglich." (Grabschrifft. Frankfurter Frag– und Anzeigungsnachrichten, 19.12.1771) "KEIN GEDANKE, / KEIN WORT UND KEINE TAT / GEHT VERLOREN, ALLES BLEIBT / UND TRÄGT FRÜCHTE." (Inschrift Kornwestheim, Neuer Friedhof, †1989)*

DIE TUGENDHAFTE VERSTORBENE, versichert eine Inschrift von 1924 des Alten Friedhofs in Offenbach, wird nicht vergessen werden: "ZU FRÜH BIST DU VON UNS GESCHIEDEN / UND WIRST SO SCHWER VERMISST / DU WARST SO FLEISSIG LIEB UND GUT / DASS MAN DICH NIE VERGISST." Der Fleiß ist hier in eine Reihe mit der Liebe und der Güte geraten, die er nicht verdient. Schöner sind die Inschriften des Hoppenlau–Friedhofs. Auch dort sind die Hinterbliebenen dankbar: "IHR

[136] Vgl. Uhland, *Nachruf* [*In zarte Frauenhand*, S. 201]; Jenny v. Gustedt, *Ein Leichenbegängnis* [Lily Braun, *Im Schatten der Titanen*, S. 119]

[137] Vgl. Schisling, *An *** beym Tode seiner Gattin* [WMA 1782, S. 152]; v. Klenke, *An meine verstorbene Mutter* [BG S. 185]; Uhland, *Nachruf* [W I, S. 91 f.]; C., *Elegie am Grabe unsrer verklärten J. E. H.* [StMA 1793, S. 12-17]; Schreiber, *An eine Entschlafene* [TBD 1815, S. 166]; Justinus Kerner, *Wo zu finden?* [DtMA 1838, S. 50]

GEDÄCHTNIS LEBT IN / DANKBARER LIEBE / W. PELARGUS 1864." (S. und M. Otto) Sie sprechen über den Verstorbenen und richten sich an den Betrachter. Sie sprechen diesen dabei nicht direkt an: "DANKBARKEIT / UND / LIEBE / ERRICHTETEN / DIESES / DENKMAL / —— / EIN / BLEIBENDES / ER / SICH SELBST." (v. Scheler) Einige der Predigten, welche für auf dem Hoppenlau–Friedhof Beigesetzte gehalten wurden, sprechen die Versicherung oder die Hoffnung aus, daß das Gedächtnis des Verstorbenen im Segen bleiben wird.[138]

Eine Inschrift des Friedhofs in Ottensen bei Hamburg lautet: "Hier Schläft! / Peter Diederich Lehnek. / Er war ein wahrer Christ / und ein thätiger Geschäftsmañ / Seinen Kindern / die ihm dieses Andenken setzen / bleibt er stets unvergeslich." (†1794) "Sein Gedächtniß bleibt im Segen!" heißt es in der Inschrift für Ferd. Aug. Oldenburg auf dem Alten Friedhof zu Wiesbaden (†1868). Es ist eine sehr beliebte Formel. Anderes wird in der Predigt für Julie von Seckendorff ausgesprochen. Gott soll den Segen, den Julie v. Seckendorff stiftete, "reichlich über sie selbst kommen lassen." Das Leben der Verstorbenen, heißt es auf dem Hoppenlau–Friedhof, wird von den Kindern fortgesetzt: "Unser Dank sey leben wie sie." [Pfeiffer, S. 26] Ganz ähnlich lautet eine Inschrift auf dem Alten Friedhof zu Wiesbaden: "Euer Leben / sei unser Weg, / euer Beispiel / unser Trost." (†1843 und †1847) "Die theuern geliebten Eltern", der "Brunnenarzt von Wiesbaden" und seine Frau "ruhen / im Tode vereint, / wie im Leben." Pater Anton vertraut in Millers Roman dem Helden *Siegwart* wertvolle Lebensregeln an. Anton erwägt, daß beide sich vielleicht in diesem Leben nicht mehr sehen werden. Siegwart soll dann, wenn Anton tot ist, seine Lehren befolgen. [S. 99] Young befindet, daß die Toten betrauert, "welcher nach ihrem Wunsche lebt." [I, S. 89] Natürlich sind solche Anforderungen zu weitreichend und nicht jeder charakterlichen Idiosynkrasie gebührt Nachfolge. Den Verstorbenen zum Vorbild nehmen, so "S." im *Todtenopfer*, ehrt ihn am meisten. [GMA 1793, S. 86] Pfeiffer kennt eine Inschrift, welche den Wunsch, die Verstorbenen möchten "des Hauses Glück" sehen, zum Ausdruck bringt: "Friedlich spielt die Maiensonne / Schwanke Schatten auf das Grab — / Dringst du nicht, o Frühlingswonne, / Warm belebend hier hinab? // Ja, dich senden wir als Boten: / Ruf uns einmal noch zurück, / Heute nur, die teuren Toten, / Daß sie schaun des Hauses Glück! // Elternfreude, Jugendwonne, / Was manch froher Tag uns gab — / Friedlich streut die Maiensonne / Licht und Schatten auf das Grab." [S. 30]

---

[138] So die für Carl Eugen v. Imhoff, Riecke, Sophie Aug. Schwab und Carl Alex. v. Seckendorff

11.4 Nachkommen

"Dennoch ist's kein Verlust, da mich ja die Denkmale überdauern, die mir meine fünf Kinder errichteten." (Lateinische Inschrift Naumburg, 1598) "... und dankbar froh über die erlebte Versorgung ihrer 9 Kinder, und über die Erfüllung auch ihres lezten Wunsches, den sie noch hatte, die vor acht Tagen erfolgte glükliche Entbindung ihrer jüngsten Tochter noch erlebt zu haben ... " (Todesanzeige SM 30.12.1804) "Doch noch eins, was schreibt Ihr mir denn von sechs Geschwistern, ich habe gerechnet und gerechnet, bringe ihrer aber nur fünf heraus." (Fichte an seinen Vater)

DER VERSTORBENE lebt in der Erinnerung fort, er ist Vorbild und es ist ein Trost, daß die Familie weiterbesteht. *Des Hauses Glück* manifestiert sich sinnfällig, wenn dem Verstorbenen als Erzeuger einer großen Zahl von Nachkommen aufgewartet werden kann. Zwei Inschriften des Hoppenlau–Friedhofs lauten: "DEM ZAERTLICHEN GATTEN / DEM TREUEN VATER / VON / DER WITTWE UND VIER SÖHNEN." (Kapff) — "Dem Andenken / Ihres unvergeßlichen Vaters / Gros=Vaters u: Schwiegervaters / Fried. Burkh: Pfaff. / Koenigl. Württ. Geh. Ober=Fi=/nanzraths Comandeur des / K. Civil Verdienst Ordens / geb: den 18. Nov. 1738 / gest. den 26. Mart. 1817 / geweiht / von des Verewigten hinter=/lassenen 6. Soehnen 2. Toech=/tern. 2. Tochtermännern. 4. / Schwiegertoechtern. 9. Enkeln / und 5. Enkelinnen."

Eine nur für das frühe 19. Jahrhundert und den Hoppenlau–Friedhof typische Erscheinung ist es allerdings nicht. Im Ulmer Alten Friedhof werden hundert bis hundertfünfzig Jahre vorher auch schon die Nachkommenzahlen genau angegeben. Anna Regina Leutz "hat erzeuget zwölff Kinderlein / darvon nach sechs im Leben seyn / und zahlte dreymal zehen Jahr / sambt dreyen." Balth. Kiderlen "Erlebte in 51jähriger Ehe 7 Söhne und 6 Töchter nebst 31 Encklen, wovon noch 3 Töchter / Anna, Catharina und Elisabetha / nebst 17 Encklen im Leben." Raimund König hat mit seiner Gattin "VII Kinder, 5 Söhne und 2 Töchter erzeugt." Wirthin Sibylla Rosina "erlebte" insgesamt "53 Enckel, davon 15 noch am Leben / u. 19 Urenkel, dann noch 3 vorhanden / sind."[139]

Dabei wurde früher wohl deshalb die Zahl der noch lebenden Nachkommen angegeben, weil die Eltern oft die meisten ihrer Kinder überlebt hatten. Eine Inschrift von 1632 klagt: "Zeuge mit dehme daß Neunte Kindt / Merck ietzo wie viel : welche von allē vberig sindt? / Adam vnnd Sybilla Sonsten acht ahn der Zahl / Vatter Kinder triefft hieriñen der Todt allzuemahl." [DI VIII, Nr. 419] Die Inschrift für Joh. Melchior Winters an der Alexanderkirche zu Marbach sagt: "die Kinder hat der Todt, früh Zeitig weg genommen." (†1742) In St. Cyriakus zu Bönnigheim befindet sich das Epitaph des Adam Stratzmann, seiner Frau Barbara und ihrer 53 Kinder. "Von Einer Ehe gebo=/hren" sind die 53 Kinder. Man weiß, daß es eine Spitzenleistung ist, daß eine Frau "so Vihl Kinder hat Gebohren", 53 Kinder, es ist "Von Wunder

[139] †1684 [Ungericht, S. 117]; †1724 [Ungericht, S. 118]; †1734 [Ungericht, S. 122]; †1788 [Ungericht, S. 127]

wegen [...] An Zuschawen." [DI XXV, Nr. 285] 53 Kinder! Sie hält mit 53 Kindern den Rekord. Vor 440 Jahren war man stolz auf die Mutter der 53 Kinder oder wenigstens beeindruckt. Es ist unglaublich. Die Frankfurter *Frag= und Anzeigungsnachrichten* informieren besonders detailliert. In der Ausgabe vom 13. April 1755 wird der Tod der achtundsechzigjährigen Frau Susanna Ochs angezeigt, "Welche erlebet 8. Kinder, 46. Enckel und 50. Ur=Enckel, also insgesammt 104. Seelen, welchen in Zeit von 4. Wochen ein Ur=Ur=Enckel zuzusetzen gewesen wäre." Im Gedicht wird Frau Ochs gefragt: "Must Du *Wohlseelige*! nicht in der Asch bekennen, / Daß das ein Seegens Stand, wie billig ist, zu nennen, / Wenn *Hundert* und auch *Vier* um *Dich* nunmehro stehn. / Wenn *Kind und Kindes=Kind* Dir dort zur Rechten gehn, / Auch binnen dreysig Tag *ein Ur=Ur=*Enckel grünet, / Das *Dich* noch mehr erhöht, und *Dir* zum Ruhme dienet?"[140] So ist es doch erfreulicher, das menschliche Maß wird nicht überschritten.

11.5 Rastloses Streben und das arme Herz

"Stets weiter im Wege, / Welcher zu Gott uns leitet! / Am Ziele der hohen Laufbahn / Ist das Kleinod erst!" (Klopstock) "Er geht noch umher und wirkt ..." (Goethe an Zelter über Niebuhrs Fortwirken) "GEHT NUN HIN UND GRABT / MEIN GRAB, DENN ICH BIN / DES WANDERNS MÜDE" (Inschrift Kornwestheim, Neuer Friedhof, †1971 und †1980) "IM MEER / DES LEBENS / MEER DES STERBENS / IN BEIDEN / MÜDE / GEWORDEN / SUCHT MEINE / SEELE / DEN BERG / AN DEM ALLE / FLUT VEREBBT" (Inschrift Deizisau, Friedhof, †1980)

DIE INSCHRIFT für die auf dem Hoppenlau-Friedhof bestattete Emilie Zumsteeg spricht die Verstorbene an. ihre Kraft lebt weiter:

"ZUM HEIMATHLAND, WO DU IN TOENEN
IM GEISTE LEBEND SCHON GEWEILT,
ZUM HEIMATHLAND DES EWIGSCHÖNEN
BIST DU IM TOD UNS VORGEEILT.
UND DOCH BIST DU BEI UNS GEBLIEBEN.
DENN DEINE KRAFT LEBT WIRKEND FORT.
WIE UNSER DANK UND UNSER LIEBEN
LEBENDIG BLEIBT IN THAT UND WORT."

Die Verse der Inschrift sind schon in ihrer Leichenpredigt abgedruckt. Manchmal soll auch das Prinzip fortwirken. Fürst Felix Schwarzenberg, Kaiser Franz Josephs Ministerpräsident, starb am 5. April 1852. Nun will der Kaiser versuchen, "das Prinzip kräftig aufrechtzuerhalten, welches mit dem großen Manne nicht ins Grab sinken darf."[141] Emilie Zusteeg war, predigt J. G. Fischer, "männlich kraftvollen Wesens." Die "männliche Seele" litt Unsägliches. "Seltene Naturbegabung, männlich entschlossenes Studium" und weitere Tugenden befähigten sie für die Tonkunst. "Wir nennen

[140] In: *Leben in Frankfurt am Main* IV, S. 74 f.
[141] In: Eduard Heller, *Aus den ersten zwei Jahrzehnten der Regierung Kaiser Franz Josephs*, S. 13

Dich todt! / Denn hingegangen / Ist die starke männliche Seele." Ihr Neffe dichtet: "Dein geistig Schaffen treu war's Deiner Lehre. / Wer ahnte, daß von einem Weibe stammt / Dein *Ulrichslied*, darin zu Deiner Ehre / Die Thatkraft einer Männerseele flammt." In der Literatur und in Briefen begegnen uns männliche und kräftige Mädchen und Frauen häufig.

Die mit Kerner, Gustav Schwab, Mörike, Hermann Kurz und Lenau befreundete Emilie Zumsteeg ging *zum Heimathland des Ewigschönen.* In älteren Grabschriften war dies Heimatland, dies Vaterland der Himmel: "Der Vaterländer bestes ist der Himmel"; der Verstorbene möchte ein Zweiglein bleiben an Gottvater; Seele und Leib gehen zu Gott, dem Vater, zurück, der Geist lebt mit Christus vereint; im Vaterland wird die Mutter die ihr vorangegangenen Kinder wiedersehen.[142]

Die großen Kirchenlieddichter haben diese Sehnsucht nach dem himmlischen Vaterland gestaltet.[143]

In modernen Todesanzeigen erscheint das himmlische Vaterland als das ewige Heimatland. Still und einfach war das Leben der Verstorbenen, treu und fleißig wirkte sie, sanft ist sie hinübergegangen "in das ewige Heimatland." [WZ 14.6.1988] Den überirdischen Himmel hat ein irdischer auch hier ersetzt, die Heimat des Menschen ist dort, wo seiner gedacht wird. [StZ 5.7.1988] Einige Todesanzeigen sprechen von einer irdischen uneschatologischen Heimat; es ist die, welche der Verstorbene in seinem Leben einmal verlassen mußte. Er starb fern der Heimat und er ist nun dorthin gegangen, wo Gott ihm Ruhe gibt — offenbar wird dieses Land des ewigen Friedens so vorgestellt, als sei es die wahre endgültige Heimat. [WZ 17.7.1988]

Zur Versicherung, daß der Toten gedacht werden wird, tritt auf dem Hoppenlau-Friedhof das Lob ihrer Tugenden. Die Inschriften auf dem Grabmal für den Freiherrn von Imhoff-Hohenstein und die Freifrau von Imhoff differenzieren fein: "Mit unendlicher Sehnsucht / blicken die Seinigen nach." — "Die trauernden Kinder / u. Enkel / beweinen in der treuen Mutter: / Ein herrliches Gemüth, / Einen kräftigen Geist, / Eine seltene Freimüthigkeit / Eine treffliche Beratherin." — "Ihr Andenken bleibet / im Seegen." Einen ähnlichen, doch bescheideneren Tugendkatalog fand ich auf dem Offenbacher Alten Friedhof: "Der treuen und klugen Gattin, der / sorgsamen Mutter und Erzieherin, / der aufrichtigen und aufopferungsvollen / Freundin, der liebreichen Wohlthäterin." (†1870)

Das Grabmal der Familie Imhoff trägt eine weitere Inschrift: "Liebe und Wohlwollen war sein / Leben, Rastloßes Streben nach / dem Edlen und Guten sein Ziel"; an der Alexanderkirche zu Marbach ist Reg. Dor. Scholl bestattet, deren Inschrift mitteilt "Nach einem Leben / Voll rastloser Thätigkeit / Voll reiner Menschenliebe / Von langen schweren Leiden." (†1817) Auch ihren Zeitgenossen und den ein oder zwei

---

[142] Lat. Inschr. 1594 [DI XII, Nr. 460]; Inschr. 1612 [DI XII, Nr. 562]; Lat. Inschr. 1550 [DI XII, Nr. 263]; Inschr. 1598 [DI XII, Nr. 489]

[143] Vgl. Benjamin Schmolck, *Nirgends daheim, als im Himmel* [W S. 118]; Paul Gerhardt, *Der 119. Psalm* [P. G., *Dichtungen und Schriften*, S. 367]; ders., *Weint, und weint gleichwohl nicht zu sehr* [ebd., S. 377]; Joh. Hesse, *Von dem christlichen Abschied dieser Welt* [*Deutsche Choräle*, S. 14]; Martin Luther, *Nun bitten wir den heiligen Geist* [*Dr. Martin Luther's geistliche Lieder*, S. 30]

Generationen, die ihnen vorausgingen, war das rastlose Streben Tugend. Das Ziel ist unbekannt und vielleicht unerreichbar, man weiß dies, und so wird der Weg wichtig. Das Jenseits ist ins Diesseits gekommen. Der nachfolgende Himmel ist nicht mehr sicher. So wird auf Erden rastlos gestrebt, um der diesseitigen Vollendung näher zu kommen.

Prälat Kapff hat sich recht wohl gemerkt, was der Oberinspektor des Waisenhauses in Stuttgart, Wilh. Chr. Schott, in seinen letzten Predigten gesagt hat und in seiner eigenen Predigt für Schott kann er daher diesen zitieren: Schott ist nun "glücklich eingelaufen in den ewigen Port in den stillen Friedenshafen der himmlischen Ruhe." Zu Lebzeiten wurde rastlos gestrebt. Sterbend noch strengt man sich an. Die Monade sichert so sich eine optimale Ausgangsposition für neue Realisationen, die Seele sich einen Platz im Himmelreich.

Auf dem Friedhof in Rommelshausen lautet eine Inschrift: "Was du zum Zwecke des Lebens mir gestellt, / Laß es mich suchen, Herr, laß mich's ergründen!" (†1985) Das rastlose Suchen und Streben ist eine der menschlichen Aufgaben, die sich in jeder denkbaren Konstellation stellen. Würde die Inschrift auf den Herrn verzichten und auf die Illusion der schon von vornherein feststehenden Aufgabe, würde somit die Theologie so unnötig wie die Teleologie, könnte die Inschrift schlicht lauten: Wie auch immer, ich wollte mich bemühen. In der Inschrift ist der Zweck unbekannt und muß gesucht werden, noch weniger unsicher ist der Erfolg, und nur die emphatische Anrede des Herrn verbürgt das Erreichen des Ziels untergründig. Auf einem Grabmal des Neuen Friedhofs in Schorndorf strengt der Weg an, doch das Ziel ist noch sicher: "Ich bin ein Gast auf Erden / und wandre ohne Ruh / mit allerlei Beschwerden / Der ewigen Heimat zu." (†1970) Eine Todesanzeige in der *Südwestpresse* vom 28. Dezember 1989 gelangt resigniert zu der Einsicht, daß wir nichts wissen können und verwendet Fontanes Gedicht *Die Frage bleibt*: "Halte dich still, halte dich stumm, / nur nicht forschen, warum? warum? / Nur nicht bittere Fragen tauschen, / Antwort ist doch nur wie Meeresrauschen. / Wie's dich auch aufzuhorchen treibt, / das Dunkel, das Rätsel, die Frage bleibt. / Th. Fontane." [W S. 1072]

Das Herz kommt erst im Tod zur Ruhe. Die Inschrift für die auf dem Hoppenlau-Friedhof beigesetzte Therese von Losner lautet: "HIER, SONST AN KEINEM ORTE / WOHNT DIE ERSEHNTE RUH / NUR DURCH DIE DUNKLE PFORTE / GEHT MAN DER HEIMAT ZU. // DAS ARME HERZ HIENIEDEN / VON MANCHEM SCHMERZ BEWEGT / ERLANGT DEN WAHREN FRIEDEN / NUR WENN ES NICHT MEHR SCHLÄGT." John und Schlund verzeichnen in ihrem Sammelband eine Inschrift des Münchner Südfriedhofs, die die zweite Strophe leicht variiert. [S. 30] Auch der 1839 erschienene *Blumenkranz gewunden für die Freundschaft und Liebe oder Aufsätze zum Andenken in Stammbücher* enthält die zweite Strophe. [S. 4] Die authentische Stuttgarter Hoppenlau-Fassung legt Salis' Gedicht *Das Grab*, erschienen im Göttinger Musenalmanach 1788, vor. [S. 118 f.] Offensichtlich regt das Gedicht zu eigenem Um- und Nachdichten, je nach persönlicher Situation und zu bedichtendem Verstorbenen, an. Folgende von John und Schlund vorgestellte Inschrift aus Saalbach bei Salzburg ist gleichfalls unverkennbar von Salis' *Grab* beeinflußt: "Ein treues Mutterherz hienieden, / Von jeder Sorge nur bewegt, / Schläft hier in selig stillem Frieden, / Von keinem Sturm nicht mehr erregt." [S. 116] Sie endet: "Und schling' um uns der Liebe Band, / Bis fröhlich wir Dich wiedersehen." Der "Liebe Band" war uns begegnet, als Kügelgen von den erbaulichen Sonntagvormittagen im Kreis der Geschwister und mit der Mutter berichtete; mit Müttern, die auch nach ihrem Tod sich weiter um die Familie kümmern sollen und die sich die Angehörigen überhaupt nur in der Beziehung zur Familie vorstellen können, wurden wir ebenfalls bereits bekannt. Anders als die werkgetreue Stuttgarter Fassung harmonisieren München und Salzburg: Das harte "Nur wenn es nicht mehr schlägt" wird abgewandelt in ein gedämpftes "Erst, wenn es nicht mehr schlägt" oder ersetzt durch das harmlose "Von keinem Sturm nicht mehr erregt."

Das Lob der Tugenden des Verstorbenen besteht in modernen Todesanzeigen oft darin, daß der Fleiß der Hände, die nun ruhen, hervorgehoben wird. "Schlicht und einfach war dein Leben, / treu und fleißig deine Hand." [StZ 12.7.1988] Es ruhen nun die "nimmermüden Hände." [HAZ 25.6.1988] Der Verstorbene steht in seines "Herren Hand / und will drin stehen bleiben." [StZ 24.6.1988] Der Herr möge die Hände des Bittenden nehmen und ihn führen bis an sein "selig Ende, und ewiglich." [StZ 8.7.1988] — "Es ist nur Einer ewig und an allen Enden / und wir in seinen Händen. / Matthias Claudius". [HAZ 28.6.1988]

Außer den Händen wird meist nur noch das Herz erwähnt. "Die Hände ruh'n, die einst soviel geschafft", und "ein liebes, treues Mutterherz / wird nun zur Ruh' gebracht." [FR 27.7.1988] In den Herzen der Hinterbliebenen wird der Tote nie sterben. [NZ 3.3.1990] Mit dem letzten Schlag des Herzens öffnet sich die Ewigkeit: "Ein Herz hat einen Schlag getan / gleichwie ein Vogel seine Schwingen hebt / und alles Leben war gelebt / und alle Ewigkeit brach an!" [StZ 25.1.1990] Kampf und Schmerz sind zu Ende, "es ruhen still nun Deine Hände / und stille steht Dein erdenes Herz." [WZ 13.7.1988] Die Hände des Verstorbenen ruhen, er begibt sich nun in die Obhut des Herrn, er ruht in dessen Händen. Eine Todesanzeige in der *Stuttgarter Zeitung* vom 22. Juni 1988 lautet: "Herr, Dir in die Hände / sei Anfang und Ende, / sei alles gelegt." 1986 werden diese Verse als Inschrift auf dem Cannstatter Uff-Kirchhof verwendet. Eine Anzeige in der *Südwestpresse* vom 15. November 1989 nennt nach den drei Versen die Quelle: "Eduard Mörike."

11.6 Das gemeinsame Grab

"... als wenn die Mutter wieder mit dem Vater vermählt werden sollte ..." (Claudius an seine Frau Rebecca) "Neben denen dereinst zu ruhen, die man liebt, ist die angenehmste Vorstellung ..." (Goethe) "Zufriedenheit *beglükt* nur dann / *Ein* Ehepaar *auf Erden, / Wenn durch ein Wunder* Weib *und* Mann / Zugleich verwittwet werden!" *(Haug)*

GEMMING verfaßte für sich selbst eine lateinische Grabschrift, deren Übersetzung die *Schwäbische Chronik* am 26. Januar 1791 veröffentlicht. Sie richtet sich an die Gebeine, in deren Gesellschaft seine getreten sind: "Weß ihr auch seyd! / O wie sanft werd ich neben euch ruhn! / War ja lebend Freund / Jedes Nächsten!" Wer im aktiven Teil seines Erdendaseins eine schöne Geselligkeit kultivierte und es sich dabei mit keinem so recht verdorben hat, der kann sich auf eine Fortsetzung derselben freuen. Sonst ist es üblicher, neben bestimmten Resten ruhen zu wollen, neben den Gebeinen derer, die einem wert und teuer sind. Jung–Stilling berichtet in der *Lebensgeschichte* von *Henrich Stillings Jugend.* Wilhelm spricht mit Dortchen. Sie freut sich darauf, mit ihm die ganze Ewigkeit beisammen zu sein. Und um beim Beginn derselben nicht lange suchen zu müssen, wollen sie sich "beeinander begraben lassen." [S. 28 f.] Trost gewährt, daß die Ruhe in einem gemeinsamen Grab gefunden wird.[144] Eine Spielerei mit den Reimwörtern "sich meiden", "zwischen beiden", "ihre Leiden", "scheiden", eine Vereinigung, die der "stille Tod" bewerkstelligt hat und schließlich den schönen Trost, daß "beider Grab beschattet *eine* Linde" bietet Kalbeck im Gedicht *Zwei Gräber*, welches damit einige der für diese Arbeit wichtigen Themen aufgreift.[145]

Der Verstorbene, so eine Ulmer Inschrift von 1734, ist im "schönen Himmels–Hauß" und wartet darauf, daß sein "Liebster Schatz auf Erden" doch "bald wider freudig werden" und zu ihm in die "Himmelsfreuden" kommen wird. [Ungericht, S. 123] Die lateinische Grabschrift von 1677 oder 1678 für Jeremias Hartung und Catharina Reichhardtin sagt, daß beide zusammen ruhen: "Die das Ehegemach zehn Lustren verband und sechs Jahre: Hier im Grabe nun, sieh, deckt sie ein einziger Stein." [DI XXIII, Nr. 312] Eine lateinische Inschrift von 1583 sagt, daß im Grabe wie im Himmel Adamus Gelph der Tochter der Nächste ist: "Hier ruhe ich, Adamus Gelph, gelöst vom sterblichen Teil, süß an der Seite der eigenen Tochter, ich der Vater; unglücklich, weil ich jener die Augen geschlossen habe, die ich lieber selbst hätte schließen mögen, doch wiederum glücklich, weil ich nach dem Tod der Tochter verbunden werde. Wie im Grabe der Nächste (mir die Tochter war), so ist sie mir im Himmel die Nächste." [DI XXIII, Nr. 185] Die "ersam . fraw . Anna . Knechtin" ist "irem gemahell . nachgefolgt / durch . den . dott in . das . lebenn", berichtet ihre nach 1555 angefertigte Grabschrift. [DI XVI, Nr. 121] Man war auf Erden zusammen und man wird im Himmel zusammen sein. Es gibt keinen Grund dafür, warum man gerade in der Zeit dazwischen getrennt sein sollte. Auch wenn es vielleicht etwas eng wird. Eine Grabschrift des Ulmer Al-

[144] Vgl. Matthisson, *Erhörung* [W Hg. Bölsing, S. 118 f.]; Inschriften Klopstocks [Deuter, S. 158]; Novalis, *Betrachtung* [W IV, S. 50]

[145] In: *Edelweiß*, S. 53 f.

ten Friedhofs für vier 1663, 1673, 1687 und 1696 Verstorbene perhorresziert, ließe sich deuten, diese Enge. "Oh dass doch dieser einge Stein / Soll dreyer Leichen Zeuge sein! / Dass hier in diesem düstren Grab / Herr Görlin seine Ruhe hab. / Samt seiner Hauss- und Ehrenkron, / Der folget nach ihr einger Sohn, / Mein hertzgeliebter Daniel / Der ruhet auch in seiner Höl; / Die Eltern lebten schlecht und recht / Und wir gleich Ihnen schlecht und recht, / Ohn Leibes-Erben in der Eeh. / Gantz wolvergnügt in Wol und Weh, / Lebt gleich mein Ehmann nicht mehr hier, / So lebet er donnoch in mir. / Biss einsten, wenn es GOTT gefällt, / Der Tod mich auch zu Ihm gesellt. / Dann solte dieser einge Stein / Ein Denkmal vierer Leichen seyn. / Zum schuldigen Ehren-Angedenken setzte / dieses / Maria Margarethe Görlerin." [Ungericht, S. 114]

In den frühen Ulmer Inschriften aus der zweiten Hälfte des 17. und der ersten Hälfte des 18. Jahrhunderts, in der späten Inschrift von 1870 auf die Grafen Taube, wie auch in den zeitlich von diesen Daten eingegrenzten Inschriften des Hoppenlau-Friedhofs ist das gemeinsame Grab gleichermaßen beliebt.

11.7 Psalm 133

EINER INSCHRIFT des Hoppenlau-Friedhofs ist die Bibel Vorlage: "WO DU HINGEHST, / DA WILL AUCH ICH HINGEHN." (Müller) Ruth spricht diese Worte zu Naemie (1, 16-17). Die Grafen Erich und Axel Taube sind "VEREINT GEFALLEN IN DER / SCHLACHT / BEI CHAMPIGNY / DEN 2. DECEMBER 1870 / PSALM 133." Zola schildert die Schlacht bei Champigny im Roman *Der Zusammenbruch.* [III, S. 153; S. 239 f.] Auf dem Schlachtfeld von Sedan liegen "in wilder Umarmung" die Artilleristen Adolf und Louis "vereint bis in den Tod." [III, S. 33] Die Inschrift für die Brüder Taube lautet weiter: "IEDER PFLICHT GEHORSAM HABT / IHR GELIEBTE KINDER IM TODE / WIE IM LEBEN LIEBE UND TREUE / BEWAEHRT." Im angegebenen Psalm 133 heißt es: "Siehe, wie fein und lieblich ist es, / wenn Brüder einträchtig beieinander wohnen!" Der Psalm ist in den Almanachen beliebt.[146] Wohl auch Michael Müller paraphrasiert den Psalm: "Sieh, wie lieblich und wie fein / ist's wenn Brüder friedlich sein."[147] Von Gerok predigt bei der Bestattung der Brüder über das Psalmwort: "Ein Brüderpaar soll hier ruhen in Einem Bett, das, wie es verbunden war in einem schönen und glücklichen Leben durch herzliche Liebe, so nun auch brüderlich vereinigt ist im Tode, im schönsten Tode, im gemeinsamen Tod für's Vaterland." Die Leichenpredigt enthält Karl Geroks Gedicht *Ein Kranz aufs Grab des Brüderpaars Erich und Axel von Taube: Psalm 133.* Wenn ich es recht sehe, findet sich der Psalm 133 auch im *Rolandslied* des Pfaffen Konrad, als sich die Christen wieder einmal auf eine der Schlachten vorbereiten: "wi groze in lonet min trechtin, / di bruderlichen mit ain ander sin! / er biutet in selbe sinen segen, / si scuolen iemir urolichen leben." (Vs. 1355-58) Es mag erstaunen, aber gerade für christliche Krieger ist dieser Psalm, der es lobt, wenn

[146] Vgl. Tobler, *Der hundert drey und dreyßigste Psalm* [FMA, S. 279]; Zobel, *Ps. 133* [AdtM 1780, S. 259 f.]

[147] In: Bautz, ... *und lobten Gott um Mitternacht*, S. 246

Brüder einträchtig beieinander ruhen, von besonderer Anziehungskraft. Andererseits paßt er auch, wenn Verwandte im Beruf kooperieren. Abr. Arnold "verband sich", berichtet Kirchenrath v. Maier in der Predigt, "mit seinem Schwager" geschäftlich. "Auch hier bewährt sich das Wort der Schrift: *'Siehe, wie fein und lieblich ist es, wenn Brüder in Eintracht beisammen weilen, da verheißet Gott Segen und Leben.'*" In Schillers *Räubern* befreit Moor seinen Vater und schickt die Kumpane zum Schloß, um Franz zu holen. Der alte Moor erkennt Karl nicht und spricht: "Wie köstlich ists wenn Brüder einträchtig beysammen wohnen." [W III, S. 129] Wenn keine brüderliche Eintracht herrscht, oder wenn die Brüder verloren sind, oder wenn diese anderen, Andersgläubigen oder Erzfeinden, den Schädel einschlagen wollen, wird *diese* Eintracht beschworen. Sonst ist nicht viel mit ihr.

11.8 Nachsterben

AUF DEM HOPPENLAU–FRIEDHOF ruht Carl Aug. Elsaesser "mit den Seinen"; Minna v. Hügel ruht "MIT / IHREM VATER / VEREINT"; Franz v. Mittnacht "RUHT HIER VEREINT MIT SEINER / VORANGEGANGENEN GATTIN / M. V. SULZBECK / IN DANKBARKEIT UND LIEBE / DENKEN DER VERKLÄRTEN / DIE ZWEITE GATTIN, KINDER UND ENKEL"; Charlotte v. Beulwiz "IST HEIMGEGANGEN / DEN 3-ten JULY 1818" und Carl v. Beulwiz "IST NACHGEFOLGT / DEN 22-ten DECEMB. 1821".

Jak. Fr. Henninger, teilt seine Todesanzeige in der *Schwäbischen Chronik* vom 19. Februar 1819 mit, reiste "gesund nach Stuttgart, um seinen verlebten einzigen Bruder [...] zu Grabe zu begleiten." Abends kam er "wohl in Stuttgart an", am nächsten Morgen "konnte er aber blos seines Bruders LeichenWagen vom Fenster aus nachsehen, aber solchen nicht begleiten." Henninger legte sich nieder und "endete" von "einem Stick u. Schlagfluß getroffen" seine "irdische 72jährige LaufBahn in Stuttgart, wo er neben seinem 6 Tage vorher verstorbenen Bruder [...] begraben liegt." Es lebt sich zu Stuttgart gefährlich.

Es ruht "IM TODE VEREINT WIE IM LEBEN" das Ehepaar Steinheim auf dem Hoppenlau–Friedhof und Reg. Friedericke Kraus fand "HIER / NEBEN DEM GATTEN UND KINDERN / DIE LETZTE RUHESTÄTTE." Marg. Freyin v. Hügel war "MUTTER UND ERZIEHERIN / VON 12. KINDERN"; ihre Inschriften lauten: "DIE EDLE LEBT BEY GOTT, / SIE LEBT IN TAUSEND HERZEN", "NEBEN / DEM GELIEBTEN GEMAHL / RUHT HIER / DIE HOCHVERDIENTE MUTTER / DER STOLZ IHRER KINDER / DIE KRONE IHRES GESCHLECHTS."

Das Motiv, daß der zurückgelassene Gatte oder das Kind der Toten nachstirbt, tritt auch in der Lyrik der Zeit auf.[148]

[148] Vgl. Hölty, *Der arme Wilhelm* [W I, S. 160 f.]; Voß, *Inschrift, auf dem Sarge der Herzogin Sophia Charlotta* [VMA 1787, S. 38]; Ll, *Trauerlied einer Braut* [AdtM 1775, S. 119 f.]; O., *Bey dem Tode seiner Geliebten* [GMA 1772, S. 170 f.]; C. F. Cramer, *Petrarca's Wiedererinnerung in Vauclüse* [GMA 1773, S. 49-54]; F. L. Stolberg, *Der Traum* [VMA 1785, S. 26 f.]; Schack v. Staffeldt [GMA 1793, S. 238]

Stiftsprediger Flatt sprach nach Auguste Emilie Friderike Pistorius' Beerdigung in der Hospital-Kirche. Vor anderthalb Jahren stand Frau Pistorius, sagt er, mit "inniger Wehmuth" an der Gruft einer Freundin, deren Name tief "in ihrem Herzen eingegraben" blieb. "Oft beschäftigte sie besonders in den lezten Wochen ihres Lebens der Gedanke, daß sie dieser Freundin bald in die bessere Welt nachfolgen werde." Flatt fährt fort: "Zum Zeichen, daß sie im Fall der Erfüllung dieser Ahnung ihr Schiksal ganz mit ihrer theilen wolle, äußerte sie schon mehrere Tage vor ihrem Tode den Wunsch, daß ihr Sarg am Grabe der Freundinn einige Augenblicke verweilen möchte."

Der auf dem Hoppenlau-Friedhof bestattete Dichter Wilhelm Hauff ist einem Freund nachgestorben. *Im Namen der Freunde gedichtet und am Grabe gesprochen von G. Schwab* wurde ein Text, der im Nekrolog für Hauff enthalten ist. Darin heißt es: "Die Liebe führt ihn in des Freundes Haus, / Dem jäher Sturz zerschmetterte das Leben, / Da ward vertraut er mit des Grabes Graus, / Und neue Bilder sah er um sich schweben: / Den Blick versenkt er in den schwarzen Schlund: / Laß mich zum Freunde! sprach sein kranker Mund." Gustav Schwab berichtet in seiner Skizze *W. Hauff's Leben*, daß Hauff kurz bevor sein Nervenfieber ausbrach "noch am Kranken= und Sterbebette eines durch einen Sturz verunglückten theuern Freundes angestrengte Dienste" verrichtete. Stunden bevor das Fieber Hauffs "Sinne in wilden Taumel riß, belebte die Freude zum lezten Male seine Züge bei der Kunde von der Seeschlacht bei Navarin." In dieser Schlacht vernichtete die englisch-französisch-russische Flotte die türkisch-ägyptischen Seestreitkräfte. Hauff, fährt Schwab fort, nahm "die Freude hinüber in des Fiebers Wahnsinn." Hauff hielt sich "für den Schlachtboten nach Jenseits" und rief: "'Laßt mich, ich muß hin, ich muß es Müller sagen!' denn kaum vor zwei Monaten hatte er in Stuttgart den Sänger der Griechenlieder persönlich kennen gelernt, und seit wenigen Wochen seinen jähen Tod betrauert." [S. 34 f.]

Scherzhaften epideiktischen Epitaphen ist das Zusammensein im gemeinsamen Grab kein Trostgrund, sondern Greuel und Prüfung. In Meißners *Grabschrift eines Ehemanns* ist das Opfer zwar nun alle Übel los, "doch daß er nicht so ganz mögt ohne Prüfung seyn, / So hat man neben ihm noch seine Frau begraben." [GMA 1780, S. 154] Haug läßt in *X. Grabschrift* einen weiteren einschlägig sich geschädigt Wähnenden zu Wort kommen und sogar Konsequenzen für die Auferstehung ziehen: "Mit meinem Weib Elisabeth, / Der alten Inkommodität, / Lebt ich in stetem Zank und Kriegen. / Warum mußt' ein Erdenbett' / Uns wieder todt zusammenfügen? / Wann sie am jüngsten Tag ersteht, / Mein Gott verzeih's — So bleib ich liegen." [W 1807 I, S. 212 f.] Es sind immer die Ehemänner, welche klagen; eine Scherzinschrift, welche das gemeinsame Grab aus weiblicher Sicht kritisiert, fand ich nicht.

11.9 Der Zug zum Himmel

"So reist man hier denn, ohne Zweifel, / Zum Schöpfer oder auch zum Teufel." (Brockes) "So zieh uns mit der Zeit, so zieh uns auch dir nach." (Woltereck) "Was zürnst du noch mit dem Geschick, / Um den Verlust des frommen Knaben! / Für einen Mann, wie du, ist es ein wahres Glück, / Im Himmel wenigstens einen Freund zu haben." (Hensler der j.)

DIE HINTERBLIEBENEN gedenken der Toten. Die Angehörigen stellen sich vor, daß die teuren Verstorbenen als Schutzgeister über dem Leben ihrer Familienmitglieder wachen und ihnen am Grabe nahe sind. Die Fortdauer im Herzen ist die Wahrheit der Existenz des Schutzgeists. Er ist das in die äußere Wirklichkeit projizierte Erinnern.

Eine moderne Todesanzeige lautet: "Suchet mich nicht am Grabe, / suchet mich in Euren Herzen, / habe ich dort eine Bleibe, / habe ich nicht umsonst gelebt!" [HA 8.3.1990] Die Anzeige fordert aus der Sicht des Verstorbenen dazu auf, ihn nicht *am Grabe* zu suchen. Es geht nicht um das, was *im Grabe* liegt, sondern um etwas dem Grabe Nahes. Etwas könnte in der Umgebung des Grabes gesucht werden. *Am Grabe* weilt der Schutzgeist. In der Anzeige geht die Vorstellung vom Schutzgeist in die von der Fortdauer im Herzen über. Der Schutzgeist lebt im Herzen und nicht in der äußeren Wirklichkeit.

In den Leichenpredigten, die auf dem Hoppenlau-Friedhof gehalten wurden, wird die Einsicht formuliert, daß das Weiterleben des Geistes des Verstorbenen darin besteht, daß seine Lehre befolgt und sein Wirken von den Hinterbliebenen nachgelebt wird. Diesem Gedanken begegnen wir auch bei der Lektüre der Inschriften des Friedhofs, während sie auf den Wunsch einer direkten Begegnung mit dem Schutzgeist verzichten. Aug. Em. Fr. Pistorius wurde am 18ten Julius 1816 bestattet. Nach ihrer Beerdigung führt Stiftsprediger Flatt in der Hospital-Kirche aus, daß sie "um Stärkung von oben" flehte und sich auf dem Krankenlager "nach ihrem eigenen Ausdruck *von einem Engel* vom Himmel gestärkt" fühlte. Eine Fußnote zum Predigttext überliefert einen Ausspruch der Sterbenden; sie äußerte den Gedanken: "Ein Engel vom Himmel, vielleicht eines meiner vorangegangenen Kinder stärkt mich." Der Prediger kommentiert und bestätigt: "In Wahrheit war es eine Gottes=Kraft, die ihr in der Stunde ihres lezten Kampfes beiwohnte." Nun wird sie im Himmel die Kinder, den Gatten, ihren Vater und ihre Freunde finden. Den Kindern, die auf Erden zurückbleiben, ist "das Bestreben, ihrer werth zu seyn", der "einzige Dank", den sie "der besten Mutter für alle ihre Treue und Liebe bezahlen" können. "Bewahret die Lehren und das Beispiel der Mutter." Denn dann werden Gott und die Mutter mit den Kindern sein. Der Schutzgeist lebt, indem die Lehre befolgt wird. "Gott wird mit euch seyn — und der Geist euerer verklärten Mutter wird euch stets als Schutzgeist umschweben." Emma Müller starb fast ein halbes Jahrhundert später. Bei ihrer Bestattung am 1. November 1863 sprach Stadtdecan Gerock *Worte am Grabe*. Sie führte ein vorbildliches Leben. Der Stadtdecan versucht in der Predigt pädagogisch zu wirken. Er wendet sich an die Kinder. "Ein solches Leben läßt, wenn es auch nicht mehr sichtbar unter uns fortwirkt, einen unverlierbaren Segen im Kreise der Angehörigen zurück und zieht mit sanfter Gewalt ihre Herzen himmelan in Glaube, Liebe und Hoffnung." Die Herzen werden emporgezogen. Das Nachleben läutert sittlich und läßt die Angehörigen den Verstorbenen nah sein. Die Verbindung soll irgendwie fortbestehen. Eine Möglichkeit ist, daß die Verstorbene ihre Familie weiterversorgt, eine andere, daß die Kinder ihr nachleben. Eine weitergehende Aufhebung der schmerzlichen Trennung gelingt, wenn nicht nur, wie in der Predigt für Emma Müller, das Herz, sondern der Trauernde selbst zur Geliebten emporgezogen wird. Im selben Jahr wie Emma Müller starb Julius Schuster. Er ist auf dem Alten Friedhof zu Ulm bestattet. Seine Gattin Henriette starb sieben Jahre vor ihm und begann, mit Erfolg, ihn "zum Himmel hinauf" zu ziehen. Die Inschrift lautet: "Hier ruhet die Gattin im Todesgemach / Sie harrt des Geliebten u. winket mir nach / Ihn zieht in die Pforte zum Himmel hinauf / Um selig dort oben zusammen zu sein / Ruhe den Hüllen." [Ungericht, S. 80] Möglicherweise löst das Motiv, daß die Liebenden einander emporziehen, das entschiedener christliche ab, demzufolge Gott den Verstorbenen zu sich gezogen hat. Auf dem Alten Friedhof zu Wiesbaden befindet sich das Grabmal Ernst Ludw. Fr. Franseckys (†1867). Fransecky wurde nur 26 Jahre alt, daher steht auf dem Podest seines Grabmals ein Säulenstumpf. Der Sockel trägt die Inschrift: "Ich habe dich je und je geliebet, / darum habe ich dich zu mir gezogen / aus lauter Güte. / Jerem: 31.3."

Die Prediger beschwören es: der Verstorbene oder das Grab, Gott selbst oder der Tod als Gottes Mittler sollen den Hinterbliebenen *einen Zug zum Himmel geben.* Der Geist des verstorbenen Wilh. Chr. Schott möge zu den "vielen, denen er theuer war, und besonders zu den vielen Pfleglingen" des Stuttgarter Waisenhauses reden und "ihnen einen mächtigen Zug zur himmlischen Heimath geben", damit sie ein gutes fruchttragendes Ackerfeld werden. "Der tiefe Schmerz der Trauer um ihn" soll "uns ein Mittel sein", daß wir wie er in den Friedenshafen der himmlischen Ruhe" gelangen. Kapff fährt in seiner Predigt fort: "Uns allen gib durch dieses Grab einen neuen Zug zu dir." Für die Eltern und Geschwister des verstorbenen Richard Wießner soll "sein Sterben ein Gewinn seyn, schon als kräftiger Zug zum Himmel." Und Köstlin spricht in der Predigt für Math. Köstlin den "Vater im Himmel" und die Heimgegangene an. "Ziehe uns kräftig zu dir in dem Verluste, den du uns auferlegt hast." Die Kraft des Vorbilds soll "im Segen fort an allen" wirken, "die es angeschaut haben!"

Emma Müllers Leben, predigt der Stadtdecan, läßt Segen unter den Verwandten zurück und zieht ihre Herzen empor. Gott gebe denn, fährt er fort, daß den Sohn "auf den versuchungsvollen Pfaden der Jugend [...] das Bild der Mutter wie ein himmlischer Schutzgeist mahnend und segnend umschwebe!" Das Vorbild wirkt als Schutzgeist — so ist ein Engel nach zermalmter metaphysica specialis doch noch möglich. Sie liebte im Leben, war geduldig im Leiden und fand den Frieden im Sterben — hierin sollen die Angehörigen sie zum Vorbild nehmen. Stadtdecan Gerock betet: "Vereinige sie selig wieder mit ihren vorangegangenen Lieben. Verkläre und vollende sie für Dein himmlisches Reich, und führe die, welche jetzt trauernd von ihr scheiden, einst in Freuden, wieder mit ihr zusammen dort, wo der Glaube zum Schauen, die Hoffnung zur Erfüllung wird und die Liebe nimmer aufhört." Mit dem zum Schauen führenden

Glauben, der erfüllten Hoffnung und der Liebe, die nimmer aufhört, kommen hier drei Motive zusammen, die einzeln verwendet als Grabinschriften sehr beliebt sind. Die Inschriften müssen schon aus Platzgründen auswählen, in einer Predigt können mehrerer Motive verwendet werden.

11.10 Monogamismus

IST DIE VERBINDUNG zu den Verstorbenen, die weiterwirken, so intensiv, dann müssen sich Schwierigkeiten ergeben, wenn der Zurückbleibende, der Witwer, eine neue eheliche Verbindung eingehen möchte. Ist es erlaubt, nach dem Tod der Gattin ein zweitesmal zu heiraten? Diese Frage stellt sich dem, der vor dem Goldsmithschen Monogamismus–Problem steht. Der *Landprediger von Wakefield* lehnt die Möglichkeit einer neuen Ehe kategorisch ab, er ist "strenger Monogamist." [S. 9] Die verblüffende Lösung des Problems, welche aber auch gar keine Dissonanz zurückläßt, besteht darin, daß die Verstorbene als wahrer Schutzgeist der Familie die neue Verbindung erlaubt.

Jung–Stilling ist das elende Witwerdasein leid. Sophie von la Roche, berichtet er in seiner *Lebensgeschichte*, vermittelt ihm eine neue Frau, den Engel Selma, und spricht: "Gott segne euch, meine Kinder! mit himmlischer Wonne wird die verklärte Christine jetzt auf ihren Stilling herabsehen, denn sie hat dir, mein Sohn, diesen Engel zum Weibe erbeten!" Die Predigt zur Einsegnung am 16. August 1782 bestätigt es: "Und wenn selige Geister das Schicksal ihrer sterblichen Freunde erfahren, und Anteil daran nehmen, so sieht die vollendete Heilige, die im Himmel ist, mit reiner unbeschreiblicher Freude auf die neue Verbindung herab." [S. 317; S. 329].

Auf dem Friedhof in Ottensen bei Hamburg ist die Inschrift für "KLOPSTOCK'S / ZWEITE GATTIN / IOHANNE ELISABETH / GEB. D. 26. IULY 1747 / GEST. D. 19. IANUAR 1821" erhalten. Iohanna Elisabeth war, sagt die Inschrift, "SEINE GELIEBTE GEFÄHRTIN / UND TRÖSTERIN AUF DEM / LETZTEN LEBENSWEGE." Meta muß mit ihrer Nichte als Nachfolgerin einverstanden gewesen sein. Iohanna Elisabeth, Klopstocks zweite Frau, war "METAS LIEBLING. AN HERZ / UND GEIST IHR ÄHNLICH." Die Inschrift schließt mit der Vision eines himmlischen Zusammenseins zu dritt. "DA WO DER TOD NICHT IST / FREUET SIE SICH DES / WIEDERSEHENS DERER, DIE / SIE NUN HIM̄LISCH LIEBEN."

11.11 Fortsetzung der Geschäftsbeziehungen

"Verlassne Bräute ringen / Umsonst die Hände wund; / Der Waise Klagen dringen / Nicht in der Tiefe Grund." (Salis)

EINE FORTDAUER der bestehenden Beziehungen auf Erden und nicht zwischen dem Verstorbeneben und den Hinterbliebenen, sondern zwischen diesen und den bisherigen Kunden wird angestrebt, wenn die Witwen von Geschäftsleuten, Fabrikanten und Gastwirten in den Todesanzeigen für ihre Gatten die bislang treuen, ihnen gütig vertrauenden Kunden bitten, dies auch weiterhin so zu halten, da das Geschäft, wie versprochen wird, sorgsam und auf dem gewohnten qualitativen Niveau von ihnen, oft unter Mitwirkung der wohlgeratenen Nachkommen, weitergeführt werde. Ökonomie und Totenkult gehen hier eine Verbindung ein, die angesichts der Situation der nun auf eigenen wirtschaftlichen Füßen stehenden und zunächst einmal unversorgten Witwen einleuchtet. Die Todesanzeige steht im Dienste der Werbung, so wie auf historischen Friedhöfen häufig die prunkvollsten Grabmale an Gastwirte erinnern. Christiane Packbusch, zum dritten Male Witwe geworden, "nunmehrige Besitzerin des Korrespondenz= und KommissionsKomptoir" in Stuttgart empfiehlt sich und ihren Sohn umso mehr, als sie sich "bei Fortsezung der ausgebreiteten Geschäfte des Entschlafenen, unter Beistand Sachverständiger Gehülfen, rastlos bestreben" will, "mit derjenigen regsamen Betriebsamkeit", die ihrem "sel. Manne eigen war", allen "werthen Anträgen vollkommen zu entsprechen." [SC 18.2.1808] Den gleichen Wunsch sprechen die Witwen des Ludwigsburger LaquirFabrikanten Keppel, des Weinhändlers Abendanz, des Tübinger Löwenwirts Baitenmann, des Frankfurter Gastgebers zum Römischen Kaiser, des FeilenHauers Hartmann, des Baumwolltuchfabrikanten Weeber, des Teppichfabrikanten und Weinhändlers Daiber und des Lauffener "Apotheker[s] und Materialisten" Balz in ihren Todesanzeigen aus.[149]

11.12 Fragwürdige Versicherungen

"Ich weiß, daß ich da furchtbare Dummheiten sage, das ist mir aber einerlei. So sind nun einmal meine Überzeugungen." (Dostojewskij)

SEPULCHRALE KULTUR bewahrt die Reste untergegangener Religionen und Philosophien der Menschheit auf. Sie unternimmt eine Regression auf eine Stufe des menschlichen Bewußtseins, auf der Widersprüche keine sind.

Am 16. April 1871 starb Max Arnold. Bei seiner Bestattung auf dem Hoppenlau-Friedhof sprach Kirchenrath Dr. von Maier *Worte am Grabe* zum *Andenken an den edlen Frühvollendeten Jüngling.* In der Predigt geht die Vorstellung des *Wiedersehens* in die von der *Fortdauer im Herzen der Trauernden* über. Offenbar bewirkt das Weiterleben im Herzen der Angehörigen den Wunsch des Wiedersehens. Die Erinnerung

[149] SC 13.7.1808; 30.10.1805; 4.11.1810; 8.7.1811; 30.8.1811; 29.12.1803; 25.12.1814; 15.8.1811

ist die Wahrheit des Wiedersehens.

Der Glaube an die "ewige Fortdauer" der Seele und die Hoffnung "des Wiedersehens unserer Lieben" beruhigten das "aufgeregte, gebrochene Herz", sagt Kirchenrath Maier zunächst. *Wir* glauben also an ein Wiedersehen, um *uns* zu beruhigen. Die Liebe, sagt Maier, begründet diesen Glauben und diese Liebe. Die Liebe darf nicht enden. Damit sich aus unserer menschlichen Liebe über das Irdische hinausgehende Gewißheiten ableiten lassen, muß Maier unsere Liebe in ihrer Abhängigkeit von der göttlichen Liebe darstellen. Wenn unsere Liebe Emanation der göttlichen Liebe ist, dann kann sie fortdauern. Wenn Gott unsere Liebe geschaffen hat, dann muß er auch dafür sorgen, daß die Verbindung zu den Verstorbenen im liebenden Gedenken kein Wahn ist. So fährt Maier fort: "Und all diese Liebe sollte hier aufhören, sollte im Sand verrinnen? Nein, der die Liebe selber ist, und diese Liebe uns ins Herz gepflanzt, kann ein solches Band nicht zerreißen."

Unklar schwingen in der Rede verschiedene Vorstellungen zusammen. Einiges wird deutlich ausgesprochen und kurz darauf widerlegt. Alles ist im Fluß. Die Begriffe gehen ineinander über. Nichts ist endgültig. Das Trösten und Trauern hat eine eigentümliche Dialektik, sepulchrale Argumentation ihre eigene Dynamik. Zwar bleibt ein Band unzerstört. Und, sollte man denken, dieses weiterbestehende Band erfordert ein Objekt, mit welchem es verknüpft ist. Sicher ist, daß wir uns wiedersehen werden. Der Verstorbene lebt aber doch nur in unserer Erinnerung; das innig Geliebte, sagt Maier, wird vom Tod nicht zerstört und "bekommt durch ihn ein neues Dasein in der Tiefe unseres Herzens."

Kirchenrath Dr. von Maier war womöglich selbst von seinen Trostgründen nicht allzu überzeugt. Er scheint gewußt zu haben, daß es sepulchraler Rede um nichts als um den Trost geht. Der Schluß der Predigt ist von einer Parodie der Gattung nicht weit entfernt. Wahllos reiht Maier Trostgründe aneinander. Wie sie gerade kommen. In kurzatmigen Sätzen folgt Floskel auf Floskel. "Du aber, edler Jüngling, schlafe ruhig in deiner Gruft! Bald ist dein Abend gekommen, ruhe sanft, schlafe wohl! Unschuldig war dein Leben, tadellos dein Herz, dir ist die Erde leicht, denn es drückt dich keine Schuld. Kurz waren deine Tage hienieden. Ewigkeit der Ewigkeit werden dir dort beigelegt! Gutes hast du auf Erden genossen, das höchste Gut werde dort dein Theil! Amen." Eine Predigt lang hat Maier sich um Vernunftgründe bemüht. Nun reicht es ihm. Der Kirchenrath verliert die Geduld. Er predigt Amok. Daß der Kirchenrath sich redlich mühte, muß in jedem Falle zugestanden werden. Ob den Angehörigen die bis zum überbordenden Finale vorgebrachten Tröstungen befriedigend erschienen, darf man bezweifeln. Wenn die Hinterbliebenen nach dem furiosen Schluß immer noch nicht genug hatten, ist dies *nicht* Dr. von Maier anzukreiden. Sepulchrale Rede schlägt, dergestalt auf die Spitze getrieben, in ihr Gegenteil, in die Burleske, um.

11.13 Mörike und die Ewigkeit in der Erinnerung

"WAS / VERGANGEN / KEHRT NICHT / WIEDER / ABER GING / ES LEUCHTEND / NIEDER / LEUCHTET'S / LANGE NOCH / ZURÜCK." (Inschrift Stuttgart, Stammheim, Friedhof, †1977)

AUGENBLICKE, nachdem in Mörikes *Maler Nolten* Constanze von Theobald umschlungen in der Grotte stand, muß dieser, nun alleine eilend, sich fragen, "ob es Blendwerk, ob es Wirklichkeit gewesen, was hier vorgegangen?" Der glückliche Moment soll für die Ewigkeit bestehen können, doch es bleibt ein Wunsch; die Frage wird nicht sofort und sicher mit einem Ja beantwortet. "War sie nicht *dein*, dir hingegeben einen vollen, unerschöpflichen Moment? O dieser Augenblick sollte eine bettelarme, leere Ewigkeit reich machen können!" [S. 92] Im weiteren Verlauf des Jahrhunderts wird diese Vorstellung gerne aufgegriffen. Ihr wird die Spannung genommen. Die Erinnerung gewährt eine Auferstehung im Herzen. Damit ist die Liebe ewig. Jederzeit und überall kann man sich erinnern und dabei glücklich sein. So einfach ist es geworden. Geibel rät im Sonett *Auferstehung*, nach einem schlimmen Todesfall die Natur aufzusuchen und in "die Einsamkeit" das "Wehe" zu tragen. In der Erinnerung hat der Trauernde den Toten "alle Zeiten" für sich. Somit ist alles bestens bestellt. "Und was du *ewig liebst*, ist ewig *dein*."[150]

Während Gedichte und Inschriften sonst gern das, was im Grabe liegt, von dem unterscheiden, was im Herzen fortdauert, vergleicht Prutz in der *Erinnerung* das Andenken im Herzen an die vergangene Liebe mit der Pflege eines teuren Grabes. "Und hast du recht geliebt einmal, / Sei dir's zur Freude, sei's zur Qual, / O halte das Gedächtnis fest, / Auf daß es nimmer dich verläßt. // Gib ihm als deinem besten Schatz / Im tiefsten Herzen einen Platz, / Gleich wie ein liebes Grab man pflegt / Und es mit Blumen eng umhegt."[151]

Ist das Glück auch schon tot, bebt in v. Rodenbergs Gedicht *Das Glück ein Traum* doch noch "erlebte Wonne" nach, und diesem Zustande der Wehmut entspricht in der äußeren Natur das "ferne Abendrot", das an die wie das Glück "gesunk'ne Sonne" denken läßt.[152] Die Sonne ist untergegangen — daß sie wie das Liebesglück wiederkehren kann, kommt nicht in den Blick und würde auch nicht in die Stimmung, die eben auf uneinholbar Vergangenes gerichtet ist, sich schicken. Noch im Sterben gewährt die Erinnerung ans stattgehabte Liebesglück Trost. Prutz weiß über die *Erinnerung*: "Die Rose welkt wohl über Nacht, / Vergänglich ist der Erde Pracht, / Nur was du liebst, o Herz, ist dein: / Das soll dein Trost im Sterben sein!"[153]

Rose und Sonne belegen anschaulich, wie beliebig diese Bilder aus der Natur verwendet werden können. Wird sonst häufig auf die Zyklik im Lauf des Gestirns und das Wiederaufblühen im Leben der Pflanze angespielt, verwendet man deshalb so gern

[150]In: *In zarte Frauenhand*, S. 34
[151]In: *Heidenröslein*, S. 107
[152]In: *Edelweiß*, S. 369
[153]In: *Edelweiß*, S. 360 f.

diese Bilder, weil die Sonne wieder aufgehen und die Blume einen neuen Frühling erleben wird, was freilich nicht immer deutlich wird, so ist in den Gedichten von Rodenberg und Prutz nur ein Aspekt der beiden Naturerscheinungen Thema: die Sonne geht unter, die Rose welkt. Eine Wiederkehr gibt es nicht. Neuer Sonnenaufgang und neues Aufblühen müßten den poetischen Reiz der Erinnerung, um den es hier allein geht, zerstören. Der Himmel ist auf die Erde geholt worden, die Liebe schließt ihn in sich, in der Erinnerung daran ist jedes Leid zu tragen: "Hat je mit dir in Sympathie / Ein zweites Herz gebebt, / O, so verzag' und klage nie: / 'Ich hab umsonst gelebt.'"[154] Und der Tod ist nicht so bitter. Wichtig ist nur, daß man geliebt hat. Simani schreibt das Gedicht *Der wahre Kuß*: "Ein Heiligtum war mir der Lippen Spende, / Das unentweiht den Himmel in sich schließt / Und mir dereinst des Lebens herbes Ende / Durch sein Erinnern lieblich noch versüßt."[155] Hoffentlich wird es wirklich so sein. Verklärt wird die Erinnerung. Die Dichter stellen sich vor, wie es sein könnte, wenn man stirbt. Auf den jenseitigen Himmel mag man nicht mehr vertrauen, auf dem Sterbebett wird es fürs Lieben zu spät sein — es bleibt das selige Erinnern. An ein "gutes Pfötchen" (Goethe) und anderes. Mehr nicht.

---

[154]C. Siebel, *Und hast du nur* [*Heidenröslein*, S. 68]

[155]In: *Edelweiß*, S. 374

12 Wiedersehen

"Auf Wiedersehn in einer andern Welt." (Schiller) "Keine Ewigkeit soll das glühende Leben auslöschen, das ich gestern auf Deinen Lippen genoß." (Die Leiden des jungen Werthers)

BOSWELL meinte 1772 in einem Gespräch mit Dr. Johnson, daß es "eine der erfreulichsten Vorstellungen" sei, "daß wir unsere Freunde wiedersehen werden." Johnson stimmt zu, auch ihm ist dieser Gedanke sympathischer, er hat aber seine Bedenken: "Gewiß; man muß aber bedenken, daß manche unserer Freundschaften wegfallen, wenn wir ganz Geist geworden sind. Freundschaften gründen sich oft auf gemeinsamen Lebensgenuß; alle diese fallen dann weg." Man merkt, Johnson hat die *Nikomachische Ethik* gelesen. Er fährt fort: "Und dann ist oft die Rede vom Wiedersehen mit unseren Anverwandten, wo doch jede Verwandtschaft aufgehoben sein wird, so daß uns keiner innerlich näherstehen wird, der es nicht wirklich wert ist. Wie dem auch sei, wir werden entweder froh sein, unsere Freunde wiederzusehen, oder wir werden ohnedies froh sein." Viel Vertrauen hatte er wirklich nicht. Am 19. Mai 1784: "Wie kann einer wissen, wo seine verstorbenen Freunde sind, oder ob sie nach dem Tode überhaupt noch seine Freunde sind?" [S. 257 f.; S. 616 f.]

Der Skeptiker mißtraut seinen eigenen irdischen Befunden; der Tod, das schlechthin Unwirkliche und doch Trennende, das Johnson vor das sogenannte Wesentliche stellt, muß für den Denker entscheiden, was es mit seiner Lebenswirklichkeit auf sich hatte. Viel kann es mit Johnsons irdischen Bindungen, die sich vom beliebig Eintretenden und in jedem Falle ungebeten Dreinredenden auf die Probe stellen lassen, nicht auf sich gehabt haben. Natürliche Verwandtschaft wird dort aufgehoben sein; in Johnsons Sicht auch die, welche sich hier bewährt hat. Skeptizisismus schlägt dergestalt hypertroph in Pessimismus um. Wer derart Zweifel, den jenseitigen Aufenthaltsort ihm teurer Mitmenschen betreffend, hat, sollte besser auf Erden schon sorgsamer suchen. Wer im Himmel nicht die trifft, ohne deren Anwesenheit der Himmel trostloser Ort und Ärgernis wäre, der geht, statt wie Johnson zu räsonnieren, am besten gleich wieder.

Während Johnson weiß, daß schlechthin alles unsicher ist und nichts unmöglich, daß wir aber in jedem Falle froh sein werden, fertigt Gleim eine genaue Übersicht über diejenigen Verstorbenen an, denen seine Ankunft wohl recht sein wird. [W VII, S. 149 ff.] Hoffentlich wurde seitdem keiner der Beteiligten enttäuscht. Ein einprägsames Beispiel eines einseitig erwünschten unwürdigen Wiedersehens findet der interessierte Leser in Gottfried Kellers *Grünem Heinrich.* Frau Margret ist gestorben und das Jakoblein bleibt zurück. Es stellt sich vor, wie es einmal in der andern Welt vor den Augen der Apostel der Frau Margret den Hauskobold machen wird. [S. 104] Johnsons Bekannter Goldsmith läßt den gefangengesetzten *Landprediger von Wakefield* die Zeit erwarten, "wo wir freudig zurückdenken an unsere irdischen Leiden, wo wir uns von allen unsern Freunden umgeben sehen." [S. 235] Eine weitere einleuchtende Stellungnahme Johnsons zu einem verwandten Problem steht in der *Sammlung von kleinen Gedichten und prosaischen Aufsätzen in Stammbücher* im *Taschenbuch zum geselligen*

Vergnügen von 1791. Hier befaßt sich Johnson nicht mit der Möglichkeit, seine Freunde im Jenseits wiederzusehen, sondern erwägt irdische Auswahlkriterien: "Schließe lieber Freundschaft mit einem Jüngling als mit einem Greise, jener liebt die Menschen, und dieser haßt sie, weil er nicht mehr mit ihnen umgehen kann. *Johnson.*" [S. 91] Folgte freilich jeder der Maxime, dann blieben die Greise allein, ganz allein, und würden auch von ihren Mitgreisen, die emsig Jünglinge suchten, abgewiesen. Dies hat Johnson nicht bedacht; vielleicht war es ihm auch einerlei.

Johnson hält an der Vorstellung, daß man sich wiedersehen wird, fest. Es gibt ein Jenseits, und das steht dem Diesseits gegenüber. Dieses Jenseits wird aber analysiert, Johnson ahnt absurde oder unerwünschte Begegnungen, und diese Folgen müssen ausgeschaltet werden.

Die authentischen *Briefe aus dem Himmel* bestätigen Johnson eindrucksvoll und auf direktem Wege: "Viele andere freilich sehe ich nicht, die ich für Freunde gehalten? Ob sie gar nicht im Himmel sind? [...] Wenn aber nicht, so muß ich eben annehmen, daß wir überhaupt durch ein Liebesband nicht verbunden gewesen sind, und dann würde es mir auch nichts helfen, mit ihnen zusammenzutreffen. Oder sind sie in der Hölle?" [S. 7] Fragwürdig erscheint die Annahme, es müsse eine Instanz geben, die über den Wert der Bande entscheidet. Auch wer sich gelegentlich täuscht, weiß derlei doch am besten selbst. Später, so Proust, bürgt dann sogar noch die Wissenschaft für die Hoffnung auf Wiedervereinigung. [III, S. 957]

Der skeptische Johnson kann sich nicht vorgegebenen Lehrmeinungen überlassen. Doch die Fragen um die letzten Dinge drängen an ihn heran. Analysierend stößt er auf immer neue Widersprüche. Johnson erwägt und bemüht sich, alle Unstimmigkeiten auszuschalten. Nach langem Argumentieren muß er konstatieren, daß er zu keinem einheitlichen Bild gelangen kann. Unbefriedigt und mißmutig beendet er die Untersuchung.

Johnson bastelt solange an seinem Jenseitsbild herum, bis er glaubt, daß es recht ist. Als es ihm dann doch zu diffus wird, bricht er den Diskurs ab: *Wie dem auch sei* ... — so oder so — hier oder dort — das Ende wird gut — es wird schon gut werden. Mehr läßt sich wirklich nicht sagen. Das Ergebnis des abgebrochenen Denkens befriedigt nicht, daher bricht gelegentlich die Todesangst aus Johnson heraus.[156] Der in Gestalt Boswells zudringlich fragenden Nachwelt versichert Johnson aber besser, daß schon alles in Ordnung geht. Sowieso.

[156] Vgl. Boswell, S. 233 ff.

12.1 Wiedervereinigung

"Sie freut sich der Hoffnung, nach menschlichem Anschein die erste zu seyn, welche dort durch dein verklärtes Wiedersehen herrlich getröstet werden wird." (Predigt Auguste Em. Fr. Pistorius, 1816)

HOFFNUNG AUF EIN WIEDERSEHEN ist zu Beginn des 19. Jahrhunderts die allgemein akzeptierte und am weitesten verbreitete Vorstellung von den jenseitigen Dingen. Sie ist ein Anliegen und großes Bedürfnis der Zeit. Eckermann berichtet am 10. Februar 1830 von einem Kondolenzbesuch bei Fräulein v. Waldner. Die Großherzogin Luise ist gestorben. Die Ehrendame der Verstorbenen klagt: "Ich habe mein Vaterland verlassen, um ihrem Dienste zu leben. Hätte sie mich doch auch jetzt mit sich genommen, damit ich nicht nach einer Wiedervereinigung mit ihr so lange zu seufzen brauchte." Die Heimat verlassen zu müssen ist das Los der Ehrendamen. Über zweieinhalb Jahrhunderte vor Eckermanns Besuch erklang eine ähnliche Klage. Zu jenem Zeitpunkt aber waren die Jenseitshoffnungen noch präziser formulierbar. In einer lateinischen Inschrift von 1574 heißt es: "Seit ich die heilige Heimat, ihren Gott und ihre Erde als Begleiterin meiner Herrin auf dem Weg in die Fremde verließ, habe ich den frömmsten Fürsten und Vater gewonnen, Christus ward mir zu eigen, ich besitze als getreue Dienerin den Himmel." [DI XII, Nr. 328]

Die Todesanzeigen zu Beginn des 19. Jahrhunderts sprechen vom "beruhigenden Trost der WiederVereinigung", der "Hoffnung der künftigen frohen WiederVereinigung", dem festen Glauben an "eine selige Wiedervereinigung."[157] Die Ehrendame der Großherzogin und die Todesanzeigen nennen es Wiedervereinigung, sie sprechen nicht von einem Wiedersehen anläßlich der Auferstehung, von einem Zusammensein in einem späteren Leben und in einer neuen Verkörperung oder von der Hoffnung, zu benachbarten Sternen zu gelangen. *Wiedervereinigung* ist vieldeutig, Eckermann wundert sich nicht, die Rede von der Wiedervereinigung scheint üblich und nicht weiter bemerkenswert zu sein. Vielleicht läßt sich auch gar nichts Genaueres erfragen, es mag sich da mit der Wiedervereinigung verhalten wie mit der *Sanften Ruh* und dem *Eingehen in Gott.*

Voß teilt Griesbach am 13. Mai 1805 mit, daß er sich nach Schillers Tod "wie ein Verwaister" fühlt.[158] Zelter — "man fängt wieder an, ans Leben zu glauben, wenn man solche Menschen sieht" (Goethe) — will seinem verstorbenen "Versorger", so schreibt er dem Kanzler v. Müller am 31. März 1832, nun "täglich näher" rücken und "Ihn einholen."[159] Dies ist nun so ambig, daß man sich aber auch alles darunter vorstellen kann.

[157] SM 26.4.1807; 17.10.1811; SC 7.11.1811
[158] In: *Schillers Tod und Bestattung*, S. 60
[159] In: *Deutsche Menschen*, S. 8

12.2 Hoffnung

"Ach, Ernestinchen, der Tod einer Schwester kann nicht trauriger sein, als der Abschied von Freunden, die man vielleicht nicht wiedersieht." (Voß an Ernestine Boie)

DER VERSTORBENE selbst, Goethe, sagt am 25. Januar 1813 Falk, er würde sich wenig wundern, Wieland "als einem Stern erster Größe" wieder zu begegnen.[160] Schubart verspricht am 19.ten Jener 1783 seiner Gattin: "Vielleicht sterb' ich bald, dann feir' ich Dein Fest im Himmel — und meine größte Wonne sei's — *Dich zu erwarten!!*"[161] Der Himmel ist Metapher für den Ort, an dem die Wiederbegegnung stattfinden wird. Dächte Schubart wirklich an den christlichen Himmel, dann müßte seine größte Wonne in der Schau Gottes und nicht in der Vorfreude auf die Ehefrau bestehen.

Ähnliches formuliert Schelling in seinem Brief vom 24. September 1809 an Luise Gotter und in seiner Inschrift auf Carolinens Grab zu Maulbronn. [BdtR S. 221; S. 229] Hier entdecken wir einen Übergang von der Inschriften- zur Briefdichtung. Schelling verwendet in beiden Textsorten die gleichen Motive und Formulierungen. "Gott hat sie mir gegeben, / der Tod kann sie mir nicht rauben", heißt es in der Inschrift und im Brief. Die Inschrift spricht vom "edelste[n] Herz" und vom "schönsten Geist"; der Brief gedenkt "des schönen Geistes, des herrlichen Gemüts, des redlichsten Herzens." Die Inschrift wünscht sanfte Ruh "bis zur ewigen Wiedervereinigung"; im Brief heißt es: "Sie wird wieder mein werden oder vielmehr sie ist mein auch in dieser kurzen Trennung." Der Brief darf gesprächiger ausführen als die Inschrift.

Wie vieldeutig und offen auch immer ausgeformt — die sich um 1800 im Leben etwas bedeuten, wollen sich im Jenseits wiedersehen. Daß ein Jenseits sicher ist, das auf ewig wiedervereinigt, trotzt, so Reinhards *Grabschrift*, "der Trennung Gefahr, mildert der Trennung Gefühl." [GMA 1800, S. 28] Die bildende Kunst der Zeit gestaltet die Wiedersehenshoffnung. Ausdruck findet sie zum Beispiel in C. D. Friedrichs Zeichnung *Mein Begräbnis*. Über einer verfallenen Kirche steht ein Regenbogen. Eine Leiche wird bestattet. Aus dem Grab steigt ein Schmetterling auf. Fünf andere kommen ihm entgegen. Der einzelne Schmetterling stellt die Seele des Verstorbenen dar, die anderen Sommervögel symbolisieren die Seelen der toten Angehörigen.

Die nicht in religiös-dogmatische Formen eingekleidete Wiedersehenshoffnung und der explizit christliche Auferstehungsglaube stehen sich nicht starr und unvermittelt gegenüber. Es gibt Übergangsformen. Diese drei Gruppen — Wiedersehen, Mischformen, Auferstehung — werde ich vorstellen. Dabei werden einige merkwürdige Beispiele zeigen, wie die Auferstehung selbst aus dem Jenseits herausgenommen und im Diesseits erlebt wird.[162]

---

[160] In: *Goethes Gespräche* II, S. 775

[161] In: *Die Meister des deutschen Briefes*, S. 72 ff.

[162] Wenn das Jenseits fehlt, dann läßt sich kaum noch sinnvoll von einem Diesseits sprechen. Mangels geeigneter Alternativen — Allseits? Einseits? Ein-und-Alles-Seits? Seits? — belasse ich es doch bei der hergebrachten Wendung.

12.3 Scheiden

"Der Gedanke, sie verloren zu haben, *der seit einiger Zeit sich in den Gedanken,* sie nie wiederzusehen, *verwandelt hat, eiset mein Herz ein." (Baggesen an Reinhold)*

MANCHMAL belassen es die Inschriften des Hoppenlau-Friedhofs im Unklaren, ob der Tote weiterhin liebt und zu den Angehörigen spricht oder ob sich die Hinterbliebenen in ihrer Trauer darstellen und Trostgründe suchen: "All mein Sehnen will ich, all mein Denken / In des Lethe stillen Strom versenken, / Aber meine Liebe nicht." [Pfeiffer, S. 29] Wer da redet ist auch in der Grabschrift für das Ehepaar Goes nicht ganz klar: "WIEDERSEHEN! / IST MEINE HOFFNUNG." Eine Inschrift auf dem Alten Friedhof in Sindelfingen lautet: "Ich will euch / wiedersehen" (†1897) und auf dem Ludwigsburger Alten Friedhof heißt es: "Ruhet sanft in Gottes Frieden / Bis wir Euch einst wiedersehen." (†1873) Dort steht auf einem anderen Grabmal: "Nur ein Trost bleibt dem armen Herzen: / Es gibt ein Wiederseh'n." (†1860 und †1893) Wie in den Inschriften der Verstorbene zu den Hinterbliebenen sprechen kann, so reden auf dem Hoppenlau-Friedhof manchmal auch diese zu ihm: "Ruh' sanft in Grabesnacht! / Dich weckt ein schöner Morgen / Zu reichem Mutterlohn, / Nicht mehr zu Muttersorgen." (Kropf)

Pfeiffer kennt eine Inschrift des Hoppenlau-Friedhofs, die, ohne daß der Tote und die Familie ins Spiel kommen, Aussagen über den Tod selbst macht: "Es ist bestimmt von Gottes Rat, / Daß man vom Liebsten, was man hat, / Muß scheiden." [S. 29] Die Inschrift variiert leicht die erste Strophe von Feuchterslebens Gedicht *Nach altdeutscher Weise*: "Es ist bestimmt in Gottes Rat, / Daß man, was man am liebsten hat, / Muß meiden; / Wiewohl nichts in dem Lauf der Welt / Dem Herzen, ach, so sauer fällt, / Als Scheiden, ja Scheiden!" [W S. 88 f.] Zahlreiche Grabmale des 19. und 20. Jahrhunderts und viele neuere Todesanzeigen zitieren die Verse. Sie sind so beliebt, daß 1925 auf dem Alten Friedhof zu Gießen der erste Vers des Gedichts für sich stehen kann: "Es ist bestimmt in Gottes Rat." Der versierte oberhessische Friedhofsbesucher kennt seinen Feuchtersleben, denkt an die Inschriften des Hoppenlau-Friedhofs und vermag die fehlenden Verse im Nu kundig zu ergänzen.

Die letzte Strophe des Gedichts lautet: "Nur mußt du mich auch recht verstehn, / Ja recht verstehn! / Wenn Menschen auseinandergehn, / So sagen sie 'Auf Wiedersehn!' / Ja, Wiedersehn!" Leicht variiert finden die letzten drei Verse der Strophe sich schon im *Blumenkranz gewunden für die Freundschaft und Liebe oder Aufsätze zum Andenken in Stammbücher* von 1839. [S. 100] Immer wieder ist von Scheiden und Trennen die Rede. Die Menschen sagen dann zwar "Auf Wiedersehn!", aber das heißt nicht viel, und die Skepsis blickt durch: "Ja, Wiedersehn!" Auf das Wechselspiel von Hoffnung — *Auf Wiedersehn!* — und Skepsis — *Ja, Wiedersehn!* — verzichtet die Inschrift, sie begnügt sich mit der nüchternen Feststellung der Notwendigkeit aller Trennungen.

Maler Nolten nimmt in Mörikes gleichnamigen Roman von Larkens Abschied und erfährt die gleiche Dialektik des Hoffens und Zweifelns. Deren weitläufigere Ausgestaltung wäre auf einem Grabmal nicht am rechten Ort: "Der Maler blieb nicht länger vor dem Bette stehn, als eben hinreichte, um jenes stumme, langgedehnte Lebewohl — sei es auf Wiedersehn, ach! oder auch auf ewig Nimmerwiedersehn — durch das Tiefinnerste der Seele ziehn zu lassen und jeden stillen Winkel seiner Brust mit diesem Liebesecho schmerzlich anzufüllen." [S. 377] Bei Helmuth von Pasenows Beerdigung in Brochs *Schlafwandlern* erklingt es von der Orgel, "daß man vom Liebsten, was man hat muß scheiden [...] ja meiden, und Joachim wartete stets auf den Reim, ob er auch eintreffen werde." [S. 49] Unsicher ist das Wiedersehen auch hier.

12.4 Wiedersehen im Geisterreich

"Was soll ein Wiedersehn, / Wenn wir zusammen Hosianna singen / Und ich dein Lachen nicht mehr hören kann?" (Liliencron)

INSCHRIFTEN, Gedichte und Briefe der Periode um 1800 belegen, wie sehr sich die Menschen nach einem Wiedersehen derer, die ihnen auf Erden wichtig waren, sehnten. "Wenn die Seligkeit weiter nichts böte," teilen die informativen *Briefe aus dem Himmel* mit, "als Gemeinschaft derer, die sich lieb haben und zusammengehören, so wäre das schon genug, um alle Lust und Schönheit der Erde darüber zu vergessen." [S. 6] Dies leuchtet ein und ist gewiß ganz richtig. Unberücksichtigt bleibt, daß diese Gemeinschaft auf Erden entstand und zu der dorten zu ortenden Lust respektive Schönheit zählt, d. i. diese mitkonstituiert. Freilich schreibt es sich aus dem Himmel naturgemäß angesichts der Fülle neuer Erfahrungen manchmal etwas voreingenommen und mit getrübtem Blick. Coelestische Kritik am terrestrischen Treiben muß undankbar geraten.

Ort des Wiedersehens, weiß Tiedge, ist das Geisterreich: "Zum Wiedersehn dort oben / Sey gegrüßt, du stilles Geisterreich!" (I, Vs. 52 f.) Tiedge scheint mit den beiden Versen eine der Inschriften für Wilhelmine Sophie Forcke auf dem Friedhof in Ottensen bei Hamburg angeregt zu haben: "Zum Wiedersehn sei / mir gegrüszt du / Geisterwelt!" (†1822)

Ahnung des Wiedersehens läßt in Christiane Reinholds *Ahndung* die Schatten der Schwermut fliehen: "'Wiedersehn!' So wiederhohlen leise / Meine Lippen diese holde Weise, / Bis sie laut im Herzen wiederklingt." [GMA 1802, S. 200] Wenn auch die Erde "in Staub" zerfällt und "die Welten" untergehen, das Wiedersehen "am Vollendungsziele", so Neuffer im Gedicht *An die Treue*, ist gewiß. [W 1816, S. 173] All dies ist mehrdeutig in Hinsicht auf den Ort des Wiedersehens. Es läßt alle Möglichkeiten offen und erlaubt nicht sicher und fest einzuordnen, wo und wie das Wiedersehen stattfinden soll. Es kommt nicht so genau darauf an. Es ist nicht so wichtig. Hauptsache ist, daß man sich irgendwo und irgendwie irgendwann in irgendeiner Gestalt wieder begegnet.

Charlotte Schiller vertraut am 15. November 1821 Cotta an, sie wisse am besten, daß nichts tröstet "als der Gedanke an die Kürze des Lebens, an eine beßre Welt, wo wir, was wir hier liebten und verloren, wiederfinden werden."[163] Läßt Charlotte Schiller in ihrem Brief die Objekte unbestimmt und geht es ihr allgemein um das Wiedersehen

[163] In: *Briefe an Cotta* I, S. 73

des Geliebten, heben vierzig Jahre zuvor die Almanachdichter ganz bestimmte teure Familienmitglieder hervor. Schlez spricht in der *Epistel* "viel vom frohen Auferstehungstag, / Viel vom Glück des Wiedersehns in jenem Leben, / Von den Freuden, die die bessre Ewigkeit, / Braven Brüdern, braven Schwestern beut." [GMA 1783, S. 188] Die Brüder finden "dort oben", tröstet J. C. Hohnbaum im Gedicht *Bey dem Tode meines Bruders*, sich "zu ewiger Umarmung wieder." [AdtM 1779, S. 284] Die Familie, so Fischer *An Karl Frize*, trifft im "Himmelsfrieden" wieder zusammen. [AdtM 1778, S. 270]

Voß dichtet den *Trost am Grabe*: "Ach! des Wonnetags, der wieder / Ewig Freund und Freund, / Eltern, Kinder, Schwestern, Brüder, / Mann und Weib vereint." [W I, S. 163] Karl v. François hat die Nacht vor seiner Hinrichtung ruhig geschlafen. Er fühlt sich "überhaupt ruhig" und hat bei dem Gedanken an sein "baldiges Scheiden und dem Wiedersehen mancher vorangegangenen Lieben" an diesem Morgen "sogar eine Art froher Empfindung." [S. 29] Die Hinrichtung wird dann ausgesetzt und der Verurteilte hinsichtlich der baldigen Wiedervereinigung mit den Lieben enttäuscht.

Eine Gruppe von Inschriften des Hoppenlau–Friedhofs findet die gleichen Trostgründe und nennt sie unbestimmt: "DEM IRDISCHEN / ANDENKEN / BIS ZUR EWIGEN / WIEDERVEREINIGUNG." (Stiefel) — "Süss ist die Hoffnung / für uns mit vollendeten / Seelen zu leben, Liebende / wieder zu sehen gibt den / noch harrenden Trost." (Sautter) — "DIE LIEBE DIE DER TOD GETRENNT / IN DER ZEIT, VEREINT ER WIEDER / IN DER EWIGKEIT." — "DEM FREUNDE / GEWIDMET." — "DEINE TREUE DEINE / LIEBE / WAR DERER WÜRDIG / DIE DU IM LEBEN / BEWEINTEST." (Jacob)

Die Inschrift auf den siebzehnjährig verstorbenen Iohann Christian Daniel (†1802) lautet: "GUTER SOHN, / LIEBER BRUDER, / IENSEITS SEHEN / WIR UNS WIEDER." Ganz ähnlich klingt sechs Jahre nach Daniels Tod eine Inschrift in Böcklins Sammlung: "Lebt wohl ihr Brüder! / Dort sehen wir uns wieder!" [S. 70] *Wieder* reimt sich auf *Brüder* reiner als auf den Singular *Bruder*; die Verfasser der Inschrift für Daniel werden eine Vorlage benutzt haben, die Böcklins Fassung nahesteht. Böcklin erfaßt findig die wichtigen Tendenzen der Zeit, zitiert wird er auf unserem Forschungsobjekt aber nicht. "Weinet nicht! Wir sehen uns bald / wieder!" — "Wie bald werdet ihr mir nachfolgen!" — "Das *Wiedersehn* in Ewigkeit! — / Einst wieder froh *vereint* zu werden / Im Lande der *Unsterblichkeit*!" [S. 68; S. 88]

In Klopstocks *Messias* locken die "Hütten des Friedens, / Wo viel Wohnungen sind." (XIX, Vs. 806-809) Auf dem Hoppenlau-Friedhof freut man sich auf das Wiedersehen im Lande des Friedens: "Auf Wiedersehen, geliebte Eltern / im Lande des ewigen Friedens." (Weckherlin)

Man hofft auf ein Wiedersehen: "Wieder dich finden / Wieder sich freuen / Ist unsere Hoffnung." (M. Pfeiffer) — "Thusnelde Heigelin / (einziges Kind) / geboren d. 20. May 1829. / gestorben d. 11. Sptbr. 1832. / —— / Was diese Zeit genommen / Wird schoener wieder kommen." — "Auch sie ruhen nur eine Weile." (Hauff)

Auf einigen Gußeisenkreuzen des Friedhofs — das Eisen ist in den sogenannten

Befreiungskriegen, als man Gold für Eisen und die nachfolgende Eiserne Zeit hingab, populär geworden — steht "Wir harren des Wiederseh'ns." — "Auf Wiedersehen." — "Wiedersehen."[164]

Die Verwandten wollen sich wiedersehen, führt Frey in der *Rede am Grabe* der Sophie Aug. Schwab aus. Die auf Erden enstandenen Verbindungen werden nicht abgebrochen.

Auf anderen süddeutschen Friedhöfen klingt es in diesen Jahrzehnten genauso. So 1842 auf dem Ulmer Alten Friedhof: "DIE HOFFNUNG EINSTIGER WIEDER/VEREINIGUNG MIT DER THEUREN / VERKLAERTEN IST DER ELTERN UND / GESCHWISTER EINZIGER TROST." [Ungericht, S. 47] An der Marbacher Alexanderkirche ist außen das Wandgrabmal für den 1828 verstorbenen "Führer seiner Gemeine" Decan M. Joh. Friedr. Roos angebracht. Es "weihen dieses Denkmal / dessen Gattin nebst einer Tochter u: 3. Söhnen." Ein Schmetterling im Sternenkranz und eine verlöschende Fackel zieren es. Die Inschrift lautet: "Schnell entschwindet die Zeit, mit ihr der Gegenwart / Freuden, da sie dein Umgang verschönt, floh sie noch / schneller als sonst; möge nun im̄er sie fliehn, wir zürnen / der eilenden nim̄er, führt der beflügelte Schritt doch / zu des Wiedersehns Glück." Einfachere Verse schmücken auf dem Ludwigsburger Alten Friedhof das Grabmal zweier Gemeinderäte: "Du schiedest schnell. Im tiefsten Schmerz / Läßt Du verwaist uns steh'n. / Nur ein Trost bleibt dem armen Herz: / Es gibt ein Wiederseh'n." (†1860 und †1893)

Auch in früheren Epochen wünschten die Verfasser der Inschriften sich ein Wiedersehen. Meist hoben sie ausdrücklich hervor, daß das Wiedersehen im Himmel stattfinden soll. Das Wiedersehen wurde noch nicht allein um der Lebenden und der Verstorbenen willen und für einen neutralen Ort erwünscht; es ist noch fest in den religiösen Glauben eingebunden und nur unter göttlicher Leitung denkbar.

Ein 1604 Verstorbener "Will ruhen bis an Jüngten tag." Er bittet: "Gott geb, das Ich zur selben Zeitt / Euch alle wieder sehe mit freüd, / Ins himelsthron vnd Abrams Gart'n, / Ich gehe vor an, will eür da wartn.'" [DI VII, Nr. 290] Das Epitaph der Anna Maria Schwartzmännin (†1633) lautet: "Nun komm ich auch hernach, der Höchste mich so begüttet / das ich euch hier im Grab, vnd dort im Him(m)el find." [DI XV, Nr. 570] Das Epitaph Barbara Hallerns (†1586) in der Wimpfener Stadtkirche zeigt in der Mitte eine Auferweckung des Lazarus. Darunter steht: "Von Denen ich Hy gescheiden Bin / Im Ewigen Leben uns verley. Da Wir Einander sehen frey." [DI IV, Nr. 191] Georg Rveprecht Welz starb am 1. Dezember 1620, seine Schwester Iohañа Felicitas zwölf Tage zuvor. Die lateinische Inschrift für die Kinder teilt mit, daß die Geschwister auf Erden miteinander verbunden waren und nun beide glücklich im Himmel sind. Sie genießen das Reich der Seligen. [DI III, Nr. 129] Die Inschrift für Thomas Frosch (†1575) drückt den Wunsch nach einer Vereinigung mit dem Bruder im Himmel aus. [DI III, Nr. 72]

Schlicht und ohne Bezug auf eschatologische Vorstellungen ruft eine moderne Todesanzeige: "Bis auf ein frohes Wiedersehen!" [HA 22.6. 1988] Eine andere kommentiert ausführlicher und greift zurück auf die Vorstellung von dem Gott, der die Liebe ist:

[164]Heermann. Uebelen; Wörnle; Beck; Bayer. Bitzer

"Im Tode geht der geliebte Mensch / eigentlich nicht von uns, / er geht uns zuvor in ein Leben, / in das wir ihm folgen werden, / um mit ihm in der Liebe Gottes / für immer selig zu sein." [FR 18.7.1988] Zuversichtlich wird beteuert: "Der Wille Gottes ist geschehen, / wir werden uns ja wiedersehen." [WZ 14.6.1988] Nun, man wird sehen. Wir werden "dann einmal schaun" (F. Beckenbauer).

12.5 Frohes Wiedersehen

"Der schreckliche Gestank, / vom tiefen Abgrund ausgespien, trieb uns / hinter den Deckel eines großen Grabes / als Zuflucht." (Dante) "Wiedersehen! Wort des Trostes, / O wie schön." (Inschrift des Friedhofs in Ottensen bei Hamburg, †1896 und †1902)

JUSTI, der Dichter der *Elegie an Theon's Grabe*, wünscht: "Thränen, welche hier der Trennung flossen, / Fließen einst dem frohen Wiedersehn." [GMA 1798, S. 250] Die Zeit der Trennung, so F. L. Stolbergs *Todtenklage*, wird dann vorbeisein. "O Wiedersehen / Nach kurzem Leid! / Des Glaubens Wehen / Haucht Seligkeit!" [VMA 1794, S. 49]

Auf dem Alten Friedhof an der Sebastiankirche in Füssen fand ich die Inschrift für den seit 1834 dort ruhenden Ignaz Tinder: "Nie wird der Trenungs-Schmerz vergehen / Bis daß der große Tag erscheint. / Wo dann ein frohes Wiedersehen / Mit seinen Lieben Ihn vereint"; die Inschrift für Fanny Auerbacher (†1873) auf dem Hoppenlau-Friedhof sagt ausdrücklich, daß das frohe Wiedersehen sich im Himmel ereignen wird: "Du schwebtest empor zu des Himmels / Höhen. Dort werden wir freudig / Dich wiedersehen."

Auf dem Friedhof in Ottensen bei Hamburg ist die Inschrift auf der Ruhestätte für Hinrich Bähr und seine Erben erhalten. Skepsis findet ihren Ausdruck darin, daß die Inschrift das Wiedersehen als *gewiß* in Aussicht stellt: "Ruhe sanft im Schoß der stillen Erde, / Ruhe Du, bis Gott Dich weckt / Dort einst finden wir gewiß uns wieder / Wo nicht Tod, noch Grab uns schreckt." (†1850 ...)

"Wenn wir auf Eurer Asche stehn", lautet eine Inschrift von 1803 auf dem Friedhof zu Weil der Stadt, "Soll unser Geist zum Schöpfer flehn / Dass wir uns jenseits glücklich / wiedersehn." Die Hinterbliebenen haben sich etwas vorgenommen und versprechen es beim Abschied. Sie sind eine Verpflichtung eingegangen. Wäre die Erfüllung aller Wünsche verbürgt, dann bräuchten sie nicht zu beteuern. Die metrisch nicht zu verantwortende Einfügung des *glücklich* soll wohl der freilich unerfreulichen Möglichkeit vorbeugen, daß der Schöpfer sich zwar bereden lassen und ein Wiedersehen gestatten könnte, jedoch an dem Ort, dessen thermische, akustische und olfaktorische Bedingungen auch die allerschönste Wiedersehensfreude beeinträchtigen müßten. Die objektiven Verhältnisse zerstörten dann die endlich herbeigeführte geglückte intersubjektive Kommunikation auch dort.

12.6 Wiedersehen in Gott

"Diß Grabmahl ist ein zeüg, / daß zweÿ getrewe hertzen / Der bitter grimmig Tod getreñet / hat mit schmertzen. / Gott gebe daß Sie dort einander / wiedersehn." (Inschrift Marbach, Alexanderkirche, Wandgrabmal, †1661) "Daß wir nach des Kreuzes Pein / Uns im Himmel wieder grüßen / Und in höchster Liebe küssen!" (Franck) "Ruhet sanft in Gottes Frieden / Bis wir Euch einst wiedersehen." (Inschrift Ludwigsburg, Alter Friedhof, †1873) "Dein Gott so groß! Dein Geist so schön! — / Wie könnten wir zum letzten Mal uns sehn!" (Kl. Schmidt)

AUF DEM FÜSSENER ALTEN FRIEDHOF wurde 1834 Victoria Goett bestattet. "Der Glaube", weiß ihre Inschrift, "lehret uns: wir werden / Aufersteh'n." Die Auferstehung wird deshalb angestrebt, weil sie ein Wiedersehen ermöglicht. "Ach, du schlummerst schon in kühler Erde, / Und weinend stehen wir an deinem Stein. / Doch der Glaube lehret uns: wir werden / Aufersteh'n und ewig bei dir seyn. // —— // Dieses Denkmal setzt der Kinder Zärtlichkeit / Der theuren Mutter aus wärmster Dankbarkeit. / Darum bittet, Leser! dich statt ihnen dieser Stein. / Schließe auch die Ruhende in deine Andacht ein." Die Familienbeziehungen sind im zweiten Teil der Inschrift eindringlich hervorgehoben, selbst der fremde Leser wird einbezogen. Es ist gut, daß man sich nicht im Widerspruch zu dem befindet, was der Glaube lehrt. Zur Not könnte aber das Pathos der heiligen Familie schon, ohne die Rechtfertigung aus der Übereinstimmung mit dem Glauben, auf eigenen Füßen stehen.

Die Wiedersehenshoffnung kann sich im Ausdruck christlicher Vorstellungen bedienen und die Bibel zitieren, ohne daß dabei spezifisch christliche Aussagen gemacht werden. Den klassizistischen Epochen der abendländischen Geistesgeschichte ist gemeinsam, daß sie sich von allem Irrationalen abwenden und der Antike öffnen. Dabei werden die christlichen Glaubensinhalte nicht völlig aufgegeben. Sie stehen neben den aus der Antike übernommenen Vorstellungen, deren Symbole die Ikonographie des Hoppenlau-Friedhofs bestimmen, und sie liefern Metaphern für die Inschriften des Friedhofs, welche sich von abergläubischen und intoleranten christlichen Inhalten befreit haben.

Auf dem Hoppenlau-Friedhof finden sich klassizistische Inschriften, die sich christlich geben, indem sie für ihre Zwecke auf den ersten Blick rein christliche Aussagen übernehmen: "Du unvergesslich Theurer / Schlaf in des Him̃els Ruh / Dort bist geborgen Du / Der uns so treu am Herzen hing / Wart auf uns wir kommen / Heute oder Morgen / Es ist ja nur ein Tag." (Hehl) — "GERECHT SIND / DIE THRAENEN / AM ASCHENKRUGE / DES GERECHTEN / ABER GERECHTER IST / DIE HOFFNUNG / DES WIEDERSEHENS." — "AN DIESEM GRABE TRAUERT / UM DEN DURCH LIEBE UND WAHL / ERWORBENEN SOHN / DER VATER / UM DEN BRUDER DER BRUDER / UND DIE SCHWESTER / VIEL HAT DAS GRAB UNS / ENTRISSEN / VIEL WIRD DER HIM̃EL UNS / WIEDERGEBEN." — "DU WEINST / LEBENDER STAUB / UM DEN / DER NICHT MEHR / ATHMET / ABER DU ERHEBST DAS AUGE / WO UNSTERBLICHES WOHNT / UND DIE THRAENE / VERSIEGT." (Schultheiss)

Karl Ferd. Nötling und seine Gattin teilen in der *Schwäbischen Chronik* am 13. Dezember 1810 mit, “daß es dem Herrn gefallen hat”, ihr “geliebtes und hoffnungsvolles Söhnchen”, diese “zarte Pflanze, die schon so manche schöne Blüthe trieb, in eine bessere Welt zu verpflanzen.” Sie trösten sich “mit der süssen ChristenHoffnung des künftigen Wiedersehens.” Schubart hofft, “zwei Söhne und eine Tochter [...] bald bei Gott zu finden.”[165] Er will seine Kinder wiederfinden, und da ihm nur Gott zu einem Wiedersehen verhelfen kann, glaubt er, daß es Gott gibt und daß Gott gut ist.

Christliche Inhalte werden so ausgesucht und umgedeutet, daß sie der von den Aufklärern vermittelten und von den Klassikern aufgenommenen Haltung nicht mehr geradezu widersprechen. Auf dem klassizistischen Hoppenlau–Friedhof wird auf die christlichen Aussagen nicht völlig verzichtet. Er bietet das Bild eines heiteren Christentums: “ICH WILL EUCH WIEDERSEHEN / UND / EUER HERZ SOLL SICH / FREUN / EV. IOHS. 16. V. 22” (C. E. v. Hügel), “DAS WORT / DES HERRN: / ICH WILL EUCH ZU MIR NEHMEN, / AUF DASS IHR SEYD, / WO ICH BIN.” (Schunke) Die Inschriften umschreiben und lassen alles offen: “Du schwebtest empor zu des Himmels / Höhen. Dort werden wir freudig / Dich wiedersehen.” (Auerbach) Sicher ist nur, daß man hofft. “Ich wandle vor dem Ewigen im / Lande der Lebendigen. PS. 116, 9.” (Maj) “Bald wird Gott im schönern Leben / Uns die Tochter wiedergeben / Und das holde Kind, das früh / Uns der Tod entriß wie sie — / Drum verstumme, Elegie.” [Pfeiffer, S. 25] Gott ist gut. Er wird geliebt, weil er die abgerissenen Verbindungen wieder anknüpft. Was sich auf Erden nicht vermeiden läßt, das Scheiden, wird wenigstens im Himmel aufgehoben sein, weil dort ein liebender und allmächtiger Gott voller Verständnis für die menschlichen Angelegenheiten wirkt. Gott ist, wenn er so ist, gut.

Die Auferstehung soll in Schillers *Elegie auf den frühzeitigen Tod Johann Christian Weckherlins* das Wiedersehen ermöglichen: “Schlummre ruhig in der Grabeshöle / Schlummre ruhig bis zum Wiedersehen! / Bis auf diesen Leichenvollen Hügeln / Die Allmächtige Posaune klingt.” [W I, S. 36] Matthisson freut sich im Gedicht *Das Dorf* darauf, das “Mädchen” zu treffen und Gott zu schauen: “Da werd' ich einst gewis dich wieder finden, / Und Gottes mich und deiner freun!” [W Hg. Bölsing, S. 14 ff.] Das Jenseits gibt das Mädchen wieder und läßt Gott schauen. Man freut sich auf Gott, weil er das Mädchen wiedergibt. So gelingt eine umfassende Synthese des Irdischen und des Überirdischen.

In der Fiktion der Inschriften des Hoppenlau–Friedhofs wird im Jenseits alles miteinander übereinstimmen und harmonieren. Gott wird die Getrennten einander wiedergeben: “Christus dein und / unser Leben / wird dich einst uns / wieder geben.” (Thum) — “WIR HABEN EUCH ZIEHEN LASSEN / MIT THRÄNEN. GOTT ABER WIRD EUCH / UNS WIEDERGEBEN MIT WONNE EWIGLICH.” (Erhard) Gott, der das Wiedersehen der geliebten Menschen verbürgt, ist gut.

[165] S., *Ein schwäbischer Rebell*, S. 51

12.7 Die Schau Gottes

"Jn meinem fleisch werdt ich Gott sehen, / Jst gewißlich war, und wirdt geschehen." (Inschrift Eichenbühl, 1579, 1580, 1609) "LASSET SIE IN FRIEDEN RUHEN, UND / DAS EWIGE LICHT ERLEUCHTE SIE." (Inschrift auf dem Alten Friedhof in Wiesbaden, †1850) "Wenn es uns gegeben wäre, immerdar ein Wesen zu schauen und zu denken, so würden wir uns langsam in dasselbe verwandeln." (Carossa) "MAN MUSS / AUS EINEM / LICHT / FORT / IN DAS ANDERE / GEHEN." (Inschrift Stuttgart, Wangen, Friedhof, †1967, †1980, †1984)

FREYLINGHAUSEN hat im Gedicht *O reines Wesen, lautre Quelle* offenherzig und prägnant die Bedenken formuliert, die sich ihm, vielleicht auch seinem lyrischen Ich, und gewiß jedem selbstkritischen und frommen Subjekt beim Blick auf das Jenseits stellen: "Wenn nur ein reines Herz zu schauen / Gewürdigt wird dein Angesicht, / So kommt mir billig an ein Grauen, / Wenn ich auf mich mein Auge richt." [W S. 41] Wir können, was den Dichter betrifft, kein Urteil fällen. Möge er sich noch rechtzeitig gebessert haben, möge es uns auch noch gelingen.

Das Anschauen der Gottheit wird im Vokabular der Lichtmetaphorik ausgedrückt. Die Schau Gottes hat eine christliche und eine nichtchristliche Bedeutung, meint aber auf den Grabsteinen und in den Gedichten der Zeit meist die Schau des christlichen Gottes.[166] Sie ist der Lohn des Glaubens.[167] Fouqué bestätigt im Gedicht *Vor der Schlacht bei Culm*: "Dort schaut, wer hier geglaubt." [DM 1813, 3. St., S. 354] Schleiermachers Grabschrift lautet: "Gedenket an eure Lehrer, die / Euch das Wort Gottes gesaget! / Welcher Ende schauet an, und / Folget ihrem Glauben nach."[168] V. Köstlin spricht in der Predigt für Dannecker: "Worte Deines letzten Gebetes waren es: 'Geist Gottes, stärke mein Vertrau'n! / Ich glaube hier, dort werd' ich schau'n.'"

Ausgangspunkt und Ziel stehen fest. Eine Hoppenlau-Inschrift kennt den Weg: "Vom Glauben / zum Schauen." (W. G. und S. Chr. Pfeiffer) Wiederholt wird Matthäus 5, 8 zitiert: "Seelig sind die reinen Herzens sind / denn sie werden Gott schauen." (Baur; S. Schwab; Fr. Taube)

Ewiges Licht wird angeschaut: "DEIN IRDISCH AUGE BRACH / DU TREUESTER BIEDERSTER / DOCH GING EIN GEISTIGES DIR AUF / ZU SCHAUEN DIE WONNEN / EWIGEN LICHTS!" (Gaisberg-Helfenberg) Eine vergleichbare Lichtmetaphorik findet sich in mehreren Gedichten.[169] Andere Inschriften nennen den irdischen Todestag den himmlischen Geburtstag, oder das Leben ist ihnen ein Schlaf, aus dem ein letzter uns aufweckt. Die zerknickte Pflanze ist in einen anderen, schöneren Garten verpflanzt worden, oder das hier keimende Samenkorn reift nun für die Ewigkeit. In der oben

---

[166] Vgl. Tiedge, *Urania* (II, Vs. 85 f.); Novalis, *Geistliche Lieder*, V. Lied [S/TMA 1802, S. 200]; Klopstock, *Der Messias* (XX, Vs. 191-194); Sellhorst, *An den Geist meines Bruders* [StMA 1785, S. 19]

[167] Vgl. Matthisson, *Elegie* [W Hg. Bölsing, S. 62 ff.]; Chr. Stolberg, *Lied* [DM 1813, 3. St., S. 345]; Eschenburg, *Dem Grabe der Frau Vicepräsidentinn Jerusalem* [GMA 1785, S. 116]

[168] In: Straub, *Berliner Grabmäler*, S. 25

[169] A. Wendt, *Früher Tod* [WeMA 1830, S. 286-288]; K. A. Rudolphi, *Nachruf an Peter Simon Pallas* [DM 1812, 3. Qu., S. 195 f.]; Salis, *Elegie am zwanzigsten Geburtstage* [GMA 1785, S. 164 f.]

vorgestellten Inschrift für den Freiherrn von Gaisberg–Helfenberg, ist das irdische Auge gebrochen, damit das geistige in Ewigkeit Gott schauen kann. Indem von den Wonnen des ewigen Lichts gesprochen wird, bleibt offen, ob die christliche oder die neutrale Variante dieser Schau, ob der christliche oder der metaphysische Gott gemeint ist.

Auf dem Hoppenlau–Friedhof stehen Kreuze neben Grabsteinen mit antikischen Emblemen. Den Christen lag nach Lessings und Herders Schriften *Wie die Alten den Tod bedichten* an einer Vermittlung ihres Glaubens mit dem antikischen Todesbild des Aufklärers und des Klassikers. Wie der Friedhof in seiner ganzen Erscheinung zwischen Antike und Christentum vermittelt, so bilden auch die Grabmale im einzelnen bilden Übergänge zwischen den Extremen.

12.8 Fußnoten

AUF DEM HOPPENLAU–FRIEDHOF zitiert eine der Inschriften für Theodor Plieninger die Verse 732-736 des XII. *Messias*–Gesangs. Die Vollendete Maria schwebt empor. Auskunftsmittel ist das Gefühl. Es weissagt Erfreuliches:

> “2 COR. 3. 18. / TAUSEND STUFEN BIN ICH ZUM WESEN DER / WESEN ERHOBEN! / WERD' ICH EINST AN DEM TAGE DER TAGE / VERKLAERET, — DIES WEISSAGT / MIR MEIN GEFUEHL — DANN WERD ICH NOCH / ÜBER TAUSEND MICH SCHWINGEN / WERD' ICH IN DER HÜLLE MIR DANN VIEL / SCHÖNERE WELTEN / WERD' ICH OHNE DER WELTEN HÜLLE DEN EWIGEN SCHAUEN / [ ]”

Meta Klopstock hat sich die gleiche, nur geringfügig abweichende Inschrift in ihrem Testament vom 10. September 1752 als Sarg–Inschrift gewünscht. [GMK S. 249] Die Bibelstelle stimmt dazu.

Canitz gibt im Gedicht *Die Gnaden=Wahl* zu einzelnen Versen des Gedichts in Fußnoten (a–l) an, welche — häufig sind es mehrere — Bibelstellen damit übereinstimmen. Das Verfahren der Familie Plieninger kennt freilich mehr Vermittlungen zwischen der Dichtung und der Heilsgeschichte. Hiller hat in seinem *Geistlichen Liederkästlein zum Lob Gottes mit zweimal 366 Liedern nach biblischen Sprüchen* in zwei Durchgängen zu jedem Tag einen Bibelspruch gesucht, ihn kurz ausgelegt und ein Lied über den Spruch gedichtet.

Klopstock nimmt die Bibel zur Hand und schreibt das *Messias*–Epos. Dabei verarbeitet er, wie Elisabeth Höpker–Herberg in ihrem Aufsatz *Der Tod der Meta Klopstock: Ein Versuch über des Dichters Auffassungen vom Tode* gezeigt hat, persönliches Erleben. [S. 197 ff.]

Die Familie Plieninger, die auf den je vier Seiten dreier Grabmale den *Messias*–Verse vorstellt, hat die den *Messias*–Passagen entsprechenden Bibelstellen gesucht und mit in den Stein hauen lassen. So ist das Christentum erst mit hoher, an der Antike orientierter Dichtkunst vermittelt worden; jetzt wird das Gedichtete wiederum ins Heilsgeschehen eingeordnet.

13 Die allmähliche Auflösung der Auferstehung

"Einmal kommt ja die Stunde, wann Christus uns wieder vereinigt, / Droben in himmlischen Höhn, ewig uns beide beglückt." (Lateinische Inschrift Heidelberg, 1605)

WÄHREND zu Beginn des 19. Jahrhunderts das Wiedersehen der auf Erden geliebten Menschen die beliebteste Vorstellung von den Dingen ist und die Auferstehung in den Grabschriften als Metapher für das Wiedersehen, die Wiedervereinigung erscheint, glauben andere noch fest an eine Auferstehung, die vom biblischen Szenario begleitet ist. Die Auferstehung hat ihre poetische Verklärung in Klopstocks *Messias* erfahren.

So wie die Auferstehung Metapher für das jenseitige Wiedersehen ist, können verschiedene irdische Vorgänge als Auferstehung bezeichnet werden. Das Jenseits gerät immer mehr ins Diesseits, der Begriff der Auferstehung wird immer ungenauer gebraucht. Sie wird immer weniger ernst genommen und zur Metapher für irdische Ereignisse. Die jenseitige Auferstehung ist ungewiß geworden, nun wird Irdisches mit dem Begriff belegt.

Krummacher gesteht im März 1833 Frau Keller: "Ich möchte lieber ein Fortgehen der Erziehung der Menschen nach dem Tode bis zur Auferstehung annehmen, obgleich es freilich nicht ratsam, ja da die Schrift nichts Bestimmtes darüber sagt, unstatthaft ist, solches zu predigen. So weiß ich auch nicht, ob man nicht doch [...] für Verstorbene beten möge." [Krummacher, S. 338 f.] Es ist manches fraglich. Verändern wir uns zwischen Tod und Auferstehung? Darf man für Verstorbene beten oder ist das ein papistischer Unfug? Eines aber ist Krummacher doch ganz sicher, und dies, obwohl Erde und Himmel gar nicht getrennt sind: die Auferstehung. Meta Klopstock sendet ihrer Schwester Verse, die Auferstehungshoffnung ausdrücken und wohl als Grabinschrift gedacht sind.[170] In Gedichten und Inschriften wird ausdrücklich Hoffnung auf die Auferstehung formuliert.[171] Der Verstorbene, sagt eine Inschrift, den noch keine größeren Sünden belasten können, ist bereits im Paradies: "[Geliebt hat ihn der Herr] / UND IHN GEZIERET / DAS KLEID DER EHRE / HAT ER IHM ANGEZOGEN / UND AN DEN TOREN DES / PARADIESES IHN GEKRÖNT."[172] — "DEM / FROMMEN KINDE / SEINE ELTERN." (Neher) Zwei Inschriften zitieren Johannes (11, 25): "HIER RUHET / IN HOFFNUNG DES EWIGEN LEBENS / DAS EDLE SCHWESTERPAAR / FRIEDRIKE UND JOHANNE / BRODBECK // GEB. D. 22. JUNI 1773 // GEB. D. 10. OKT. 1774 // GEST. D. 7. JULY 1833 // GEST. D. 31. AUG. 1846 // ICH BIN DIE AUFERSTEHUNG UND DAS LEBEN / WER AN MICH GLAUBT DER WIRD LEBEN / JOH. 11 V. 25" — "ICH BIN DIE AUFERSTEHUNG UND DAS LEBEN, WER AN MICH

---

[170] In: *Deutsche Briefe*, Hg. Schmölders, S. 145 f.

[171] Vgl. Matthisson, *Todesgedanken* [W Hg. Bölsing, S. 22 f.]; Kl. Schmidt, *Agathon an die Erinnerung* [GMA 1801, S. 8]; Eck, *Ein Stern* [DtMA 1840, S. 258]; Woltmann, *Der Dorfkirchhof* [DHo 1795, 7. St., S. 80 f.]; *Cypressen auf Joseph's II. Grab* [BG S. 42]; Gallisch, *Der Bote und die Wandrer* [GMA 1783, S. 139]; Schlez, *Epistel an meine Schwester Friederike* [GMA 1783, S. 19]; Klopstock, *Der Messias* (XIII, Vs. 65-68; IV, Vs. 866-869; XVII, Vs. 350-352)

[172] Die erste Zeile ist ergänzt nach Pfeiffer [S. 26]

/ GLAUBT, DER WIRD LEBEN OB ER GLEICH STÜRBE. / JOH. 11. V. 25." (Kienlin)

Die Auferstehung folgt in einer Inschrift des Hoppenlau–Friedhofs von 1811 auf die sanfte Ruhe: "Ruhe sanft in deiner Gruft / Bis dich Jesus wieder ruft." (Diem) Genauso eingängig reimt die Todesanzeige für Joh. Valentin Hoppe in den Frankfurter *Frag= und Anzeigungsnachrichten* vom 3. November 1755: "Ruhe wohl in deiner Grufft, / Biß dich JEsus wieder ruft."[173] Auch die Todesanzeige für Sophie Trefz in der *Schwäbischen Chronik* vom 17. Oktober 1823 verwendet das Reimpaar. Hier ist es Gott selber, der ruft.[174] Während 1755 und 1811 Jesus zum Ende der Ruhe in der Gruft aufrief und Gott 1823 rief, ist es in einer Inschrift des Friedhofs in Ottensen bei Hamburg der Weltenvater: "Schlaft wohl in sanftem Frieden, / Jn Eurer stillen Gruft, / Bis Euch der Weltenvater, / Zur Auferstehung ruft." (†1904 und †1905)

13.1 Klopstock und die Auferstehung

DER *Messias* bestätigt die Auferstehungszuversicht. Er ist entsprechend beliebt bei denen, die das Christentum nicht aufgeben wollen und zugleich in der Poesie eine neue Religion suchen. Die Inschriften des Hoppenlau–Friedhofs belegen dies ebenso wie die Romane und die Biographien der Zeit. Eva betet an Christi Grab für die Verstorbenen. Die Inschrift des Grabmals Ernst Fr. Th. Plieningers verwendet unter der Darstellung eines Ankers Verse des Werkes: "RÖM. 5, 5 / HOFFNUNG, HIMMLISCHES LICHT IN DES / STERBENDEN BRECHENDEM AUGE / SELIGE HOFFNUNG DES WIEDERSEHNS / UND MIT CHRISTUS ZU LEBEN. / MESS. XIII." Das Zitat wandelt die *Messias*–Verse 658 f. leicht ab. Auf dem Grabmal befindet sich die weitere Inschrift: "SEIN STAUB RUHT BEI DEM DER SEINEN. / SEIN GEIST LEBT MIT SEINEN VERKLÄRTEN." Die irdische und die himmlische Substanz waren verbunden und sind nun auseinandergetreten. Jede findet an dem Ort, zu dem sie kommt, das, was von den Angehörigen geblieben ist. Auch das *Messias*–Zitat auf dem Grabmal der Wilh. Math. Jul. Plieninger, das unter einer Taube mit einem Zweig im Schnabel angebracht ist, kennt Auferstehungshoffnung. Zitiert werden die Verse 592-595. "2 TIM. 2, II / ICH WÜNSCHTE MIT / DIR ZU ENTSCHLUM/MERN / MEINE SCHWESTER / WEÑ SIE NUN RUFET / DIE STIMME DES TO/DES / O SIE WIRD MELODI/SCHER MIR WIE DES / TEMPELS GESANG / SEIN / IN DEM DANKENDEN / TAGE DES GROSSEN / HALLELUJA. / MESS. XII." Ein Bibel–Zitat auf dem Grabmal ist teilweise zerstört: "I. COR. [ ] / DIE LIEBE DIE [ ] / ALLES GLAUBT [ ] / UND HOFFT ALLES [ ] / ALLES IST [ ] / [ ]". Möglicherweise läßt es sich nach dem ersten Korinther–Brief (13, 4-7) ergänzen. Im *Messias* haben sich Cidli und Semida trotz ihrer Liebe um Christi willen voneinander getrennt. Sie haben darauf verzichtet einander wiederzusehen, um stattdessen in Not Geratene zu retten. Nun treffen sie zusammen und werden verklärt. Auf dem Grabmal Th. Plieningers ist zu

[173] In: *Leben in Frankfurt am Main* IV, S. 78

[174] Im *Wandler unter den Gräbern* von 1819 reimen sich "Gruft" und "ruft" in den Inschriften *Auf einen unglücklich Liebenden* und *Auf ein unschuldiges Mädchen*; "Schuft" und "Gruft" in der Grabschrift *Auf einen Wahrheitsfreund* [S. 125f.; S. 123; S. 120].

lesen: "JOH. 16. 22. / WIEDERSEHEN, O DU DER / LIEBENDEN WIEDERSEHEN, / WENN BEI DEM STAUBE / DES EINEN NUN AUCH DES / ANDEREN STAUB RUHT: / MESS. XVI." Es sind die Verse 1548-1549 des XV. Gesanges. Über der Inschrift sind zwei sich schüttelnde Hände in den Stein gehauen. In der von Klopstock bearbeitete Stelle des Johannes-Evangeliums (16, 22) nimmt Christus von den Jüngern Abschied.

Die Beliebtheit der Geschichte von *Cidli und Semida* bestätigt Miller im *Siegwart*: "Lesen Sie doch wieder die Stelle von *Semida* und *Cidli*! sagte sie; sie ist gar zu rührend, und ich liebe das Wehmüthige so sehr. Er las sie. *Therese* lehnte ihren Kopf an den Stuhl zurück und sah zum Himmel. Als er ausgelesen hatte, nahm er eben diese Stellung an und betrachtete sie seitwärts. Sie weinte und kehrte zuweilen ihr Gesicht langsam zu ihm hinüber. Das muß ein göttlicher Mann seyn, sagte sie, der die Liebe so wahr und so heilig schildert!" [S. 95 f.]

Miller berichtet Voß am 16. Juli 1775 von seinem Besuch bei Lotte v. Einem. Der Besuch wird zur Idylle. Millers Darstellung des Ereignisses liest sich "wie eine Stilübung des angehenden Romanschriftstellers." Miller und Lotte "entdecken ihre gegenseitige Liebe bei der Lektüre des Schiksals von Semida und Cidli."[175]

In Millers Roman sagt Therese Xafer, daß sie ein hessischer Hauptmann mit dem *Messias* bekannt gemacht und ihr das Buch geschenkt habe. "Die Stellen, die ich bis jetzt am meisten bewundre und liebe, sind: die von *Samma* und *Joel* und *Benoni*. Die Haut schaudert einem, wenn mans liest und alles so mit ansieht. Dem Seraph *Abbadona* bin ich recht gut; wenn er doch nicht so unglücklich wäre! *Philo* ist ein abscheulicher Kerl! und der menschenfreundliche *Nikodemus* neben ihm! Wie sticht das ab! Am meisten hat mich die Geschichte von *Semida* und *Cidli* gerührt." [S. 324] Später zeigt sich, daß Kronhelm und Therese bei der Lektüre der Geschichte von Cidli und Semida das gleiche empfinden. [S. 344] Und als Matthisson Klopstock besucht, sieht er in einem der Zimmer ein Gemälde von Angelika Kaufmann. "*Samma* lehnt den Kopf an *Benonis* Urne, die er mit beiden Armen umschlungen hält."[176]

13.2 Hölderlin und die Versöhnung mitten im Streit

"Aber es gibt ja eine Welt wo die Getrennten sich wieder vereinen ..." (Schiller an v. Hoven) "Dann kommt zusammen, was wir immerfort / entzwein, indem wir da sind." (Rilke) "Es gab Gefühle, in denen wir über alles Trennende hinweg uns dennoch finden konnten." (Proust)

DORT, im Jenseits, werden alle Trennungen aufgehoben. Auf dem Untertürkheimer Friedhof heißt es: "GRENZSTEIN DES LEBENS, / DOCH NICHT DER LIEBE." (†1946 und †1976) Auf dem Stuttgarter Hauptfriedhof sind drei in den Jahren 1953, 1958 und 1966 Bestattete "WEIT ENTFERNT UND / DOCH VEREINT." Der Gedanke ist so beliebt, daß in einem modernen Handbuch von 1981, welches Muster für Inschriften versammelt — in Seilers Sammlung *Grabsprüche* —, auch die Dichter des frühen 19.

---

[175] Alain Faure, *Nachwort* zu Millers *Siegwart*, S. VIII
[176] *Erinnerungen von Friedrich von Matthisson* I, S. 307

Jahrhunderts gerade mit solchen für sie gar nicht eigentümlichen Sätzen auftreten: "Alles Getrennte findet sich wieder", hätte nicht Hölderlin zu sagen brauchen. [S. 113] Im *Hyperion* findet sich Sätze, die für seinen Dichter bezeichnender und gewichtiger sind. Hyperion teilt tatsächlich am Ende des zweiten Bandes des Romans Bellarmin mit: "Versöhnung ist mitten im Streit und alles Getrennte findet sich wieder." [S. 124] Die Philosophie des Empedokles läßt sich auch anders deuten; dann folgen Streit und Liebe aufeinander. Und andere Stellen im *Hyperion* wären genauso als Grabschrift geeignet: "Was übrig ist, ist Asche." — "Was ist Verlust, wenn so der Mensch in seiner eignen Welt sich findet? In uns ist alles." [I, S. 71; S. 24]

Die Anthologie *Tod wird Leben* (1980) versammelt Aussagen aus der Zeit des Hoppenlau–Friedhofs, welche für diese Epoche bezeichnend sind. "Im heiligsten der Stürme falle / Zusammen meine Kerkerwand, / Und herrlicher und freier walle / Mein Geist ins unbekannte Land! / Hölderlin." [S. 12] Es sind die Verse 1-4 der letzten Strophe des Gedichts *Das Schicksal.* Dieselben Verse hat Hölderlins Stiefbruder als Grabinschrift für den Dichter gewählt. Die Unsterblichkeit, welche im Gedicht den Heroen zuteil wird, ist, wie die Aufnahme in die Anthologie signalisiert, Allgemeingut geworden. Weiter heißt es in *Tod wird Leben*: "Indes wir hienieden um ihn trauern, ist drüben Freude [...] Fichte." [S. 16] "Ich werde überhaupt nicht für mich sterben, sondern nur für andere, für die Zurückbleibenden, aus deren Verbindung ich gerissen werde; für mich selber ist die Todesstunde Stunde der Geburt zu einem höheren, neuen, herrlichen Leben. Fichte." [S. 18]

In der Auswahl, die unter dem Gesichtspunkt der sepulchralen Verwendung zustande kommt, ähneln sich die verschiedensten Dichter; ihre Gedichte werden so ausgesucht, daß alle sich nah sind und kaum ein Unterschied mehr zu bemerken ist. Eine Inschrift des Hoppenlau–Friedhofs zitiert Schillers *Leichenphantasie*: "Wohl dir, geh im Pfad der Sonne / Freudig weiter der Vollendung zu. / Lösch den edlen Durst nach Wonne / Gramentbunden in Walhallas Ruh!", eine andere verwendet Höltys *Elegie: Bey dem Grabe meines Vaters*: "Selig alle, die im Herrn entschliefen, / Selig, Mädchen, bist auch du; / Engel brachten dir den Kranz und riefen, / Und du gingst in Gottes Ruh'", eine weitere benutzt Uhlands Gedicht *Auf den Tod eines Kindes*: "Du kamst, du gingst mit leiser Spur, / Ein flücht'ger Gast im Erdenland; / Woher? wohin? Wir wissen nur: / Aus Gottes Hand in Gottes Hand", und für die Inschrift auf dem Grabmal von Thusnelde Heigelin ist eines der *Geistlichen Lieder* des Novalis Vorlage: "Was du verlorst hat Er gefunden / Du triffst bei Ihm was du geliebt / Und ewig bleibt mit dir verbunden / Was Seine Hand dir wieder giebt."[177] Die Grabschrift für Pauline Auguste Kaufmann stimmt, vielleicht von Novalis beeinflußt, ein: "Ich habe nun den Grund gefunden / Der meinen Anker ewig hält / Wo anders als in Jesu Wunden / Da lag er vor dem Heil der Welt."

[177] Pfeiffer, S. 28 = Schiller [W I, S. 89 f.]; Pfeiffer, S. 28 = Hölty [W I, S. 190 f.]; Pfeiffer, S. 29 = Uhland [W I, S. 93]; Inschr. Thusnelde Heigelin = Novalis [S/TMA 1802, S. 197]

13.3 Säkularisierung der Auferstehung

"Man sagt's ohne Scheu öffentlich, daß die Erbsünde, Höllenfahrt Christi Schimären sind." *(Jean Paul an Pfarrer Vogel)*

EINE GESTALTUNG der Christusnachfolge, August Nahls Grabmal für Maria Langhans in Hindelbank bei Bern, "erweckte", so P. Bloch, "bei den Zeitgenossen in ungewöhnlicher Weise Anteilnahme und Interesse. Die junge Pfarrersfrau war 1751 bei der Geburt ihres ersten Kindes zusammen mit diesem verstorben." P. Bloch fährt fort: "Das Erlebnis des Todes von Mutter und Kind am Tage vor Ostern inspirierte Nahl zu einer Bildidee, die im Gleichnis zum Auferstehungsfest Christi die Auferstehung des Menschen am jüngsten Tage bildlich erfaßt." [S. 31] Goethe erwähnt im Brief an Merck vom 17. Oct. 1779 kurz, daß er "auf Hindelbank das Grab der Langhans" gesehen hat. [W IV-IV, S. 87] Im *Wandler unter Gräbern* findet sich die Inschrift *Das Nahlische Grabmal jener Wöchnerin in Hindelbank: Mit der sinnreichen Vorstellung eines geborstenen Grabsteins, in welchem das Bild der Verstorbenen mit dem emporgehobenen Kinde aufzustreben strebet.* [S. 32 f.] Salis wurde zum Gedicht *Bei dem Grabsteine einer Wochnerin* inspiriert. [W S. 134 f.]

Thema des Grabmals ist die Auferstehung, dargestellt der Abschiedsschmerz; die Auferstehende blickt zu Gott, das Werk wendet sich an den Betrachter.

Ähnlichkeit mit dem Grabmal in Hindelbank hat das um 1806 entstandene Terrakotta-Modell Joh. Valentin Sonnenscheins (1749-1828) zum nicht ausgeführten *Denkmal für Rudolf Ludwig v. Jenner.* Ein Felsen von der Form einer abgestumpften Pyramide ist zerborsten. Rechts ruht in einer Vertiefung ein Genius mit einer verlöschenden Fackel, links stützt sich eine in ein antikes Gewand gehüllte Gestalt und blickt, die Hände ineinanderlegend, empor.

Zum Problem wird in dieser geschichtlichen Situation, ob denn Christus selbst überhaupt auferstanden ist. Rektor und Religionslehrer Anger, berichtet Kügelgen im Kontext der damaligen religiösen Auseinandersetzungen, bringt den Kindern "weniger Christenthum als vielmehr Angerthum" bei. Die Kritik deckt allen Unverstand auf; übrig bleiben Banalitäten. Doch, so geht es, der rationalistische Lehrer hat orthodoxe Schüler, und die bestehen drauf: Christus ist auferstanden! [S. 233 f.] Mag da Rektor Anger beweisen, was er will, und die Auferstehung für unmöglich erklären, man will sich doch wiedersehen und glaubt an die Auferstehung, trotz aller "Mäkelei des Verstandes." (Hegel)

13.4 Das Jenseits im Diesseits

"Du sah'st mich an, und ließest es geschehen, / Daß mich dein wonn'ger Rosenhauch erwarme, / Als könnt' ich so vom tiefen Leid genesen. // O, warum durft' ich damals nicht vergehen! / Der Schritt von deinem Arm in Gottes Arme / Wär' ja ein kleiner, kurzer Schritt gewesen." (Cajetan Cerry, Von dir zu Gott)

MANCHMAL wird noch immer für das Jenseits das bekannte Irdische erwartet. Bei Günter war es im Gedicht *Auf ein Mädgen* noch der "Vorschmack." [W S. 10] Der "Herr, den sie liebte", heißt es in der Todesanzeige für Christiane Dor. Friz in der *Schwäbischen Chronik* vom 21. Februar 1808, ließ sie in ihren letzten Stunden "gleichsam schon den Vorschmack des Lohns für ihre Treue fühlen." Am 1. Juni 1809 teilt eine Todesanzeige in der Zeitung mit, daß Weißmann sein "VorbereitungsLeben" beinahe auf 56 Jahre brachte.

Zeitgenossen dieser Verstorbenen ist das Leben nicht mehr Vorbereitung auf das Jenseits. Ihnen schließt sich das Jenseits nicht mehr an das Diesseits an; sie erleben das Jenseits im Diesseits und erwarten nichts.

Im Gedicht *In der Karwoche* in Mörikes *Maler Nolten* wird die Karwoche, diese "Zeugin heiliger Beschwerde", angesprochen; sie stimmt "so ernst zu dieser Frühlingswonne" und breitet im Sonnenschein des "Kreuzes dunklen Schatten auf die Erde." Zwar darf der Frühling "indessen immer keimen", das "Veilchen duftet" und die "Vöglein singen Jubellieder", doch die "Engel singen leise Grabgesänge", die Vögel sollen schweigen, und die Veilchen, die das Kind in die Kirche tragen wird, werden auf dem Altar welken. So sind nun die Vöglein zum Schweigen aufgerufen, englische Grabgesänge übertönen sie, die Veilchen müssen welken — immerhin darf der Frühling weiter keimen. Und der Schluß des Gedichts fordert den Trost, daß die Geliebte in ihrer allumfassenden sehnsüchtigen Andacht auch des Geliebten gedenke: "Wird sie sich dann in Andachtslust versenken, / Und sehnsuchtsvoll in süße Liebesmassen / Den Himmel und die Welt zusammenfassen, / So soll sie mein — auch mein! dabei gedenken." [S. 429] Die Erinnerung gewährt die alles umfassende Synthese.

Unter J. G. Fischers Gedicht *Mein Liebster nur ist mein Gebet*, dessen Strophen in der Form eines Kreuzes gesetzt sind, präsentiert das Album *Heidenröslein* Hoffmann von Fallerslebens *Du bist die Sonne, die nicht untergeht.* [S. 64] Auf der gleichen Seite steht damit ein Gedicht mit einem Titel, der ausspricht, daß der Gottesdienst das Gedenken an den Geliebten ist, über einem anderen Gedicht, dessen Überschrift seine Metapher dem profanen Bereich, der Natur, entnimmt.

Gott ist zum Unendlichen und zur Liebe geworden; auch die Auferstehung wird irdisch vorgestellt. Das Grabmal Nahls kennt noch einen Himmel, dem die Auferstehende entgegenstrebt. Lenau ist der Glaube an ein *Jenseitswiedersehen* ein schöner "Wahn", ein Zauber, der ohnedies Schönes weiter sublimiert. Dem 46. Kapitel des Romans *Schillers Heimatjahre* von Kurz sind Verse Rückerts vorangestellt: "Was ist des Paradieses Lust / Mit grünen Lorbeerbäumen? / Ich wohn' in meiner Liebsten Brust, / In ihren stillen Träumen." Das Jenseits gerät völlig ins Diesseits und das Glaubensbekenntnis zur Gliederung eines Liebesgedichts in Uhlands *Seligem Tod*: "Gestorben war ich / Vor Liebeswonne; / Begraben lag ich / In ihren Armen; / Erwecket ward ich / Von ihren Küssen; / Den Himmel sah ich / In ihren Augen." [W I, S. 26]

Das Album *Heidenröslein* enthält den *Seligen Tod.* Auf der gleichen Seite wie Uhlands Gedicht wird Grillparzers *Allgegenwart* vorgestellt. Allgegenwärtig ist die Geliebte, permanent präsent ihr "Hälslein", ihre "Wangen rund", ihr "Purpurmund", ihr "nächtig Haar", ihre "Stirne klar", ihr "Augenpaar"; die sechs Strophen des Gedichts sind in der Form eines Kreuzes angeordnet. [S. 115] Das Gedicht handelt davon, daß die Geliebte und nicht mehr Gott allgegenwärtig ist; die typographische Gestaltung verbürgt, daß die neue Religion aus der alten hervorging und Gott in ihr allzeit anwesend bleibt.

13.5 Sonderformen der Auferstehung

"Nicht auf dem Grabe hier ist dein wirkliches Mal, Theodoros, / nein, auf der riesigen Zahl Blätter von Büchern erbaut, / drin du die Arbeit von weisen, versunkenen Dichtern aus ihrem / langen Vergessen geführt und sie aufs neue belebt." (Griechische Anthologie) "Ein Teil ist tot; ein Teil zeigt sich in Kindern hier; / Ein Teil im Ruf, ein Teil in schöner Bücher Zier." (v. Czepko) "Und vielleicht ist auch die Auferstehung der Seele nach dem Tode mehr oder weniger ein Gedächtnisphänomen." (Proust)

BETTINA BRENTANO will aus dem Munde Isaak v. Sinclairs Hölderlins Homburger Dichtungstheorien vernommen haben. Sie führt sie der Freundin Karoline v. Günderrode aus. Die heilige Poesie erfährt eine konfuse Begründung. Das "Leben im Wort" ist "Auferstehung" von "Gemordetem."[178] Goethe klagt am 2. Januar 1815 Sara v. Grotthuß: "Nach den rollenden Kriegsgefahren, und der unablässigen Einquartierung, die über genannten Ort [Jena] weggegangen, war es wirklich, als wenn man nach der Auferstehung wieder zu den Seinigen käme." [W IV-XXV, S. 128] Man nimmt es nicht mehr so genau mit dem Begriff. Vielerlei kann nun auferstehen.

Dem Kirchenvater Schleiermacher gelingt es in den *Monologen*, seinen Heiratsentschluß unter gewaltiger Erwärmung des Sprachgebrauchs derart mit theologischen Begriffen zu durchsetzen und diese für seine Verklärung des Ehelebens fruchtbar zu machen, daß dem Leser schwerlich in der Weltgeschichte etwas bedeutsamer vorkommen kann als das Schleiermacherische Eheprojekt, diese "Auferstehung der Freiheit", in der "der alte Mensch die neue Welt beginnt", und von der aus es bis zur "Auferstehung des Fleisches" im Hauptwerk des D. H. Lawrence nicht mehr weit zu sein scheint. [S. 74 f.]

Ganz anders auferstanden ist, wenigstens in Marheinekes Trauerrede, Schleiermachers nüchternbiederer Kollege Hegel. David Fr. Strauß, eigens wegen Hegel nach Berlin gereist und auch noch rechtzeitig zu einem Besuch, erfährt bei Schleiermacher von Hegels Tod und berichtet am 17. November 1831 Märklin vom Begräbnis: Marheineke

[178] B. v. A., *Die Günderode* [W I, S. 393]

behauptete vom Verstorbenen, "daß er wie Jesus Christus durch den leiblichen Tod zur Auferstehung im Geiste, den er den Seinigen gelassen, hindurchgegangen sei."[179] Der Verewigte, dies ist zu vermuten, wäre mit diesem seinem Auferstehen im Verein seiner Freunde einverstanden gewesen. Er hätte seinen Spaß daran gehabt, dabeisein zu können. Und das Opfer ist auch so froh.

13.6 Die himmlische Akademie

PROFESSOR HEGEL wirkt auf Erden in seinem Werk fort und ist nicht, nach Erkundigungen betreffs der dortigen Bierqualität, an eine himmlische Universität berufen worden, wo er mit Kollegen Achterbahn fährt und die unverständigen Gegner seiner unverständlichen Philosophie attackiert.

Anders erging es Quirin Reuter. Seine lateinische Inschrift von 1613 sagt, daß Gott ihm befahl "aus dieser mühseligen und beschwerlichen Schule in die himmlische Akademie der Seligen heimzugehen." [DI XII, Nr. 585] Den 1605 verstorbenen Joh. Schemel hat seiner lateinischen Grabschrift zufolge Gott "in die Gesellschaft der himmlischen Akademie berufen." [DI XV, Nr. 434] Dürer, so seine Grabschrift aus dem Jahre 1681, malt "heilig nun / Dort an der Gottesstadt." [TBV 1825, S. XXIV] Ein lateinische Inschrift in Rotenburg ob der Tauber gilt einem 1586 Verstorbenen; er "sprach dem Volke Recht" und empfängt "jetzt himmlisches Recht." [DI XV, Nr. 346]

Gott, sagt Prälat von Müller in der Predigt für Carl Eugen von Hügel, ist ein "himmlischer Erzieher seiner Erdenkinder." Er will, wie es in der Predigt für Auguste Erhard heißt, "seine Kinder auf der Erde ebensowohl durch Leiden als durch Freuden für den Himmel erziehen." Henrich Ludw. Diehl ist, so seine Todesanzeige vom 8. Juni 1842 in den Frankfurter *Frag= und Anzeigungsnachrichten*, nun "Candidat von Gottes Sonnen=Thron."[180] Knaben, manchmal auch Mädchen, die in der Ausbildung sterben, wechseln, wie ihre Todesanzeigen versichern, über zur höheren Bildungsanstalt, so Carl Ströhlin, Chr. Gottl. Herrmann, Gustav Haas.[181] Es ist die vollkommenere Erziehungsanstalt. [SC 15.3.1809] Diese überirdische Erziehungsanstalt ist "ohne alle Vergleichung vorzüglicher" als "alle unsere irdische Erziehungsanstalten." [SC 11.3.1816] Die Eltern des mit zwei Monaten verstorbenen Ed. Fr. Rheinwald trösten sich: "Nur felsenfester Glaube an das Wiedersehen in jener höhern BildungsAnstalt, die das Leiden der Zeit bis zum Befremden vergütet, gießt Balsam in unsere Wunde." [SC 12.10.1809] Wilhelm Molly folgte "seinen vier vollendeten Brüdern in das schmerzfreie Vaterland nach, um in der hohen Schule des Himmels seine Bildung für das Gottesreich zu empfangen." [SC 15.4.1831] Wir dürfen es nicht zu genau nehmen, sonst könnte die Schmerzfreiheit mit der Ausbildung kollidieren. Oder wir müßten uns wundern über Vollendete an einem Orte der Weiterbildung und das dort statthabende Wiedersehen nicht nur mit der Schwester, sondern auch noch mit dem vor vier Jahren "dahin vorangegangenen"

---

[179] In: *Deutsche Menschen*, S. 64

[180] In: *Leben in Frankfurt am Main* III, S. 14

[181] SC 5.6.1805; 1807, S. 80; 21.12.1808

Großvater. [SC 11.3.1816] Paul Friedr. Gottl. Dettlinger wurde im sechsten Lebensjahr "in die obere PflanzSchule versezt, nach welcher er sehnsuchtsvoll verlangte." [SC 31.10.1814] Hier geht die Vorstellung von der höheren Erziehungsanstalt über in die von der zarten Pflanze, die ein sorgender Gärtner verpflanzt hat, um sie vor den rauhen Stürmen zu schützen. Kästner verfaßte die *Grabschrift Gotthelf Kirsten's, geb. 4. Okt. 1790, gest. 22. Jul. 1792.* Das "Bäumchen", das so hoffnungsvoll blühte, ward "früh in's Paradies versetzt." Der *Grabschrift* folgt der Zusatz: "So bald genoß das 'Kind der Lehrbegierde Lohn! / Drei Sprachen lallt' es hier, und spricht mit Engeln schon." [GMA 1795, S. 9] Schon in einer lateinischen Inschrift von 1586 ging der Verstorbene von der "berühmten Pflanzstätte" Schulpforta in die "himmlische Pflanzstätte." [DI IX, Nr. 459] Ebenso rief der "ewig Unerforschliche" den "der BauKunst Beflissenen" Joh. Barthol. Bopp "zu sich in jene Welt", um "dort seine schöne GeistesAnlagen und Fähigkeiten vollkommen zu entwickeln und auszubilden. Früh ist er verblüht, um in jenen himmlischen Gefilden schöner zu erblühen." [SC 5.10.1814]

Nic. Bernoulli schrieb für Drollinger die *Grabschrift*: "Hier ist Drollingers Leib für kurz ins Grab geleget, / Indem sich GOttes voll sein Geist gen Himmel schwingt, / Und droben ewiglich, wie Er vorhin gepfleget, / Ein Lied im höhern Tohn zu GOttes Ehren singt." [Drollinger W S. 382] Zumsteeg möge, wünscht Haug *An Zumsteegs Grabe*, süß ruhen, bis ihn "Engel wecken" mit vom Komponisten geschaffenen Melodien. [W 1808 I, S. 8] Vielleicht haben sich Drollinger und Zumsteeg inzwischen zusammengetan; dabeisein könnte auch der 1577 in München bestattete Ph. Dobereiner. Wenn sich die Vision seiner lateinischen Grabschrift verwirklicht hat, dann sieht er die himmlischen Paläste und singt frohe Lieder. [DI V, Nr. 231] Anna Kath. Vetter v. d. Gilgen wurde "ieres alters 5. Wochen zu der Englischen Schar abgefordert"; Jakob Micyllus, der 1588 in der Heidelberger Peterskirche bestattet wurde, schrieb Gedichte, die "von Mund zu Mund" fliegen, er aber stimmt nun "mit kunstgeübter Sprache Loblieder an / und Gesänge auf Christus."[182]

13.7 Himmlisches Bürgerrecht

"Liebste Braut, du schöne, / Bürgerin der Ewigkeiten." (Albini) "Du bester Anwalt, Jesu Christ!" (Günther) "Als Christ ist man nicht Fürst, nicht Graf, nicht edler Ritter." (Zinzendorf)

WIE DIE UNIVERSITÄT und der Musikbetrieb stellt auch die bürgerliche Gesellschaft Bilder für das Heilsgeschehen bereit. Die Übersetzung des lateinischen Epitaphs Anna Maria Prenningers (†1603) lautet: "Da wir im glückseligen Himmel unser Bürgerrecht haben, gib, Christus, daß ich Bürgerin des Himmels werde." [DI XV, Nr. 423] Die lateinische Inschrift für Susanna Lodomannus (†1632) teilt mit, daß sie "als Verbannte den Himmel erreicht" hat, "wohin ihr als Bruder und Verbannter Christus vorausging. Hier besitzt sie jetzt als Bürgerin die glorreichen Rechte der ewigen Stadt, als Miterbin

[182] Inschr. 1584 [DI V, Nr. 262]; Lat. Inschr. 1558 [DI XII, Nr. 288]

des Sohnes Gottes, als Mitbewohnerin des Himmels." [DI XV, Nr. 560]. Und das Epitaph der Eheleute Burckhard (1602) lautet: "Vnßer Bürgerschafft ist im Himmel von danen wir auch warten deß Heylandts / Jesu Christi." [DI XXII, Nr. 303] Freylinghausen wünscht im Gedicht *Gelobt sei Jehovah der Heerschaaren* nach dem Scheiden "von der Erden" zum "Himmelsbürger" zu werden. [W S. 32] "Großfürst" ist "Michael" in Schmolcks *Täglichem Engellied.* [W S. 65]

Hippel leistet in den *Lebensläufen nach aufsteigender Linie* Beiträge zu einer Differenzierung: "Wir sind in Hinsicht unsers Körpers Gottes Pilger, in Hinsicht unsrer Seele Gottes Bürger." [W I, S. 12]

Geben sich die frühneuzeitlichen Inschriften insgesamt erstaunlich urban, bezieht umgekehrt ein Hoppenlau–Prediger seine Metaphern aus der Feudalzeit. Christus ist, heißt es in der Predigt für Auguste Erhard, der "Fürst des Lebens, der Herzog unserer Seligkeit." Es geht mit einem göttlichen Fürsten auch weiterhin feudalistisch zu, doch auch die Epoche des Bürgertum dämmert mit neuen Himmelsbürgern schon heran. Auch die Aristokraten werden von der bezeichneten Tendenz erfaßt. Wenn man der Predigt für den Grafen Schéler glaubt, dann umschlingt sie, die Aristokraten, im Himmel die Bürgerkrone. Hiller bemerkt in der Predigt für D. Gottl. Chr. Storr über diesen: "Himmels=Bürgern fast gleich, über Erden=Besitzer erhöhet, / Blieb er stets von der Pest menschlicher Thorheit entfernt." — "Seine Gesellschaft ist jetzt ein liebliches englisches Heer." Endlich wird Storr auch angesprochen: "Heil Dir, *Theuerster Storr!* Du bist unglaublich geadelt / Durch deinen Heimruf zu Gott unter Bedienung des Tod's."

13.8 Auferstehung und Natur

"Dann, Blümlein alle, heraus, heraus!" (Schubert/Müller, Trockne Blumen) "Die Blumen alle / Von dir gesandt, / Sind längst verdorret / In meiner Hand." (Elly Gregor, Die Blümlein alle)

SCHÖN wird es sein im Himmel. Schmolck freut sich im *Täglichen Engellied*: "Wie schöne werden wir / Im Himmel musiciren!" [W S. 66] Die Auferstehung scheint auf Erden stattzufinden — den Himmel hat man schon immer, vergleichbar dem Sopransolo *Wir genießen die himmlischen Freuden* aus *Des Knaben Wunderhorn* im *sehr behaglichen* vierten Satz der *Vierten Sinfonie* in *G–Dur* Mahlers — in deren Scherzo *ohne Hast*, wie es heißt, der Tod aufspielt — mit irdischen Attributen ausgestattet sich gedacht. "Unter des Kreuzes Aste, / Da schenkt man Zyperwein, / Maria ist die Kellerin, / Die Engel schenken ein." So heißt es im Gedicht *Ein Mai, von einer Nonne zu Pfullingen, aus einem Kodex des fünfzehnten Jahrhunderts.* [PMA 1812, S. 75] Genaue Angaben über die Jenseitsgebräuche macht Francks Gedicht *Verlangen nach dem ewigen Leben.* [W S. 72 ff.] Es bleibt allerdings lediglich beim Ansatz zu einer exakten Eschatologie, bei einer nicht konkret ausgestalteten Aneinanderreihung affirmativer Begriffe, und auch dies Positive wird weitgehend ex negativo gewonnen. Brockes hat auch hier geforscht und fleißig Vorstellungen entwickelt. Der dritte Band des *Irdischen Vergnügens* enthält einen sehr gründlichen *Entwurff einiger Betrachtungen, über den Zustand der Seeligen.* [S. 627-666] Eine schöne Anschaulichkeit erreicht Schmolcks *Tägliches Engellied*: "Es muß vor diesem Heer / Der Feind die Segel streichen, / Und Satans Mordgewehr / Zerknickt von dannen weichen. / Der Höllen Pforte kracht / Vor dieser Himmelsmacht." [W S. 65] Katharina Streidtackers Grabstein (1598) steht in der Heidelberger Peterskirche. Sie verliert sechs Kinder, aber sie findet — ein schöner Trost — sieben ins Vaterland vorangeschickte Kinder ebendort wieder. Die Vision vom jüngsten Gericht überzeugt: "Wir werden Zwar all' auferstehn / Die Böck ins Feur, in Freud wir gehn." [DI XII, Nr. 489] So soll es sein. So wird es sein.

In Salis' *Merzlied* sind die sprießenden "Keimchen" Zeugen, "daß auch wir der Erd' entsteigen, / Wenn des ew'gen Frühlings Odem / Uns zur Auferstehung weckt!" [W S. 23] Genauso gewinnt Julius Sturm im Gedicht *Auferstehung* Hoffnung auf diese Auferstehung aus dem Jahreslauf und aus den Naturerscheinungen: "Ein Bächlein, das von Eis befreit / Sich plätschernd durch das Thal ergießt, / Ein Hälmchen, das im grünen Kleid / Der Erde dunklem Schooß entspreißt; // Ein Falter, der die Flügel schwingt, / Erweckt vom warmen Sonnenschein, / Ein Lied, das aus den Wolken klingt, / Wie Silberglocken hell und rein; // Was fragst du, Herz, mit bangem Ton, / Ob deine Todten aufersteh'n, / Und fühlest doch auf Erden schon / Den Auferstehungsodem weh'n?" [DtMA 1858, S. 103] Offen bleibt, ob die irdischen Erscheinungen die Auferstehung am Ende der Zeit verbürgen, oder ob sie, in sich gültig, den Wunsch nach einer anderen Auferstehung überflüssig machen.

Der Lauf der Natur kann mit Verpflanzen, Saat, Keimen und neuem Aufblühen die Metaphern für das Schicksal des Menschen liefern; gerade umgekehrt verhält es sich, wenn in Matthissons *Winter* die Blumen im Frühling das betreiben, was einmal, im engeren Verstande, nur dem Menschen zugedacht war, wenn sie *auferstehen*: "Bis zur fröhlichen Lenzesauferstehung / Ruhn die farbigen Rasenblümlein alle." [W Hg. Bölsing, S. 23 f.]

14 Die Jahreszeiten

ES BERUHIGT und tröstet, das Schicksal des Menschen mit Übergeordnetem und Wiederkehrendem zu vergleichen. Gedichte und Grabschriften stellen das Leben und Sterben der Menschen gerne in kosmische oder heilsgeschichtliche Zusammenhänge. Der Tod scheint dann nicht so schlimm zu sein.

Es wird als ein gutes Zeichen aufgenommen, a) wenn beim Sterben oder bei der Beerdigung das *Wetter* schön ist oder gar gerade beim Versenken in die Gruft der Mond aus den Wolken heraustritt. Man vergleicht b) das Sterben mit dem Untergang der *Sonne* und hofft, daß das Opfer auferstehen wird, so wie das Gestirn an jedem Morgen wieder am Firmament erscheint. Die Zurückbleibenden stellen sich c) die Auferstehung als einen schönen *Frühlingsmorgen* in einem besseren Land und in einer glückseligen Zeit vor. Metapher für das Weiterleben ist die *Blume*, die d) verpflanzt wurde und droben neu *erblüht* oder e) hier keimte und dort, im Himmel, *reift*. Das f) *Samenkorn* muß hier, auf der Erde, sterben, damit es dort Frucht trägt. Es gewährt g) Trost, wenn die *Jahreszeit*, in der der Tod kam, im Jahreslauf dem Lebensalter, das das Opfer erreichte, entspricht. So wie ein neuer Frühling gewiß und wärmer als jeder vorherige kommen wird, so wird auch der Verstorbene wiederkehren. Zahlreiche Inschriften weisen h) ausdrücklich darauf hin, wenn der Dahingegangene an einem wichtigen Termin der *Heilsgeschichte*, etwa an Ostern oder an Himmelfahrt, starb. Sein Leben verlief dann so wie die Biographie Christi. In der Zeit der heiligen Poesie endlich ist es möglich, i) in einem Gedicht darauf hinzuweisen, daß der Tod am *Geburtstag* des heiligen Dichters Klopstock eintrat. Der Tod ist dann nicht zufällig, sondern trägt Bedeutung.

14.1 Das Wetter bei Beerdigungen

"Ach, traure, Theurer, traure nicht / Des Grabes Dunkel schwindet, / Und himmlisch und unsterblich Licht / Glänzt dem, der überwindet." (Kosegarten, Ellwieens Schwanengesang)

TROST UND HOFFNUNG gewährt es den Betroffenen, wenn beim Sterben prächtiges Wetter herrscht. Die Trauergemeinde beeindruckt es, wenn bei der Beerdigung plötzlich ein heller Sonnenstrahl durchbricht.

Jean Pauls *Schulmeisterlein Maria Wutz* hat dem Erzähler mitgeteilt, "nichts wäre schöner und leichter, als an einem heitern Tage zu sterben." [S. 60] Karl v. François soll hingerichtet werden. Am Abend zuvor besucht der Prediger ihn. Bei Sonnenuntergang beten sie. François wünscht sich einen heiteren Morgen und will die Sonne noch einmal sehen, "denn es muß unheimlich sein, in kühler grauer Dämmerung zu sterben." Am Sterbeplatz, der dann doch keiner sein wird, bricht wirklich die Sonne "in vollem Glanze aus den Wolken" hervor. [S. 25 ff.] Caroline Schulz macht sich *Tagebuchaufzeichnungen über Büchners letzte Tage im Februar 1837.* Zum Tag seines Todes notiert sie, daß der Himmel blau war und die Sonne schien, zum Tag der Beerdigung zeichnet sie ein Gleiches auf. [In: Büchner W S. 581 f.] Gruber berichtet in seiner Schrift *Friedrich Schiller* von Schillers Bestattung. Zunächst ist der Himmel umwölkt, dann zerreißt der Sturm die Wolken und der Mond tritt hervor. Er wirft "seine ersten Strahlen auf den Sarg mit den theuern Uiberresten." Als Schiller bestattet ist, verdecken die Wolken wieder den Mond. [S. 59 f.] Gottlob Kemmler spricht in seinen Nachruf für Hölderlin davon, daß dessen Begräbnis mit Gewitterregen und Sturm begann; kurz darauf brach die volle Sonne aus den Wolken.[183] Es ist auch möglich, daß der Mensch gerade dann "die Ruhe" findet, wenn die Sonne zum ersten Mal im Jahr hell scheint. [Köpke II, S. 147]

Scheint die Sonne bei der Beerdigung strahlend oder bricht sie gar aus den Wolken hervor, dann erinnert dies an die biblische Auferstehungsszenerie und schenkt Hoffnung und Trost.

[183] In: *Hölderlin: Chronik seines Lebens mit ausgewählten Bildnissen*, S. 142 f.

Eckermann bekommt von Goethe am 23. Oktober 1828 die Abschrift eines Briefes von Alexander v. Humboldt an den Kanzler v. Müller zu lesen. Anlaß des Briefs war Müllers Schrift über Leben und Taten des Großherzogs Carl August. Der Großherzog hatte seine letzten Tage bei Humboldt zuebracht. Dieser erinnert sich im Brief an eine ganz besondere "Lucidität" des Fürsten und deutet dessen erhöhte Lebendigkeit als "Vorbote des scheidenden Lichtes." 1830 erfährt Eckermann bei der Rückkehr von seiner Italienreise wenige Tage vor Weimar von August Goethes Tod und nähert sich betrübt der Stadt. Er fühlt die schweren Stunden des menschlichen Daseins. "Meine Gedanken verkehrten mit höheren Wesen über mir, als mich ein Blick des Mondes traf, der auf einige Sekunden aus dichtem Gewölk glänzend hervortrat und sich dann wieder finster verhüllte." [S. 407] Ottilie wird in den *Wahlverwandtschaften* am frühen Morgen "im offnen Sarge aus dem Schloß getragen, und die aufgehende Sonne rötete nochmals das himmlische Gesicht." [S. 239]

Die Vorstellung von dem Trost, den schönes Wetter bei der Beerdigung schenkt, ist nicht neu und auch heute noch präsent. Bei Helmuth v. Pasenows Beerdigung wölbte sich "mit purpurnem Blau [...] der durchsonnte Himmel." [Broch, S. 49] Conrad Castiletz, der Held von Doderers Roman *Ein Mord den jeder begeht*, wird, nachdem sich alles aufgelöst hat und er weiß, daß er vor Jahren am Tod Louisons vor Jahren im Tunnel bei Lauffen am Neckar beteiligt war, in der Wohnung des Herrn von Hohenlocher Opfer einer Gasexplosion. "Der Himmel dieses Aprilmorgens wies jenen zerfahrenen und verwaschenen Ausdruck, der dem Schwanken der Erde im halben Frühling, zwischen Tod und Leben, entspricht." [S. 320] Merkwürdige meteorologische Erscheinungen beim Tode Beethovens schildert Doderer im *Schneegewitter*. [S. 90 ff.] Unbeständige und undurchsichtige Wettererscheinungen irritieren die Trauergäste bei Pat Dignams Beerdigung. [Joyce, S. 128] In Joseph Roths *Radetzkymarsch* stirbt der Kaiser, der Bezirkshauptmann Trotta ebenfalls, Österreich geht unter und es regnet ununterbrochen. [S. 313 ff.] Arcadio wird im Roman *Hundert Jahre Einsamkeit* zum Tod durch Erschießen verurteilt. "Auf dem Weg zum Friedhof beobachtete Arcadio in dem beharrlichen Nieselregen, daß am Horizont ein strahlender Mittwoch aufging. Die Sehnsucht schwand mit dem Nebel und gab statt dessen einer gewaltigen Neugier Raum." [S. 145] In Prousts *Suche nach der verlorenen Zeit* hat die Großmutter einen Anfall. Sie ist unheilbar krank und kann nicht gerettet werden. "Die Sonne war im Sinken begriffen." [V, S. 1671 f.] Später geht die Sonne auf und die Mutter tritt ins Zimmer; sie ist wie die verstorbene Großmutter geworden, welche Sonnenaufgänge liebte. [VII, S. 2752 f.]

In den Leichenpredigten wird Trost aus dem Aufgehen der Sonne gewonnen. Auguste Em. Fr. Pistorius (†1816) besuchte gern "in der Morgenstunde diesen Gottes=acker", sie freute sich, "wenn die Strahlen der freundlichen Sonne ein geöffnetes Grab beleuchteten." Stiftsprediger Flatt spricht die Verstorbene an: "Die Sonne schien an diesem Morgen ihre Strahlen ganz verbergen, und Dich mit uns betrauern zu wollen. Aber in diesen Augenblicken erhellt sie mit ihren Strahlen Deine Gruft, um einen geheimen Wunsch Deines Herzens zu erfüllen. Doch das freundliche Sonnenlicht am Grabe war

Dir nur Sinnbild eines höheren himmlischen Lichts." Bei C. M. Heigelins Bestattung schien gleichfalls die Sonne. Hofkaplan Grüneisen betet zu dem, welchem die Sonne gehört. Uns allen in der "Gemeinschaft des Geistes" Verbundenen, versichert Garnisonsprediger Sigel in der Predigt für Stockmayer, wird einmal der "Frühlingsmorgen des ewigen Lebens" anbrechen. Und J. G. Fischer bemerkt über Emilie Zumsteeg: "Aber ihr Abendroth / Leuchtet wie Frühlicht / Auf den Wangen der Schüler."

"Im ewigen Lichte", kommentiert ein anderer Geistlicher in anderem Zusammenhang, "löst sich jeder Schmerz."[184] Es geht, sagt auf dem Friedhof in Höfingen bei Leonberg die Inschrift für Ingrid (†1957), "ZUR LICHTHEIMAT" hin "VOM HEIMATLICHT." Zwischen den beiden Angaben des Ziels und der Herkunft ist auf dem Grabmal ein Mädchen in langem Kleid, das die Arme emporhebend nach oben schaut, dargestellt.

14.2 Jahreszeiten und Lichterscheinungen

"Da dacht ich nur an sie, für die der Lenz vorbei." (Byron) "Pfingsten, das liebste, lieblichste Fest bringt mir einen Brief von dir." (Goethe an Christiane) "... und der Pfingstmorgen, der dich mir wiedergegeben!" (Ibsen)

Die neutrale Variante zu der Angabe, an welchem Tag im Kirchenjahr das Opfer starb, ist, wenn hervorgehoben wird, daß der Tod in die Jahreszeit fiel, die im Jahreslauf dem erreichten Lebensalter entspricht. In Woltmanns *Leichenzug im Dorfe* stirbt das Mädchen am Ende des Frühlings, der Vater folgt ihr im Herbst. [GMA 1792, S. 207] Grüneisen begründet in der Predigt für Wilhelm Hauff die Notwendigkeit des frühen Todes, er weiß von "dem Gesetz der Natur, wornach die seltensten und schönsten Blumen die Erscheinung nur weniger Stunden sind." Freilich kann auch einmal ein Greis im Frühling sterben. Maria Krummacher berichtet vom Tod ihres Großvaters im Frühling. Er hatte es sich so gewünscht. [S. 418]

Mit dem Sonnenaufgang ist im Herbst 1675 eine Prinzessin erschienen und im folgenden Sommer verwelkt. Ihr hat keine der Jahreszeiten gefallen. [John/Schlund, S. 95]

Sehr schön ordnen zwei Wimpfener lateinische Inschriften das Leben in den Jahreslauf der Natur ein. Der Tod kommt im Herbst zu Einem, der die Welt vor dem grimmigen Winter zu schützen versuchte. Liebevoll nahm er sich der zarten Schwestern an. Der Tod erscheint mit dem Sonnenuntergang: "Eben hatte des Jahres eintausend fünfhundert und vierzig / Trauriger Winter schon elf Mal seine Flocken verstreut, / Siehe, da hat uns der Tod, der grimme, Hans Faber entrissen." — "Pelzgefütterte Mäntel verschaffte er sämtlichen Wächtern, / Daß der Körper verschont bliebe von Winter und Frost." [DI IV, Nr. 150] Auch der andere Wimpfener (†1557) schützte die Menschen vor Frost; er starb, als der Winter schon floh, und zahlte die Schuld der Natur. [DI IV, Nr. 160] Ein Grabmal in Eichenbühl von 1579 versichert: "Die schuldt der Natur hab Jch bezahlt: / Da Jch war inn die 65 . Jahr Altt." [DI VIII, Nr. 357] Im Lauf

[184] Mörike, *Maler Nolten*, S. 427

der Zeit kehren sich die Eigentumsverhältnisse um. Nicolays *Grabschrift* weiß davon: "Auf kurze Zeit war dieser Hügel mein. / Auf lange Zeit bin ich nun sein." [VMA 1795, S. 91] Eine Inschrift auf dem Friedhof in Möhringen von 1974 stimmt ein: "DIE ZEIT HAST DU VERGESS-/SEN — SIE IST DER FEIND / VOM GLÜCK — DENN SIE NIM̄T / WAS DU BESESSEN — IRGEND- / WANN EINMAL ZURÜCK."

Mit einer Lichterscheinung vergleicht Stiftsprediger Dr. Flatt den Tod F. E. von Hartmanns. Sein Sterbemonat, der Geburtsmonat seiner Frau, war auch der Sterbemonat mehrerer Blutsverwandter; dem Verstorbenen schien er "zum Sterbemonat seiner Familie bestimmt zu seyn." Wie eine Anmerkung zum Predigttext mitteilt, traf "in der Nacht vom 16ten auf den 17ten Mai" ein, "von einem ausserordentlichen starken Donnerschlag begleiteter, Blitz einige Häuser der Stadt, ohne zu zünden oder sonst einen bedeutenden Schaden anzurichten." So kann Flatt sagen: "Durch einen erschütternden Schlag Deiner Allmacht, o Gott, ähnlich dem furchtbaren Schlag, dessen Gefahr Du in der verflossenen Nacht gnädig von uns abgewendet hast, hat sich diese Gruft, an der wir stehen, geöffnet." Der Tod gleicht dem Donnerschlag, das Unheil dem Blitz. Der Vergleich legt nahe, daß das Unglück am Verstorbenen vorüber ging, so wie die Stadt vor dem Feuer verschont wurde.

14.3 Die Sonne

"... dann bleiben wir immer vereint / dort, wo ewig die Sonne scheint." (Inschrift Stuttgart, Hauptfriedhof, †1957, †1966, †1986)

DIE DER TOTEN GEDENKENDEN vergleichen das Sterben eines geliebten oder hochgeschätzten Menschen sehr gerne mit dem Untergang der Sonne. Sie müssen dann nicht eigens ausführen, ob und wie sie eine dem Zyklus der Sonne entsprechende Wiederkehr erwarten, doch die Hoffnung auf eine Wiederkehr schwingt mit. Der Vergleich ermöglicht es, Anteilnahme zu bekunden ohne dabei Stellung zu beziehen, und daraus erklärt sich seine Beliebtheit.

Carlyle verwendet das Bild in seiner Schrift *Death of Goethe* bei Goethes Dahingehen. [UG S. 875] Fr. Parthey steht bei Sonnenaufgang auf dem Grabe des Verstorbenen und denkt, wie er ihr aus Strasburg am 20. August 1778 mitteilt, an Elisa von der Recke.[185] Clemens Brentano bekennt im *Andenken eines trefflichen Deutschen Mannes und tiefsinnigen Künstlers*, daß ihm Philipp Otto Runge "ein Morgenroth" gewesen ist.[186] Eine Fußnote zu K. E. K. Schmidts Gedicht *Ueber Sellmars Tod* erklärt die Metapher, daß "mit dem Auge der Welt auch seines, / Ach Sellmars Auge brach!" damit, daß er "starb in eben dem Augenblicke, da die Sonne untergieng." [GMA 1773, S. 111] Die *Schwäbische Chronik* bringt am 2. April 1780 die *Ankündigung des SterbeFalls Josephs und Exequien.* Letztere werden in Rottenburg am Neckar abgehalten. In der Stadtkirche wird ein Castrum Doloris aufgebaut. Auf beiden Seiten stehen je

[185] In: Rachel, *Elisa von der Recke*, S. 84

[186] In: C. B., Ph. O. R., *Briefwechsel*, S. 47

zwei Pyramiden mit folgenden Sinnbildern und Inschriften: "Auf den zwei vordersten war die auf= und niedergehende Sone mit den Innschriften: *Gleich beim Eintritte unverkennbares Licht. Der Abschied mild und groß.* Auf den zwei hinteren hingegen die Mittags= und AbendSonne mit den Innschriften: *In ihrem Laufe unaufhaltsam. All umfassendes Wohlthun, der Zwek:* zu sehen." Hier werden Eigenschaften der aufgehenden und der niedergehenden Sonne — Helle, Milde, Größe — genannt, die der Verstorbene mit ihnen gemein hatte. Offenbar ist es nicht ein und diesselbe Sonne, welche auf- und niedergeht. Verzichtet wird auf einen Vergleich des Schicksals des Sterbenden und Wiederkehrenden mit dem kosmischen Zyklus.

Heine wendet sich Ende August 1840 an Laube, er hat tags zuvor von Immermanns Tod erfahren und erinnert sich nun, daß er vor einigen Tagen bei einem schönen Sonnenuntergang an Immermann dachte. Er wundert sich: "Sonderbar!" [B II, S. 335] Lichtenberg teilt Anfang 1783 G. H. Amelung mit, daß das kleine Mädchen, das er zu sich ins Haus genommen hatte, 1782 "abends mit Sonnen-Untergang *gestorben*" ist.[187] In der knappen Todesnachricht möchte er nicht auf das Detail des Sonnenuntergangs verzichten. Ist der Wiederkehr verheißende Untergang des Gestirns dem endgültigen Tod entgegengesetzt? Oder ist dieser vorläufig wie jede Veränderung im kosmischen Zyklus? Es bleibt offen.

Gerstenbergs Gedicht *Unsterblichkeit* verheißt, die "Unsterbliche", die Seele, werde sich einmal über das Grab schwingen und "erwachen." Der Lauf der Sonne ist Bild für das individuelle Geschehen. [Gd S. 249] Am Abend gibt uns die Sonne "mit ihrem letzten Kusse" ein "Pfand vom Wiedersehen."[188] Clemens Brentano berichtet im Juli 1807 Achim v. Arnim von Sophies Tod und erinnert sich eines Sonnenuntergangs und einer gefällten Linde. "Sie sah in die Sonne mit den Worten: 'Ich will Dir einen Jungen gebären, wie die Sonne so feurig! er soll uns so lieb werden wie Arnim, wenn er im Kriege untergeht!' Aber die Sonne ging unter." Unklar bleibt, welche Sonne da unterging: das Gestirn oder das Kind oder Sophie? [BdtR S. 378]

Der Geist "ist der Sonne ähnlich, die bloß unsern irdischen Augen unterzugehen scheint, die aber eigentlich nie untergeht, sondern unaufhörlich fortleuchtet." [Eckermann, S. 106] Die Sonne sinkt. Sie kommt am Morgen wieder. Das Leben neigt sich dem Ende zu. Die Folgerung aus der Analogie — eben die Auferstehung — wird selten genannt: "Doch wohl mir, da sich mein Leben neigt, / Wie dort die Sonne sinkt, / Die denk ich nach der kurzen Sommernacht / Der Morgen wiederbringt!"[189] K. W. Justi schreibt *Allwills Lied an den Tod.* Ein "männlich starker Sinn" sehnt sich da "fessellos" in das "Thal der stillen Wonne, / Ruhig, heiter — wie die Sonne / In die blauen Fluthen sinkt!" Sie schläft friedlich "in den Wellen, / Bis sich Hain und Fluren hellen, / Und des neuen Morgens freun!" [GMA 1796, S. 184] Gleim klagt in den *Blumen auf Wilhelm Geiling's Grab* zunächst darüber, "daß dem Kinde doch nicht mehr die Sonne scheint!" Nach kurzem Grübeln fragt er: "Nicht mehr die Sonne scheint?" Dann wird

[187]In: *Deutsche Menschen*, S. 11

[188]Friedr. Brun, *Die Trennung* [GMA 1796, S. 137]

[189]Just, *Väterliche Klagen* [GMA 1785, S. 147]

ihm gewiß: "Sie scheint ihm etwas heller! / Nun schon den ersten Tag der zweiten Lebenszeit, / Nun schon den ersten Tag dort in der Ewigkeit." [GMA 1799, S. 132] Ein mit "M." zeichnender Autor befindet im Gedicht *Das künftige Leben*: "Wer vor dem Ewigen wandelt, der hofft auf ein künftiges Leben / Eben so ruhig, so froh, wie auf den künftigen Tag!" [GMA 1796, S. 189] Und es ist ganz konsequent, wenn im Vossischen Musenalmanach von 1798 dem Gedicht *An die untergehende Sonne: Als Thyrsis gegen Abend abgereist war, und die Nacht hindurch seine Reise fortsezte: Den 1 Julius 1761* der Karschin ihr Poem *An die kommende Sonne: Den 2 Julius 1761* folgt. [S. 76-79]

Conz fragt im Gedicht *Auf einem Kirchhofe*: "Seht! Es sinkt die Sonne nieder: / Winkt ihr scheidend Auge nicht?" Die Antwort lautet: "'Morgen kehr' ich schöner wieder / Im verjüngten Rosenlicht.'" Da wird auch "Ihre Sonne" erstehen "Und der Tag ist — Ewigkeit." [GMA 1794, S. 135 f.]

Der Schluß der in Johns und Schlunds Sammlung verzeichneten Grabschrift für Ernst Moritz Arndt in Bonn deutet an: "SEHT, DIE SONNE GEHT ZUR RUH' / KEHRT DOCH MORGEN WIEDER." [S. 55] Böcklin schlägt sie in seiner Sammlung vor. [S. 75] Hippel verwendet sie in den *Lebensläufen nach aufsteigender Linie.* [W I, S. 33] Goethe läßt ein Gleiches verlauten. Eckermann berichtet über das Gespräch vom 2. Mai 1824: Goethe war "eine Weile in Gedanken verloren, dann sprach er zu mir die Worte eines Alten: *Untergehend sogar ists immer dieselbige Sonne.*"[190]

14.4 Klopstocks festlicher Frühlingsmorgen als Topos der Auferstehung

HÖLTY klagt in der *Elegie eines Schäfers* über die Vergänglichkeit: "Und allen diesen Reiz verschließet jene Gruft, / Die itzt der Mai in Blumen hüllet!" [W I, S. 16 f.] In der geschichtsphilosophischen Sicht des Novalis ist das "himmlische Land" untergegangen. "Streute ewiger Lenz dort nicht auf stiller Flur / Buntes Leben umher?" fragt er im Gedicht *Der Fremdling.* [W I, S. 399 f.] Der Frühling stirbt tausendmal und erwacht tausendmal wieder. Im Gedicht *In einer Maynacht* erwägt Conz: "Und ewiger May / Nach kurzem Winterschlaf / Wird lachen dem erquikten Wanderer?" [StMA 1785, S. 68] Liebau lehnt diese Vorstellung im *Frühlingslied* ab. [GMA 1793, S. 162] Nöldeke wendet sich im Gedicht *In einer Krankheit* gegen die übliche Vorstellung, daß in der Ewigkeit "Blumen unter jedem Fußtritt" sprossen, "wie sie nie der Erde Lenz gebahr." [GMA 1779, S. 192] "Schlaf und Tod" sind die "zwei besten *Jugendfreunde*" von Jean Pauls *Schulmeisterlein Wutz.* Jean Paul fragt: Vielleicht werden die "zwei Menschenfreunde" den "ermordeten Menschen aus den blutigen Händen des Todes" holen und ihn "ins helle Land hin" tragen, wo ihn eine "neue Morgensonne und neue Morgenblumen in waches Leben hauchen?" [S. 60]

Es ist das "Land des unsterblichen Frühlings", wo "länger die Frühlinge schön sind", wo "der Frühling ewig uns schimmert", wo "ein himmlischer Mai" uns "ewig umblüht",

---

[190] Zitiert wird das Lied *Non qui certamina segnes aspiciunt, sed qui pugnant meruere coronam* Heinrich Alberts [*Deutsche Barocklyrik*, S. 157]

wo "Schöner lächeln uns einst des ewigen Frühlings / ewige Blüthen."[191] Es ist die "schönre Frühlingszeit", dort, wo "ewig einst ein holder Frühlingsmorgen" ist, die beginnen wird, "wann der Lenz, der ewig währet, / Uns aus unserm Grabe weckt."[192] Die Verwendung solch lieblicher, in *diese Zeit* und in *dieses Land* projizierter Szenerien ist außerordentlich beliebt in den Gedichten der Musenalmanache der Zeit.[193]

Bettina Brentano begegnet im Schein des Morgenrot dem Genius — ihr Genius ist dieser Morgenrotschein.[194]

Die Auferstehung findet an einem Frühlingsmorgen statt; Wilhelmine Mathilde Juliane Plieningers Grabmal zeigt Rosen und darunter die Inschrift: "2 Cor. 4. 17-18. / ... DIE BLUME DIE HIN-/SANK, / SCHNELL IM STURME / GEBROCHEN, / WIE HERRLICH WIRD / SIE ERWACHSEN / JENEN FESTLICHEN / FRÜHLINGSMORGEN / DER AUFERSTEHUNG. / MESS. XII." Im mit "C." signierten Gedicht *Elegie am Grabe unsrer verklärten J. E. H.* in Stäudlins *Poetischer Blumenlese fürs Jahr 1793* ist diese *Messias*-Stelle als Motto vorangestellt, was darauf hindeutet, daß die auf dem Hoppenlau-Friedhof beliebten *Messias*-Zitate allgemeinen Eindruck machten. [S. 12] Auf dem Alten Friedhof zu Gießen trägt das Grabmal von Kath. Jul. Konstantin (†1820), "VER FOERTIGET VON DEM / STEINHAUER MEISTER ROEHNER IN GIESEN", Inschriften, die von Klopstock beeinflußt sein könnten: "HIER SCHLUMMERT / DEM AUFERSTEHUNGS=MORGEN ENTGEGEN / KATHARINA, JULIANA / KONSTANTIN", "DIE BLÜTHEN IHRER / REINEN SEELE IN / JUGENDZWEIGEN / STRAHLENREICH VER / PFLOCHTEN / WEHTEN LAUTERES / GOLD IN UNSERE / HERZEN." Klopstocks "Frühlingsmorgen der Auferstehung" könnte dabei zum "Auferstehungs=Morgen", die "Blume die hinsank" zu den "Blüthen" und das Hinsinken der Blume in einer weiteren Inschrift des Grabmals zur vom "Wellensturm" des Lebens geknickten Freude geworden sein.

---

[191]Conz, *An Lotte Hochstetter beym Tode ihrer Schwester Luise* [TBN 1799, S. 273]; Hölderlin, *Menons Klagen um Diotima* [W I, S. 105]; Klopstock, *Der Messias* (XIX, Vs. 520); Miller, *Frühlingslied* [VMA 1789, S. 37]; Meyer, *Die Blüthe* [VeMA 1802, S. 275]

[192]Bührer, *Dem Kirchhof gegenüber* [StMA 1793, S. 92]; G., *Am 1ten Jänner 1777* [GMA 1779, S. 1 f.]; Salis, *Märzlied* [GMA 1788, S. 185]

[193]Vgl. auch Mirow, *Trost* [GMA 1796, S. 38]; Sz., *An Lycidas* [GMA 1775, S. 109]; E. v. B., *Abendlied einer Kranken* [GMA 1785, S. 198]; M–e, *Trost im Herbste* [GMA 1798, S. 126]; Matthisson, *Grablied* [W Hg. Bölsing, S. 78]; Klopstock, *Der Messias* (XVII, Vs. 202-207)

[194]B. v. A., *Die Günderode* [W I, S. 346 f.]

14.5 Der Lauf der Natur

"Erweg't denn GOttes Gütigkeit, / Die stets, voraus zur Frühlings=Zeit, / Durch süssen Wechsel uns vergnüget!" (Brockes) "Triumph! Auf Herbstesdämmerung / Folgt milder Frühlingsschimmer. / Auf Trennung folgt Vereinigung — / Vereinigung auf immer." (Kosegarten)

DIE PFLANZE kann Metapher für das Leben sein, das Welken entspricht dann dem Tod. Die ins Licht verpflanzte Blume blüht neu auf in Chr. Stolbergs Gedicht *An meine sterbende Schwester Sophie Magdalena.* [VMA 1776, S. 35] Klopstock verwendet im *Messias* das Bild. (XV, Vs. 105-110) Und Böcklin schlägt als Inschrift für das *Monument eines zwischen Blumenbeeten begrabenen Mädchens* vor: "Ihr Blumen eure Hüterin / wird euch nicht mehr begiessen, / zum Thale Sarons gieng sie hin / Als Blume aufzuspriessen." [S. 74] Die Verstorbene kann unter Rosen blühen und im Licht ruhen; sie selbst kann der "Stral" sein, der früh versank.[195]

Aufblühen und Staubwerden, sagt eine Inschrift des Alten Friedhofs in Wiesbaden, ist der Lauf der Natur: "AUFBLÜHN! STAUBWERDEN! / IST DAS UNBEGREIFLICHE GESETZ / DER NATUR. — / WEISHEIT SCHÖNHEIT. / REICHTHUM, ARMUTH. / WAS IST IHR LOOS? / AUFBLÜHN! STAUBWERDEN!" — "NUR DAS VERWESLICHE STAUBKLEID / MODERT IM DUNKEL DES GRABES! / ABER ZUM VATER DES LICHTS / KEHRT DER UNSTERBLICHE GEIST!" (†1850) Beide Texte stellen das Gesetz der Natur und das Reich der Gnade gegenüber. Alles in der Natur geht unter, aber der Geist kehrt ins Licht zurück. Schwer zu verstehen ist, daß Weisheit und Schönheit der Natur zugeordnet sind und überhaupt zwischen Weisheit und Schönheit ein Gegensatz zu bestehen scheint wie zwischen Reichtum und Armut. Vielleicht korrespondiert der Reichtum mit dem Aufblühen, die Armut mit dem Staubwerden dergestalt, daß aus Reichtum Armut wird wie Staub aus der Blüte? Doch dann bliebe unschlüssig, wie denn analog aus Weisheit Schönheit werden mag. Wir gehen indes wohl mit falschen Erwartungen an die Inschrift heran. Sie nennt das Gesetz der Natur unbegreiflich — unbegreiflich ist auch die Logik der Epitaphik und nur eines zählt: *der Trost.* Mit der ersten Inschrift stimmt eine andere auf dem gleichen Friedhof, die wohl auch aus dem gleichen Jahr stammt, überein: "ALLES FLEISCH IST WIE / GRAS / UND ALLE HERRLICHKEIT DER / MENSCHEN WIE DES GRASES / BLUME / DAS GRAS IST VERDORRET / UND DIE BLUME ABGEFALLEN / PETRI I VERS 24."

Klamer Schmidt vergleicht im Gedicht *An meine Schwalbe* das Geschick Fannys mit zwei periodischen Vorgängen in der Natur: Mit dem Lauf der Sonne und mit dem Zug der Schwalben. Fanny starb, als die Schwalben in den Süden zogen. Die Schwalbe flog "Heiteren Sonnen zu, mit sichern Ahndungen." Wird, wie die Schwalbe und die Sonne, auch Fanny wiederkehren? "Ach! Wer löset den Zweifel mir?" [GMA 1801, S. 46]

[195] Hölderlin, *Menons Klagen um Diotima* [W I, S. 105]; Ossian, *Nachruf an Friederiken* [GMA 1783, S. 177]

15 Natur und Heilsgeschichte

BISHER lernten wir Bilder kennen, die auf meteorologische Vorgänge, Lichterscheinungen und den Lauf der Sonne verweisen. Sie werden als Metaphern für die Auferstehung des Menschen herangezogen. Im folgenden werden Inschriften vorgestellt, die Metaphern aus dem Leben der Pflanzen benutzen oder die auf Übereinstimmungen zwischen dem Leben des Verstorbenen und dem Kirchenjahr hinweisen.

Eine weltanschaulich neutrale Inschriftengruppe unterscheidet sich von einer deutlich christlichen, die bevorzugt das Bild vom Samenkorn gebraucht. In einer weiteren Gruppe wird der individuelle Lebenslauf mit dem Leben Christi parallelisiert. Diese Inschriften heben hervor, wenn der Geburtstag auf Weihnachten fiel und Ostern oder das Himmelfahrtsfest dann den zweiten, den himmlischen Geburtstag brachte.

15.1 Die verpflanzte Blume

"Schnell, Blume, bist du weggeblüht, / Doch mir verduftet bist du nicht." (Bernh. Becker, L... bei den Gräbern der Freunde) "Blümlein du bist nicht gestorben." (Inschrift Böblingen, Friedhof) "IM ROSENGARTEN / WILL ICH MEINE ELTERN / UND GESCHWISTER / ERWARTEN." (Inschrift Winterbach, Friedhof, †1981)

LATEINISCHE INSCHRIFTEN der zweiten Hälfte des sechzehnten Jahrhunderts sprechen vom Eingehen "in die himmlische Pflanzstätte", von einem, der hinsank wie eine vor der Blüte verwelkte Blume, einem andern, der daliegt wie eine in der Sommerhitze verdorrte Blume.[196] Zu Beginn des siebzehnten Jahrhunderts zerstört in Heidelberg "ein vorzeitiger Tod" die "blühendsten Jahre, den Freunden die höchsten Erwartungen und dem Staat die erhofften Früchte", eine abgerissene Blüte welkt und wird wieder grünen am "Tag des ewigen Frühlings", "Zwey Pfläntzlein zart und klein" werden von "dem Tod abgebissen", und so wie der Wind und der Regen die Blume zerstören, gerade so treibt es auch der Feind.[197] In Fr. L. Stolbergs Gedicht *Der Traum* wird die Pflanze "erdrückt vom rauhen Odem der Erde." [VMA 1785, S. 35] Der Tod kann gerade dann kommen, wenn die rauhen Zeiten *vorüber* sind; oder die Schärfe des Nordwindes läßt ihn, die Tulpe und sie, die Rose, die Blätter abwerfen, doch sie werden wieder erweckt werden, und *zusammen* mit der Not des Vaterlandes erscheint der Tod.[198]

Andere ältere Grabschriften bringen Blumenmetaphern mit christlichen Vorstellungen zusammen. Der Mensch lebt kurz wie eine Blume und verschwindet; nur der Geist Gottes rettet das kurze Leben in die Ewigkeit. Es blüht wie eine Rose, ist aber vergänglich wie das verdorrende Heu. Der einst auf Erden Blühte, setzt dieses Blühen nun bei Christus fort. Die Verstorbene war einst rosenrot, ist jetzt tot und lebt bei

[196] †1586 [DI IX, Nr. 458]; 1559 [DI XII, Nr. 293]; 1572 [DI XII, Nr. 323]

[197] Lat. Inschr. 1608 [DI XII, Nr. 570]; Lat. Inschr. †1644 [DI VI, Nr. 158]; Inschr. 1634 [DI XV, Nr. 579]; Inschr. †1632 [DI VIII, Nr. 419]

[198] Lat. Inschr. †1650 [DI VI, Nr. 162]; Inschr. 1631 [DI XV, Nr. 554]

Gott. Sie ist wie die Rose, das Veilchen, die Lilie früh dahingesunken; die Blumen entfalten sich jährlich neu und so wird auch sie auferstehen.[199]

Die Vorstellungen von der Blume und vom Samenkorn gehen ineinander über. An der Marbacher Alexanderkirche befindet sich außen das Wandgrabmal für Catharina Waldburga Hem̃ingerin (†1683). Die Inschrift für das mit viereinhalb Jahren verstorbene Kind ist in der Gewißheit der Auferstehung ruhig und gemessen. Die Seele des Kindes ist bereits im Paradies. Der Körper wird ihr einmal nachfolgen: "EIN KIND DAS WIE EIN SCHÖNE BLUM / HOLDSELIGST AUFGEGANGEN / MIT MÄNNIGLICHEN FREÜD VND RVIIM / ZU BLÜHEN ANGEFANGEN / IST IN DER BLÜH / DES MORGENS FRÜH / VOM TOD SCHNELL ABGEMÄET / VND VON DER WELT / INS TODTEN FELD / MIT THRÄNEN HERGESÄET / SEIN BESTER THEIL IST ALBEREIT / INS PARADIS VERSETZET / MIT HÖCHSTER FREÜD UND SELGKEIT, / DEN ENGELN GLEICH ERGÖTZET. / DAS ABGEMÄHT VND HIER GESÄT / WIRD EINMAL GLEICHERWEISE / SICH TREIBEN SCHÖN UND AVFERSTEH̄ / EIN PFLANTZ DES HERN ZUM PREISE."

Wenn die Blume gebrochen ist und wieder aufblühen wird, dann ist der Übergang vom Irdischen ins Jenseits abrupt und unorganisch vorgestellt. Wenn der Himmel ein Garten ist, in den der Verstorbene, die verblühte Pflanze, versetzt wird, dann muß ein Gärtner auftreten, der umpflanzt. In der eben vorgestellten Marbacher Inschrift mähte noch der Tod ab. Eine Inschrift des Hoppenlau-Friedhofs lautet: "Dem Gärtner gleich, der manche Pflanze / Zu zart für seinen Boden hält, / Vor Kälte, Sturm und Sonnenglanze / Sie schützend in ein Treibhaus stellt, / Nahm dich Gott aus dem Weltgetümmel / Zur Schule der Vollkommenheit, / Und nun reifst du in Gottes Himmel / Am Strahle der Unsterblichkeit." [Pfeiffer, S. 25] Gott war der liebevoll die versetzten Bäumlein pflegende Gärtner schon in Gerhardts *Oda: Hochzeitsgedicht für Joachim Fromme und Sabine Barthold*; Gott setzte "Maß und Ziel" dem rauhen "Lüftlein."[200] Die Pflanze, die hinwelkt, "ehe die Sonne noch / Mittagsgluten verstreut", oder die erdrückt wird von Stürmen, findet Schutz im Himmelsgarten.[201] In einer lateinischen Inschrift von 1630 fällt der gerade Erblühende zu Boden wie eine vom Wind abgebrochene zersauste Blüte. [DI XII, Nr. 613]

Auf dem Gießener Alten Friedhof steht in der Nische eines Grabmals von 1840 ein Engel. Links daneben ist folgende Inschrift angebracht: "Er wurde abgerufen, / der gute Sohn und Bruder, / der an Geist und Herz / ausgezeichnete Jüngling, / damit eine hienieden schon / so herrlich ausgefaltete Blüthe / gepflegt werde / im Lande der Seligen / zur Entwicklung / köstlicher Frucht." Gott, der gute Gärtner, verpflanzt die zarten Blümlein. Böcklin stellt 1808 unter seinen Exkursions- und Lesefrüchten vor: "Der Schöpfer fand die Blume zu schön, um unter den Kindern des Feldes zu verblühen, und versetzte sie daher in seinen Garten." — "Kaum aufgeblüht für dieses Leben /

[199] Inschr. †1648 [DI VIII, Nr. 435]; Inschr. †1617 [DI VIII, Nr. 380]; Lat. Inschr. †1579 [DI XV, Nr. 310]; Inschr. 1632 [DI XVIII, Nr. 330]; Lat. Inschr. 1578 [DI XXIII, Nr. 182]

[200] P. G., *Dichtungen und Schriften*, S. 130-134

[201] Chr. Stolberg, *An meine Schwester Sophie Magdalene* [VMA 1776, S. 35]; F. L. Stolberg, *Der Traum* [VMA 1785, S. 35]

War sie schon reif zur Seeligkeit, / Und ohne Hymens Pfand zu geben, / Umpflanzt in die Unsterblichkeit!" [S. 87; S. 76] John und Schlund präsentieren in ihrem Bändchen eine Inschrift aus Bern und eine aus Unterlangkampfen in Tirol: "Du Blume Gottes, wie so früh / Brach dich des Gärtners Hand! / Er brach sie nicht, er pflanzte sie / Nur in ein beßres Land!" [S. 94] Hier ist es das bessere Land; Novalis nennt es im Brief an Caroline Just vom 24. März 1797 die "höhere Erziehungsanstalt" und den "bessern Himmel." [BdtR S. 87] Die andere Inschrift lautet: "GLEICH DER JUNGEN MORGENROSE, / DIE EIN RAUHER STURM ZERKNICKT, / WARST DU DEINER ELTERN SCHOOSSE / DURCH DES TODES HAUCHT ENTRÜCKT." [S. 94] Jean Paul teilt *Ernste Gedanken und Dichtungen* über einen *Begräbniß=Traum* im *Taschenbuch für Damen 1813* mit und fragt: "Hat dich weiche Blume denn der Tod so oft zerknickt, eh' er dich ausriß?" [S. 246] Nicht nur reife Frucht wird gepflückt, "oft trift die Hippe den knospenden Sprößling."[202] "Der Tod", heißt es in der Todesanzeige für Caroline Wilh. Fr. Brecht "entblätterte diese kleine Pflanze in ihrem neunmonatlichen Alter." [SC 1807, S. 330] Wilhelmine Puchner "pflückte der Tod [...] in ihrer RosenBlüthe." [SC 24.4.1811] Das Bild wird zumeist für früh Verstorbene gebraucht. Manchmal ist der Tod der Gärtner, manchmal ist es Gott. In Johann Gabriel Seidls Gedicht *Gärtner 'Tod'* hat dieser die Pflanze gesetzt. Er bemüht sich emsig um sie und gießt sie täglich mit Tränen. Sie blüht ihm auf, neigt sich dann aber immer mehr. Es findet schließlich eine Unterhaltung zwischen dem Tod und dem lyrischen Ich statt. "Und als ich kam eines Morgens, / Da schien sie mir abgestreift; / Ich sagte: 'Sie ist *verblühet*!' / Der Gärtner: 'Sie ist — *gereift*!'" [DtMA 1838, S. 69-71] Die Jungfer Rosine Finck entfaltete "sich wie eine zarte Pflanze zu einer kurzen frölichen Blüthe, die aber leider nur zu bald entblättert wurde." [SC 6.3.1816] Die Inschrift auf dem Alten Friedhof zu Offenbach für die 1865 verstorbene Klara Knopfmacher lautet: "Der Blüthe gleich vom Sturm erfast, / Wardst du, ach so jung, uns entrissen." Nicht nur Gott und Tod können die Gärtner sein, auch der Vater ist es, der dem frühverstorbenen Kind nachstirbt.[203] Das Bild der verpflanzten und nun im himmlischen Garten blühenden Blume ist in den Almanachengedichten sehr beliebt.[204]

Der Vater im Himmel hat "dem sublunarischen Leben" Wilh. Fr. Henningers "ein Ende gemacht." Die junge Pflanze ist verwelkt. Er hat sich damit getröstet, "daß er bald wieder in einer bessern Provinz Gottes mit seinen Eltern werde vereinigt werden." [SC 19.5.1816] Möge es nur wirklich so sein, daß es in den transzendenten, superlunaren Regionen besser ausschaut als hierzulande, auf Erden, oder zumindest doch nicht wesentlich schlechter. Gräfin Helena v. Bentzel Sternaus Inschrift auf dem Hoppenlau-Friedhof verbindet die Blumenmetapher mit der Wiedersehenshoffnung: "Dort werden wir die früh Verpflanzte sehn, / Sie blüht aufs neu und tausendmal so schön." Über den Versen ist ein Kreuz dargestellt, unter ihnen überkreuzen sich eine umgekehrte

[202] F. L. Stolberg, *Der Traum* [VMA 1785, S. 7]

[203] Kotzebue, *Vorbericht zu Hubers Natürlichem Sohn* [TB 1807, S. III f.]

[204] Vgl. Kästner, *Grabschrift Gotthelf Kirsten's* [GMA 1795, S. 9]; F. L. Stolberg, *An meinen Freund Wasserschlebe* [VMA 1786, S. 9]; Bürger, *An **** [GMA 1774, S. 193]; Novalis, *Im Grüninger Kirchenbuch* [W I, S. 396]; Gräter, *Die Mutter auf ihrer Kinder Grab* [GMA 1796, S. 248]

Fackel und ein Strauß aus Mohnkelchen. Ganz ähnlich dichtet Gleim, vielleicht ist diese Inschrift sogar von seinem Gedicht *Blumen auf Gräber* beeinflußt. Dort ist zu lesen: "Blumen auf Gräber zu streu'n, war heilige Sitte der Alten: / Wie die Blume verblüht, also verblühen auch wir! / Aber die Blumen, wir sehen im Lenze sie wieder, und freu'n uns / Sie erstanden zu sehn, wieder zu blühen, wie sie." [W V, S. 20] Hier zeigt es sich auch, daß Gleims Fähigkeiten sich nicht auf die oben gewürdigten Prahlereien beschränkten und er, ließ er nur vom eifrigen Moralisieren ab — dem mit den gleichen Folgen auch Klopstock zu oft erlag —, durchaus zu dichten vermochte. Ein Vergleich zwischen Mensch und Blume findet sich auch in seinem Gedicht *Der Mensch ist eine Blume*. [W VII, S. 251] Der frühe Tod ist ein Abknicken "in der Blüte." Auf dem Grabmal des Hoppenlau–Friedhofs für Max Arnold ist die Trauer auf der Rückseite von der Wiedersehenshoffnung auf der rechten Seite getrennt. Eine der Inschriften lautet: "Eine herrliche Sprosse / die Freude aller / Leider in der Blüte / geknickt. Jung an Jah–/ren alt an Wissen / Leider zu früh entrükt. / Ein trefflicher Sohn, / der Trost der Mutter / Die noch durch ihn / beglückt. Und nun durch / seinen frühen Tod / Allzufrüh vom Gram / gedrükt." Kirchenrath Dr. von Maier verwendet das Bild von der geknickten Blüte auch in der Predigt für Max Arnold.

Die Inschrift für die Gräfin Henriette Beroldingen zitiert Fr. Stolbergs *Grabschrift eines Jünglings*, welche im Vossischen Musenalmanach 1783 erschien:

"PFLANZET BLUMEN UMHER. ZWAR SCHLIEST
DER WINTER DIE BLUMEN;
ABER MIT THAUENDER HAND OEFNET SIE
WIEDER DER LENZ.
WEINET MIT LAECHLENDEM BLICK: ICH RUHE
IM SCHOOSE DER ERDE;
DER DIE BLUMEN ERWECKT, WECKET ZUM
LEBEN AUCH MICH." [S. 70]

Graf v. Beroldingen, "erster KammerHerr der Königin Majestät", berichtet, daß ein "unerwartetet Nervenschlag" der "kurzen Krankheit und dem blühenden Leben" seiner "innigst geliebten Tochter *Henriette* ein schnelles Ende" machte. [SC 2.4.1817] Das Motiv des Öffnens und Schließens gebraucht Stolberg mehrmals.[205]

Oberer und unterer Seelenteil, Ich und Es, Verstand und Natur ringen miteinander. Das Gefühl weint und die Würde lächelt. Deuten wir es nicht psychologisch, dann ist es die typische Konstellation der christlichen Hinterbliebenen des 19. Jahrhunderts. Sie müssen weinen über einen, der im Himmel ist. Die Brüder Erich und Axel von Taube starben früh. V. Gerok spricht ihre Predigt: "Aber ich freue mich unter Schmerzen, daß sie Beide einen guten Kampf gekämpft und ihren Lauf mit Ehren vollendet haben." Gern wird unter Tränen gelacht. Es ist die psychologische Variante zur ästhetischen Bestimmung der edlen Einfalt und der stillen Größe. Nur das Austragen der Spannung gewährt poetischen Reiz.[206]

---

[205] *An meinen Freund Wasserschlebe* [VMA 1786, S. 7]; *An meine Freundin, die Frau von der Recken* [VMA 1786, S. 62 f.]

[206] Vgl. dazu das Lachen unter Tränen in Hermann Kurz' *Sonnenwirt* [S. 193], Millers *Siegwart* [S. 142], Mörikes *Maler Nolten* [S. 226], Gustav Freytags *Soll und Haben* [S. 568]

15.2 Was hier gekeimt, reift herrlich dort

"Frühlinge blühn und reifen; es blüht und reifet die Jungfrau." (*Voss*)

DIE ROSE, die zwar welkt, also nicht, wie bisher, vom Gärtner gepflückt und umgepflanzt wird, andererseits aber doch von Gottes Stimme gerufen wird, bildet den Übergang von den bislang beschriebenen Inschriften zu einer neuen Gruppe. Böcklin stellt die Inschrift vor: "Welke früh verblasste Rose — / Bis dich aus der Mutter Schoosse — / Einst aus dieser Erdengruft — / Gottes Stimm nach Eden ruft!" [S. 70] In den bisherigen Beispielen wurde der Wandel ja immer als Ergebnis eines von außen eingreifendes Geschehens erfahren. Die Pflanzen wurden versetzt und verpflanzt. Die Pflanzenmetapher bietet sich auch dann an, wenn wie in Winzers Gedicht *Der Ostermorgen* auf dieses etwas gewaltsame, wenn auch schützende Umpflanzen verzichtet wird: "Keime sprossen aus Verwesung, / Hoffnung winket und Genesung / Dem, der nach der Heimat eilt." [DtMA 1840, S. 223] Böcklin kennt Inschriften, die ganz ähnlich klingen und dabei scheinbar den Menschen und sein Geschick aus dem Spiel lassen: "Sie welken! doch um einst schöner zu blühen!" — "Hier welket die Blüte — dort reifet die Frucht." [S. 53; S. 87] Eine relevante Aussage machen diese Inschriften aber doch nur, wenn wir uns den Vergleichspunkt hinzudenken. Dann eröffnet der Tod dem Menschen ein solches organisches und pflanzenhaftes Weiterreifen. Eindeutig ist es, wenn eine solche Inschrift sich auf einem Grabmal befindet. Albr. Pagenstecher (†1829) war "LANDGERICHTS=ASSESOR / ZU LANGEN"; er ruht in Gießen auf dem Alten Friedhof; seinem Sandsteingrabmal ist ein Kreuz aufgesetzt. Die Inschrift stimmt fast wörtlich mit Böcklins Vorschlägen überein: "ER WELKTE FRUEHE / UM SCHOENER DORT ZU BLUEHEN." Und deutlich spricht es die Inschrift auf Jeanette Gutmann aus:

"SO HAT DIE ALLMACHT
ES BESCHLOSSEN
HIER TREIBT DER GEIST
DIE ERSTEN SPROSSEN
WAS HIER GEKEIMT
REIFT HERRLICH DORT"

Zitiert wird das Gedicht *Uber die Unsterblichkeit der Seele* Drollingers. [W S. 23] Die Sprossen werden dort, im Himmel, reifen. Die Inschrift auf dem Hoppenlau-Friedhof benennt ein zeitlich früheres Entwicklungsstadium der Pflanze als eine neuere Inschrift auf dem Friedhof in Ditzingen, welche die Blume zur Knospe werden läßt: "EINE / BLUME FÜR DAS LEBEN, EINE / KNOSPE FÜR DAS GRAB, GOTT / MIT SCHMERZ ZURÜCKGEGEBEN, / WAS ER UNS ZUR FREUDE GAB." (†1981)

Die jung Verstorbenen werden dort, im Himmel, reifen. Sie selbst werden blühen, es wird nicht nur die Gattung fortgesetzt. Die Inschrift vermittelt zwischen einer allgemeinen Pflanzenmetaphorik und dem christlichen Bild vom Samenkorn, das durch den Tod zum Leben kommt. Dabei ist aber immer, obwohl das Bild sich zur Darstellung dieses Glaubens nicht eignet, das individuelle Weiterleben gemeint. Nebeneinander stehen das Verpflanzen und das Säen im Gedicht *Elegie am Grabe unsrer verklärten J. E. H.* eines Verfassers "C.": "'Ja, daß sie würde verpflanzet,' tönt eine Stimme herüber, / 'Ihre Seele der Tugenden Saat.'" [StMA 1793, S. 14 f.]

15.3 Das Samenkorn als heilsgeschichtlicher Topos

"Die jetzt Thränen=Samen streuen / Werden bald mit Freuden meyen." (Rinkart) "Doch werd ich nicht auf ewig seyn / Was ich im Grabe werde." (Klopstock)

IM SPÄTEREN 19. JAHRHUNDERT kann das Samenkorn einen anmaßenden Grabspruch zu seiner Wahrheit bringen. In Heinrich Seidels Gedicht *Auf ewig* im Album *Edelweiß* sagt die Inschrift eines Grabmals, es sei "Auf ewig" erworben und dürfe nicht geöffnet werden, aber "ein Samenkorn" wächst dort "zum Riesenbaume" empor und sprengt dabei das "Auf ewig"; die Zweige kommentieren diesen Vorgang. [S. 376 f.] Sie mischen sich ja überall ungefragt ein.

Maria Krummacher berichtet von der Beerdigung ihres Großvaters im April 1845. Ein Pastorenkollege predigte und segnete das Samenkorn, auf daß die Erde es herrlich wiedergebe am Auferstehungstag. [S. 419] So, in diesem Zusammenhang, in dieser Verwendung, leuchtet das Bild ein. Der Christ lebt Christus nach. Christus war ja auch ein solches Samenkorn. Freylinghausen schrieb *Von der Grablegung Christi*: "Du bist das Waizenkorn, so man verscharret; / Doch wenn man nur drei Tage hat geharret, / Wird man dich aus dem Grabe auferstehn / Und tausendfache Früchte bringen sehn." [W S. 23] Meta Klopstock bat in ihrem Testament vom 10. September 1752 um eine Sarg–Inschrift aus dem *Messias*: "Saat, von Gott gesät, / dem Tag der Garben zu reifen." [GMK S. 248] *Der Wandler unter den Gräbern* von 1819 enthält diesen Vers als Inschrift *Auf Klopstock, in Ottensen bei Altona.* [S. 305]

Das Bändchen der Leichenpredigt für Auguste Erhard enthält ein Gedicht: "Dort wird einst aus der Thränensaat hienieden / Die reichste Freudenernte Dir erblühn." Die Aussage des ersten Korinther–Briefes (15,36) wird von einer Hoppenlau–Inschrift zitiert (Keim). Auf der Vorderseite des Grabmals für Gottlob Christian Storr ist über der Inschrift eine aufgerichtete Ähre dargestellt: "HIER RUHT ALS EIN EDLES SAATKORN / DAS STERBLICHE / VON / D. GOTTLOB CHRISTIAN STORR", "DAS UNSTERBLICHE / LEBTE FÜR CHRISTUS / DARUM WAR IHM STERBEN GEWIÑ / MIT DIESEN GEDANKEN BESÄNFTIGEN / IHRE ZÄRTLICHE SEHNSUCHT / NACH DEM UNVERGESSLICHEN / DIE GATTIN CHAR. AMALIE GEB: REUSS / UND DIE NACH VIER DEM SEELIGEN / VORANGEGANGENEN KINDERN / ALLEIN ZURÜCKGEBLIEBENE TOCHTER / CHRISTIANE LOUISE."

Anschaulich wurde das Sterben und das folgende Aufgehen des Samenkorns Chr. Ludw. Zinzendorf dem Vater desselben. Dieser dichtete *Auf seinen entschlafenen Sohn Christian Ludwig. († 1736 auf der Ronneburg in der Wetterau)*: "Ludwig! laß dich in der Still' / In der Wetterau begraben." Zinzendorf hoffte, die Saat des Sohnes würde aufgehen und sich eine Gemeinde bilden. Und wirklich sollte sich zwei Jahre später eine Gemeinde versammeln. [W S. 334 f.] Prälat Kapff predigte für Wilh. Chr. Schott. Dieser starb "am Ende des letzten Sonntags, an welchem wir den Tagesspruch hatten: 'es sei denn daß das Waizenkorn in die Erde falle und ersterbe, so bleibet es allein, wenn es aber erstirbt, so bringt es viele Frucht.' Das wollen wir zu unserem Trost auch von diesem Waizenkorn glauben." Die letzten Worte, die Schott in Ausübung seiner Profession sprach, waren, wie Kapff weiß: "Die Zeit vergeht, das Ende naht, fällt auf kein gutes Land die Saat, so mußt du ewig sterben." Prediger Köstlin spricht auf dem Hoppenlau-Friedhof von den Werken Mathilde Köstlins. Von ebendiesen wird, "als einer schönen Saat, ihr nunmehr jenseits eine selige Ernte gereift seyn." So wie Storr als "edles Samenkorn" und Schott als "Waizenkorn" und "Saatkorn herrlicher Auferstehung", so ruhte schon in einer Grabschrift von 1622 das "edle Ivngfrewlein" als kleines "Weitzenkörnlein", das edle Frucht bringen wird. [DI VIII, Nr. 392] Eine Naumburger lateinische Inschrift für zwei 1604 und 1606 Verstorbene ist ausführlicher: "Wenn in gesundem Erdreich die Körner nicht verfaulten, würde niemals fröhlicher die Ähre hervorsprießen. / Wenn die schöpferische Erde die menschlichen Gebeine nicht zu Staub verwandelte, würden sie nicht neu auferstehen zum / ewigen Leben." [DI VI, Nr. 132] Ein kleines Samenkörnlein kann viele Früchte bringen. In der Heidelberger Inschrift für Elisabeth v. Brandenburg (1567) heißt es: "Ein kleines samkoernlein / Bringt vill der fruechte sein / Wuerd an dem Juengsten tag / Aufferstehen ohn klag." [DI XII, Nr. 309] Da die Liebe nicht untergeht, wird, "was verwest" ist, also das Individuum, auferstehen. Dann werden wir es wiedersehen. Inschriften des Hoppenlau-Friedhofs lauten: "KINDLICHE / DANKBARKEIT / UND LIEBE / ERRICHTETEN / DIESES DENKMAL." — "LIEBE KANN / NICHT / UNTERGEHEN / WAS VERWEST / MUSS / AUFERSTEHEN." (Kerner) — "LIEBE KANN / NICHT UNTERGEHN / WIR WERDEN DORT / UNS WIEDERSEHN." (Gross) Bilder der Saat, des Reifens und des Keimens finden sich auch in Klopstocks *Messias*, in den Gedichten der Almanache um 1800 und in Tiedges *Urania*.[207]

Claudius nimmt eine Zwischenstellung ein. Er verwendet die weltanschaulich neutrale Pflanzenmetapher, aber auch das spezifisch christliche Gleichnis vom Samenkorn. Das Schicksal der Verstorbenen wird im Gedicht *Bei ihrem Grabe* mit "Gras und Blumen" verglichen, aber auch mit den Samenkörnern. Wird sie sich in eine Blume verwandeln? Reift sie der Auferstehung entgegen? Erst in der letzten Strophe kommt die Auferstehung deutlich in den Blick: "Alle Mängel abgethan / Wird sie dann in bessern Kränzen / Still einher gehn und fortan / Unverweslich sein und glänzen." In der ersten Strophe wird "diese Leiche" Gott anempfohlen und zugleich der Erde anvertraut. In der letzten Strophe überwiegt die Auferstehungshoffnung. Die Vorstellung eines Weiterlebens in der Natur ist als Alternative bekannt und bleibt präsent. [W II, S. 428 f.]

---

[207]Vgl. Höltys *Lebenspflichten* [W I, S. 200 f.], Neuffers *Gräber* [StMA 1793, S. 51], Münters *Winterlied* [FMA S. 206], Klopstocks *Messias* (XVII, Vs. 440-447; XVII, Vs. 424-429; XVII, Vs. 553 f.; XV, Vs. 1348-50). Die Taten sind die Saat in Tiedges *Urania* (VI, Vs. 33-36), Conz' *Valentin Andreä* [GMA 1799, S. 26], Reinhards *Lied einer Mutter, die viele Kinder hat* [StMA 1785, S. 172], Gleims *Die Saatzeit* [FMA S. 197]

15.4 Himmlische Geburtstage

"Dies leichte, offne Brieflein hat / Der Tod an mich geschrieben." (Lenau an Sophie von Löwenthal) "WIE WIR EINST DURCH / DAS RÄTSEL DER GEBURT / EINTRATEN IN DAS / DIESSEITS WERDEN WIR / WENN WIR STERBEN / EBENSO RÄTSELHAFT / IN DIE GROSSE WELT / DES JENSEITS IN DEN / HIMMEL GEBOREN." (Inschrift Stuttgart, Gablenberg, Friedhof, †1978)

DER GLAUBE an eine Trennung von Dieseits und Jenseits, von irdischem und himmlischem Leben spricht sich schön in einer Gruppe von Inschriften des Hoppenlau-Friedhofs aus, die zwischen irdischem und himmlischem Geburtstag unterscheiden; die "irrdische Laufbahn" geht der himmlischen voran, der irdische Todestag ist zugleich der himmlische Geburtstag: "Ihr irdischer Geburts- / tag war der XV. April / MDCCLXXV / Ihr himmlischer / der XVII. Februar / MDCCCXI." (Bentzel Sternau) Böcklin kennt die Inschrift: "Der Tod ist die *zwote* Geburt. — Nur *er* führet zur *wahren* Glückseligkeit!" [S. 83] Klopstock nennt im *Messias* die Auferstehung den Tag "der großen Geburt." (XV, Vs. 405), Novalis spricht im *Fremdling* vom "großen Geburtstage." [W I, S. 400] Der Todestag der Tochter ist ihr zweiter Geburtstag in Christ. Sophie Ludwigs *Elegie bei dem Tode meiner Tochter.* [GMA 1804, S. 66] Die zweite "Lebenszeit" beginnt mit dem "ersten Tag dort in der Ewigkeit"; in Gleims *Blumen auf Wilhelm Geiling's Grab* heißt es weiter: "Sein kurzer Erden-Lebenslauf / War *heut schon* ihm genug, den längern anzufangen." [GMA 1799, S. 132 f.] Der Mensch, so Tiedge, stirbt und "ein Gott beginnet seinen Lauf." (VI, Vs. 702) Das himmlische Leben beginnt mit dem irdischen Tod. Vermehren bestätigt es im Gedicht *Die Brüder*: "Vom Schlaf erwachest du zum ird'schen Leben, / Zum himmlischen will dich der Tod erheben!" [VeMA 1802, S. 257] Die Inschrift auf Caroline Fr. v. Misani teilt mit: "SIE WURDE GEBOREN AM 28. NOV. 1780 / VERMAEHLT AM 5. APRIL 1805 / UND ENDIGTE IHRE IRRDISCHE / LAUFBAHN AM 26. APRIL 18[18]". Die "Lebensbahn" führte in früheren Jahrhunderten, so etwa in einer Inschrift des Friedhofs in Oberwalgern, geradenwegs zum "Himmelshauss." [Azzola, S. 121] Doris Kienlin wurde auf dem Hoppenlau-Friedhof beigesetzt. Der Herr hat sie "aufgelöst und eingerückt", spricht Oberconsistorialrath Müller in seiner Predigt, mit "dem ersten Grauen des Ostermorgens." Auch Regine Ch. Kempter starb in der Osterzeit. Repetent Lechler nutzt seine Predigt für die Verstorbene, um darzulegen, warum es "für einen Christen immer etwas Wohlthuendes" hat, wenn er an einem bedeutenden Termin des Kirchenjahres "heimgehen" darf. Die Gemeinschaft der Gläubigen mit Christus tritt dann "mit besonderer Stärke und Klarheit vor die Seele" und die Gnadenhand Gottes wird ganz eigentümlich offenbar. Das Leiden war der Winter. Die Gnade Gottes, welche die Verstorbene zur selben Zeit erreichte, in der Christus starb und auferstand, ist der Frühling. Eine Parallelisierung von Heils- und Naturgeschehen findet sich im Gedicht *Oster=Psalm* Fr. Kuhns. [DHa VI, S. 245 ff.] Schmerz über das Sterben im Frühling und Trost in der Vorstellung des ewigen Frühlings "drein Gott einst seine Sieger hüllt" kommen im Gedicht *Das Sterben im Frühling* in der Sammlung *Gedichte von Joseph Knapp* zusammen. [S. 136 f.] Der auf dem Hoppenlau–Friedhof bestattete Staats–Sekretär Wilhelm v. Goes starb an Pfingsten. V. Grüneisen predigt darüber. Zettel gelingt im Gedicht *Pfingstsang* eine Engführung des Naturgeschehens und des menschlichen Geistes, beider "Hochfest" ist Pfingsten, und "über dem Ganzen muß walten und schweben / Der *göttliche* Geist mit erleuchtendem Leben."[208] Sigel weist bei der Bestattung Stockmayers darauf hin, daß dieser vor Weihnachten starb.

In den Todesanzeigen gelingen die Übereinstimmungen, wie eben in der Predigt für Stockmayer, manchmal nicht ganz. Die Tage stimmen nicht völlig überein. Und es ist ja ohnedies widersprüchlich, damit trösten zu wollen, daß jemand an Weihnachten starb oder zu Beginn des neuen Jahres. Das eigene Geschick steht dann im Widerspruch zum Heilsgeschehen und zur Natur. In anderer, nicht am Heilsgeschehen orientierter Perspektive wird die kirchliche Sicht ad absurdum geführt. Joh. Benj. Hoffmann starb einen Tag vor seinem 70. Geburtstag, Rosine Cath. Knapp "rafte der unbestechliche Tod" aus der Mitte der Familie "in einem Alter von 44 Jahren weniger 1 Tag" und Scheffauer teilt mit, daß seine "gute, unvergeßliche Gattin *Caroline*" einen Tag nach ihrem "Geburts= und Trauungstage", an dem sie ihr 40. Lebensjahr "zurückgelegt hatte", starb.[209] Charl. Trefftz beendete "ihr schönes BlüthenLeben 24 Tage vor ihrem 23sten Geburtstag" und "nur einen Tag" vor dem Tod Joh. G. Adam Müllers "wurde seine Gattin von einem Mädchen entbunden."[210] Dem Consistorial-Canzlisten Schmid starb an Weihnachten die Gattin, wenige Tage nach der Geburt "eines gesunden Söhnchens"; Frau Schmid starb "an dem der ganzen Menschheit zur Freude gemachten Tage der Geburt Christi, des Weltheilandes." [SC 1.1.1819]

Die Erinnerung und der himmlische Geburtstag kommen zusammen, wenn die Freunde am Himmelfahrtstag an den Verstorbenen denken. In der Predigt für Joh. Chr. Keim wird davon berichtet.

Einleuchtend kann auf dem Hoppenlau–Friedhof die individuelle Heilsgeschichte mit der Christus–Biographie übereinstimmen:

> "Hier ruht die liebevollste Gattin
> und zärtlichste Mutter,
> Rosine Ruthardt geb. Schwab
> geboren am Christfest 1790
> gest. am Him̄elfahrtsfest 1827"

Eine andere schöne Übereinstimmung zwischen dem Beginn einer irdischen Laufbahn und übergeordnet sich im Kalender immer Wiederholendem fand ich in einem Brief: "Am 1. Mai, in der Tat ein Tag der Arbeit, 1987 gebar ich unseren Sohn, Simon Markus genannt."[211] Uli Bräker, der *Arme Mann im Tockenburg*, erzählt: "Am heiligen Weihnachtstag ward ich in Wattweil getauft". Und wäre er nicht "ein bißchen zu

[208] In: *In zarte Frauenhand*, S. 124
[209] SC 30.3.1808; 14.2.1808; 28.1.1808
[210] SC 23.2.1825; SM 13.10.1802
[211] Brief von Marianne Schneider–Langer, Illerrieden, vom 25. Mai 1988 an den Verfasser

früh auf der Welt erschienen", dann hätte er vielleicht sogar mit dem Erlöser den Geburtstag gemein. [S. 3] Ganz andere Verhältnisse herrschen bei Zelter. Goethe wünscht ihm am 28. April 1824: "Möge der Tod Jesu dir auch dießmal ein frohes Osterfest bereitet haben." [W IV-XXXVIII, S. 122]

Jedes Kirchenjahr faßt neu das Leben Christi zusammen. Im Leben der Rosine Ruthardt ist die Nachfolge auf die ganze "irrdische Laufbahn" hin gelungen. Die Datierung nach den Ereignissen des Kirchenjahrs ist eine alte Form, die im 16. Jahrhundert durch das moderne Datieren ersetzt wurde. Auf die alte Form wird auf dem Hoppenlau–Friedhof nur dann zurückgegriffen, wenn sich die beschriebenen eindrucksvollen Übereinstimmungen ergeben.

In eine Christus–Nachfolge sind die Freiherren Fr. und Jos. Berlichingen Rossach — "gefallen vor Paris den 2. December 1870" — gestellt: über den Namen trägt in einer Nische eine knapp lebensgroße Christusfigur ein Lamm und an der Rückseite des Grabmals befindet sich die Inschrift: "Ich bin der gute Hirt, der gute Hirt / giebt sein Leben hin für seine Schaafe. / Joh. 10.11."

Auch in früheren Epochen waren die über derlei nachdenkenden Menschen froh, wenn sie ihr eigenes Geschick sinnvoll ins Heilsgeschehen einordnen konnten. In Francks *Täglichen Sterbens=Gedancken* soll der Tod mit Jesu Hilfe "des Lebens Anfang", d. i. der himmlische Geburtstag sein. [W S. 80] Am 13. Juli 1736 erschien in den Frankfurter *Frag= und Anzeigungsnachrichten* die Todesanzeige: "Am Tage Pii stirbt der selbsten fromm gewesen."[212] Eine lateinische Inschrift von 1606 versichert: "Der Tag, den du als letzten fürchtest, ist der Geburtstag des ewigen Lebens." [DI VI, Nr. 134]

Einleuchtend auf den Tod am Karfreitag weisen zwei Inschriften von 1664 und 1621 hin. [DI XXIII, Nr. 307; DI XVII, Nr. 309] Der Sterbetag fiel aufs Osterfest in einer lateinischen Inschrift von 1598 und einer deutschen von 1517. [DI XII, Nr. 490; DI XV, Nr. 211] Vom Tod am Osterdienstag berichten eine deutsche Inschrift von 1581 und eine lateinische von 1440. [DI XII, Nr. 353; DI XXV, Nr. 63] Der Osterdonnerstag liefert den heilsgeschichtlichen Rahmen in einer deutschen Inschrift von 1466. [DI XXIII, Nr. 97] Der achtzehnte Tag nach Ostern wird in einer deutschen Inschrift von vermutlich 1525 bemüht. [DI XXV, Nr. 237] Von Todesfällen am Tag vor Himmelfahrt, am Fest selbst und an Mariä Himmelfahrt berichten deutsche Inschriften von 1386, 1474 und 1500.[213] Eine lateinische Inschrift von 1472 macht vom Tod am "2. Tag nach dem Sonntag der Heilung des Bettlägerigen" Mitteilung. [DI XXIII, Nr. 9] Letztlich mag das Opfer sterben, an welchem Tag es will — eine Beziehung läßt sich immer herstellen, und notfalls kann ja auch noch der Begräbnistag herangezogen werden. Oder es starb zum selben Kalenderdatum schon ein anderes Familienmitglied. Und wenn die Angehörigen auf das spezifisch christliche Heilsgeschehen keinen so großen Wert legen, dann läßt sich die Jahreszeit als Übergeordnetes heranziehen.

---

[212] In: *Leben in Frankfurt am Main* II, S. 65

[213] DI XXII, Nr. 38; DI XVI, Nr. 63; DI XXV, Nr. 183

15.5 Klopstocks irdischer und himmlischer Geburtstag

"Fürwahr ein schönes Bild! ein Bild, das klüger ist / Als sein Original, weil es — den Klopstock liest." (A., Auf === der sich mit der Messiade in der Hand malen ließ)

IN DER MORGENRÖTE der Zeit der "Heil'gen Poesie" wurde Klopstock verehrt. Klopstock ist fromm und er ist Dichter. Auf ihn beziehen sich die Affekte im Übergang von der Heiligen- zur Dichterverehrung. Voß hält es in der *Elegie, an zwey Schwestern* für notwendig anzumerken, daß der Tag, an dem die Verstorbene seines Gedichts zum 'himmlischen Fest' gerufen wurde, der Geburtstag Klopstocks ist.

> "Gott, der die Tugend belohnt,
> Rief an dem Tage des Segens, an welchem er Klopstock sandte (*)
> Sie zu dem himmlischen Fest.
> (*) Sie starb den 2. Julius." [GMA 1774, S. 200]

Die Beziehung zum jährlich wiederkehrend doch feststehend Bedeutenden gelingt. Es könnte scheinen, daß dabei alles Persönliche verloren geht; daß das Vergnügen des Dichters an der Spielerei mit einem zufälligen Datum im starr schematischen Gedicht ungleich größer sei als das damit aufgeopferte Ergriffensein bei einem traurigen Todesfall. Der Dichter hätte wohl eine solche Gegenüberstellung des persönlich Erlebten und der Anspielung auf einen höchst wichtigen Kalendertermin nicht verstanden. Im gleichen Jahr wie das Gedicht erschienen die *Leiden des jungen Werthers.* So wie in Goethes Roman die Gefühle beim Naturschauspiel eines Gewitters ihren prägnantesten Ausdruck finden, indem der Name Klopstocks genannt wird, genügt hier der Hinweis auf seinen Geburtstag, damit eine Höhe des Ausdrucks erreicht ist, die unüberbietbar scheint. Klopstock galt den Deutschen jener Zeit als ihr größter Dichter und den Christen als heiliger Sänger — es muß schwer gewesen sein, ihn nicht zu verehren. Auf dem Friedhof in Ottensen bei Hamburg ist Klopstocks Grabmal erhalten. Der *Wandler unter den Gräbern* von 1819 präsentiert in geringfügig modernisierter Schreibung die von Stolberg verfaßte Grabschrift auf Klopstock. Diese fordert die Deutschen auf, "mit Ehrfurcht und mit Liebe / Der Hülle" ihres "größten Dichters" zu nahen, die Christen "mit Wehmut und Wonne / Der Ruhestätte des heiligen Sängers." In Klopstock selbst ist die Trennung zwischen dem Dichter der Deutschen und dem der Menschheit — gemeint ist die Christenheit — angelegt, in der Inschrift *Auf Klopstock* von Kl. Schmid heißt es: "Deutschlands Retter sag ich, und sang den größern der Menschheit." Der *Wandler unter den Gräbern* enthält weitere sechs Inschriften auf des Dichters und auf Meta Klopstocks Tod. [S. 305 ff.]

15.6 Glückhafte Konstellationen und Lieblingsstudien

BISHER WURDE BESCHRIEBEN, wie Beziehungen zwischen dem eigenen Geschick und wichtigen Ereignissen der Heilsgeschichte, Perioden des Jahreslaufs der Natur, meteorologischen Vorgängen oder organischen Prozessen hergestellt werden. Dabei wurde das, was einem selbst geschieht, bezogen auf etwas, was einmal geschehen ist. Es war die Anschauung der Zeit Voraussetzung der Einordnung: so wie die Pflanze wieder blüht, der Same verdirbt und eine neue Pflanze wird, und die Sonne neu aufgeht, so soll auch der Tod Beginn eines neuen Lebensabschnitts sein. Eine Beziehung zu einem zeitlichen Ablauf wird auch dann hergestellt, wenn der Vergleichspunkt nicht der äußeren Natur, sondern einer vermuteten Periodizität des Menschenlebens entnommen ist. Die lateinische Inschrift für Joh. Burckh. Ingweiler (1599) redet den Verstorbenen an: "Schließlich feierst du die Hochzeit mit vier Frauen, rechtmäßig, da Lachesis bald den Lebensfaden von dreien durchschneidet." Den strengen Monogamisten müßte es grausen. Anna, die vierte Ehefrau "verließest du, da der grimmige Tod dich von hier hinwegnahm, oder das klimakterische Jahr, so daß sie eine Witwe, ihres Mannes beraubt ist." [DI XXIII, Nr. 236] Der Herausgeber des Bandes kommentiert: "Das 63. Jahr wird traditionell als das kritische betrachtet." Nur wenige Beispiele für ein nicht zeitliches, sondern für ein räumliches, geographisches Einordnen, das Aussagen über das Heilsgeschehen macht, fand ich. Freiherr Fr. v. Hügel ist, wie Sigel weiß, "geboren auf dem Vorgebirg der guten Hoffnung." Heute heißt es in einer Todesanzeige: "Ich hab' den Berg bestiegen, / der euch noch Mühe macht." [WZ 7.7.1988] Ebenfalls gut — wenn auch völlig anders — hat es Novalis getroffen. Fr. Schlegel vertraut er am 8. Juli 1796 an: "Mein Lieblingsstudium heißt im Grunde wie meine Braut: Sophie heißt sie." [BdtR S. 76] Klöden liebt seine Braut "ebenso herzlich wie die Wissenschaft; aber höher als diese vermochte ich kein irdisches Wesen zu lieben." [S. 288] Und Mahlmann kann am 23. März 1796 Schiller schreiben: "Seit meinen frühesten Jahren ist die Dichtkunst mein Lieblingsstudium gewesen." [Schiller W XXXVI-I, S. 165] Anderes treibt Hagedorn: "Nur Dich groß und gut zu nennen, / Und mich selber blind zu wissen, das ist meine Wissenschaft."[214] So unterscheiden sich die Forschungsobjekte.

Über den "Burger" und das alte Mitglied der Buchdrucker=Gesellschaft Geßner teilt seine in den Frankfurter *Frag= und Anzeigungsnachrichten* am 10. Julii 1724 erschienene Todesanzeige mit, daß er viele Lettern abgedruckt hat.[215] Im *Schwäbischen Merkur* erschien am 28. Juni 1790 *Franklin's Grabschrift*. Franklin hat die Inschrift "in seinen jüngeren Jahren", als er noch Buchdrucker war, "auf sein künftiges Grab" gemacht. "Hier liegt der Leichnam, / von Benjamin Franklin, Drucker, / wie die Decke eines alten Buchs, / dessen Inhalt herausgerissen, und das seines Titels / und der Vergoldung beraubt ist, / als Nahrung für Würmer. / Das Werk selbsten aber ist nicht verloren, / Es wird (wie er glaubte) / noch einmal in einer neuen schönern Ausgabe / herauskommen. / vermehrt und verbessert / vom Autor."

---

[214] *Allgemeines Gebeth, nach dem Pope* [W I, S. 1]

[215] In: *Leben in Frankfurt am Main* I, S. 61

15.7 Dichter– und Heiligenkalender

"Hab' ich nur ihn gesehen, hatt' ich bisher gedacht, so werd' ich ein neuer Mensch." (Jean Paul)

VOSS dichtete die *Elegie, an zwey Schwestern*: "Gott, der die Tugend belohnt, / Rief an dem Tage des Segens, an welchem er Klopstock sandte (*) / Sie zu dem himmlischen Fest. // (*) Sie starb den 2. Julius." [GMA 1774, S. 200] Heute mag diese Kalenderspielerei albern erscheinen. Hegel erblickte haargenau einundzwanzig Jahre und einen Tag nach Goethe das Licht der Welt; Goethe starb aber erst ein Jahr nach Hegel. Merkwürdig. Man kann es übertreiben. Andererseits — manches ist ja wirklich ganz erstaunlich. Goethe und Hegel sind fast exakt am gleichen Tag geboren und dazu ziemlich genau im beinahe gleichen Jahr gestorben. Es muß freilich befremden, daß im Jahr 1987 das Stuttgarter Weindorf zwar wie üblich in unmittelbarer Nähe des Geburtshauses G. W. F. Hegels aufgebaut wird, jedoch gerade an Goethes und *nicht* an Hegels Geburtstag beginnt. Weintrinker waren beide — Goethe freilich konsequenter, Hegel erkundigte sich vor Umzügen stets nach der Bierqualität am neuen Wohnort, andererseits feilschte er energischer um Preisrabatte beim Weinkauf — und angesichts der fortwährenden Kränkungen, deren sich der Philosoph in seiner Geburtsstadt ohnedies noch heute ausgesetzt sieht, hätte es diesen ungeschickten Termin nicht auch noch gebraucht. Immerhin entschädigt, daß in Stuttgart eine der allerkürzesten Straßen nach Goethe benannt ist; die Hegelstraße ist viel länger und wird sogar von mehreren Buslinien frequentiert, für die in der Goethestraße gar kein Platz wäre. Da, wo ein oberflächlicher Betrachter meinen könnte, sogar die Straßenbahn fahre durch die Hegelstraße, hat freilich bereits die Hölderlinstraße begonnen. Letztlich ist doch alles im Rechten, buchstabengenau und allbarmherzig. Hegel hat Geburtstag am Tag des Hl. Gebhard. Goebhardt heißt dann aber auch wirklich der Verleger, der Hegels erste größere Veröffentlichung publizierte! Hegel, Leibniz und Jean Paul starben am gleichen Tag (14. November). Mit Hegel hat Hamann Geburtstag. Klopstock und Kant sind im selben Jahr geboren, Klopstock starb aber ein Jahr vor Kant. Wie Klopstock starb übrigens 1803 auch Gleim. Klopstocks Todestag (14. März) ist auch der von Marx. Und Kant starb am selben Tag, dem 12. Februar, wie Schleiermacher. Dessen Todestag ist aber zugleich Motte Fouqués Geburtstag! Achtzig Jahre nach Klopstock und Gleim starb Wagner am 13. Februar 1883. Der 13. Februar ist auch Wackenroders Todestag. Wie Gleim und Klopstock starb 1803 Wilhelm Heinse, am 22. Juni. Am 22. Juni hat Wilhelm von Humboldt Geburtstag. Fünf Jahre später kam Fr. Schlegel zur Welt, am 10. März 1772. Am 10. März hat weiter Eichendorff Geburtstag! Damit wären nun die meisten Romantiker mit Wackenroder, Schlegel, Schleiermacher, Eichendorff, Fouqué zusammen. Die beiden großen Vorbilder der Romantiker — außer Goethe — waren Shakespeare und Cervantes. Beide sind an genau demselben Tag gestorben, dem 23. April 1616. Creuzer aber kam genau 1 Jahr minus 10 Tage nach Hölderlin zur Welt.

16 Todesursachen und der Rekurs auf das Allgemeine

"Wenn die Parzen die großen Geister verschonten und der düstere Todestag den rechtgeführten Studien wiche, würde Johann Prünsterer unzählige Jahre leben." (Lateinische Inschrift Nürnberg, †1554) "Ihn, der fromme Ehrfurcht liebte, übertraf — ihr Jünglinge verzeiht! — keiner an Eifer im Lernen." (Lateinische Inschrift Naumburg, 1584)

CONRAD CASTILETZ in Doderers Roman *Ein Mord den jeder begeht* besucht Stuttgart. Auf dem Weg zum Bahnhof kommt er aus der Stiftstraße, macht einen Umweg, vermutlich über die Kiene–, vielleicht auch über die Büchsenstraße, und geht dann am Stadtgarten und an der damaligen Polytechnischen Schule, der heutigen Universität, vorbei zum Hauptbahnhof. [S. 218] Es ist gut möglich, daß er auf seinem Spaziergang unser Forschungsobjekt betrat und daß dort seine Anschauungen der endlich erreichten Reife nähergeführt wurden; erwähnt wird es im Roman leider nicht. In Serners Kurzgeschichte *Das Zéro* aber nimmt eine kleine, recht erfrischende Hochstapelei–Affaire auf dem Hoppenlau–Friedhof ihren Anfang. Der Held, wie die meisten Hochstapler ein ganz sympathisches Subjekt, geht auf dem Friedhof spazieren und liest die Inschrift "Heinrich von Inten, geb. am 3. März 1850, gest. am 10. März 1911 aus Gram über seinen verlorenen Sohn." [S. 7] 1911 war der Friedhof schon seit einigen Jahrzehnten stillgelegt, d. i. sein Fundus wurde nicht mehr aktualisiert. In der Zeit der sogenannten heiligen Poesie aber wäre eine solche Inschrift auf unserem Friedhof die Ausnahme gewesen. Zwar befindet sich in der 1819 erschienenen Sammlung *Der Wandler unter den Gräbern* eine wohl nicht authentische Inschrift *Auf eine Mutter, die aus Gram über ihren Sohn starb*, auf unserem Forschungsobjekt aber werden derlei familieninterne Problemata noch nicht einmal gestreift. [S. 104] Die Mutter von Max Arnold (†1871) wurde, sagt seine Inschrift, "nun durch seinen frühen Tod / Allzufrüh von Gram / gedrükt", nicht aber, weil ihr der Sohn anderen Kummer bereitet hätte. Im Gegenteil. "Sein Hinscheiden / war der einzige / Schmerz, den er den / Seinigen bereitete."

Ein Grabmal trägt die Inschriften für Octavia (†1839), Adéle und Ludwig (†1840) von Münchingen. Die Inschrift für Adéle lautet: "Ein Engel herab auf die Erde gekom̄en und / zu frühe wieder zu dem Himmel entschwebt." Ludwig von Münchingens Herz, sagt seine Inschrift, brach im Schmerz über den Tod Octavias und Adéles: "Hier ruht neben den vorangegangenen Lieben / die irdische Hülle des treuen Herzens welches / in Schmerz über deren Verlust brach und nun / mit ihnen vereinigt ist, unser vielgeliebter Vater."

Die Todesanzeige für den Löwensteiner Ochsenwirt Föll in der *Schwäbischen Chronik* vom 5. Dezember 1810 erwähnt, daß Föll im Elend starb, auf das Licht und den Schatten im "Karakter" geht sie nicht näher ein, hier deutet sie nur an. Eine Inschrift für Föll würde auch auf die Andeutung des sozialen Abstiegs und der charakterlichen Problematik verzichten. Auch die Todesanzeige für den Königlichen Liquidations-Kommissair Christoph Friedrich Bolley in der *Schwäbischen Chronik* vom 8. Januar

1808 beläßt es im Vagen; es erstaunt aber, daß immerhin soviel mitgeteilt wird: "Die LebensFormen des Todten waren nicht die gewöhnlichen. Nicht alle haben ihn verstanden. Die ihn verstanden, liebten und schätzten ihn." Seine Probleme müssen stadtbekannt gewesen sein. Wenn beteuert wird, stellt sich sogleich Unsicherheit beim Rezipienten ein. Auf dem Hoppenlau-Friedhof werden nicht nur dann allgemeine Aussagen bevorzugt, wenn sich nichts Konkretes sagen läßt — auch konkrete Verdienste und Leistungen werden ins Allgemeine umgeformt. Ausnahmen stellen vielleicht die Grabmale Taube und Theobald dar, die vom Tod in der Schlacht bei Champigny sowie von zehn Feldzügen und der Unterzeichnung der Verfassungsurkunde berichten. Dem König treu war Weber, seinem Herrn treu Hess, rechtschaffen und treu gegen seine Herrschaft Brennecke. Als Künstler und Bildhauer geachtet, als Mensch und Biedermann geschätzt, als Gatte, Vater, Freund geliebt wurde Scheffauer. Ein stilles Verdienst wird in seiner Inschrift M. v. Hugo zugesprochen.

Den schönsten Inschriften des Hoppenlau-Friedhofs und anderer Friedhöfe des 19. Jahrhunderts gelingt es wie schon lateinischen Inschriften der frühen Neuzeit, in einem kurzgefaßten Text vielfältige aufeinander verweisende Beziehungen herzustellen. Andere poetische Inschriften der Zeit beschreiben den Schmerz der Zurückbleibenden und widmen sich den Fragen um die letzten Dinge und der Möglichkeit des Wiedersehens.

In diesem Teil der Arbeit werden die ästhetisch befriedigenden Inschriften des Hoppenlau-Friedhofs abgegrenzt von Grabschriften anderer Epochen sowie von anderen Textsorten des 19. Jahrhunderts.

16.1 Forscher und Baumeister

DER SPEZIALSUPERINTENDENT und Hospitalprediger Gottlieb Heinrich Rieger weist in der Predigt für Gottlob Christian Storr darauf hin, daß dessen Leiden "vielleicht ganz, vielleicht größtentheils" Folgen waren "der Anstrengung im Denken und des Fleißes im Studirzimmer." So wie noch zur Zeit des Hoppenlau-Friedhofs die Predigten, waren in früheren Epochen auch einmal Grabschriften ausführlich und manchmal ausufernd. Sie berichteten weitschweifig vom Leben des Verstorbenen. Daß Storr vielleicht an den Anstrengungen im Studierzimmer starb, erfährt nicht der Friedhofsbesucher, der die Inschriften erkundet, sondern der Liebhaber der in der Württembergischen Landesbibliothek gesammelten Leichenpredigten. Inschriften früherer Jahrhunderte indes berichten von Kollegen des fleißig forschenden Storr.

Ein Opfer verschärfter Forschung und Lehre war Ehrmann, der an der Alexanderkirche zu Marbach bestattet ist. Das Wandgrabmal teilt mit: "Hier ruhet in Gott / Der in seinem gantzen leben gewesene treüe knecht Gottes / Georg Philipp Ehrmann / emeritirter Collaborator der hiesigen Latein: Schul / So geboren zu Pfedelbach den 8: Sept: 1679. über 50 Jahr / zu Kindelsau, Schorndorff und allhier mit unermüdeter / Treü und fleiß denen Lateinischen Schulen zu allgemeinem / Vergnügen gedienet, endlich gantz entkräfftet zur Ruhe gesetzet / worden, so Er aber nicht lange genossen, sondern von Gott/ den 9. Jann. 1752. auffgelöset und zu sich mit Ehren / angenom̄en worden, da Er sein Leben gebracht auff 72. Jahr 4 Monath." Ein Gleiches geschah Friedrich Sylburg. Seine lateinische Inschrift berichtet: "Dem berühmten Manne, Licentiat Friedrich Sylburg aus Wetter in Hessen, der in eindringlichster Arbeit die griechische Sprache wieder zum Leben erweckte, dem vorzüglichsten Herausgeber philosophischer wie historischer Schriften, der schließlich durch übermäßige nächtliche Arbeit und Korrekturen sich aufzehrte und am 16. Februar alten Stils im Jahr Christi 1596 im Alter von 60 Jahren in Heidelberg den Lebenden entrissen wurde." [DI XII, Nr. 471] Johann Fabricius Bolands lateinische Grabschrift teilt mit, daß der Verstorbene ein Leben für die Wissenschaft führte: "Johann Fabricius Boland, in drei Sprachen hochgebildet, hervorragender Dichter und Philosoph und Freund des einen wahrhaften Glaubens, beschloß sein Leben, bereits durch Altersschwäche und Sorgen gezeichnet, durch Angriffe von Feinden und Gegnern des Evangeliums völlig erschöpft, am 8. vor den Iden des Februar im Jahre 1578 und wurde hier begraben. Er wurde 70 Jahre alt." [DI XXIII, Nr. 179]

Aber auch Friedhöfe des 19. Jahrhunderts enthalten Grabmale mit Inschriften, die sich liebevoller dem beruflichen Wirken des Verstorbenen widmen als die Inschriften des Hoppenlau–Friedhofs.

Ein Künstler, Christ und Menschenfreund war der auf dem Hoppenlau–Friedhof bestattete Etzel. Mehr erfährt der geneigte Stuttgarter Friedhofsbesucher nicht. Es wird nicht mitgeteilt, daß Etzel die Cannstatter Wilhelmsbrücke und die Stuttgarter Neue Weinsteige erbaute. Die Inschrift seines Gießener Kollegen, des Provinzialbaumeisters Hofmann, der heute auf dem Alten Friedhof ruht, teilt mehr mit — genau werden seine Leistungen verzeichnet:

> "HIER RUHT / DER LIEBEVOLLSTE / GATTE, DER GÜTIGSTE / VATER, DER TREUSTE / FREUND / JOHANN PHILIPP / HOFMANN / HOFKAMMERRATH / UND PROVINZIALBAUMEISTER / GEB: AM 10TEN IANUAR 1776 / ZU WORMS / GEST: DEN 20TEN OCTBR 1842 / ZU GIESSEN", "EIN DENKMAL / UNVERGÄNGLICHER / ALS DER STEIN, DER / SEINE HÜLLE DECKT / HAT SICH DER HEIMGE–/GANGENE SELBST IN DEM GEDÄCHTNISSE SEINER / MITBÜRGER ERRICHTET, / DURCH SEINE REDLICHKEIT / UND UNERMÜDLICHE THÄ–/TIGKEIT IN ERFÜLLUNG / SEINER BERUFSPFLICHTEN. / DIE ERWEITERUNG DER / VON IHM AUSGEGANGENEN / NEUEN STADTANLAGE AUF / DEM SELTERSBERGE WAR / SEIT VIELEN JAHREN EINE / SEINER LIEBLINGSAUFGA–/BEN UND IHR WIDMETE ER / BIS ZUM LETZTEN AUGEN–/BLICKE SEINE KRÄFTE."

Sorgsam werden den verschiedenen menschlichen Beziehungen die ihnen entsprechenden charakterlichen Eigenschaften zugeordnet; Hofmann ist als Ehemann liebevoll, als Vater voller Güte und als Freund treu. Etzels Grabschrift lobt den Verstorbenen, sie spricht von der Liebe der Hinterbliebenen und sie befaßt sich mit dem Weiterwirken des Verstorbenen im Jenseits. Hoffmanns Grabschrift verzichtet auf eschatologische Erwägungen und berichtet stattdessen von Hoffmanns diesseitigen Leistungen.

16.2 Inschriften und Todesanzeigen

DIE INSCHRIFTEN des Hoppenlau–Friedhofs geben zumeist, anders als die entsprechenden Todesanzeigen, die genaue Todesursache nicht an. Inschriften rekurrieren auf das Allgemeine, Todesanzeigen machen persönliche Angaben.

Die Grabschrift der Brüder Taube teilt mit, daß beide bei Champigny am 2. Dezember 1870 in der Schlacht fielen; Caroline Friderike v. Misani, mit ihrem Säugling bestattet, starb, aber das läßt sich nur vermuten, möglicherweise im Wochenbett. Auch ihre Todesanzeige gibt keine genaue Auskunft. Der "Vorsehung" gefiel es, die Leiden der von ihrem Gatten "innigst geliebten" im "zurückgelegten 37 Jahre ihres Lebens aufzulösen." Mit dem Gatten stehen Mutter und Bruder der Verstorbenen am Sarge und seine "6 unmündige Kinder", von denen sie ihm "das letztere erst vor 25 Tagen gebahr." [SC 1.5.1818] Ähnlich offen beläßt es eine Inschrift des Alten Friedhofs zu Ludwigsburg: "In ihren Armen ruht / ihr einziges Kind." (†1833) Eine ältere "getrewe hauß Ehr", die "alß eine kindtbetterin christ/seelig entschlaffen" ist, ruht an der Marbacher Alexanderkirche (†1661). Gräfin Helene v. Bentzel Sternau, sagt ihre Todesanzeige in der *Schwäbischen Chronik* vom 20. Februar 1811, "entschlief sanft und innigst in den unerforschlichen Willen Gottes ergeben." Sie starb "nach einem sehr schmerzhaften KrankenLager von 7 Monaten an den Folgen einer zu frühen Entbindung."

Befassen sich die klassizistischen Inschriften nicht mit dem Hergang des Sterbens, so vermitteln die Todesanzeigen für dieselben Verstorbenen, deren Inschriften unbestimmt bleiben, ein genaueres Bild vom je einzelnen Tod. Die Anzeige geht der Inschrift zeitlich voraus; dem Affekt mag man sich am Tag des Sterbens oder dem darauf noch ungezügelter überlassen haben. Der Todeskampf wird in allzu lebhafter Anschaulichkeit präsent und unbewältigt gewesen sein. Der anstrengende Beistand war kurze Zeit erst vorüber und die Anspannung noch ins Gesicht geschrieben. Für die Abfassung oder die Wahl der Inschrift steht mehr Zeit zur Verfügung. Das Ergebnis des derart psychologisch verständlich Gemachten und menschlich Nachvollziehbaren befriedigt ästhetisch. Die Anzeige soll nur informieren, sie ist gedacht für Menschen, die den Verstorbenen kannten. Sie ist, anders als die Inschrift, nicht für die Dauer bestimmt.

16.3 Todesursachen

FREILICH machen nicht alle Anzeigen genaue Angaben. Einige bleiben so unbestimmt wie die Inschriften. Nach langem schwerem Leiden starben Marie Carol. Elsaesser, Carl Sautter, Marie v. Dallwitz, Wilh. Gottl. Pfeiffer, Louise Hauff, Elias Pflaum, Fr. Burkh. v. Pfaff, E. Beck.[216] Ein "zehrendes Fieber" entriß nach "langem Kränkeln" Therese Jos. v. Losner "ihren drei unmündigen Kindern", nach kurzem Krankenlager; überraschend schnell starben Jos. v. Theobald, Freiherr Karl Eugen v. Hügel, Nanette v. Schoenlin und Freiherr Ludw. Albr. v. Gaisberg–Helfenberg.[217] Manchmal werden

[216]SK 7.12.1851; 16.7.1859; 16.3.1860; 24.11.1861; 31.7.1867; 7.3.1876; SC 27.3.1817; 13.9.1831
[217]SC 17.1.1818; 21.3.1837; SK 31.5.1870; 22.5.1863; 2.7.1872

die Krankheiten nur ganz ungenau bezeichnet, so als "KopfKrankheit" oder Fieber.[218] Oder es fehlen genaue Angaben zur Krankheit, dafür aber teilen die Angehörigen andere Sterbensumstände, die ihnen wichtiger erscheinen, mit. Isak Ries erkrankte auf einer Geschäftsreise, wurde in Nördlingen gepflegt und entschlief nach "10tägiger Krankheit" und Max Arnold starb nach "sechstägiger schmerzensvoller Krankheit" wenige Wochen nach dem Vater. [SK 8.3.1870; 18.4.1871] Marie Caroline Elsaessers Inschrift — "Die Liebe einet Alle, Hallelujah / Die Reihen schloss die edle Frau" — erreicht nicht die Höhe ihrer Todesanzeige: "Reich an Gemüth, gebildet im Geist, geläutert durch eine Schule schwerer Prüfungen, lebte und wirkte sie als wahrhafte Christin nur ihrem höheren Berufe, bethätigt durch stetes Wohlthun am Nächsten." [SK 7.12.1851] Der geringfügig gekürzte Text wäre vorzüglich als Inschrift verwendbar.

Manchmal scheint es, als sei es nur der Stand der medizinischen Forschung, nicht aber ein auf das Allgemeine hindrängender Stilisierungswille, der ganz genaue Angaben verhindert; die Krankheitsbilder bleiben dann im Vagen trotz aller Bemühungen ums Detail. Pauline Kaufmann starb an den "Folgen einer EntwicklungsKrankheit" und Joh. Chr. Daniel "in einem Alter von 17 Jahren an den Folgen seines zu schnellen Wachsthums." [SC 5.7.1826; 11.10.1802] Am Steckfluß starben Christiane Kropf, Joh. Albr. Const. v. Neurath und Ludw. Fr. v. Stockmayer.[219] Frey=Herr Joh. Andr. v. Hügel wurde "an einem Stek= und Schlagfluß plözlich dahin geraft"; weiter starben am Schlagfluß Jo. Chr. Keim, am "NervenSchlag" Const. Franz Fürchtegott v. Neurath, "an den Folgen mehrerer Schlaganfälle" Franz v. Mittnacht, am Herzschlag Ludw. Freiherr v. Münchingen und Morris Jacob und am Blutsturz Christiane Wilh. Schmid.[220] Karl Krauß starb "in Folge des Scharlachfiebers" und "ein hiziges Gliederweh raffte nach nur zweitägigem Wüthen" Carl Schlossberger hin. [SK 23.2.1856; 6.1.1872] Charl. Wilh. v. Hügel starb "an den Folgen ihrer Entbindung", Iac. Heinr. Weber an denen "eines CatarrhFiebers", Sophie Otto "an einem nervösen Schleimfieber" und Thusnelde Heigelin nach der "Brechruhr" und "einem nervösen Schleimfieber."[221] An der Wassersucht starben Eberhardine Thum und Friederike Brodbeck, an Brustkrankheiten Otto Schott und Wilhelmine Hauff und an der Brustwassersucht Christiane Fr. Wörnle, Joh. Jak. Schneider und Gottl. Fr. Otto.[222] An Lungenkrankheiten starben Christiane Fr. Stiefel, Joh. Simeon v. Kerner, Carl v. Baur, Legationsrath Harpprecht, Daniel Fr. Hehl, Karl Gottfr. Hoffmann und Clemens v. Hayn.[223] Unterleibskrankheiten fielen Fr. Carl Kapff und Louise Freifrau v. Imhoff zum Opfer und David Metzger starb "nach 14tägiger Krankheit an der Ruhr."[224]

---

[218] SC 30.6.1818; 9.8.1842; 25.7.1802
[219] SC 10.12.1830; 3.11.1816; 27.12.1837
[220] SC 6.8.1807; 27.3.1851; 30.11.1817; SK 6.12.1849; SC 26.5.1840; SK 21.1.1870; 20.6.1863
[221] SM 7.7.1805; SC 3.12.1815; 12.2.1834; 15.9.1832
[222] SK 21.3.1850; SC 9.7.1833; SK 26.9.1861; SC 5.1.1842; 1.5.1833; 30.11.1835; 18.10.1816
[223] SK 11.5.1861; SC 16.6.1830; 2.10.1827; 5.3.1832; 28.2.1837; 24.8.1845; SK 25.6.1851
[224] SK 25.5.1817; SK 16.7.1856; 30.9.1854

16.4 Viten

IN FRÜHEREN JAHRHUNDERTEN berichteten Grabschriften ausführlich vom Leben des Verstorbenen. Es wurde mitgeteilt, wo er geboren wurde, was er erlernte, welche Stationen er auf seiner Wanderschaft machte, wo er lehrte, wann er in die Stadt kam, in der er nun begraben liegt, wie ihn seine Mitbürger ehrten, wieviele Nachkommen er hinterlassen hat. Lebensstationen verzeichnen die Hoppenlau–Inschriften nicht. Allenfalls erscheint in besonderen Fällen, wenn nämlich die Verstorbenen von weit her kamen, als Rudiment der Geburtsort. Auf dem Friedhof ruhen seit 1865 und 1872 "CASPAR OBACH AUS ZÜRICH" und "AMALIE OBACH / geb. MÜLLER AUS ST. GALLEN." Die Inschrift eines Wandgrabmals an der Cannstatter Uffkirche spricht den Vorübergehenden an und berichtet: "Pilgrim höre! / Hier ruhet einer von deinen / Brüdern / Weÿland Herr / Johan Ulrich Mittler, / Hochfrstl: Württ: Exped: Rath u: kaÿserl: / Postmeister allhier / Zu Speÿer d: 4. febr.: 1679. ehrlich gebohren, / Hier zu Cannstatt d: z9. mertzen 1743. / Christlich gestorben. / wohl ein rechter Pilgrim: / Sein vatterland verbrañte der feind / und seine Eltern sturben bald. / Da nahm der arme knab seinen wanderstab / aber Gott leitete ihn / Durch Straßburg, Baßel und Schaffhausen / [ ] nach Cannstatt, / und ließ ihn [ ] / gepflanzet an den [ ] / So viel Gott [ ] / Pilgrim wiltu weiters von [ ] / So frage andere Leüth, / [ ] wiedere sagen. / daß ein ehrlicher Mañ / an ihm gestorben." Das Grabmal wurde "dem Seeligen zu Danck auffger: von deßen betrübter wittwen" und den "von 14. noch übrigen 7 kindern." Solche Inschriften gerieten oft irritierend lang. Sie verlangten weit mehr Zeit vom vorübergehenden Betrachter, als dieser aufzubringen geneigt war. So mußten sie ihn denn geradezu ansprechen und auffordern, stehenzubleiben und zu lesen. Die Inschrift für Mittler bedauert aber eher, daß der Raum zu Ende geht, weshalb der Pilgrim an weitere Quellen verwiesen werden muß, als ein Verständnis dafür aufzubringen, daß dem Pilger ungeduldig werden könnte.

Die längsten Inschriften auf dem Hoppenlau–Friedhof sind poetisch: das Gedicht auf Etzel und die Zitate aus Klopstocks *Messias*. Viten fehlen auf dem Friedhof. Allenfalls erscheint als Rudiment ein herausragendes Ereignis im Leben des Verstorbenen, seine akmé, auf dem Grabstein: der Tod in der Schlacht bei Champigny, die Unterzeichnung des Verfassungsvertrages. Anders verhält es sich mit den Todesanzeigen, die im frühen 19. Jahrhundert im *Schwäbischen Merkur* und in der *Schwäbischen Chronik* erschienen sind. Die meisten Anzeigen sind kurz, so wie unsere heutigen Anzeigen, viele sind aber auch außerordentlich lang. Diese Anzeigen berichten vom Leben des Verstorbenen und von merkwürdigen Vorkommnissen in seinen letzten Wochen. Oder sie stellen eindringlich die schwierige Lage der Zurückbleibenden dar. Diese Todesanzeigen stehen damit auf dem Übergang zum Nachruf oder zur Predigt. Die Inschriften des Hoppenlau–Friedhofs ersetzen die biographische Mitteilung durch Gedichte. Diese wurden selbst verfaßt oder einem Almanach oder dem *Messias* entnommen. Sie widmen sich den allgemeinen Fragen um die Auferstehung und das Wiedersehen. Sie befassen sich mit dem Schmerz der Trauernden. Die meisten Anzeigen hingegen verzichten zwar wie die Inschriften auf ausführliche biographische Daten, sie enthalten stattdessen aber fast nie Gedichte. Poetische Todesanzeigen sind in den Stuttgarter Zeitungen noch zu Beginn des 19. Jahrhunderts außerordentlich selten, während zahlreiche Todesanzeigen in Frankfurter Zeitungen schon in der zweiten Hälfte des 18. Jahrhunderts Gedichte vorstellen. Das rokokohaft Beschwingte der gereimten Frankfurter Todesanzeigen mag den nüchternen Schwaben nicht gelegen haben, wohl aber die herbe klassizistische Grabmalkunst und die sich selbst beschränkende poetische Inschrift.

Das, was auf dem Grabmal keinen Platz hat, aber doch in den ersten Tagen der Trauer mitgeteilt sein will, gerät in die Todesanzeige. Der vorübergehende Schmerz, das, was nur transitorischen Gehaltes ist, wird nicht in den Stein gehauen, sondern erscheint im adäquaten Medium, der Tageszeitung. Ästhetisch, können wir konstatieren, steht somit um die Textsorten Inschrift und Todesanzeige alles bestens.

Vielerlei halten die Zurückbleibenden einer Mitteilung in der Todesanzeige wert. Die Angehörigen Therese v. Neuraths entschuldigen sich in der Anzeige für diese geradezu. Zwar haben sie "keine nahe Verwandte in Württemberg" und wohnen "erst seit sieben Jahren hier", doch fanden sie treue Freunde und gute teilnehmende Menschen. Mehrere nahmen an dem guten Kind "liebevolles Interesse." So folgen sie, die Neuraths, denn doch der "allgemeinen Sitte." [SC 27.3.1815] Das Stuttgarter Ehepaar Brastberger schildert in der Todesanzeige für die Tochter ausführlich die eigene Trauer, den Krankheitsverlauf, das Leben der Tochter. Die Anzeige umfaßt 51 Zeilen. Endlich bitten die Brastbergers um Verständnis: "Verzeihet uns, Freunde! diese längere lobpreisende Anzeige! Ach sie soll zugleich ein kleines dankbares EhrenMal seyn, das der liebende Gatte, und mit ihm auch wir der Unvergeßlichen sezen wollten." [SC 24.1.1808] Was sich im Gespräch, die nahestehende Person vor Augen, sagen läßt, gerät hier ins Schriftmedium.

16.5 Württembergische Abenteuer

"Das Grab ist tief und stille, / Und schauderhaft sein Rand. / Es deckt mit schwarzer Hülle / Ein unbekanntes Land." (Salis)

WEN DER BERG nicht ruft, den quält das Fernweh. Einige Württemberger starben weit weg von der Heimat, und der ins Weite drängende abenteuerreiche Lebenswandel ging in die Todesanzeige ein. Pfarrer M. Ludwig, KleinSachsenheim, teilt mit, daß sein Schwager Carl A. Fr. Ehrhart "auf seiner Rückreise nach Suriname, wohin er neuerlich als Administrateur und Direkteur einer Plantage unter sehr vorteilhaften Aussichten angestellt war, den 24. Jun. zu Portsmouth über Tisch von einem Schlage gerührt und am folgenden Tage gestorben" ist. [SC 24.7.1806] Die Eltern und Geschwister betrauern den Tod Joh. Gottl. Sommers in Winnenden, "welcher vor 6 Jahren als SchiffsWundArzt, mit einem Bataillon Holändischer Truppen nach Demarary in WestIndien reiste, und ein paar Jahre nachher daselbst bei mehreren Kolonien als Arzt angestellt wurde." Teils war "die Macht des ungesunden Clima's, theils zu grosse Anstrengung in Ausübung seines Berufs" die Ursache seines Todes. [SC 9.6.1808] Die verwitwete Hauptmännin Christiane v. Baur zeigt am 26. Mai 1809 in der *Schwäbischen Chronik* an: "Dem Gott, der auch die Liebe bleibt, wenn er aufs schmerzhafteste verwundet, hat es gefallen, meinen zärtlich geliebtesten Gatten, den gewesenen wirklichen Hauptmann und des MilitairVerdienstOrdensRitter v. Baur an der Spitze einer Kolonne, die er den 17 Mai gegen den Feind unweit Linz anführte, durch eine Flinten-Kugel plözlich in die Wohnungen des Friedens zu versezen." Glücklich verlief die knapp einjährige Ehe, "ganz Stuttgart ist Zeuge", und so ist der Verlust "eines so zärtlichen Gatten" nicht "blos erschütternd, sondern betäubend." Den knapp zwölfjährigen Karl Th. Baumeister in Thuningen trat das Pferd des "einquartirten Französischen DragonerKapitain[s]", nach "achttägigem Leiden" ist das Kind gestorben. [SC 21.8.1806] Dreizehn Jahre später fordert die wohl epideiktische Inschrift *Auf einen von einem Pferd erschlagenen Knaben* in Haßlers *Wandler unter den Gräbern* den Leser auf, seinen Kindern einzuprägen: "Mit Pferden sollen sie behutsam seyn." [S. 100] Naturgemäß kommen derlei Warnungen für das Opfer immer zu spät. Die Anzeige für das zweijährige Stuttgarter Kind Emma Breitling schildert ausführlich und anschaulich, wie das Kind über "KinderKanapee" und "Tischchen" klettert, um vom Ofen ein Gefäß mit "FliegenGift" zu nehmen und auszutrinken. Zwar informiert das Kind gleich die Mutter, doch da "sein Unterleib durch Zahnen geschwächt" ist, kann es nicht mehr gerettet werden. [SC 1807, S. 354] Es scheint, als wollten die Eltern mit der Anzeige dem Leser allerdeutlichst signalisieren, daß letztlich doch nicht sie für den Unfall verantwortlich zeichnen. Für die Tradierung solcher Katastrophenmeldungen waren in früheren Jahrhunderten Inschrift und Epigramm zuständig. Ein Kind kam 1581 im Mutterleib um, als bei einem Hochzeitsfest der Fußboden einbrach und die Mutter hinunterstürzte. Die Inschrift berichtet aus der Sicht des Opfers: "Kainen namen Ich nit hab. / Und lig doch begraben da: / Der laidig fal zu Freÿdeck. / In Mutrleib mich hat ersteckt." [DI X, Nr. 62] Von weiteren verschütteten Hochzeitsgesellschaften berichten zwei Gedichte der *Griechischen Anthologie.* [VII, Nr. 60; XV, Nr. 9]

16.6 Tod durch Ertrinken

"Hier liegt der erste Abt dieser Kirche, Makarius, durch den Gott Wein in Wasser verwandelte." (Lateinische Inschrift Würzburg, 1153) "Schon Mancher ist darin ersoffen. / Das Wasser ist ganz ungesund." (Moscherosch) "Sucht ein Britte seinen Tod, / Pflegt er in den Fluss zu laufen; / Doch ein deutscher Patriot / Kann, wie Stax, im Glas ersaufen." (Logau, Auf den Tod eines Trinkers)

SOWEIT ICH SEHE, befinden sich auf dem Hoppenlau-Friedhof heute keine Grabmale, die Unfälle verzeichnen. Andernorts ist dies indes der Fall. In einer oben bereits vorgestellten Inschrift auf dem Frankfurter Hauptfriedhof heißt es: "BENEATH LIE THE REMAINS OF / FREDERIC TRAVERS FIFTH SON OF BENJAMIN TRAVERS ESQU–RE / SURGEON OF LONDON // HE WAS DROWNED IN THE RIVER MAINE AT OFFENBACH NEAR THIS CITY / ON THE 7TH OF MAY 1839 IN HIS 17TH YEAR."

Der Frankfurter Friedhofsbesucher mag von der Information, Offenbach liege nicht weit weg, wenig überrascht worden sein. Daß sie ihn sonderlich zu erbauen vermochte, muß bezweifelt werden. Hier zeigt sich auch, daß Inschriften mit exakten Angaben nicht notwendig unpoetisch sein müßten, was man ja vermuten könnte — die Inschrift für Frederic Travers benutzt außerdem ausgiebig Verse von Klopstocks Vorbild Milton. Im Maine, d. i. im Mayn bei Frankfurt a. M. ertrinken nicht nur Engländer. Die Hessen — und Nicolai Ochsen ist ja wohl einer — tun ein Gleiches. Soweit Inschriften und Todesanzeigen davon berichten, ertrinken Hessen im Main schon 115 Jahre vor Benjamin Travers. Die im Main ertrinkenden Hessen sind manchmal weit jünger als die diesbezüglich engagierten Engländer. Die Todesanzeige für den jungen Ochsen, erschienen am 30. May 1724 in den Frankfurter *Frag= und Anzeigungsnachrichten*, vorgestellt im ersten Band des von Maria Belli, geb. Gontard zusammengestellten Werkes *Leben in Frankfurt am Main*, teilt mit: "Nicolai Ochsen, Taglohners Sohn, alt 14 Jahr. Ist ehegestern Nachmittags am H: Pfingst=Fest im Mayn an der Windmühl, baden gegangen, und daselbst ertruncken, gestrigen Montag aber gefunden worden." [S. 60] In der Lahn ertrank 1819 Chr. Th. Gross. Er war so alt wie Benjamin Travers. Sein Grabmal auf dem Alten Friedhof in Gießen zeigt, rundum auf einer breiten Säule, vier nach unten weisende Fackeln. In den Zwischenräumen befinden sich jeweils unten ein Kreuz und oben ein Kranz aus Eichenlaub. Zwischen den Fackeln, dem Laub und den Kreuzen stehen vier Inschriften. Eine lautet: "VERGEBENS KÄMPFTEN / IUGENDKRAFT UND GESUNDHEIT / MIT DEN WELLEN DER LAHN." Ein Würfel steht auf einer seiner Ecken. Er ist Sinnbild des unberechenbaren Zufalls. Jünglingen im frühen 19. Jahrhundert muß das Wasser besonders gefährlich gewesen sein, auch Joh. Andr. Renz, teilt die *Schwäbische Chronik* am 2. September 1823 mit, ertrank, als er gerade die Mitte seiner dritten Heptade angebrochen hatte. Er wurde "in einem Alter von 18 Jahren durch einen unvermutheten, schrecklichen TodesFall der Welt" entrissen. Er badete "in dem Flusse Nagold; aber kaum befand er sich *10 Minuten im Wasser*, so war er schon ein *Raub der Wellen* und des Todes." Christian Roth, ist am 16. April 1815 in der Zeitung zu lesen, hat "am verflossenen OsterFeste im nahen KocherFlusse seinen frühen Tod gefunden, nachdem er sein Leben kaum auf etwas mehr als acht Jahre gebracht hatte." Am 1. Februar 1831 erfährt der Leser des Blattes, daß "unser lieber guter, dreijähriger *'Gustav'* den erbärmlichen Tod des Ertrinkens in der hiesigen unumzäunten Wette" starb. Jakob Mang aus Strümpfelbach ist am 31. März 1600 in Untertürkheim umgekommen. Seine Inschrift auf dem Ehemaligen Kirchhof im Stuttgarter Stadtteil Berg berichtet, er sei beim Aufladen von Bausand ertrunken, "diese 14 gantzer Tage fleißig hin und her im Waßer gesucht und er erst gestrigen Abends Zwischen den beyden Herrschaftl. Mühlen zu Berg gefunden worden."[225]

"Ein Schwall heißen Wassers" brachte 1625 Wolfgang Cunad ins Grab; Contz Kobel kam 1416 in "wasser . no(t)" um; Zeuge des Endes von Nothaft von Hehenberg war 1598 "die französische Stadt Avignon, wo die schnelle Rhone fließt", da "ertrank er"; das Wasser bringt den Tod, das Wasser schenkt auch Leben: "Es ruht hier in der Urne

[225]In: *Friedhöfe in Stuttgart* I, S. 22

Johann Wonecker. Aus deinen Quellen, Baden, ging er hervor. Vortrefflich durch seine Begabung und glücklich in der Heilkunst, gab ihm die Liebe ein, an diesem Ort zu verweilen."[226]

Bezaubernd ist die Inschrift von 1649 auf einem Bildstock in Walldürn: "HAT MERTEN BVLLER BVRGER ALHIER EIN FASLEIN WEIN ZU KENNIGHEIM HOLEN WÖLLEN DO IST ER IN DISEN SEE GEFALLEN VND DARINNEN ER.TRVNKEN." [DI VIII, Nr. 532] Der Wein, dieses "bindende Cäment der Freundschaft" (Wezel), hat ihm den Tod im Wasser gebracht. Aber an den Abgrund reichen die Sterblichen ja eh immer, rettet da ein Gott auch noch so oft. Der Tathergang wird nicht geschildert, den genauen Verlauf des Bullerschen Untergangs kurz nach dem langen, auch sittlich hochstehende Bürger zermürbenden Krieg, dessen endliches Ende auch 1649 noch kräftig mag gefeiert worden sein, kann man sich farbenprächtig vorstellen. Johann Michael Moscherosch kommentiert derlei Katastrophen im *Lob des Weines*: "Der Wein hat manchen Freund erworben, / Das Wasser manchen abgeschafft."[227]

16.7 Der Tod württembergischer Gastwirte im frühen 19. Jahrhundert

"Er trank gerne, war oft froh, trug stets seine Stiefel schief. Er möchte am liebsten nichts thun, und zulezt mochte er auch nicht mehr lesen." (Selbstverfaßte Grabschrift des dänischen Dichters Wessel, SM, 16.1.1786)

DIE WÜRTTEMBERGISCHEN GASTWIRTE, die GastGeber im frühen 19. Jahrhundert, sterben, soweit ihre Angehörigen dies in Todesanzeigen mitteilen, manchmal recht früh und nicht allzu häufig an Leberkrankheiten oder Nervenfiebern, hingegen öfter an nicht näher beschriebenen Krankheiten wie organischem Übel, Widerwärtigkeiten, körperlichem Leiden. Die Wirtinnen werden manchmal steinalt. Hirschwirtin Wiedenmann in Blaubeuren starb im 88. Jahr, Grünbaumwirtin Föhr an Entkräftung mit 78 Jahren, Römischkönigwirtin Kempter in Stuttgart an Entkräftung im 80. Jahr, Kronenwirtin Habermaas an KatarrhFieber ebenfalls im 80. Jahr.[228] Besonders das fünfte Lebensjahrzehnt ist den Gastwirten gefährlich.[229] Kronenwirten kritisch ist das 45. Lebensjahr.[230] Ochsenwirte heißen gerne Heß und Kronenwirte oft Christian; ebenso Gastgeber zu Heidenheim.[231] Das Gastgebergeschlecht in Illingen trägt den Namen Haberma(a)s; es stellt die Ochsen- und Kronenwirte; das Untertürkheimer

[226]Lat. Inschr. 1625 [DI IX, Nr. 520]; Inschr. 1416 [DI XII, Nr. 81]; Lat. Inschr. 1598 [DI XXV, Nr. 475]; Lat. Inschr. 1568 [DI XXIII, Nr. 167]

[227]In: *Poëtischer Lustwald*, S. 137

[228]SC 8.11.1815; 28.7.1819; 5.10.1814; 25.1.1823

[229]SC 1.5.1801; 9.7.1804; 23.4.1809; 17.1.1810; 2.6.1811; 23.8.1811; 29.8.1811; 12.4.1812; 18.11.1812; 28.4.1813; 17.11.1814; 2.11.1815; 7.7.1815; 29.11.1815; 29.1.1818; 6.6.1919; 27.2.1820; 11.3.1823; 8.8.1823; 28.8.1824; 30.3.1825; 15.12.1831

[230]SC 28.8.1824; 30.3.1825; 8.8.1823

[231]SC 4.2.1810; 18.1.1819; 19.2.1806; 30.3.1825; 29.8.1811

Gaststättenwesen haben die Stierle(n)s unter Kontrolle; sie führen ein tätiges Leben als Adler- und Ochsenwirte, dann resignieren sie und avancieren zum gewesenen Wirt; der Tod kommt einige Jahre vor oder nach dem siebzigsten Geburtstag zu ihnen.[232] Jauß aber wirkte in schöner Konstanz als "vieljähriger Aufwärter im Gasthof zum König von England" in Stuttgart. Er erreichte "eine schöne Stufe des menschlichen Alters", wurde aber doch seiner Familie und "allen seinen Freunden immer noch zu frühe entrissen." [SC 10.9.1822] Die Weinschänke kommen in einem Alter von etwa 45 Jahren an schmerzhaften und an auszehrenden Krankheiten ums Leben.[233] Die frühen 20er Jahre des 19. Jahrhunderts kosten mehreren Kronenwirten das Leben.[234] Gefährlich sind den Ochsenwirten die Monate April und November und dem Jahr 1811 allein fielen zwei zum Opfer.[235] Der Sonnenwirt muß aufpassen, daß ihn nicht der Schlag trifft.[236] Hüten muß sich der Ochsenwirt insbesondere vor Lungenkrankheiten.[237] Die Bärenwirte haben Schwierigkeiten mit dem Unterleib, werden aber über siebzig Jahre alt. [SC 11.9.1817; 28.5.1831] Das Jahr 1820 aber, sonst nicht weiter bemerkenswert, wütete furchtbar unter den Adlerwirten.[238] Alt werden die Göppinger Wirte.[239] Nur die Kannstadter Gastwirte können mithalten.[240] Die Kronenwirte in Plochingen heißen Bür(c)kle(n) und werden nicht alt, die Tübinger Gastronomen tendieren, wie die Sonnenwirte, zum Schlag.[241] Ein Tübinger Sonnenwirt wäre vermutlich nicht lebensfähig.

Uneinheitlich ist die Lage im Remstal. Eine Ochsenwirtin stirbt siebzigjährig in Schorndorf an der Wassersucht, einen Stettener Ochsenwirtkollegen kostet ein Leberleiden im 42. Jahr das Leben, ein Geradstettener Kronenwirt aber wird genau doppelt so alt. Sein Name ist Sicher.[242]

17 Nebensächliches

Die Inschriften des Hoppenlau-Friedhofs sprechen zum Besucher vom Gedenken der Angehörigen des Verstorbenen; sie verzichten aber auf eine weitschweifige Darstellung der Sorgen, Ängste und Nöte der Zurückbleibenden. Todesanzeigen sind weniger zurückhaltend. Anders als die monumental fixierten Grabschriften früherer Jahrhunderte und anders als die epideiktischen, d. i. rein literarischen Scherzinschriften der Periode um 1800 spielen die Inschriften des Hoppenlau-Friedhofs nicht mit den Namen und Berufen der Verstorbenen. Ebenso heben die Hoppenlau-Inschriften

[232] SC 1.1.1812; 25.1.1823; 21.3.1820; 30.6.1811
[233] SC 7.7.1815; 23.8.1811; 17.11.1814
[234] SC 22.1.1822; 13.6.1822; 25.1.1823; 28.8.1824; 30.3.1825; 8.8.1823
[235] SC 23.4.1809; 28.4.1813; 19.11.1815; 18.11.1812; 29.8.1811; 30.6.1811
[236] SC 18.8.1822; 2.6.1811; 22.7.1824
[237] SC 30.6.1811; 22.4.1809; 10.9.1820; 18.1.1819
[238] SC 1.2.1820; 21.3.1820; 21.7.1820
[239] SC 15.6.1825; 10.9.1812; 12.5.1831
[240] SC 1.7.1808; 11.9.1817; 24.8.1819
[241] SC 19.2.1806; 21.3.1817; 29.5.1811; 18.4.1824
[242] SC 4.2.1810; 28.4.1813; 22.1.1822

nicht die eventuellen Übereinstimmungen zwischen den Lebensdaten der Verstorbenen und denen anderer Familienangehöriger hervor. Während uns in älteren Grabschriften häufig Allegorien begegnen und diese auch in den Predigten des 19. Jahrhunderts noch auftreten, kennen die Inschriften des Hoppenlau–Friedhofs kaum Allegorien. Lokaltraditionen sind auf dem Friedhof nicht entstanden. Die Inschriften seiner Grabmale sind poetisch, sie verzichten sowohl auf Viten als auch auf starre Formeln.

17.1 Name und Beruf

"Als sich dem Mygdon das Leben geneigt, da brauchte er Charons / Kahn nicht — mit eigenem Schiff fuhr er zu Hades' Gestad." (Griechische Anthologie) "Ein schlimmer Christ und guter Bote fand / Allhier sein Grab. Ihm ward durchs ganze Land / Ein jeder Weg, nur nicht der Himmelsweg bekannt." (Christian Wernike, Grabschrift eines Boten) "Worüber vor etlichen Jahren aus einer entfernten Ecke Deutschlands in unartigem Reim gescherzt worden war, dessen rühmen wir uns allen Ernstes heute. Unser Schwab war, was er hieß." (Grüneisen, Nachruf für Gustav Schwab)

HEUTE albern wirkende Spielereien mit dem Namen des Verstorbenen oder mit seinem Beruf finden sich nicht auf dem Hoppenlau–Friedhof, wohl aber in Inschriftenmusterbüchern und Todesanzeigen der Zeit. Zu Beginn der Neuzeit ist man, freilich in lateinischen Inschriften, gelegentlich schon einmal weiter gewesen als die, welche im 19. Jahrhundert an derlei Spielereien noch ihr Vergnügen haben. 1547 starb der Nürnberger Astronom und Mathematiker Johann Schöner. Nürnberg muß zu dieser Zeit zentrale Stätte abendländischer Gelehrsamkeit gewesen sein; Kollegen Schöners gelten zahlreiche Grabschriften. Er ist auf dem Johannis–Friedhof bestattet. Seine Inschrift, die eine Fortsetzung des auf Erden Begonnenen in anderen Sphären beschreibt, leuchtet durchaus ein: "Hier nun in diesem Grab ruht Schöners Leib, der Geist jedoch betrat das Himmelsgewölbe, das er vorher geschaut hatte." [XI XIII, Nr. 603] Den 1578 in Rothenburg ob der Tauber bestatteten Johannes Hoffmann trösten "Christi Gnade" und die "himmlische Wohnstatt", "Johannes Hoffmann" wird er "daher mit Recht genannt." [DI XV, Nr. 306] Sebastian Groß (†1558) war seiner lateinischen Inschrift zufolge "dem Namen nach und in seiner Tapferkeit groß", Thomas Zeitmann, teilt seine Todesanzeige vom 10. Februar 1747 in den Frankfurter *Frag= und Anzeigungsnachrichten* mit, hat "hier" seine "*Zeit* wohl angewendet", er trägt jetzt "ohne *Zeit* in Ewigkeit vor dem Lamm die Lebens=Cron", er "schläfft biß zu seiner *Zeit*"; und die Anzeige für Joh. Ph. Schild vom 8. Dezember 1726 im selben Blatt spielt mit dem Namen Schild und dem Schild, das Schild für Frankfurt war.[243] Nicht Gottes Pfeife, stattdessen aber Christi Flöte war der 1607 verstorbene Pfeiffer; seine lateinische Inschrift macht über seinen Werdegang Mitteilung: "Als Pfeiffer, Christi Flöte, die heilige Lehre zum Heile Naumburgs zu künden begann, wird er, ein Mann im besten Alter, dorthin abberufen, wo allein die Flöten der Engel erklingen." [DI X, Nr. 294]

[243] DI XIII, Nr. 876; *Leben in Frankfurt am Main* III, S. 80 f.; ebd., S. 7

Das Zufällige des Namens befruchtet auf dem Hoppenlau-Friedhof nicht die Inschriftendichtung. Anders ist es beim Epitaph Glockers (†1654) in der Stadtkirche zu Wimpfen. Die Bilddarstellung dazu läßt den Tod eine Glocke zertrümmern, die Engel einschmelzen. Die Inschrift kommentiert: "Soll die geschmelzte Glogg sich auch von newem sehē, / Ins him̄el tempels spitz, mit volem frewden schwang." [DI IV, Nr. 261] Mit den Namen werden auch keine Reimspiele angestellt, wie in einer Inschrift aus dem 15. Jahrhundert: "Bruder Cvnrat / Dem Got Gnad." [DI XXV, Nr. 178] Undurchsichtige Wortspielereien fehlen auf dem Hoppenlau-Friedhof ebenfalls. Die lateinische Inschrift von 1590 für Elisabetha Ingweilerin in der Katharinenkirche zu Oppenheim lautet: "Wenn 'der Tod des Todes' den Tod dem Tode im Tode überliefert hätte, wäre diese auf Erden oder sie wäre ganz zu den Sternen aufgestiegen." [DI XXIII, Nr. 206] So ist der Name zwar nur ein Name, aber "einem wohlwollenden Menschen ist auch ein leerer Name lieb."[244] Der Name ist auf dem Hoppenlau-Friedhof der Name und mehr nicht.

Eine moderne Variante ist, wenn auf dem Grabmal des Herrn Kräutter Heilpflänzlein abgebildet werden. Zumeist wird aber gerade dann, wenn der Friedhofsbesucher sich auf einem Grabmal den Bildkommentar zum begrifflichen Gehalt eines Namens wünschen würde, darauf verzichtet.

17.2 Allegorien

"Botanic *und* Chimie *beseuffzen den Verlust, / Den wüchs ein Kraut fürn Todt; so hätt Er es gewust." (Todesanzeige in den Frankfurter Frag= und Anzeigennachrichten, 7.1.1726)*

ALLEGORIEN, wie die Biederkeit, die jedem Sturm trotzt, sind auf Grabmalen des Hoppenlau-Friedhofs selten. Häufiger finden sie sich in dort gehaltenen Leichenpredigten. Den idealistischen Ästhetiken, die das Symbol hochschätzen und die Allegorie verachten, werden die Grabmale des klassizistischen Friedhofs eher gerecht als die Predigten.

Wittich spricht bei der Bestattung des Oberstudienraths Riecke von der Liebe, die weint und der Freundschaft, die trauert; Garnisonsprediger Sigel in der Predigt für den Freiherrn Carl Eugen v. Hügel von der Liebe, die weint und zusammen mit der Freundschaft und der Dankbarkeit das Andenken des Verstorbenen segnet. Gottl. Chr. Storr wurde, formuliert Hiller, "unter Bedienung des Tod's" zu Gott heimgerufen. General=Lieutenant Graf v. Schéler, heißt es in seiner Predigt, hat selbst vom Neid nichts zu fürchten.

Prächtig treten in einem Gedicht des *Almanachs der deutschen Musen auf das Jahr 1774* die Laster auf; ihre Darstellung gerät, wie immer, anschaulicher als die der Tugend: "Doch Helas Afterbrut, Die trüben Laster, / Die freuen sich; es lacht / Der magre Geiz, der steife Stolz; es knirschet / Der gelbe Neid vor Lust." [S. 190]

---

[244]Jean Paul, *Flegeljahre*, S. 339

Ältere lateinische Inschriften verwendeten ausgiebig Allegorien. Diese bedrohen und zerstören. Das Schicksal, die Schicksalsgöttin, die Parze und der Tod sind neidisch, sie sind die tückischen Feinde des Lebens. Lorenz Herder (†1592) "hatte noch drei leibliche Brüder, / an Verdiensten ihm gleich wie an juristischem / Wissen, und wie er durchdringenden Geistes. Aber das neidische Schicksal ließ es nicht zu / daß für lange Zeit ein einziges Haus / sich hervortut mit so vielen Talenten." [DI XII, Nr. 446] Die "neidvolle Schicksalsgöttin" vernichtete Joh. Th. Wamboldt v. Umstadt mitten in der Laufbahn (†1589). Er diente "der Göttin Themis im Krieg wie im Frieden." [DI XII, Nr. 419] Die "neidische Parze" hat dem Barth. Culpius (†1585) "bräutliche Liebe" mißgönnt. [DI XII, Nr. 380] Neidvoll erschien 1570 der Tod dem Joh. Berend. [DI XII, Nr. 317] Die "tückischen Feinde des Lebens" haben Ph. Placentinus 1543 früh ereilt. [DI XII, Nr. 240]

Auch Allegorien der Tugend, der Frömmigkeit, der Gottseligkeit wurden in älteren Inschriften verwendet. Im Naumburger Dom steht der Grabstein der Christine v. Kötteritzsch (†1644). In ihr, sagt die lateinische Inschrift, "stritten wetteifernd die Tugenden um den Vorrang; aber die Frömmigkeit allein errang den Sieg." [DI VI, Nr. 159] Ebenfalls im Naumburger Dom wurde ein Jahr zuvor Siegm. Metzsch bestattet und mit ihm, wie seine deutschsprachige Inschrift sagt, die Gottseligkeit selber. [DI VI, Nr. 157] Auf dem Grabstein des Fr. Maier und seiner Tochter Patientia begegnen in der lateinischen Grabschrift von 1588 mehrere Allegorien; unruhig drängen, spricht die Grabschrift zum Betrachter, "zu dem einen Grabe mich gleichermaßen / Liebe, Verehrung und Dank, Ehrfurcht und Jugendgestalt." [DI XII, Nr. 417]

17.3 Lokaltraditionen

LOKALTRADITIONEN haben sich auf dem Hoppenlau-Friedhof nicht gebildet. Die Inschriften hängen nicht voneinander ab. Ausnahmen sind vielleicht der kurzgefaßte Wunsch des Wiedersehens auf Gußeisenkreuzen und der Hinweis darauf, daß der Ehemann der Gattin nachgefolgt ist.

Auf anderen Friedhöfen begegnen wir späteren Inschriften, welche mit den Worten *Wer treu gewirkt* ... oder *Wer im Gedächtniß seiner Lieben lebt* ... beginnen. Auf dem Frankfurter Hauptfriedhof und vor allem auf dem Offenbacher Alten Friedhof lobt eine weitere Gruppe des späten 19. und des frühen 20. Jahrhunderts das einfache Leben. Es war einfach und schlicht. Nie dachte der Verstorbene an sich. *Einst im Leben* ... beginnen weitere Inschriften und nennen dann die Tugenden des Verblichenen in seinen verschiedenen familiären Funktionen. Heute findet sich derlei in Todesanzeigen. Den *Deinen* in den Inschriften macht es nichts aus, sich großzuschreiben, für die Verstorbene ist in der Anrede beim Possessivpronomen — *dein Leben, deine Hand* — die Minuskel gut genug. Die *Deinen* feiern sich und sind tief gerührt, daß sie jemandem das Wichtigste im Leben gewesen sind.

Der Alte Friedhof in Korntal, Begräbnisgarten der evangelischen Brüdergemeinde von 1819 bis 1902, enthält fast ausschließlich einheitlich große Grabplatten von schlichtem Material, welche schräg in einem Winkel von 45 Grad aufgestellt sind. Einige restaurierte Platten werden nun von Glasscheiben geschützt. Der Neue Friedhof in Korntal setzt diese Tradition fort. Ohne Ausnahme stehen auf ihm Grabplatten. Alle sind schräg aufgestellt. Material, Größe und Beschriftung sind hier allerdings verschieden; umso mehr beeindruckt das Bild. Einige ältere Platten wurden offensichtlich vom Alten auf den Neuen Friedhof versetzt. Weit häufiger als andernorts liefert die Bibel Vorlagen für die Grabschriften.

Auf dem Friedhof in Winnenden sind an mehreren Grabmalen große rote, halbdurchsichtige Steine in einer Einfassung angebracht, andere Grabmale zeigen große mattschwarze linsenartige Gebilde. In Weil der Stadt sind sarggroße flache Grabplatten ohne Blumenschmuck beliebt. Es werden die ortsansässigen Steinmetze gewesen sein, die die Moden aufbrachten.

17.4 Alte Formeln

Der mit der Wahrhaftigkeit im trivialen Verstande auf schlechtestem Fuß stehende General Iwolgin beklagt sich in Dostojewskijs Roman *Der Idiot* bitter beim Fürsten Myschkin darüber, daß Lebedew ihn mißachte und mit Absicht kränke, ja beleidige. Lebedew habe ihm, Iwolgin, der 1812 Page Napoleons gewesen sei, erzählt, er, Lebedew, habe 1812 in Moskau, noch als Kind, von einer französischen Kanone sein linkes Bein abgeschossen bekommen, es aufgehoben, nach Hause getragen, auf dem Wagankowo–Friedhof beigesetzt und ihm, dem Bein, ein Grabmal mit zwei Inschriften gestiftet. Jetzt lasse er dem bestatteten linken Bein jährlich eine Totenmesse singen, was, so Iwolgin, "schon ein Verbrechen gegen die Religion wäre." Die eine der beiden Inschriften für das Lebedewsche linke Bein lautet: "Schlummre, teurer Staub, bis zur frohen Urständ." [S. 648]

Lebedew hat auf eine alte Formel zurückgegriffen. Die poetischen Inschriften des Hoppenlau–Friedhofs lösen die in früheren Jahrhunderten außerordentlich beliebten Grabschriftenformeln ab. Ausgiebige biographische Mitteilungen erscheinen im frühen 19. Jahrhundert nicht mehr wie in vergangenen Jahrhunderten als Grabschriften, sondern begegnen in anderen Medien; für sie sind die Todesanzeige und die Predigt zuständig. Die schönsten Inschriften des Hoppenlau–Friedhof stehen auf dem ästhetisch befriedigenden Punkt zwischen a) den hererzählenden *Viten* älterer Grabschriften einerseits und andererseits b) den alten starren *Formeln* wie *dem Gott gnad* und *dem Gott eine fröhliche Auferstehung verleihen wolle.* Die klassizistischen Inschriften des Friedhofs zitieren Gedichte oder stellen eigene poetische Leistungen vor. Neben den poetischen Inschriften finden sich Bibelsprüche und wenige Formeln wie der Wunsch des Wiedersehens.

Erstarrte, nur geringfügig variierte Formeln wurden in früheren Jahrhunderten weit ausgiebiger verwendet.

Der im 17. Jahrhundert am weitesten verbreitete Wunsch war der nach einer "frölichen Aufferstehung." Auf dem Gießener Alten Friedhof zeigt ein an der Kapelle angebrachtes Wandgrabmal im Giebelfeld über der Tafel einen auferstehenden Christus. Am Rand des Grabmals befinden sich mehrere Gerippe und Engel. Unter dem Giebelfeld steht: "Ich gehe auf die Herberg zu: allwo ich finde gute Ruh." Das Grabmal findet ein Vorbild für den Verstorbenen in der Auferstehung Christi, mit der *Herberg* ist außerdem auf den irdischen Beruf angespielt; der *Gasthalter* aufersteht in die ewige *Herberg*. Die Tafel trägt die Inschrift: "Ich / Der ich manchem Gast / Nahm in die Herberg ein / und lies / Nach Stands gebühr / Den selben wohl tractieren / auch wañ es ihm beliebt / zu seyner Ruhe führen / Kont selbsten / Nur ein Gast / In meyner Herberg seyn / Ich must / Viel Ungemach' und Müh / allhier aus stehen / Nun aber hat mich Gott / Davon gespañet aus / Und / In die stoltze Ruoh / versetzt in seynem Haus / In dem er / Durch den Tod / Mich hies / Zum Leben gehen." Auf dem Emblem unter der Tafel befinden sich die Daten und der Wunsch der fröhlichen Auferstehung.

Mit dem Wunsch einer *fröhlichen Auferstehung* kann der Hinweis auf den Stifter des Grabmals und das Anliegen, der Verstorbene möge in Erinnerung bleiben, zusammengehen; so hat eine Witwe 1584 "ZUM BEKENNTNIS / DER FROLICHEN AVFERSTEHUNG" und "IHREM LIEBEN HERN [...] ZV EHREN" das Epitaph, "DIS WERGK", setzen lassen "VF IHREN EIGEN VNKOSTEN." [DI XI, Nr. 117] Und damit die "Erinnerung an ihren heißgeliebten Ehemann auf Erden länger währe", hat 1577 eine Witwe ein lateinisches Epitaph "aus ehelicher Treue" und "in der Hoffnung auf eine fröhliche Auferstehung traurig auf eigene Kosten errichtet." [DI XI, Nr. 111]

Eine solche Inschrift kann auch einfach lauten: "Welchen Gott eine fröliche Aufferstehung verleihe. Amen."[245] Insgesamt fand ich in Ungerichts Band über den Alten Friedhof in Ulm einschließlich kleinerer Varianten im 17. Jahrhundert zehn weitere Wünsche einer fröhlichen Auferstehung. Azzola verzeichnet in seinem Band über den Friedhof Oberwalgern eine "froliche Aufferstehung" von 1715, eine "Frölige Aufferstehung"von 1745 und Varianten noch 1805 und 1806. [S. 107 ff.] Im Band über die niederösterreichischen Bezirke Amstetten und Scheibbs der Reihe *Die Deutschen Inschriften* läßt sich das Ansteigen der Wünsche einer fröhlichen Auferstehung in der zweiten Hälfte des sechzehnten Jahrhunderts beobachten. Insgesamt erfaßt der Band 473 Inschriften, einschließlich aller Varianten werden 26mal eine fröhliche Auferstehung und 4mal fröhliche Urständ gewünscht. Erstmals erscheint die fröhliche Auferstehung im Jahre 1556. Der Band über die Kärntner Bezirke Spittal a. d. Drau und Hermagor verzeichnet 535 Inschriften. Nur fünfmal werden, einschließlich der Varianten, eine fröhliche Auferstehung, nur dreimal fröhliche Urständ gewünscht. Der den Großkreis Karlsruhe erfassende Band kennt insgesamt 420 Inschriften und verzeichnet erste fröhliche Auferstehungen im Jahre 1565. [DI XX, Nr. 227; Nr. 229] Im einzigen bisher vorliegenden Band über die Nürnberger Friedhöfe, der bis 1580 berichtet, taucht die Formel "Dem Gott ein fröhliche Auferstehung verleihe(n) wolle" erst am Ende der Berichtszeit häufiger auf: erstmals 1543, noch ein weiteres Mal bis 1550, dann achtzehnmal bis 1580. "Fröhliche (selige) Urständ" finden sich von 1553-1580 siebenmal. Zahlreiche Varianten treten auf.

[245] Inschr. Ulm, AF, †1631 und †1651 [Ungericht, S. 107]

Vorläufer der *Fröhlichen Auferstehung* war die Wendung *dem Gott gnad*. Das läßt sich schön an dem in der Reihe *Die Deutschen Inschriften* erschienenen ersten Band über die Nürnberger Friedhöfe beobachten. Der Band umfaßt von 1348 bis 1580 insgesamt 1418 Inschriften. Eine Inschrift ist aus dem 14. Jahrhundert erhalten, sieben aus dem 15. Jahrhundert, 665 aus der ersten Hälfte des 16. Jahrhunderts und 743 Inschriften aus den Jahren von 1550 bis 1580. Insgesamt 215 Inschriften verwenden die Formel "Dem (der) Gott gnad". Es scheint, daß die Wendung um 1540 ganz besonders beliebt war. Es läßt sich beobachten, wie sie bis dahin immer beliebter und dann ab etwa 1570 immer weniger verwendet wird. Bis 1500 wird die Wendung insgesamt nur achtmal gebraucht. Für das 16. Jahrhundert ergibt sich folgendes Bild: 3. Jahrzehnt: 39 Nennungen bei insgesamt 227 Inschriften; 5. Jahrzehnt: 53 Nennungen bei insgesamt 231 Inschriften; 7. Jahrzehnt: 24 Nennungen bei insgesamt 226 Inschriften. Die verwandte Formel *Dem (der, denen) Gott gnädig sei* wird im 15. Jahrhundert einmal, von 1500 bis 1549 60mal und von 1550 bis 1580 39mal gebraucht; die Wendung *Dem Gott gnädig und barmherzig sei* von 1500 bis 1549 elfmal und von 1550 bis 1580 34mal gebraucht.

Mit dem Wunsch, daß *Gott der Seele gnädig sein wolle*, können biographische Angaben über den Verstorbenen und den Stifter zusammengehen. Ein Epitaph von 1606 lautet: "Weil der Ehrwürdig Vndt Wohlgelehrt herr Thomas Schehel von Rugheimb, dieses Gotteshaus in die . 10 . iahr gewesener Pfarrer, dessen seelen Gott gnädig sein wolle, die fürnembste Vrsach gewesen, das der Ehrwürdig in Gott Vatter vnndt herr Hieronymus Abbt zue Ebrach in seiner jugent zur schuel vndt hernach zue Ebrach in deß h(eiligen) Bernhardi ordten kommen, hat er ihm diese gedechtnuß zue anzeigung seines danckbaren gemüts machen vnndt auffrichten lassen A(nn)o 1606. am tage des h(eiligen) Hieronymi." [DI XVIII, Nr. 260] Der Stifter vermerkt ausdrücklich, daß er das Denkmal an seinem Namenstag errichten ließ.

Die klassizistischen Grabschriften haben sich von der Tradition der phantasielos übernommenen fixen Formeln wie auch von der der langatmigen Viten befreit; sie zitieren Gedichte und erinnern, wenn sie selbst verfaßt wurden, an die lateinischen Inschriften der frühen Neuzeit, die sorgsam vielfältige Beziehungen innerhalb ihres Textes aufbauen.

17.5 Zahlenspielereien um Familieninternes

"'Ich hatte mal einen Hund', sagte der Krämer, 'der wurde krank, wenn der Monat mit einem Freitag anfing.' — 'Wir waren vierzehn Kinder', sagte der Friedensrichter. 'Ich bin an einem Vierzehnten geboren, meine Hochzeit fand an einem Vierzehnten statt, und mein Namenstag ist auch an einem Vierzehnten. Erklären Sie mir das bitte!'" (Flaubert)

IN DER OPPENHEIMER KATHARINENKIRCHE sind Cath. Reuchlin und Joh. Ludw. Dirrbach bestattet.[246] Beide starben im Februar 1597 innerhalb einer Woche. Häufig weisen ältere Inschriften auf solche Übereinstimmungen hin.

Die folgenden lateinischen Inschriften stammen aus Heidelberg und seiner Umgebung und wurden in der Zeit um 1600 verfaßt. Reinhard Bachov ab Echts Frau starb "genau ein Jahr vor ihrem Gatten", Kurfürst Friedrich III. im gleichen Monat wie vor neun Jahren die Gattin, Margareta Schlör "1600 am 2. Juni, am gleichen Tag, an dem sie 1579 die Feier ihrer Vermählung öffentlich begangen hatte."[247] Achtzehn Jahre älter ist eine lateinische Inschrift der Heidelberger Peterskirche: "In einem einzigen Jahr ward ich Doktor, Verlobter und Mitglied im Rat des Fürsten, schließlich erschien noch der Tod." [DI XII, Nr. 357] Die Zahl 21 ist 1599 wichtig für Margarethe Schumann und ihr Kind: "Im Alter von schon 26 Jahren heiratete sie einen Gelehrten: Reinmann machte sie zum Vater eines trefflichen Sprößlings, aber 21 Tage später starb die teure Mutter, geschwächt, nachdem sie dem Knaben das Leben gegeben. Das Kind aber starb ebenso viele Tage nach dem Tode der Mutter." [DI XII, Nr. 496] Bedeutender noch griff 1590 die 17 ins Leben Regina Fettichs ein: "Herrlich gesegnet mit jeder guten Begabung fürs Leben / ward ich früh schon vermählt, siebzehn Jahre erst alt. / Siebzehn Monate später ward uns ein Sprößling geboren, / Stammhalter für unser Haus, Hoffnung und Freude und Stolz / Siebzehn Tage durft ich die Freuden der Mutter genießen, / Liebling — nun bin ich entrückt, jäh meinen Sorgen um dich." [DI XII, Nr. 425]

Klöden gelingt viel später nur eine wenig überzeugende Variante: "Bemerkenswert ist, daß meine Mutter genau bis auf den Tag hundert Jahre später starb, als mein Großvater väterlicherseits geboren wurde." [S. 250] Bodenstedts Großmutter starb beim Schneiden eines Schattenbildes. Ihr Leben entschwebte "schattengleich." [S. 35 f.] Der Autor macht einen angestrengten, jedoch wenig überzeugenden Versuch, eine Beziehung zwischen den Todesumständen und der Art des Verschwindens zu konstruieren. Jean Pauls *Schulmeisterlein Wutz* liegt im Sterben. "Es fiel mir bei, die nämliche Seele, die jetzt der schwarz ausgeschlagene Vorsaal des Grabes war, wurde morgen vor 43 Jahren, am 13. Mai, vom Kranken bezogen, an welchem Tage seine elysischen Achtwochen angegangen." [S. 61] Wortspielereien um den Tod des Todes, in früheren Jahrhunderten sehr beliebt, fehlen auf dem Friedhof. Zufälligkeiten sind unwichtig, sie haben keinen Einfluß auf die Gestaltung des Textes. Auf dem Hoppenlau-Friedhof fehlen solche Spielereien völlig. Nur der himmlische Geburtstag ist wichtig.

---

[246] Lat. Inschr. 1597 [DI XXIII, Nr. 226]

[247] 1614 [DI XII, Nr. 589]; 1576 [DI XII, Nr. 339]; 1600 [DI XII, Nr. 518]

17.6 Stand und Dichtkunst

AUF dem Friedhof am Montparnasse zu Paris steht ein Denkmal für die Familie Baudelaire. Der Stiefvater des Dichters (†1857), sagt die Inschrift zunächst in elf Zeilen, war Divisionsgeneral, Botschafter in Konstantinopel und Madrid sowie vieles andere mehr. Unten gelten weiteren Familienmitgliedern acht Zeilen. Dem Dichter Charles Baudelaire (†1867) widmen sich, eingezwängt zwischen dem übermächtigen Stiefvater und all den andern, ganze drei Zeilen.

Die in Majuskeln in den Stein gehauenen Ränge und Dienststellungen der hohen auf dem Hoppenlau–Friedhof bestatteten Militärs schüchtern den heutigen Besucher von zumeist weit weniger hybridem Dienstgrad ein. Den auf dem Friedhof beschäftigten Eichhörnern imponiert es nicht.

Ernst Eugen Freiherr v. Hügel (†1849) war "GENERALLEUTNANT / UND KRIEGSMINISTER", Carl v. Beulwiz (†1821) "GENERAL / DER INFANTERIE", Friedrich Freiherr v. Hügel (†1844) "OBERST U. COMMANDANT DES IV. INF. RGTS. / COMENTHUR UND RITTER ETC.", Clemens v. Hayn (†1851) "OBERST A. D.", Ludwig Albert v. Gaisberg–Helfenberg (†1862) "K. W. OBRISTLIEUTENANT".

Wie es eine der Wirkungen der ruhmseligen Inschriften auf hohe Würdenträger ausmacht, von ihrer Stiftung an den arglosen Passanten zu verunsichern, so irritieren zudem die Titelblätter der auf dem Friedhof gehaltenen Leichenpredigten mit den Ämtern und Würden der Verstorbenen und ihrer Prediger den bescheideneren Bibliotheksbesucher.

Die Predigt *Zum Andenken an den Herrn Carl Gottfried Hoffmann, pensionirten Haupt=Postamts=Inspektor* hält Stifts–Oberhelfer Knapp, *Rede und Gebet am Grabe des Freiherrn Carl Eugen von Hügel, Staatsministers und K. Kammerherrn* spricht Prälat v. Müller, die *Rede an dem Grabe Herrn D. Gottlob Christian Storr, Churfürstlich Württembergischen Oberhofpredigers und Konsistorialraths* verfaßte Gottlieb Heinrich Rieger, "Spezialsuperintendent und Hospitalprediger."

Das Bändchen *Andenken an den Divisions=General, General=Lieutenant Grafen von Schéler, Gouverneur der Haupt= und Residenzstadt Stuttgart* enthält die *Rede am Grabe*, gehalten von "Herrn Ober=Hofprediger, Ober=Consistorial=Rath, Feld=Probst, Prälat von d'Autel, Ritter der W. Krone" und den *Lebensabriß des Verewigten*, vorgetragen von "Brigade=General, General=Major von Stockmayer"; die *Rede am Grabe des Freiherrn Carl Alexander Sigmund von Seckendorff, Exzellenz, Obristhofmeister Sr. Majestät des Königs von Württemberg* wurde gehalten von Dr. C. Grüneisen, "Königl. Württ. Hofprediger und Ober=Consistorialrath."

Den Titeln ihrer Predigten ist zu entnehmen, daß Frau Sophie Auguste geb. Fallati "Gattin des Königl. Geheimen=Raths und prov. Chefs des Justiz=Departments, von Schwab" und Wilhelmine Sophie Hartmann verwitwete Geheime Ober–Finanzräthin war.

Die Inschriften belegen, daß die Frauen zunächst an der Position des Vaters und dann an der des Ehemanns partizipieren. Ausnahme ist die Künstlerin Emilie Zumsteeg. Landschaftssekretär Megerlin hat seine Tochter Caroline Friederike dem Generalmajor und Stadtkommandanten v. Misani übergeben. Ihre Inschrift beginnt: "HIER SCHLUMMERT / CAROLINE FRIDERIKE / TOCHTER DES VERSTORBENEN / LANDSCH. SECRETAIRS MEGERLIN / VON STUTTGART / GATTIN DES KÖNIGL. WÜRTTEMB. / GENERALMAJORS U. STADT: COMMANDANTEN / VON MISANI." Der Höhepunkt im Leben der Frauen ist die Vermählung. Der Schluß der Inschrift lautet: "SIE WURDE GEBOREN AM 28. NOV. 1780 / VERMAEHLT AM 5. APRIL 1805 / UND ENDIGTE IHRE IRRDISCHE / LAUFBAHN AM 26. APRIL 18[18]". Carl Liebenau, "KIRCHENRATHS. KAMMERRATH", hat dem Gedächtnis seiner Gattin Carolina Offterdinger (†1801) das Grabmal geweiht. "SIE. WAR. GEBOHREN. DEN 20. SEPT. 1780 / VEREHELICHTE. SICH. DEN 20. AUG. 1799 / UND. STARB. DEN 30. IULY. 1801."

Kinderreichtum wird auf den Grabmalen vermerkt, so wie die Männer mit ihrem Rang Anspruch auf Geltung machen. Margarethe Freyin v. Hügel (†1809) war "MUTTER UND ERZIEHERIN / VON 12. KINDERN." Auguste Emilie Friedericke Pistorius' (†1816) Grabmal wurde zu ihrem Gedenken gesetzt "VON DEM GATTEN / UND IHREN 10. KINDERN."

Franz v. Mittnacht (†1849), "OBERFINANZ RATH", ruht auf dem Hoppenlau-Friedhof "VEREINT MIT SEINER / VORANGEGANGENEN GATTIN / M. V. SULZBECK." Die zweite Ehefrau hat dem Paar gemeinsam mit den Nachkommen Mittnachts das Grabmal gesetzt. "IN DANKBARKEIT UND LIEBE / DENKEN DER VERKLÄRTEN / DIE ZWEITE GATTIN, KINDER UND ENKEL." Der "STAATS=SCHULDZAHLUNGS=CASSIER" Christian Albrecht Steinheim (†1832) und seine Gattin Marie Elisabete Dorothee (†1822) sind "IM TODE VEREINT WIE IM LEBEN." Die Söhne, Töchter, Tochtermänner, Schwiegertöchter, Enkel und Enkelinnen des Friedrich Burkhard v. Pfaff (†1817), "Koenigl. Württ. Geh. Ober=Fi=/raths Comandeur des K. Civil Verdienst Ordens", weihen das Grabmal seinem Andenken. Hofkaplan Wajsiij Athanassieff, "GEB. ZU ST. PETERSBURG / DEN 6/17 APR. 1788", war "BEICHTVATER IHRER MAJESTÄT / DER KÖNIGIN VON WÜRTEMBERG / CATHARINA PAWLOWNA." Seine "TROSTLOSE WITWE / HAT IHM DIES DENKMAL ERRICHTET."

Überzeugende Beziehungen zwischen a) dem jeweiligen Stand und der sozialen Stellung des Verstorbenen und b) der Qualität und Form der Inschrift habe ich nicht ausmachen können. Dazu wäre wohl erheblich mehr Material erforderlich, zuviel ist zerstört. Eine weiterführende Erkenntnis ist es nicht, daß Freifrauen und Gräfinnen zur Bevorzugung von Prosalangformen und Bibelworten tendieren, hohe Beamte, Handwerker und Militärs aber kurze Prosaformen höher zu schätzen scheinen und geistliche Würdenträger keineswegs evident zu Bibelstellen hinneigen.

18 Zum Klassizismus des Stuttgarter Hoppenlau-Friedhofs

"Auf wem der stolze Marmor raget? / Auf einen wohlgepriesnen Mann, / Der nie ein dummes Wort gesaget, / Und nie ein kluges Werk gethan." (B., Grabschrift) "Ich kann nicht traurig seyn, und muß doch traurig scheinen, / Weil meine Doris starb. Ich armer, armer Mann! / O spottet meiner nicht! Fürwahr ich möchte weinen, / Daß ich nicht weinen kann." (Der getröstete Witwer)

DER TOD ist schrecklich und die Leiche gräßlich. Der Betrachter empfindet Kälte und schauert zurück. Dabei hat er das Opfer, als es noch lebte, geliebt. So ist ihm sein Zurückschrecken peinlich. Das Trauern löst den Widerspruch auf. Wer sich den Tränen überläßt, dem wird schnell wieder wohl. In Millers Roman *Siegwart* tritt der Held in das Zimmer, in dem sein toter Vater liegt. "Seine ganze Natur schauerte zurück, als er ihn so blaß da liegen sah. Erst nahte er sich dem Leichnam langsam, dann stürzte er schnell auf ihn hin, küßte die kalte Lippe, und fuhr ängstlich wieder zurück, und verließ schnell das Zimmer." Auf den Schauder und die Angst folgt die Beruhigung unter Tränen. "Nirgends hatte er eine bleibende Stätte; zuweilen ergossen sich seine Thränen haufenweis, und dann war ihm wieder eine Zeitlang wohl." [S. 377] Es tut wohl, das Entstehen des großen Aufwands an Gefühl zu verfolgen. Mörikes *Maler Nolten* erlebt ein Gleiches. Er wird zur Leiche Larkens' geführt. "Niemand war zugegen. In einer Ecke befand sich ein niedriges Bett, worauf die Leiche mit einem Tuch völlig überdeckt lag. Theobald, in ziemlicher Entfernung, getraute sich kaum von der Seite hinzusehen, Gedanken und Gefühle verstockten ihm zu Eis und seine einzige Empfindung in diesem Augenblicke war, daß er sich selber haßte über die unbegreiflichste innere Kälte, die in solchen Fällen peinlicher zu sein pflegt, als das lebhafteste Gefühl unseres Elends. Er ertrug diesen Zustand nicht länger, eilte auf das Bette zu, riß die Hülle weg und sank laut weinend über den Leichnam hin." [S. 361] Ein anderer ist tot. Man selbst hat überlebt. Man hat Glück gehabt und weint laut. Tränen und Wehklagen entäußern das Innerliche und trösten. Klassizistische Inschriften erwecken nicht mehr, wie die manchmal expressiven Grabschriften früherer Epochen, den Anschein, unmittelbare Entäußerungen zu sein, sondern geben sich als vielfältig vermittelte Kunstwerke. Sie zitieren die Dichter und wurden von einem dieser Dichter kundigen Subjekt ausgewählt, von einem Subjekt, das die Dichter vielleicht nicht nur gelesen, sondern dergestalt sich an ihnen geschult hat, daß es, gleichwohl Dilettant, selbst Inschriften verfaßt. Dies geschieht nun, anders als in der frühen Neuzeit, in der zahlreiche poetische lateinische Inschriften entstanden, erstmalig in deutscher Sprache. Eine deutsche Nationalliteratur hat sich gebildet, die große Vorbilder bereitstellt. Die Almanache, die *Urania* und der *Messias* sind die Medien, welche die mittlere und hohe Literatur dem dichtenden Dilettanten in den bürgerlichen Haushalt bringen.

Wenn es *Aufgabe sepulchraler Dichtung ist*, zu beruhigen und ein einfaches, stilisiertes Bild vom Verstorbenen zu überliefern, wenn die *Form Inschrift* nur wenig Raum zur Verfügung stellt und, um nicht zu verwirren, einen Text fordert, der für sich steht und dem kein anderer am Monument widerspricht, und wenn Strenge, Herbheit und der Sieg über die wütenden Affekte den *Klassizismus* kennzeichnen, dann leuchtet ein, daß die Inschrift dem Anliegen, ein geschlossenes positives Bild vom Verstorbenen zu vermitteln, formal entgegenkommt, und es leuchtet weiter ein, daß sich die formalen Möglichkeiten der Inschrift mit der Tendenz des Klassizismus, das der ordnenden und gestaltenden Vernunft Widerstrebende würdevoll zu bewältigen, decken.

So kommt die *Grabinschrift im Klassizismus zur höchsten Entfaltung*, weil sie die Form ist, in welcher das Anliegen der Epoche seinen adäquaten Ausdruck findet.

Inschriften sollen beruhigen. Luther spricht sich in der *Vorrede zur Sammlung der Begräbnislieder* von 1542 für "tröstliche Lieder" aus. Er schlägt Bibelstellen vor, die sich als "Sprüche und Grabschrifft" für "die Kirchoff" eignen.[248] Gryphius durchschaut das Wesen der Sepulchralkultur. Er macht sich *Gedanken über den Kirchhof und Ruhestätte der Verstorbenen* und er rät: "Starrt ob dem schönen Marmel nicht, / Sein Schmuck und Grabschrift können trügen."[249] Brockes schrieb *Ernsthafte Gedanken über den tödtlichen Hintritt der nunmehr seligen Belise 1736. den 15. Novemb. zwischen A. und B.* nieder. A. gebricht es an "Beruhigung" und "Besänftigung", es fehlt ihm an "Trost= und Lindrungs=Gründen", welche er der "sehr gebeugten Seelen" B. zukommen lassen könnte. Da erwägt er: "Daher war erstlich mein Entschluß, dich auf die Dichtkunst zu verweisen, / Indem es mir nicht unbekannt, daß Dichter oft, indem sie dichten, / Und allenthalben hin gedenken, zuweilen ihren Schmerz vernichten." [VI, S. 52] Dr. Johnson hat sich, skeptisch und analysierend wie immer, auch mit dem Wahrheitsgehalt von Grabschriften befaßt. Das Epitaph ist "im allgemeinen panegyrisch." Denn es wird von den Freunden gedichtet. Die einzige Regel ist, daß es nicht länger sein sollte, als die Geduld, die ein gewöhnlicher Betrachter zum Durchlesen aufzubringen bereit sein dürfte. Johnson argumentiert rezeptionsästhetisch. Die Schwierigkeit beim Schreiben des Epitaphs besteht darin, "besonderen und angemessenen Lobpreis auszusprechen." Dies ist schwierig, denn der größte Teil der Menschheit, sagt Johnson, "hat überhaupt keinen Charakter."[250] Der Verstorbene kann in der Grabschrift zu den Hinterbliebenen sprechen. Möser erklärt im Brief an Frau Hedemann vom 16. Nov. 1760, weshalb diese Form der Rede so praktisch ist. Er spricht sich über die Schwierigkeit des Dichtens einer "Grabschrift" aus. Um die Peinlichkeit zu umgehen, einen nahen Verwandten oder guten Freund zu loben, hat man "daher nach einer natürlichen Folge [...] offt der Verstorbenen in der Grabschrifft selbst reden lassen." [B S. 102] Die Schwierigkeiten, in die Claudius gerät, als er überlegt, ob er einen Grabgesang auf Lessings Tod verfassen kann, leuchten denn im Horizont der bisherigen Befunde ästhetisch ein. Claudius schreibt Gleim am 23. März 1781, er verzichte auf den Grabgesang, weil er "für und wider" Lessing "zugleich" sprechen müßte und Zweifel hege, ob ihm

---

[248] M. L., *Die deutschen geistlichen Lieder*, S. 59 f.
[249] In: *Deutsche Dichter des Barock*, S. 126 f.
[250] Zitiert nach Ketton-Cremer, *Lapidare Grabdichtung*, S. 471

"das in einem Grabgesang so recht geraten würde."[251] Claudius hat sich geweigert, doch ihm selbst wurde in der Gestaltung Haßlers, dessen 1819 erschienenem Band die Inschrift *Auf den Dichter Matthias Claudius, Asmus genannt* enthält, ein sanfter und von Lessing beeinflußter Tod zuteil. Es kommt zu einem Dialog mit dem Tod. Die beiden begrüßen sich freundlich und sanft senkt sich der Lebensvorhang. [S. 297 f.] Weniger genau als Claudius nehmen es die Erben eines Gold- und Pferdediebs in Ambrose Bierce' Erzählung *Gilsons berühmtes Testament*, die ihm ein kostbares Denkmal setzen mit einer Grabschrift, "welche die Ehrlichkeit, den Gemeinsinn und ähnliche Tugenden dessen pries, der darunter ruhte, 'ein Opfer ungerechter Anschuldigungen verleumderischen Natterngezüchts'." [S. 218] In E. T. A. Hoffmanns *Lebensansichten des Katers Murr* bekommt Kater Muzius eine schöne Trauerrede gehalten. Ausführlich werden seine Tugenden gerühmt, unter anderem soll er "ein vortrefflicher, liebender Vater" gewesen sein. Im weiteren Verlauf erhellt dann, was hinter den gerühmten Tugenden steckt; die Vortrefflichkeit und Liebe bestand darin, daß er keins von den Katzenjungen auffraß. [S. 299]

Porträts sind auf dem Hoppenlau-Friedhof selten. *Franzosenfresser* und *Denunziant* Menzel — "eine Mischung von Pöbelthum und Schurkenhaftigkeit", ein "schäbiger *Bursche*" (Heine) —, zur Rosenbergstraße hin im Halbrelief dargestellt, ist die berühmteste Ausnahme. Menzel starb 1873. Sein Porträt gemahnt eindringlich an Beethoven. Genialisch umwehen Locken eine hohe Denkerstirn. Mit anderen überlieferten Bildnissen Menzels hat das Porträt auf dem Friedhof keine Ähnlichkeit. Klassizistischen Bildnissen ging es nicht um die Hervorhebung der Individualität des Dargestellten, sondern um den Ausdruck des allgemeinen menschlichen Wesens. Das Porträt Menzels aus der zweiten Hälfte des 19. Jahrhunderts ist damit auf dem klassizistischen Friedhof zur unrechten Zeit am rechten Ort.

Der Klassizismus stilisiert, ihm muß "das individuelle Bildnis wesensfremd bleiben." 1817 schuf Thorwaldsen in Rom eine Marmorbüste Lord Byrons. Dieser ist von ihr enttäuscht, da sie "den Weltschmerz nicht offenbare, an dem er leide." Der Künstler hat sein Modell idealisiert, übrig bleibt etwas, dem gerade das fehlt, was Byrons Wirkung ausmachte. "Mit den bildnerischen Mitteln des Klassizismus war der 'moderne' Mensch nicht mehr darzustellen." [Lankheit, S. 95 f.] Der Klassizismus versagt im individuellen Ausdruck des Individuellen. Doch in der Inschrift findet er eine Form, die seinem Stilprinzip gerecht wird.

Zedlers *Grosses Vollständiges Universal-Lexikon* nennt die Aufgaben der *Inscription*: "Eine nachdenckliche oder sinnreiche Schrifft, die auf Denckmale, Denckmüntzen, Kirchen und andere gemeine, oder ansehnliche Gebäude, u. d. zu gewissen Andencken gesetzt wird. Dieser erste Eigenschaft soll seyn, daß sie kurtz und bindig gestellet seyn." Hirschfeld fordert in gleichem Sinne im Abschnitt *Von Statüen, Monumenten und Inschriften* im dritten Band seiner *Theorie der Gartenkunst*, die Inschrift müsse "kurz und deutlich, dem Gegenstande angemessen sein", es müsse scheinen, sie sei

[251] In: Matthias Claudius, *Sämtliche Werke. Gedichte, Prosa, Briefe in Auswahl*, Berlin, Darmstadt 1961, S. 924

"aus seiner Natur und Bestimmung von selbst entsprungen", die "Ausdrücke müssen kurz, stark und ungeschmückt seyn." So empfiehlt sich nichts mehr "zu Inschriften, als Einfalt und Nachdruck." Es verträgt "ein Gebäude oder ein Denkmal" nicht mehr "als Eine Inschrift, weil seine Bestimmung nur einfach ist, und zu ihrer Andeutung schon eine zureicht." Mehrere Inschriften an einem Denkmal ergeben "eine üppige Verzierung, die mehr zur Verwirrung, als zur Deutlichkeit wirkt." [S. 154] Hirschfeld und Zedler nehmen in dem, was sie von der Inschrift fordern, die Ideale des Klassizismus vorweg.

18.1 Freimaurer

"Im Dunkeln sieht der tief gelehrte Mann / Minervens Eule für Minerven an." (Bk., Der Grübler)

AUF DEM HOPPENLAU–FRIEDHOF befindet sich das Grabmal Friedrich von Koelles (†1848). Es zeigt unter einer Eule, dem griechischen Symbol der Weisheit, das den Christen als Sinnbild der Wollust, der geistigen Finsternis und des schädlichen Wissens gilt, mit Winkel und Zirkel die freimaurerischen Zeichen der sittlichen Unterweisung.

Stempfle berichtet in seiner *Geschichte der Freimaurerloge Zu den 3 Cedern i. O. Stuttgart* davon, daß 1835 Johann Baptist Krebs in Stuttgart die Loge *Wilhelm zur aufgehenden Sonne* gründete. Krebs habe mystische Auffassungen vertreten, die v. Koelle, der seit 1836 Mitglied der Wilhelmsloge war, ablehnte. 1840 schied Koelle mit zehn anderen Mitgliedern aus der Wilhelmsloge aus und gründete die Loge *Zu den drei Cedern* neu. Koelle sei Anhänger der Toleranz und der Humanität gewesen. [S. 26 ff.]

Die von Koelle neugegründete Loge hatte von 1774 bis 1784 schon einmal bestanden. Stetter weist in der *Geschichte der Freimaurer in Württemberg* darauf hin, daß 1762 in Magdeburg gefangene Offiziere, hauptsächlich Württemberger, die Loge *de la parfaite Union* gründeten; die Loge arbeitete in Königsberg, als die Gefangenen dort einquartiert waren. Ende des Jahres wurden die Offiziere freigelassen, sie kehrten nach Ludwigsburg zurück und verpflanzten die Loge dorthin. 1773 führten Mißstände in der Loge zum Entschluß einer Neugründung; die Errichtung einer Loge *Zur schwäbischen Redlichkeit* scheiterte. 1774 erhielt aus Frankfurt die Schottenloge *Zu den drey Cedern* ein Konstitutionspatent; 1776 gründet sich als Tochterloge eine St. Johannisloge *Zu den drei Cedern.* 1784 lösten sich die Stuttgarter Logen *Zu den drei Cedern* auf.[252]

Folgen wir Ludwig Kellers Einführung *Die Freimaurerei*, dann haben die Freimaurerei und der Klassizismus im Humanitätsgedanken und in der Toleranz gemeinsame Ideale. 1738 erschien in Dublin die *Apologie der Gesellschaft der Freimaurer.* [S. 10] Die Verfasser heben hervor, daß sie "an *die klassischen Ideale* und an die Ideenwelt *der griechischen Weisheit*" anknüpfen. "Für die Freimaurerei wie für die Renaissance gelten weder der Feudalstaat noch die Scholastik noch die alttestamentliche Weisheit als Richtlinien des Denkens, sondern der Klassizismus." [S. 14] Die *Apologie* bekennt

[252] I, S. 1 f.; S. 8 ff.; S. 37 ff.

sich zur wahren christlichen Liebe und zur Menschenliebe, während das institutionalisierte Christentum Andersgläubige unterdrückt. Vollkommenheit wird angestrebt im Wissen darum, daß nur Vervollkommnung möglich ist. [S. 14 f.] Das Gesetzbuch der Großloge von England von 1723 verpflichtete die Freimaurer auf das Ideal der von Leibniz und Comenius so bezeichneten *allgemeinen Religion*, einer Religion, in der alle Menschen übereinstimmen. [S. 27] Die freimaurerische Toleranzidee, so Keller, wurde in Deutschland seit der Zeit, "da einige hervorragende Fürsten sich dem Bunde angeschlossen hatten, der geistige Machtfaktor, der einem neuen Zeitalter, dem *Zeitalter des Neuhumanismus*, am wirksamsten die Wege geebnet hat." [S. 33]

Das Eulentier auf Koelles Grabmal aber läßt sich genauer bestimmen. Es ist wahrscheinlich ein thüringischer Altuhu.

18.2 Die stille Größe

"Vor ward durch diese Schrift, die hier die Zeit zerstöret, / Dass alles auf der Welt vergänglich sey, gelehret, / Und nun man sie nicht lesen kann, / Zeigt sie es uns noch klarer an: / Kein grössres Zeugniss kann man haben, / Die Grabschrift selbst liegt hier begraben." (Christian Wernike, Auf eine vor der Zeit verlöschte Grabschrift)

Ein Grabmal auf dem Hoppenlau–Friedhof trägt auf drei Seiten die Inschriften für Adéle, Octavia und Ludwig v. Münchingen. Alle drei Inschriften sprechen zum Betrachter über die Verstorbenen. Die Inschrift für Octavia von Münchingen rühmt die Tugenden der Freifrau, dann wird aufgezählt, wie sich die Angehörigen in ihrer Trauer verhalten. Die Verstorbene war, so läßt es sich einander zuordnen, treu in der Liebe und aufopfernd in der Freundschaft, ihr Wandel war sanft und tugendhaft, die Trauernden beweinen sie, erinnern sich ihrer und ehren sie.

> "Treu und aufopfernd in Liebe und Freundschaft
> sanft und tugendhaft in Ihrem Wandel
> Schied Sie in st[ ]öße rein aus diesem Leben
> Schmerzlich beweint und unvergeßlich den Ihrigen
> geehrt von Allen die Sie gekannt"

Die Lücke in der Mitte der Inschrift ist vermutlich zur "stillen Größe", einem der zentralen Begriffe in den *Gedanken über die Nachahmung der griechischen Werke in der Malerei und Bildhauerkunst* Winckelmanns zu ergänzen. [W S. 17] Die Harmonie ist nicht einfach da, sie ergibt sich aus dem Widerstreben von einander Gegensätzlichem. Die Leidenschaft tobt, doch die Vernunft behält Oberhand. Das Ideal muß mühsam errungen werden. Die Inschrift für Octavia v. Münchingen, welche am 31. März 1839 starb, gehört der Zeit der Vereinfachung und der Inflation des Begriffs an.

Der junge *Werther* kennt fünfundsechzig Jahre früher die ursprünglich im Begriff angelegte Spannung noch. Er preist am 16. Junius 1771: "So viel Einfalt bei so viel Verstand, so viel Güte bei so viel Festigkeit und die Ruhe der Seele bei dem wahren Leben und der Tätigkeit." Eine merkwürdige Einsicht in das Auseinanderstrebende, welches der Begriff bündelt, in das Widerstrebende, das er mit Anstrengung faßt, bekundet Schubart in seinem Urteil über Miller in Ulm: "In keinem Menschen habe ich die gegensätzlichen Eigenschaften so fein gemischt angetroffen als in diesem Mann. Alles in ihm strebt zur stillen Größe empor."[253] Schiller unterscheidet im Aufsatz *Über naive und sentimentalische Dichtung* zwischen der "Einfältigkeit", welche zu belachen, und der "edle[n] Einfalt", die schätzenswert sei. [W XX, S. 422] Er kennt die Spannung und er weiß, daß der Begriff Widersprüchliches austrägt. Den Charakter des Großmeisters La Valetta in den *Maltesern* kennzeichnet er im Brief an Iffland vom 19. November 1800: "Der Fond dieses Charakters ist eine liberale Güte, mit hoher Energie und edler Würde verbunden." [W XXX, S. 210] Hier fehlt den einzelnen Begriffen die Spannung und erst ihr Zusammentreten erzeugt sie. Böcklin hingegen harmonisiert radikal in seinen *Inschriften für schöne Gartenplätze und Gartenanlagen; wie auch zu Monumenten an Gräbern.* Er vereinfacht: "Durchlebe deine Tage in holder Einfalt, bey wahrer Zufriedenheit!" [S. 63] Die Beiwörter schmücken aus und stehen in keinem Gegensatz zu ihren Substantiven. Die "stille Größe" hat, nachweisbar, auch den Weg in die Lyrik der Zeit gefunden; der junge Hölderlin reimt in der *Hymne an die Schönheit*, welche in Stäudlins *Poetischer Blumenlese* 1793 erschienen ist: "Hier erbleicht die Freude nicht, / Wo von ihrem Angesicht / Lieb' und stille Größe spricht." [S. 23]

Vielleicht lassen sich Einflüsse auch noch in den Leichenpredigten ausmachen, welche bei Bestattungen auf dem Hoppenlau-Friedhof gehalten wurden. Dekan Bauer fragt in der Predigt für Dor. v. Kahlden: "Wer mußte nicht achten die edle Einfachheit ihres Wesens, die Nichts entschiedener ferne hielt, als eitlen Prunk und leeren Genuß!" Rieger lobt in gleichem Sinne an Gottl. Heinr. Storr "Seine edle Bescheidenheit und Demuth", seine "wahrhaft erbauliche Einfalt und herablassende Liebe." Er befolgte "den Grundsatz der edeln stillen Einfalt." Ludwig Richter besuchte in Stuttgart Eberhard v. Wächter. Er erinnert sich: der Kollege stellte "in edler Einfachheit" sich dar. [I, S. 271]

Heute ist das Begriffspaar beim Problem des Sektnachrückens unter Geschäftsfreunden und damit auf repräsentativer Ebene angelangt. Doderer spielt mit der stillen Einfalt und im Roman *Ein Mord den jeder begeht* gilt es für einen "jungen Mann, eine feine Mitte zu halten, einen rechten 'goldenen Schnitt' zwischen stiller Einfalt und Bescheidenheit der eigenen Person und der Größe des Unternehmens, das er — wenn auch nur als Beobachter (Schwiegersohn) — gewissermaßen vertreten sollte." [S. 267]

Die Inschrift für Octavia v. Münchingen hat die Spannung im Begriffspaar ausgeglichen, sie harmonisiert wie die klassizistische Tradition; davon, daß das ideal mühsam erworben werden mußte, läßt die Inschrift nichts merken. Die Zerstörung in der Zeit erst, die aus der "stille[n] Größe" eine "st[   ]öße" gemacht hat, muß aufweisen, daß es mit dem Tod wirklich "so aesthetisch doch nicht" ist. [Schiller W I, S. 286]

---

[253] S., *Ein schwäbischer Rebell*, S. 136

18.3 Tugendkataloge und Differenzierungen

"Kühn in Gefahren, geduldig im Schimpf, verliebt ohne Grund." (Cervantes) "Die Taufe gab mir den Namen Heinrich, / die Abstammung den Namen Zinn, / das göttliche Wort den Titel Pastor, / die Muse den Titel Magister." (Lateinische Inschrift Naumburg, 1621) "Überall, wo er sich fand, war er geliebt und geehrt." (Goethe)

WENN ES in Gedichten, Inschriften, Briefen gilt, Tugenden zu rühmen, dann kann, wahllos, verschiedenerlei hererzählt werden. Poetisch wird der Text, wenn sorgsam differenziert wird, wenn sich innerhalb weniger Zeilen zahlreiche Beziehungen herstellen lassen.

Einigen Inschriften auf dem Hoppenlau-Friedhof gelingt dies; lateinische Grabschriften aus der zweiten Hälfte des 16. Jahrhunderts erreichen ebenfalls schon dieses Niveau. Eine Göttinger Inschrift von 1597 spricht von einem, der Schicksal, Schwäche, öffentliche Meinung und Stand überwand. Die Tugenden sind schön den verschiedenen Bereichen, in welchen sie verschiedenerlei überwinden, zugeordnet. Die Inschrift für Fabricius lautet in der Übersetzung: "Er, ein Nestor an Beredsamkeit, hat durch Verdienste das Schicksal, durch Charakterstärke die Schwächen, durch Verstand die öffentliche Meinung und durch Begabung seinen Stand überwunden." [DI XIX, Nr. 128] Klar ordnet eine dreißig Jahre ältere Heidelberger Inschrift (1568) verschiedenen *Personen* — a) Landesherren und b) Kollegen — Formen der menschlichen *Beziehung* — a) in Ehren und Gunst und b) lieb und wert — und verschiedene *Tugenden* — a) Ergebenheit und treue Gesinnung und b) Wandel und Leistung — zu: "Bei den Landesherren stand ich in Ehren und Gunst / durch Ergebenheit und treue Gesinnung, / lieb und wert war ich meinen Kollegen / durch Wandel und Leistung." [DI XII, Nr. 310] Völlig undifferenziert können die Verhältnisse noch zweihundert Jahre später sein. In Ewald Chr. Kleists *Grabschrifft auf den Major v. Blumenthal* heißt es: "Witz, Einsicht, Wissenschaft, Geschmack, Bescheidenheit, / Und Menschenlieb und Tapferkeit, / Und alle Tugenden, vereint mit allen Gaben, / Besaß der, den man hier begraben. / Er starb fürs Vaterland, er starb mit Heldenmuth." [W S. 113] Es wird einfach aneinandergereiht, und je mehr Tugenden ihm einfallen, desto besser scheint die *Grabschrifft* ihrem Verfasser zu gefallen. Nachdem er bereits sieben aufgezählt hat, faßt er zusammen, der Verstorbene habe überhaupt alle Tugenden besessen, was das Ganze in der Tat erheblich vereinfacht. Dreizehn Jahre nach Blumenthals Ende erschien im *Journal in Frankfurt am Main* am 9. Januar 1770 ein Gedicht auf das *Absterben des seligen Gellerts*. Es beginnt mit einer Frage. "Wer liebte so den Freund, das Vaterland, die Jugend? / Nie sterben *Gellerte*!" dichtet "ein alter Zuhörer, Bewunderer und Freund des verewigten *Gellerts*", welcher — verdächtig — mit "G." zeichnet.[254]

---

[254]Maria Belli=Gontard, die Herausgeberin des Bandes *Vor mehr als hundert Jahren*, welcher auf Seite 46 das Gedicht vorstellt, erwägt denn auch, ob es nicht "Goethe" heißen könnte. Ein mit Bleistift zeichnender Leser indes, sei es ein Frankfurter, sei es einer in der Württembergischen Landesbibliothek oder gar ein Hesse in Stuttgart, ergänzt dann im Exemplar der Landesbibliothek nicht nur das im Text fehlende Fragezeichen, nein, er weiß Genaueres und erklärt kundig: "Niemals!"

Achtzehn Jahre nach dem Gedicht in der Frankfurter Zeitung berichtet die *Schwäbische Chronik* am 21sten Julius 1788 davon, daß dem FreiHerrn v. Dalberg "sein vieljähriger Freund" HofRath Redeker gestorben ist und er plane, ihm ein Monument mit einer von ihm selbst verfaßten Inschrift zu errichten, welche sowohl dem Verfasser als auch dem Verstorbenen Ehre mache. Sie beginnt mit einem Lob der *Verständigkeit* des Verstorbenen, auch war er *Menschenkenner, klug, die Wahrheit erkennend, befolgend, ratend, erfahren, arbeitsam* ... Es folgen weitere 24 Tugenden und gute Eigenschaften, wenn ich sie recht zähle. Die projektierte Inschrift ist ermüdend lang; Beschränkung überzeugte mehr. Epischen und paränetischen Werken, vielleicht auch privaten Mitteilungen mag eine solche predigende undifferenzierte Beredsamkeit angemessener sein. In der Predigt für Auguste Schuncke etwa beginnt ein Satz: "Sie vereinte in sich Feinheit, Zartgefühl, Scharfblick, schnelle Beurtheilung, Festigkeit der Grundsätze und des Characters ..." Allein in diesem Satz schließen sich noch über zwanzig weitere löbliche Eigenschaften an. Ein Jahr nach dem Bericht über Dalbergs Absichten informiert der *Schwäbische Merkur* am 21. September 1789 von *Abt Jerusalems Begräbniß*. Ein Mann ist mit ihm verloren, dem "seltene Gröse", "unerloschene Geisteskraft", "Talent, Thätigkeit, feines Gefühl, Sanftmuth und menschenfreundliches Wohlwollen" wie kaum einem anderen eigneten. Das Land verdankt ihm "Erleuchtung", der Hof "edle Geistesbildung und religiöse Belehrung", jedes von ihm geleitete Insitut "weise Leitung und Fürsorge", das Publikum "herrliche Aufklärungen über den ächten Geist unserer Religion." Sodann werden sein Leben und sein Umgang, sein Alter, sein Sterbelager und sein Tod gerühmt.

Die klassizistischen Inschriften des Hoppenlau-Friedhofs differenzieren auf dem geringen zur Verfügung stehenden Raum sorgsam und erinnern hierin an die vorgestellten frühneuzeitlichen lateinischen Inschriften.

Familiäre wie staatstragende Tugenden werden gerühmt am Königlichen Küchenmeister Weber (†1815): "GÜTE DES HERZENS UND REDLICHKEIT / SCHMÜKTEN EIN RASTLOSES LEBEN! / TREU DEM KÖNIG, DEM FREUND / WAR ER GEACHTET, GELIEBT. / UNS WAR ER ZÄRTLICHER VATER / MIT DER BESTEN DER MÜTTER / EWIG IN SEELIGEM VEREIN / LOHNE DER HIM̄EL IHM DORT." Den Begriffen Herzensgüte, Freund, Liebe aus dem *privaten* stehen sehr schön Redlichkeit, König, Achtung aus dem *öffentlichen* Bereich gegenüber. In der zweiten Gedichthälfte fällt das Außerfamiliäre dann völlig weg: Kinderliebe steht neben dem Verein mit der Mutter, beides wird aufgehoben im himmlischen Lohn. Es fällt auf, daß, wenn die Herzensgüte gerühmt wird, sich meist weitere Tugenden anschließen wie hier die Redlichkeit. Metrische Gründe allein erzwingen es nicht immer. Allein für sich stehend mag die Herzensgüte vielleicht allzu ungreifbar erscheinen. Karoline v. Wolzogen nennt es "Güte des Herzens und Haltung im Charakter";[255] die Todesanzeige für Frau Stok in der *Schwäbischen Chronik* vom 13. Oktober 1814 rühmt die "Güte des Herzens und Anspruchslosigkeit" ihres "Caracters", wofür ihr "Achtung aller guten Menschen, und die Liebe ihrer Gespielinnen" zuteil wurde. Die Mitbürger ersetzen den König

[255] K. v. W., *Schillers Leben*, S. 20

in einer Inschrift auf dem Alten Friedhof zu Gießen, welche 55 Jahre jünger ist als die für den Stuttgarter Königlichen Küchenmeister. Die Bereiche stehen sich genauso gegenüber wie in Webers Inschrift — die Kinder lieben und die Mitbürger achten in Gießen, so wie in Stuttgart der König achtet und der Freund liebt: "Hier ruht in Frieden / Abraham Vogel / geliebt von seinen Kindern / geachtet von seinen Mitbürgern / starb er im Alter von 75 Jahren / den 6. Juni 1869". Carl Ludwig Kachel starb ein Jahr vor Weber. Seine Todesanzeige in der *Schwäbischen Chronik* am 18. Julius macht die gleiche Unterscheidung wie die Inschriften für Weber und Vogel: "Er nahm die innigste Liebe der Seinigen, und die Achtung seiner Mitbürger mit ins Grab." In dasselbe Jahr wie Webers Tod fiel der von Carolina Engelbach. In ihrer Todesanzeige in der *Schwäbischen Chronik* vom 5. April 1815 korrespondieren ihre Tugenden mit den Reaktionen ihrer Umgebung auf diese Tugenden; Frömmigkeit erwarb ihr Achtung, Herzensgüte Liebe und Menschenfreundlichkeit Freundschaft. Leider stimmen die angeführten menschlichen Beziehungen — Verwandtschaft, Freundschaft, Gönner — nicht auch noch dazu. In der Todesanzeige für Joh. Lorenz Biermann aus dem gleichen Jahr passen die menschlichen Verhältnisse nicht recht zu den aufgezählten Pflichten. "Sein Geist entfloh unbemerkt zur Urquelle des Lebens zurück, und theilt nun das Glück derer, die in jedem Verhältnisse, als Gatte, Vater, Bürger und Freund ihre Menschen= Christen= und AmtsPflichten in diesem VorbereitungsStande treu, redlich und gewissenhaft geübt haben." [SC 16.8.1815] Lediglich zwischen den "Pflichten als Gatte, Vater, Christ und Bürger", deren Erfüllung die "Liebe seiner Mitmenschen" erwarb, den "Pflichten als Mensch, Bürger und StatsDiener, als Gatte und Vater" und den "zarten Verhältnissen als Gatte, Vater, Freund und als Mensch" unterscheiden andere Todesanzeigen ohne weitere entsprechende Zuordnungen.[256]

Carl Eugen von Hügel war, wie es in seiner Predigt heißt, "offen und treu für eine große Anzahl von Freunden, gütig und wohlwollend für seine Untergebenen, zugänglich und hilfebereit für Bedrängte, und mild und freigebig für Arme und Unglückliche." Der Verstorbene vermochte sich auf die jeweilige Personengruppe, mit der er im äußeren Leben zu tun hatte, genau einzustellen. Ihm eigneten die jeweils angebrachten Verhaltensweisen. Die Versammelten, welche die Predigt für Carl Marcell Heigelin anspricht, erscheinen in ganz verschiedenem, immer affirmativem, abgestuftem Verhältnis zum Verstorbenen: "Hilf auch jetzt uns Allen, welche, Jedem in dem Maaße seines Verhältnisses zu dem Vollendeten, Liebe, Verehrung und Dankbarkeit, nähere Freundschaft oder der allgemeinere Antheil um diesen Ort versammelt."

Menschliches wie künstlerisches Vorbild war Ph. Iac. Scheffauer (†1808). Er wurde, erfahren wir von seiner Inschrift auf dem Hoppenlau–Friedhof, geachtet, geschätzt und geliebt. "HIER. RUHT / AN. SEINER. GATTIN. SEITE / PHILIPP. IACOB. SCHEFFAUER / GEACHTET. ALS. KÜNSTLER. UND. BILDHAUER / GESCHÄTZT. ALS. MENSCH. UND. BIEDERMANN / GELIEBT. ALS. GATTE. VATER. FREUND / SEINE. WERKE / ZEUGEN. VON. IHM / VON. UNSERER. LIEBE. ZEUGE / DIESER. STEIN." Achtung wird dem in seinem Berufe Tüchtigen zuteil, Hochschätzung dem redlichen

[256] SC 16.1.1809; 16.3.1808; 18.11.1810

Menschen, Liebe dem privat und persönlich Überzeugenden. Der Künstler lebt in seinen Werken fort, die Liebe der Familie bezeugt das Denkmal, lediglich die Hochachtung vor dem Menschen und Biedermann wird in den letzten Zeilen, die sich mit dem Nachleben Scheffauers befassen, nicht wieder aufgegriffen und in ihrem Weiterwirken über den Tod hinaus dargestellt. So bringe sie denn der geneigte Betrachter und Friedhofsbesucher auf. Dann lebt der Künstler und Privatmann, und auch der biedere Mensch ist nicht vergessen. Unterscheidet die Inschrift zwischen der Fortdauer im Werk und dem Ausdruck der Liebe in der Stiftung des Grabmals, spricht die Todesanzeige in der *Schwäbischen Chronik* vom 14. November 1808 ganz ähnlich vom Empfinden der Kinder und der Anerkennung des Künstlers in der Öffentlichkeit.

Carolina Liebenau (†1801) war, sagt ihre Inschrift, die "BLÜTHE DER ANMUTH" und die "ZIERDE IHRES GESCHLECHTS", Margarethe Freyin v. Hügel (†1809) ruht neben ihrem Gatten als "DIE HOCHVERDIENTE MUTTER / DER STOLZ IHRER KINDER / DIE KRONE IHRES GESCHLECHTS", die Inschrift für Freifrau Josephine v. Kniestejt Schauber (†1839) reiht nicht Superlative aneinander, sondern nennt schlicht die wichtigsten menschlichen Verhältnisse: "EINE GUTE TOCHTER EINE GUTE SCHWESTER / EINE GUTE GATTIN EINE GUTE MUTTER", die Nachkommen beweinen in der Freifrau v. Imhoff (†1856) "Ein herrliches Gemüth, / Einen kräftigen Geist, / Eine seltene Freimüthigkeit / Eine treffliche Beratherin", und Freiherr Ludwig Albert v. Gaisberg–Helfenberg (†1862) wird von seiner Inschrift "DU TREUESTER BIEDERSTER" genannt. Im Verlauf des Jahrhunderts verlieren die Inschriften des Hoppenlau–Friedhofs die klassizistische Strenge. Die Grabschrift für Elias Pflaum (†1876) paart Adjektive, deren Bedeutungsfelder sich weitgehend decken; Pflaum wirkte in der Familie, im Freundeskreis und in der Öffentlichkeit. "Hier ruht der liebevolle / sorgsame Gatte und Vater / der treue zuverläßige Freund / der beharrliche eifrige / Förderer alles Edlen u. Guten / Herr Oberkirchenvorsteher / Elias Pflaum."

18.4 Satirische Sepulchralkultur

STELLEN WIR uns einen Friedhof vor, dessen Inschriften die scherzhaften epideiktischen Grabschriften der Almanache zitieren, müssen wir die Frage nach möglichen Stiftern der dergestalt imprägnierten Grabmale außer acht lassen. Verwandte und Freunde kommen als Auftraggeber nicht in Frage. In der antizipierten Monumentalausstellung ergreifen die Feinde der Verstorbenen das Wort. Haug könnte Hauptbeiträger sein. Rücksichten der Sepulchralkultur fielen weg. Ein großer Teil der Spottinschriften der Almanache, die sich zumeist mit Typen, Berufen, Lastern, nicht aber mit Individuen befassen und amüsant, nicht aber bösartig sind, würde in der neuen Verwendung, in der die in den Stein gehauenen Texte sich auf einzelne Persönlichkeiten bezögen, gehässig und denunzierend.

Auf dem um die Aufgaben der Sepulchralkultur unbekümmerten projektierten Friedhof fände sich auf dem Grabmal eines Kochs im Fürstendienst der Text: "Sanft ruh' des Todten Asch' / in kühler Erde Schacht: / Hat er der Asche doch / im Leben viel gemacht."[257] Fast gewaltsam wäre eine Beziehung zwischen einem Attribut der einstigen beruflichen Tätigkeit und dem jetzigen Zustand des Kochs hergestellt. Seine gemutmaßte berufliche Tätigkeit setzte ein Kritiker fort. Sein Grabmal zierte eine Warnung an den Höllenhund: "Geifernd vor Wut verreckte der Kritiker. Wenn er vorbeirennt, / Cerberus, krieche geschwind' unter dein Schauer: er beißt!"[258] In der konkreten Anwendung vermögen die Spottinschriften, denen in den Almanachen kein bestimmter Adressat zugeordnet ist, durchaus zu beleidigen. Der Rezeption einer weiteren einem Kritiker zugeeigneten Inschrift widmet sich das Gedicht *Grabschrift eines Recensenten*: "Lauft, so schnell ihr laufen könnt, / Denn hier liegt ein Recensent." Ein *Natürlicher Einfall bey dieser Grabschrift* folgt nach: "Ei, was hat der Mann gedacht, / Der die Grabschrift hat gemacht? / Was ist's denn zum Laufen Noth? / Ist der Hund nicht mausetodt?" [GMA 1782, S. 113] Für Feinde aller Art und jeglichen Metiers wäre ehrabschneidend heranzuziehen: "Hier liegt ein Schuft, / Der in der Gruft / Erst Nutzen bringt: / Er düngt!" [VMA 1789, S. 96] Die Dichter träfe anderer Spott: "Er machte Schulden und Gedichte; / Doch jene nur sind von Gewichte."[259] — "[...], der am Bücherschrank / Oft lange Tage saß, / Oft Schlummer, Speis' und Trank / Ob seinem Werk vergaß, / Schrieb sich berühmt, und krank, / Und starb dann vor der Zeit / An der Unsterblichkeit."[260]

Auch die Kirchendiener und Handelsmänner, die Ärzte, Naturkundler, Literarhistoriker, Schmarotzer, Handwerker, Schauspieler, Trinker, Zänkerinnen und Buhlerinnen blieben nicht unbelästert, ihre Gräber bekämen berufs- und tätigkeitsbezogen adäquat schmähende Inschriften: "Das weiß ich, [...] zu dem in seinem Leben / Wohl niemand ohne Zittern kam, / Hat seinen Geist dem Schöpfer wieder gegeben; / Doch weiß ich nicht, ob ihn der Schöpfer wiedernahm."[261] — "[...] schläft unter diesem Stein, / Ein Handelsmann von schöpferischen Gaben: / Er würde, wär' er nicht schon längst gemein, / Den Bankerott erfunden haben."[262] — "Arzt [...] hat in seinem Leben / So manchen früh ins Grab gestreckt; / Die Missethat ist nicht vergeben, / Jedoch die Sünde zugedeckt."[263] — "Hier liegt Herr [...], der gute Mann, / Mit seiner Sammlergabe. / Was er im Leben einst begann, / Beginnt er noch im Grabe: / Gedankenlos versammelt er / Noch Ungeziefer um sich her."[264] — "Ihm, dem es nie in seinem ganzen Leben / Durch die Begeisterung gelang, / Drei Spannen hoch vom Boden sich zu heben, / Ihm glückt das noch durch einen Strang."[265] — "O Wunder, Wunder! Herr von [...], / Der stets am fremden Tisch gepraßt, / Nie Wirth war, sondern täglich Gast, / Gibt jezt den Würmern — einen Schmaus."[266] — "Hier ruhet Meister Scheere, / Der

[257] *Auf einen Koch in einer fürstl. Gruft* [*Der Wandler unter Gräbern*, 1816, S. 11]
[258] Voß, *Grabschrift eines Kritikers* [VMA 1788, S. 162]
[259] *Auf Ventosus von Haug* [*Der Wandler unter Gräbern*, 1816, S. 17]
[260] Haug, *Franzens Tod* [VMA 1792, S. 77]
[261] *Auf den Tod eines gefürchteten Geistlichen* [GMA 1784, S. 158]
[262] Pfeffel, *Grabschrift* [VMA 1789, S. 92]
[263] Haug, *Burro* [W 1807 I, S. 89]
[264] *Grabschrift eines unwissenden Naturaliensammlers* [VMA 1784, S. 71]
[265] *Ueber den Tod eines Professors der Dichtkunst* [GMA 1783, S. 141]
[266] Weisser, *Grabschrift eines hochadl. Schmarozers* [StMA 1784, S. 203]

manchesmal / Sich selbst die Flicken stahl, / Damit er nicht die Fertigkeit verlöre."[267] — "Hier ruht der Schauspieler [...], / Der oft, zum Schein, vor unsern Augen starb, / Und Geld damit, nur Beifall nicht, erwarb. / Doch hat er sich, als er im Ernst gestorben, / Zum ersten mal Beifall statt Geld's erworben."[268] — "Wißt, daß [...], gliederkrank, / Ohne Wein und ohne Farb, / Aus Verzweiflung Wasser trank, / Und an diesem Gifte starb."[269] — "Hier unter diesem Leichenstein / Schweigt ewig Frau von [...] / Sie keifte bis zur Sterbestunde, / Denn vierzig Jahre schrie sie — nein! / Damit es endlich Friede werde, / Schloß ihr der Tod den Mund mit Erde."[270] — "Sie heißen Legio, die sich seit zwanzig Jahren / In [...] Arm gewiegt. / Jetzt stirbt sie bloß um zu erfahren / Wie sichs in Satans Armen liegt."[271]

Spottinschriften tendieren wie andere satirische Texte dazu, die Grenze zum historischen Wandlungen unterliegenden sogenannten Geschmacklosen zu überschreiten. Die anmaßende und gemeine Grabschrift *Auf ein verstorbenes häßliches Fräulein* befaßt sich mit den empirischen Auferstehungsbedingungen. Den selbstsüchtigen Zurückbleibenden beunruhigt nur eines: "Wirst du einstens auferstehn, um auf ewig mir zu leben, / So sey ja nicht noch einmal mit derselben Haut umgeben." [GMA 1786, S. 238] Das Spottgedicht perhorresziert die für eitle Liebhaber häßlicher Fräulein in der Tat bedenklichen Folgen der Ablösung der älteren christlichen Vorstellung von der einer fleischlichen Auferstehung; es malt die Jenseitswünsche eines mit dem Äußeren seiner irdischen Lebensgefährtin Unzufriedenen aus. Franz Hunger verfaßte eine Inschrift *Auf das Grab einer Tauben.* Er hat sich seine Gedanken über das jenseitige Musikgeschehen gemacht und ist auf ein Problem gestoßen: "Die taube Adelheid ruht hier; / Man setzte diese Grabschrift ihr, / Damit einst des Gerichts Posaunenengel wisse, / Daß er an dieser Gruft gedoppelt blasen müsse." [GMA 1795, S. 53] Auch *Kickels Grabschrift*, einem gegenüber der Musik Gleichgültigen gewidmet, setzt sich mit akustischen Auferstehungsbedingungen auseinander und erreicht eine schöne Anschaulichkeit: "Hier lieget Kickel, den der lieblichste Gesang / Der schönsten Musik nie im Leben konte rühren. / Gewißlich wird er auch Eloa's Harfenklang / Am jüngsten Tage nicht in seinem Grabe spüren. / Wirst du, Beelzebub, ihn in die Hölle führen, / So muß ein Janitscharenchor / Von deinen Teufeln ihn zuvor / Mit Trommeln, Klapperblechen, Dudelsäcken / Und Kazenstimmen auferwecken." [VMA 1782, S. 14] Statt dem Wunsch des überlebenden Ehegatten, bald der verstorbenen Frau nachzufolgen, schmückten auf dem entworfenen humoristischen Friedhof Abschilderungen innerehelicher Problemata verschiedenster Art die Grabsteine; Inschriften, die den Toten seines sanften Schlafes wegen glücklich preisen, wären ersetzt durch andere, die dem Verstorbenen nachsagten, er hätte schon sein ganzes Leben verschlafen.

Scherzinschriften finden sich, manchmal als Nachdichtung eines Epigramms der *Griechischen Anthologie*, in den Almanachen des Göttinger Hains, in Stäudlins

---

[267] Hensler d. J., *Grabschrift eines Schneiders* [GMA 1775, S. 165]
[268] *Grabschrift auf den Schauspieler D.* [VMA 1780], S. 16]
[269] *Auf Bibus Tod* [*Der Wandler unter den Gräbern*, 1819, S. 10]
[270] *Auf eine Zänkerinn* [Ebd., S. 74]
[271] *Auf den Tod einer Bulerinn* [GMA 1785, S. 102]

Schwäbischer Blumenlese und im Wiener Musenalmanach, kaum aber in Schillers Musenalmanach, der dafür 1797 die satirischen *Xenien* enthält. Bildstöcke des Alpenraums tragen komische Inschriften, der klassizistische Hoppenlau–Friedhof ist humorlos, nicht witzig, frei von beabsichtigter und unbeabsichter Komik.

19 Die Heilige Poesie

"Ich weine Bett und Bibel voll." (Günther) "Das Hauptbuch ist ihre Bibel." (Balzac)

DIE NEUE BEDEUTUNG DER POESIE macht sich einschneidend bemerkbar. Dem *Faust* kommt der Platz neben der Bibel zu. Wilhelm von Kügelgens Vater, der Maler, reiht den "Faust gleich an die Bibel" und erklärt ihn "für das zweitbeste Buch der Welt." [S. 138] Hegel reist, schreibt er seiner Frau am 3. Oktober 1822, von Köln nach Aachen — wo er sich jedesmal, wenn er vorbeikommt, auf den Thron des Kaisers Karl setzt — in Gesellschaft eines "Advokaten aus Köln, der Goethes Faust als seine Bibel immer auf dem Leibe trägt." [B II, S. 355] Unter Bettina Brentanos Bett liegt *Karl der Zwölfte* neben der Bibel.[272] Jean Paul hatte das Glück eine Frau kennenzulernen, die nur ihn und die Bibel liest.[273] Therese in Millers *Siegwart* hat Klopstock entdeckt. Einem hessischen Hauptmann verdankt sie den gewichtigen Hinweis. Sie teilt ihrem Bruder Xafer mit, sie könne auf alles außer der Bibel verzichten, wenn sie nur den *Messias* habe. [S. 323] Kronhelm schwört ihr später in seinem Herzen, die Hand auf dem *Messias*, ewige Treue. "Und der Schwur war ihm so heilig als ob er ihn über dem Evangelio geschworen hätte." [S. 422] Dem sterbenden Gutfried muß auf sein Verlangen Siegwart "die letzten Reden Jesu im Johannes, und Semidas Selbstgespräch im vierten Gesang der Messiade vorlesen." [S. 644] Gott selbst hat vor vielen tausend Jahren zu den Propheten gesprochen. Vor zweitausend Jahren sprach sein Sohn zu uns und die Evangelisten zeichneten seine Worte auf. Vor zweihundert Jahren schickte er uns den heiligen Dichter Klopstock, damit er die göttlichen Offenbarungen bearbeite und sie auf die sprachliche Höhe bringe, welche die Periode der Heiligen Poesie auch von den Äußerungen des Schöpfers verlangt. Miller wurde zum beliebten Unterhaltungsschriftsteller, weil in seinem Roman das Wort Gottes, das seines Sohnes und das seines heiligen Dichters gleiches Gewicht haben.

---

[272] B. v. A., *Die Günderode* [W I, S. 232]
[273] In: Günter de Bruyn, *Das Leben des Jean Paul Friedrich Richter*, S. 330

19.1 Heilige Dichter

"Mit dem Ruhm des größten Dichters verbindet er den des biederherzigsten Deutschen, des feinsten Weltmanns, des fröhlichsten Gesellschafters, es scharfsinnigsten Filosofen, des dankbarsten Sohns, und des feurigsten Christen." (Voß an Brückner über Klopstock) "Diesen göttlichen Mann, ihr nennt ihn Klopstock? den Namen / Gebt ihr einem Dichter, dem keiner zu sanft und zu hoch wär?" (Goethe)

DER DICHTER ersetzt den Priester und vermittelt zum Numinosen, er sieht "im Irdischen das Ueberirdische" und Gott. [Köpke II, S. 52] Tieck findet im Christentum keinen Trost. Er wendet sich der Poesie zu. Sie gewährt "göttliche Ahnungen." [Köpke I, S. 238] Tieck gesteht am 23. Dezember 1797 A. W. Schlegel: "Ich verehre die Kunst, ja ich kann sagen, ich bete sie an, es ist die Gottheit, an die ich glaube." [BdtR S. 100] Wolf Graf Baudissin berichtet am 1. Juni 1809 seiner Schwester Susanna von seinem Besuch bei Goethe: "Ich erwartete ihn, wie ein Kind den Heiligen Christ." Baudissin stellt fest: "Stirn, Nase und Augen sind wie vom Olympischen Jupiter." [BdtR S. 419]

Die Poesie selbst ist eine Offenbarung. Steffens meint, schreibt Wilhelm an Jacob Grimm am 14. April 1809, "daß auch so die Poesie, wie die Mythologie, zuletzt auf eine unmittelbare göttliche Offenbarung zurückgeführt werden könne und aus dieser ausgegangen."[274]

Gott ist aber auch die Poesie. Der Dichter denkt in eine höhere Form und löst seine Persönlichkeit wie Gott auf. Er wirkt "ganz nach Gottes Ebenbild, denn er erschafft mit dem Geist." Gott läßt sich nicht so leicht wie Bettina Brentanos Genius fassen, aber es ist klar — Gott ist die Poesie.[275] Und die großen Dichter können, schreibt Jean Paul in der *Vorschule der Ästhetik*, "den Himmel aufsperren." [W V, S. 219] Goethe und Schiller sind Apostel; Goethe ist in Immermanns *Memorabilien* eigentlich sogar noch mehr. [UG S. 676] Goethe erklärt am 9. November 1830 Zelter: "Schiller war eben diese echte Christus=Tendenz eingeboren, er berührte nichts Gemeines, ohne es zu veredeln." Sein Wirken ist "aufgenommen worden und hat genutzt; gerade wie im Evangelium: Es ging ein Sämann aus zu säen p. p." [W XLVIII, S. 12] Schiller selbst "sagte einst in einer schwermütigen Stimmung: 'Wenn man auch nur gelebt hätte, um den dreiundzwanzigsten Gesang der Ilias zu lesen, so könnte man sich nicht über sein Dasein beschweren.'"[276] Bettina — "diese leidige Bremse" (Goethe) — wiederum schreibt ihrem Bruder Clemens Brentano am 18. Juni 1834, daß gerade das, was er, die "alte Schlafmütze" (Bettina), an ihrem Goethe–Buch tadele, das "wahre Fundament alles Heiligen und Himmlischen in diesem wunderschönen Buch" sei. [UG S. 626] Goethe baut Schillers Gartenhaus zu einer Wallfahrtstätte aus.[277]

Die Poesie ist ein Heiligtum, in das der Resignierte sich zurückzieht, dem in der empirischen Welt nur Unerfreuliches begegnet. Früher hätte man da wohl zur Bibel

---

[274] In: *Briefwechsel zwischen Wilhelm und Jacob Grimm aus der Jugendzeit*, S. 86

[275] B. v. A., *Die Günderode* [W I, S. 347; S. 325]

[276] Karoline von Wolzogen, *Schillers Leben*, S. 276

[277] An v. Voigt am 24. März 1817 [W IV-XVIII, S. 34]

gegriffen. Das philologische Seminar Heynes führt die "Jünger" ins "innerste Heilgthum" ein. [Köpke I, S. 146] Jung–Stilling wendet sich am 2. Januar 1812 an Fouqué: "Die Dichtergabe ist ein edles Geschenk unseres Herrn."[278] Klöden teilt über die Fichte–Verehrung des Superintendenten Meyer mit: "Jede, auch die leisest hingeworfene Äußerung desselben galt ihm als ein Evangelium [...] Diese große Verehrung Fichtes war in jener Zeit nichts Seltenes; es gab Menschen, die an ihm einen zweiten Heiland zu haben glaubten." [S. 360]

Der verehrte Dichter bekommt Pronomina in einer Schreibung, die früher nur Gott zustand. Die sich auf Herder beziehenden Personalpronomen in Jean Pauls *Vorschule der Ästhetik* werden großgeschrieben: Er, Sein, Ihn. [W V, S. 450] Allerdings schreiben auch die Inschriften Personalpronomen häufig groß. Jean Paul benutzt in der *Vorschule* auffallend häufig religiöse Metaphern.[279] Die Poesie gewährt eine Verbindung zum Numinosen.

Wenn ein Dichter den Geburtsort eines andern Dichters, "dessen Namen er im Herzen" immer getragen hat, besucht, dann steht er "in frommer Verehrung" da. Stratford wird zum Wallfahrtsort. [Köpke I, S. 376 f.] Karoline v. Günderrode ist "die heil'ge Poesie" erschienen.[280] Das Gedicht, kommentiert sie in einem in der *Günderode* wiedergegebenen Brief, "gibt eine Wahrheit der Dichtung, an die hab ich bisher geglaubt." Die Dichtung hilft der Seele, "in ein neues Leben aufzustreben"; das — bezeichnend genug — hier herangezogene einleuchtende Gleichnis vom Sauerteig verleugnet nicht, wo dieser sich nun auf die Dichtung beziehende Affekt herkommt und welches Buch früher allein die Stellung inne hatte, die nun — da "Offenbarung [...] auch Poesie" ist — der Dichtung zukommt: "Diese irdische Welt, die uns verdrießlich ist, von uns zu stoßen wie den alten Sauerteig, in ein neues Leben aufzustreben, in dem die Seele ihre höheren Eigenschaften nicht mehr verleugnen darf, dazu hielt ich die Poesie geeignet."[281] Jenny v. Gustedt fragt in einem Brief Lily Braun: "Wo aber der Verstand sich entwickelt, sollte die Seele es nicht vermögen, sollte nicht reifen und wachsen und Höhen erreichen, die auf Erden nur wenige — ein Christus, ein Goethe — erreicht haben!?"[282]

Klopstock ruht auf dem Friedhof in Ottensen bei Hamburg "BEY SEINER META UND BEY SEINEM KINDE." Die Inschrift fordert die Deutschen und die Christen auf, mit Ehrfurcht und Liebe sowie Wehmut und Wonne den irdischen Überresten

---

[278]In: *Briefe an Friedrich Baron de la Motte Fouqué*, S. 187

[279]Auf diese Metaphern verweist die folgende systematisch d. i. heilsgeschichtlich geordnete Übersicht: *Dreifaltigkeit*: W V, S. 171; S. 452; *Schöpfung*: S. 197; S. 251 f.; S. 16o; S. 461; S. 246; S. 271; *Himmel und Erde*: S. 216; S. 155; S. 80; S. 215; S. 343; *Abfall*: S. 125; S. 394; *Teufel*: S. 216; S. 217; S. 232; *Sündenfall*: S. 213; S. 214; S. 371; S. 201; S. 361; *Unbefleckte Empfängnis*: S. 145; S. 223; S. 245; S. 314; S. 420; *Unbefleckte Geburt*: S. 505 f.; *Menschwerdung*: S. 182; S. 215; S. 217; S. 218; S. 399; *Taufe*: S. 477; *Gründonnerstag*: S. 184; S. 496; *Karfreitag*: S. 339; S. 502; *Ostern*: S. 251 f.; S. 408; *Himmelfahrt*: S. 43; S. 80; S. 257; S. 480; S. 512; *Pfingsten*: S. 56; S. 254; *Selige und Heilige*: S. 218; S. 261; S. 503; *Jüngstes Gericht*: S. 139; S. 202; *Verdammung*: S. 365; S. 505; *Auferstehung und Verklärung*: S. 209; *Andere Religionen*: S. 223; S. 231

[280]*An Clemens* [W Hg. Görtz, S. 65]

[281]B. v. A., *Die Günderode* [W I, S. 318]

[282]In: Lily Braun, *Im Schatten der Titanen*, 403

und dem Grab des größten Dichters und des heiligen Sängers zu nahen, erwähnt die Leistungen des Dichters und Menschen und nennt den außergewöhnlichen Lohn, der dem Verewigten zuteil wird. "DEUTSCHE NAHET MIT EHRFURCHT UND MIT LIEBE / DER HÜLLE EURES GRÖSTEN DICHTERS / NAHET IHR CHRISTEN MIT WEHMUTH UND MIT WONNE / DER RUHESTÄTE DES HEILIGEN SÄNGERS, / DESSEN GESANG, LEBEN UND TOD IESUM CHRISTUM PRIESS / ER SANG DEN MENSCHEN MENSCHLICH DEN EWIGEN, / DEN MITTLER GOTTES. UNTEN AM THRONE LIEGT / SEIN GROSSER LOHN IHM EINE GOLDNE / HEILIGE SCHALE VOLL CHRISTENTHRÄNEN." Seine zweite Gattin, erfahren wir zum Schluß, hat dem Dichter das Grabmal gestiftet, und es klingt, als bete sie den verewigten Gatten und nicht Gottes Sohn an, als sei es Klopstock und nicht der Messias gewesen, der für uns lebte, starb, begraben ward und auferstand: "SEINE ZWEITE LIEBENDE UND GELIEBT GATTIN / IOHANNA ELISABETH SETZTE DIESEN STEIN / ANBETEND DEN DER FÜR UNS LEBTE, STARB, / BEGRABEN WARD UND AUFERSTAND." (†1803) In der Verehrung, die ihm zuteil wird, ist der Dichter des *Messias* an die Stelle des Messias selbst getreten.

Die Inschrift für Gottlieb Friedrich Otto auf dem Hoppenlau–Friedhof lautet:

"Dieses Leben ist Schlaf
aus dem
ein letzter uns
aufweckt.
Klopstock"

Sie wird, habe ich beobachtet, von vielen Friedhofsbesuchern so gelesen, als sei es nicht der letzte Schlaf, der uns aufweckt, sondern der Dichter, Klopstock.

19.2 Schöne Inschriften

DIE POESIE ist heilig geworden. Sie ist an die Stelle der früheren Religionen getreten; das, was im Musentempel stattfindet, ist Gottesdienst, und dieser Gottesdienst wird länger währen als die anderen Religionen. Die Dichtkunst, sagt Jean Paul in der *Vorschule der Ästhetik*, kann das Angesicht des "Allgeistes" werden. [W V, S. 446 ff.]

Nach solchen Auskünften suchen wir, wir benutzen den Friedhof nicht, wie der fingierte Herausgeber von *Gullivers Reisen*, der "auf dem Kirchhof von Banbury" als "Bestätigung" seiner Annahme über deren Herkunft mehrere Grabdenkmäler von Gullivers gefunden hat, als Archiv zur Familienforschung. [S. 5]

Köpke, Tiecks Biograph, beobachtet eine "gesteigerte Theaterlust" in den frühen 20er Jahren des 19. Jahrhunderts und erklärt sich diese Erscheinung aus den trostlosen politischen Zuständen in Deutschland. [II, S. 32] Gleim und Claudius werden in der Todesanzeige für den Löwensteiner Ochsenwirt Föll in der *Schwäbischen Chronik* vom 5. Dezember 1810 bemüht. Die Anzeige betont, daß Föll selbst Gegenstand eines Artikels der *StatsAnzeigen* war; Föll schätzte Gleim und war zeitweilig ein bekannter und geachteter Mann. Der Verfasser der Anzeige ist bestrebt, belesen zu wirken. Er hat ein passendes Zitat zur Hand und verzichtet nicht auf den Hinweis, daß er selbst Mitglied einer gelehrten Gesellschaft war.

"Gedichte sind Balsam auf Unerfüllbares im Leben", erklärt Karoline v. Günderode Bettina Brentano, "nach und nach verharscht es, und aus der Wunde, deren Blut den Seelenboden tränkte, hat der Geist schöne rote Blumen gezogen, die wieder einen Tag blühen, an dem es süß ist, der Erinnerung Duft aus ihnen zu saugen."[283]

Tieck hält berühmte dramatische Vorlesungen vor großem Publikum. Sie sind nicht die einzige Form der Geselligkeit. Köpke schildert anschaulich das literarische Leben in Dresden. Unentwegt wird disputiert, vor den Gemälden und in Gasthäusern. Oder in der Malerwerkstatt. Böttigers Vorlesungen werden besucht. Theater und Oper beschäftigen die Gemüter. Feste stehen an und Ausflüge, Dichter werden besungen und bekränzt, man versucht szenische Darstellungen nach Dichtungen. [II, S. 63 ff.] In Halle trägt Bahrdt "erlesene Stellen aus *Klopstocks* Messias als ein Meister" vor.[284]

Auf dem Hoppenlau-Friedhof erscheint die Heilige Poesie als schöne Inschrift. Eine bestimmte geistesgeschichtliche Konstellation ist Voraussetzung. Dogmatische religiöse Aussagen müssen bedeutungslos geworden sein. Unsicherheit ermöglicht Toleranz. Die Individualität darf ihr eigenes Fühlen aussprechen. Doch sie weiß, daß es nicht hemmungslos ausfließen darf. Die Familienbande werden nicht als Last empfunden. Die Angehörigen werden hochgeschätzt und es wird eine Verbindung über den Tod hinaus gesucht. Bildung ist Gut, das Bürgertum gesellig.

Die Inschriften des Hoppenlau-Friedhofs haben magische Aufgaben nie gehabt und ihre kultischen Funktionen weitgehend verloren, auch wenn heutzutage jedes Jahr am Totensonntag auf zahlreichen Grabmalen Lichter brennen. Säkularisiert wird ursprünglich kultisch Gebrauchtes seiner alten Aufgaben ledig und frei für eine ästhetische Rezeption. Was wirklich war, verhüllt sich schweigend, gibt aber, ahnend, noch einen Hauch. Der Hoppenlau-Friedhof ist *GOttes=Acker* und damit, wie Zedlers *Grosses vollständiges Universal-Lexikon* definiert, "der Ort, wo die toden Leichen begraben werden"; er ist darüber hinaus Museum der Literatur. Ehedem der Sepulchralkultur dienende Inschriften sind auf dem Friedhof zu Dauerexponaten einer monumentalen Ausstellung der deutschen Poesie um 1800 geworden. Die schönsten Grabmale des Friedhofs tendierten zu ihrer Zeit schon zum autonomen Kunstwerk, an dem die empirische Wirklichkeit in dürftigen biographischen Angaben nur beiherspielt als nicht Integrierbares, das als Rudiment auf die Wirklichkeit verweist ohne damit die Autonomie des Werkes zu beeinträchtigen. Einzelne Höhepunkte im Lebensweg des Verstorbenen von ganz bestimmten Eigenschaften und seine verschieden gestalteten Verhältnisse zu ihm nahen Menschen sind Daten, die sich die Form der sorgsam differenzierenden klassizistischen Inschrift, welche den Tugenden Bezugspersonen und diesen je verschiedenes Trauern zuordnet, geschaffen haben.

Luise Gottl. Schmied ist auf dem Hoppenlau-Friedhof bestattet und die Angehöri-

[283] B. v. A., *Die Günderode* [W I, S. 387]

[284] *Friedrich von Matthissons Selbstbiographie*, S. 36

gen sind stolz darauf, daß Uhland ihr Neffe ist. Ihre Inschrift vermerkt: "PFARRERS WITWE / TANTE UHLANDS" (†1829). Die Dichter sind bekannt. es wird aber einerseits nicht, lesesüchtig und zitierfreudig, wahllos übernommen. Nur Gelungenes gelangt auf die Grabsteine. Und andererseits existiert noch kein fester, starrer, bildungsphiliströser Kanon dessen, was hohe Literatur und des Zitats würdig ist. Jeder darf wählen, was ihm gefällt. Jeder darf selber dichten, wenn er es kann, und auch, wenn er es nicht kann. Solche Inschriften können formal und inhaltlich ganz einfach sein. "GUTER SOHN, / LIEBER BRUDER, / IENSEITS SEHEN / WIR UNS WIEDER." (Daniel) Was wäre mehr zu sagen. Das Gefühl fließt nicht über, sondern beschränkt sich. Auf neun Worte. In diesem formgewordenen Sieg des Gefühls über sich selbst kann es dauern, wie die Inschrift dauert und wie nur der stille, grundtonhafte Schmerz währt, nicht der schreiende. Dieser müßte, ginge er nicht bald wieder vorüber, die Seele zerrütten. "Du unvergesslich Theurer / Schlaf in des Him̄els Ruh / Dort bist geborgen Du / Der uns so treu am Herzen hing / Wart auf uns wir kommen / Heute oder Morgen / Es ist ja nur ein Tag." (Hehl) Die formale Bescheidenheit kann Ruhe ausstrahlen und darin mit dem Text korrespondieren: "WIR LIEGEN UND SCHLAFEN / GANZ IM FRIEDEN." (Eberbach) Der Tod bringt Frieden und Ruhe. Salis' Gedicht *Das Grab* ist hier wie andernorts beliebt. "HIER, SONST AN KEINEM ORTE / WOHNT DIE ERSEHNTE RUH." (Losner)

Auch finden sich Bibelzitate, die ganz allgemeine Aussagen machen, welche nicht für eine bestimmte Religion kennzeichnend sind. Der Gerechte wird vor Gott wandeln und der Himmel wird alles lohnen; aber das erfüllte Leben hat auch seinen Wert in sich, es würde wohl kaum anders gelebt werden, wäre der Himmel nicht. "GÜTE DES HERZENS UND REDLICHKEIT / SCHMÜKTEN EIN RASTLOSES LEBEN. / TREU DEM KÖNIG, DEM FREUND / WAR ER GEACHTET, GELIEBT." (Weber) Die Hinterbliebenen erinnern sich; dies kann den Himmel ersetzen. "Treu und aufopfernd in Liebe und Freundschaft / sanft und tugendhaft in Ihrem Wandel / Schied Sie in st[ ]öße rein aus diesem Leben / schmerzlich beweint und unvergeßlich den Ihrigen / geehrt von Allen die Sie gekannt." (O. v. Münchingen) Es kann eine knappgefaßte Inschrift mit dem Geist Gottes beginnen und mit der Ewigkeit der Liebe enden: "Der Geist Gottes schuf die Liebe, / sie überdauert Tod und Grab, / sie ist ewig." (Ries) Es wird etwas über Gott mitgeteilt, aber so, daß auch jeder, der einer anderen oder gar keiner Religionsgemeinschaft angehört, damit einverstanden sein kann. Und um das Allgemeine zu sagen, bedient man sich christlicher Bilder. "FREUDIG / DIE SCHULE DES LEBENS / NÜZEND / FÜR DIE EWIGKEIT / NAHM SIE / LEIDEN ALS LEHRE / FREUDE ALS GESCHENK / PFLICHT ALS GENUSS." (A. E. Fr. Pistorius) Drüben wird fortgesetzt, was hier begonnen wurde, das Bild ist aus der Natur genommen: "WAS HIER GEKEIMT / REIFT HERRLICH DORT" (J. Gutmann). Es werden eigene Distichen gedichtet, oder sie werden von den Dichtern übernommen: "Süss ist die Hoffnung / für uns mit vollendeten / Seelen zu leben, Liebende / wieder zu sehen gibt den / noch harrenden Trost." (Sautter) "PFLANZET BLUMEN UMHER. ZWAR SCHLIEST / DER WINTER DIE BLUMEN; / ABER MIT THAUENDER HAND OEFNET SIE / WIEDER

DER LENZ." (Beroldingen)

Wie die Grabmale der Familie Plieninger benutzt die Inschrift für Gottlieb Friedrich Otto Verse des *Messias*:

"Dieses Leben ist Schlaf
aus dem
ein letzter uns
aufweckt.
Klopstock"

19.3 Italienreisen

AN DIE PERIODE der heiligen Poesie schließt sich eine bleischwer–trostlose Zeit der fruchtlosen Imitation der großen Vorbilder an. Nachhaltige Einblicke gewähren Paul Heyses *Jugenderinnerungen und Bekenntnisse*. Heyse weiß, daß ein Dichter einmal nach Italien gereist sein muß. Der Reisende findet einen Wirt, der Blessuren vorzeigt und spanische Lieder singt. Die rechten Zitate sind da immer gleich zur Hand. Der Reisende weiß auch, daß ein richtiger Künstler ein Skizzenbuch besitzt, Striche hinein macht und darüber manchmal gar die Suppe kalt werden läßt. [S. 117] Die großen Vorbilder werden hemmungslos und unfruchtbar imitiert. In einer Kirche treffen die Reisenden Ferkel an. Sie "wunderten sich nicht wenig"! Mehr fällt dem Dichter da nicht ein. Was hätte nicht einer, der zu erzählen versteht, aus der Ferkelszene zu machen gewußt! Der Dichter wohnt in Rom bei Onkel Theobald. Der hat eine Bibliothek. Und da werden dann schon einmal die "lyrischen Sachen" Goethes "als Stimmgabel" benutzt. Heyse weiß, wie man sich genialisch gebärdet, und heraus kommt ein ganz unpoetischer und staatlich subventionierter Waiblinger. Gut passen die Gestalten, denen der Dichter in Italien begegnet, in dieses Bild. Der König von Bayern und der preußische Gesandte Graf Usedom bemühen sich darum, dem Dichter zu neuem Einlaß in die Vatikanische Bibliothek zu verhelfen, nachdem er wegen unzulässigen Handschriftenkopierens daraus entfernt wurde, was ihm an sich und halb eingestanden ja gerade recht kam, mußte er so doch nicht mehr dort arbeiten und gewann Zeit für Projekte, die ihn mehr interessierten als sein Forschungsauftrag. Heyse begegnet mit dem "Sohn von Werther's Leiden" und einem verschlossenen Legationsrath Goethe Figuren aus zweiter Hand. [S. 140] Die Vatikanische Bibliothek mag gut daran getan haben, sich den Bücherschänder und Philologen Heyse fernzuhalten. Heyse hatte ein Kopierverfahren entwickelt und berichtet davon stolz und spitzbübisch kokett: "Ribbeck lag es neben seinen Virgil=Collationen ob, sich um die Inschriftenkunde verdient zu machen, da er die wichtigsten noch unedirten, von denen ihm eine Liste mitgegeben worden war, mit angefeuchteten großen Blättern eines starken Löschpapiers abzuklatschen und, sobald sie getrocknet waren, abzulösen hatte. Von solchen genau abgedrückten authentischen 'Klätschen', wie wir sie nannten, führten wir eine ansehnliche Zahl in einem Blechtubus unter unserm Gepäck mit uns." [S. 166 f.]

20 Neuere Tendenzen

VERALTETE REGELWERKE werden in Bibliotheken möglichst lange vor einer Neuerung geschützt. Ist diese unumgänglich, geschieht immerhin zumeist den Büchern selbst kein Schaden und nur der Zugriff wird für längere Zeit zum Problem. Auf einem Friedhof ist der Fundus selbst fortwährend bedroht. Nur das Verschwinden der Grabmale berühmter Persönlichkeiten fällt auf.

Jung-Stilling berichtet in seiner *Lebensgeschichte* von seinem Besuch in Görlitz. Er besucht Böhmes Grab. Es ist mit einem kleinen Stein bedeckt, der "der Böhmes Geburtsjahr, Namen und Sterbejahr bezeichnet." Ein "namhafter privatisierender Gelehrter" berichtet dem Besucher, was mit dem alten Stein geschehen ist. Der Gelehrte erzählt, "daß er auf einem Spaziergange zween Engländer bei diesem Grabe gesehen, wie sie ihre Tobaksdosen ausgeleert, und mit Erde von Böhmes Grabe angefüllt hätten; dieses habe ihn bewogen, einen neuen Stein darauf zu legen, indem der alte kaum mehr zu sehen gewesen sei." [S. 498]

Die Zerstörung des Grabmals E. T. A. Hoffmanns hat offenbar die Sammlung *Hoffmanns Ende*, die "Mitglied Nr. 111" Hans v. Müller dem "elften Bibliophilentage" vorlegte, angeregt.[285] Das in der Bibliothek der Institute für Linguistik, Literaturwissenschaft und Maschinelle Sprachverarbeitung zu Stuttgart aufbewahrte Exemplar hat der Herausgeber Müller, wie sein handschriftlicher Vermerk auf dem Titelblatt erweist, Herrn Ljungdorff übereignet, einem unserer Vorgänger, "der vergeblich kam um Hoffmanns echten Grabstein zu schauen." Den Grabstein, berichtet Müller, hatten 24 Freunde gestiftet, er zeigte oben einen Schmetterling, eine sich in den Schwanz beißende Schlange und Farnwedel. Die Inschrift lautete: "E. T. W. Hoffmann / geb. Königsberg in Preussen / den 24 Januar 1776 / gest. Berlin den 25 Juny 1822. / Kammer Gerichts Rath / ausgezeichnet / im Amte / als Dichter / als Tonkünstler / als Maler. / Gewidmet von seinen Freunden." Die Abfolge der Begriffe ist, obwohl die Amtstätigkeit voran steht, offenbar als Antiklimax gedacht. Es muß Hoffmanns Freunden ein Anliegen gewesen sein, ihn hauptsächlich als pflichtbewußten und hervorragenden Beamten und dann erst als Dichter, Komponisten und Maler vorzuführen. Eine der Sammlung beigelegte Fotografie zeigt, daß der Stein "im Anfang des 20. Jahrhunderts in dem schönsten Zustande" war. Leider aber, muß Müller im Abschnitt *Vernichtung des Grabsteins* mitteilen, durfte "bei dem noch sehr ungenügend organisirten öffentlichen Denkmalsschutz" der "Kirchenvorstand der Jerusalems=Gemeinde" mit den "ihm anvertrauten Grabdenkmälern" machen "was er will." Das alte Grabmal "war nur aus Sandstein, und der gilt im Zeitalter der Siegesallee nicht für voll." Ein Fabrik wurde beauftragt, "den schoflen alten Stein mit seiner dämlichen Symbolik durch einen modernen ohne unnützes Beiwerk zu ersetzen." Das "sinnige Werk des alten Meisters" wurde "mit der selben Wonne" zertrümmert, "mit der die Angehörigen gewissen Völkerschaften ihre Greise schlachten, und man stellte statt dessen ein Stück Granit in Form eines Plättbretts hin." Am Ende seines scharfen Angriffs

[285] Den Hinweis auf das kostbare Werk verdanke ich Clemens Geiler.

auf die unverständig Zerstörenden wirft der die Authentie alter Grabmale würdigende und um ein sehr achtenswertes Anliegen bemühte Müller seinen, unseren, Gegnern eine Fälschung vor. "Der Text des alten Steines ist in der Handschrift eines fleißigen Schulmädchens mechanisch wiederholt, auch der Zusatz 'Gewidmet von seinen Freunden', der hier eine offenkundige Fälschung bedeutet und dem Wissenden wie Hohn klingt."

20.1 Beruhigungsvarianten

"... wo die Lähmung bis hinauf an den Hals getreten war, glaubte er sich völlig genesen, weil er nirgend Schmerz mehr fühlte." (Hitzig über Hoffmanns Ende) "Dort in dem wahren Heilungsland / Nimmt es Arznei aus Engelshand." (Karl Zettel, Das kranke Kind) "Gott, der die Vergangenheit nicht ändern kann, wohl aber die Bilder der Vergangenheit, wandelte das Bild des Todes in das einer Ohnmacht." (Borges) "Sie sind nicht tot. Sie träumen nur." (Fuentes) "Ich glaube er schläft nur. Dieser Gedanke ist mir sympathischer." (9 1/2 Wochen)[286]

DER HERZOG von Guermantes in Prousts *Suche nach der verlorenen Zeit* weiß, daß ein naher Verwandter im Sterben liegt. Er möchte aber auf jeden Fall einen Ball besuchen. So trifft er Vorsorge, daß ihn keine Berichte vom Zustand des Schwerkranken erreichen können, denn sonst könnte es sich ja ergeben, daß die Nachrichten so bedenklich würden, daß er sich aus Gründen des Anstandes und der Pietät das Vergnügen versagen müßte. Dann kommt es doch anders, seine Schutzmaßnahmen verhindern nicht, daß er vom Tod des Verwandten erfährt. Der Herzog erstarrt für "einen Augenblick." Er sieht "die berühmte Redoute für sich zu Wasser werden." Dann fängt er sich aber sehr schnell und findet in einer läppischen und hier völlig unsinnigen Redewendung eine Ausflucht: "Er ist tot! Aber nein. Das ist bestimmt übertrieben!" [VI, S. 2209] Der vergnügte Abend ist gerettet. Der Herzog ist überrascht worden. Er hat nicht die Zeit gehabt, sich eine überzeugendere Ausrede zurechtzulegen und zu verschleiern, daß ihm Vergnügungen alles und Familienpflichten nichts sind. Die unsinnige Redewendung bewahrt mehr auf, als dem Herzog bewußt ist. Die Formulierung läßt den Prozeß seiner Verdrängung nachvollziehen. Der Herzog muß den Todesfall zur Kenntnis nehmen: "Er ist tot!" Daraufhin wehrt er ab: "Aber nein." Nachträglich versucht er die Ablehnung zu begründen, indem er den Wahrheitsgehalt der Mitteilung bezweifelt: "Das ist bestimmt übertrieben!" Im zweiten Band des Romans *Der Zusammenbruch* Emile Zolas wird das Denken an den Tod beiseite geschoben, weil es den Morgen verdirbt und "zu traurig" ist. [S. 82] Im *Glück der Familie Rougon* liegt Pierre Rougons Mutter im Sterben. Rougon hat am Abend etwas vor, mit der Krankheit möchte er sich nicht weiter befassen und so gelangt er zu einer ähnlichen Formulierung wie der Herzog von Guermantes. "Daß seiner Mutter auch nichts Besseres einfallen konnte, als ihn in

[286] Vgl. auch das Gespräch zwischen Ada und Octavio, der gerade ein Bild erworben hat, gegen Ende des ersten Teils von Bertoluccis *1900*.

Verlegenheit zu bringen!" Rougon setzt "eine völlig beruhigte Miene auf" und meint: "Ach was, das wird so schlimm nicht sein. Ich habe sie hundertmal so gesehen." [S. 448] Der Herzog von Guermantes und Pierre Rougon sind überrascht worden und ihre Ausreden überzeugen nicht. Es gibt einleuchtendere Varianten der Beruhigung. Man kann sorgsame Unterscheidungen vornehmen und versuchen, das Problem damit zu bewältigen. Man kann zu Zweideutigkeiten im Sprachgebrauch und zu sich ähnelnden Bildern seine Zuflucht nehmen. Und man kann fest an das Gewünschte glauben, naiv oder in sich reflektiert und dabei des eigenen Wunschdenkens sich wohl bewußt.

Eine in der Philosophiegeschichte von Epikur vertretene Beruhigungsvariante wählt Young. Er unterscheidet sorgsam. Solange wir sind, ist der Tod nicht, wenn der Tod da ist, sind wir nicht mehr, also ist der Tod nicht zu fürchten. In Youngs Fassung lautet der Gedanke so: "Sobald der Tod angelangt ist, so ist er vorbey, entweder noch nicht gekommen, oder schon verschwunden; nimmer *ist* er *hier*." [I, S. 273] Brockes argumentiert ähnlich. Die Gegenwart, heißt es im Gedicht *Trost im Tode*, verschwindet unmerklich zwischen Vergangenheit und Zukunft. "So wird auch" im Tod des "Lebens schwindend JETZT uns auch unfühlbar seyn." [IV, S. 246] So denkt man es sich aus, wenn der Tod noch fern ist, und es klingt ja auch ganz vernünftig. Die Krisenanfälligkeit und die Unzuverlässigkeit des abgezogenen Räsonnierens erweist Ambrose Bierce in der Erzählung *Parker Adderson, Philosoph.* Adderson ist von den Konföderierten als Spion aufgegriffen worden. Am nächsten Morgen soll er hingerichtet werden. General Clavering verhört Adderson und unterhält sich dann mit ihm. Adderson gefällt sich darin, den General mit Bonmots zu verblüffen. Auf die Frage, ob er den "Beistand eines Feldkaplans" wünsche, antwortet er: "Auch wenn ich ihm einen Teil seiner Ruhe raube, könnte ich doch schwerlich für mich eine längere herausschlagen!" Clavering ist verwundert, weil Adderson den Tod nicht ernst nimmt. Sein Gefangener entgegnet, "ein Verlust, der uns nie zu Bewußtsein" komme, könne "ohne Furcht erwartet werden." Das sogenannte Sterben sei der letzte Schmerz, ein eigentliches Sterben gebe es nicht. In "jedem einzelnen Moment" der Agonie ist man "entweder lebendig oder tot. Ein Zwischenstadium gibt es nicht." Adderson faßt zusammen: "Solange ich bei Bewußtsein bin, lebe ich; wenn ich tot bin, habe ich kein Bewußtsein mehr." Der Tod, so Adderson, kann uns nicht zu Bewußsein kommen; wenn wir tot sind, wissen wir nichts davon. General Clavering nimmt den Tod ernst und findet ihn grauenhaft. Er will nicht sterben, "nicht heute nacht." Es kommt anders. Adderson bettelt "stotternd um sein Leben", als er, für ihn völlig überraschend, bereits in der Nacht erschossen werden soll. Als kurz darauf Clavering stirbt, breitet sich "ein Lächeln von unsäglicher Milde über sein Gesicht." [S. 111 f.] Der Spötter versagt, als es ernst wird. Der Umstand, daß er nicht, wie erwartet, am Morgen, sondern schon in der Nacht erschossen werden soll, bringt ihn aus der Fassung. Und dem, der gerne leben möchte und der sich vor dem Tod graut, erscheint ein sanfter Tod.

Man muß den Tod verdrängen, wenn einem anderes wichtiger ist als der Tod naher Verwandter. Man kann subtile Unterscheidungen vornehmen und sich vorrechnen, daß es den Tod gar nicht gibt. Dort, wo der Tod als Genesung aufgefaßt wird, kann er freudig begrüßt werden. In der von Stäudlin herausgegebenen *Schwäbischen Blumenlese für's Jahr 1785* erschien Reichardts Gedicht *Auf Vs. Tod.* Hier kommt es zu einem Mißverständnis um Schlaf und Tod. Lottchens Auge läßt "neue Hoffnung lesen. / 'Schläft er?' fragt sie 'nein! er ist genesen! / Denn er jammert ja nicht mehr.'" [S. 163] Zweideutig wie das Wort von der Genesung, die irdisch und darüber hinausgehend überirdisch gedacht werden kann, ist das des *beieinander Bleibens.* Baggesen wendet sich am 1. Mai 1797 an Jacobi. Es steht, hat der Arzt gesagt, sehr schlecht um Sophie. In die Stube taumelte Baggesen zurück, sein Herz wollte den "Busen zersprengen", doch er muß sich beherrschen, er will sie ja beruhigen. So tritt er lächelnd zu ihr und sagt ihr, er hätte Glauben gehabt, nun habe er Gewißheit, daß sie einander behalten könnten. Sie stimmt innig zu.[287] Er sagt nicht, daß ihm das zuvor Geglaubte gewiß geworden sei, er läßt die scheinbar eindeutigen und identischen Inhalte des Glaubens und der Gewißheit offen. Es ist ihm in Wahrheit gewiß geworden, daß sich der Glaube nicht erfüllen wird, und da nutzt er die Mehrdeutigkeit des *einander Behaltens.* Er weiß nun, daß sie sterben wird und nennt auch dies ein *einander Behalten.* Die Frage, ob man denn wirklich sagen könne, der Tod sei eine Genesung, stellt sich in Singers Erzählung *Die Silvesterfeier.* Jemand möchte eine Inschrift anfertigen lassen: "Lieber Boris, sei gesund und glücklich, wo immer du bist", aber der Steinmetz weigert sich und behauptet, man könne dies zu einem Toten nicht sagen. Schließlich wird der Steinmetz überzeugt. [S. 268] Der sterbende Fichte sagt seinem Sohn, er brauche keine Arznei mehr, weil er genesen sei, und der Sohn versucht sich dies zu erklären. Der Vater, sagt er sich, habe ihn trösten wollen, oder er meinte die Genesung im Tod. Diese Deutung leuchtet ihm ein, weil der Tod sich als Gefühl der Genesung ankündige.[288] In einer Radierung Wenzel Hollars (1607-1677) nach dem Holzschnitt–Totentanz von Hans Holbein d. J. führt der Tod als ein in einigen Körperpartien noch mit Fleisch bekleideter Knochenmann den Kranken zum Arzt und bringt auch gleich die Arznei mit. Hier liefert der Tod im engeren Verstande die Genesung. Trost bei einem Todesfall kann auch gewähren, wenn die Sektion ergibt, daß der Verstorbene ohnehin bald hätte sterben müssen und daß sein Tod der vergleichsweise sanftere war. Hier beruhigt dann nicht die erfolgte himmlische Genesung, sondern daß auch die vorübergehene irdische Genesung nichts genutzt hätte. Karoline v. Wolzogen findet hierin Trost nach Schillers Tod.[289] Ähnliches wie in Reichardts Gedicht *Auf Vs. Tod* und in Baggesens Brief geschieht in Balzacs Roman *Tante Lisbeth.* Valérie stirbt jämmerlich. Sie ist vergiftet worden. Ihre Freundin Lisbeth geht von ihr zum gleichfalls vergifteten und dahinsiechenden Crevel. "Wie steht es um sie?" fragt er. Lisbeth nimmt zu der Zweideutigkeit des Wortes von der Rettung ihre Zuflucht. "'Sie sagt, sie sei gerettet!' gab Lisbeth zur Antwort. Mit diesem zweideutigen Wortspiel hoffte sie Crevel beruhigen zu können." [S. 547] Es geht um die Beruhigung, und diese kann der Schlaf wie der Tod

[287]In: *Aus Jens Baggesen's Briefwechsel mit Karl Leonhard Reinhold und Friedrich Heinrich Jacobi* II, S. 179

[288]In: *Johann Gottlieb Fichte's Leben und litterarischer Briefwechsel* I, S. 578

[289]K. v. W., *Schillers Leben*, S. 266

gewähren. Das Wort der Kranken wird in der Wiedergabe beliebig interpretierbar, im Gesprächszusammenhang muß die eine der beiden Deutungen in den Vordergrund geraten. Der Kommentar des Erzählers liefert die Reflexion auf die Mehrdeutigkeit. In Zolas Roman *Die Lebensfreude* wird die Heilung durch den Tod ironisch behandelt. Ein Arzt sieht darin, der Patientin den Hals abzuschneiden, die einfachste Lösung sie zu heilen. Er verzichtet darauf. [S. 163] In Flauberts Erzählung *Betrunken und tot* wird wie in Reichardts Gedicht gefragt, ob ein Toter schlafe, aber hier geht es weit weniger gediegen zu. Ein Zweikampf soll ermitteln, wer am meisten trinken kann. Sieger und Verlierer schlafen am nächsten Morgen, der eine ist tot. Der Gewinner verfolgt den Sarg des Verlierers und will wissen, ob sein Opfer schläft. [S. 220] Nicht völlig sicher ist, welche Genesung, Rettung, Erweckung gemeint ist, in Zolas Roman *Germinal.* Der übermüdete, verhungernde verschüttete Bergmann bemerkt den Tod seiner Gefährtin und zieht es, bewußt oder unbewußt, vor, in ihr eine Schlafende zu sehen, welche erweckt werden kann. Er findet sie "kalt und starr" und berührt sie nicht "aus Furcht, sie zu erwecken." [S. 525] Um nicht an ihren Tod, auf den er gestoßen wurde, denken zu müssen, berührt er sie nicht, damit er die Illusion, sie schlafe nur, aufrecht halten kann. Wo es gilt, Trost zu spenden, ist der Vergleich des Toten mit einem Schlafenden schnell zur Hand. Karoline v. Wolzogen beruhigt sich so nach Schillers Tod.[290] Regler klärt im Roman *Juanita*, wo es eben nicht um den Trost geht, auf. Eine Verwechslung ist unmöglich. [S. 42] Unreflektiert ist der Trost, den Moritz Hartmann im Gedicht *Seit sie gestorben* findet: "Seit sie gestorben, ist mir ein's gewiß: / Daß es ein Ewiges muß geben; / Denn über meines Herzens Riß / Fühl' ich ein ew'ges Leben schweben."[291] Das eigene Fühlen und Wünschen verbürgt schon, daß die Gewißheit nicht trügt. Ähnlich zuversichtlich steht Schelling seinen Jenseitsvorstellungen gegenüber. Es sind Wiedersehenshoffnungen. Er läßt durchblicken, daß sie dem entsprechen, was man sich bei einem Todesfall wünscht, und gerade hierin findet er eine letzte Gewähr. Richtiges "Fühlen und Denken"[292] hat zu Ansichten geführt, bei einem Todesfall werden diese aktualisiert, sie werden lebendig und bewähren sich.

Man kann wegschauen und den Tod nicht zur Kenntnis nehmen wollen. Man kann sich abstrakten Theorien hingeben, die versagen, wenn ein Umstand nicht bedacht wurde. Man kann sich Zweideutigkeiten überlassen. Man kann naiv an das Wünschenswerte glauben oder bewußt. Dann weiß man, daß es eine Beruhigungsformel ist, und bleibt doch beim Euphemismus. In Jean Pauls *Schulmeisterlein Wutz* kommt die Einsicht ins eigene Beiseiteschieben zusammen mit der, daß das Ablenken an der Unvermeidlichkeit des Todes nichts ändert. Der Erzähler ist abgeschweift, um von Wutzens Sterben abzulenken. Er gesteht es ein. Seine Absicht hat er erreicht. "Freilich am Ende kommt die Minute und ihr Begleiter doch." [S. 59 f.]

---

[290]K. v. W., *Schillers Leben*, S. 266
[291]In: *Edelweiß*, S. 122
[292]An Georgii am 9. März 1811 [*Aus Schellings Leben* III, S. 254]

20.2 Lieblingsdichter der Sepulchralkultur

EINE INSCHRIFT des Hoppenlau-Friedhofs stellt Verse aus Schillers Gedicht *Eine Leichenphantasie* vor: "Wohl dir, geh im Pfad der Sonne / Freudig weiter der Vollendung zu. / Lösch den edlen Durst nach Wonne / Gramentbunden in Walhallas Ruh!"[293] Die Abweichungen der Inschrift vom Gedichttext sind geringfügig. Erstmals erschien das Gedicht in der *Anthologie auf das Jahr 1782.* Die Inschrift *Auf den Schauspieler Fleck, †zu Berlin im J. 1801* im Paragraphen *Idealische Grabinschriften* der 1816 erschienenen Sammlung *Der Wandler unter Gräbern* präsentiert Schillers *Wallenstein*: "Ich denke, einen langen Schlaf zu thun." [S. 26] Kurz verwendet ein Stelle aus dem *Wallenstein* in seinem 1843 veröffentlichten Roman *Schillers Heimatjahre* als Motto für das 21. Kapitel. Vierzehn Jahre später starb im 23. Lebensjahr die Freiin von Spielmann; sie ist auf dem St. Marxer Friedhof zu Wien bestattet und ihre Inschrift gebraucht diesselben Worte, die auch Kurz heranzog: "Hier ruht Yella / Ihr Leben / liegt faltenlos und leuchtend / ausgebreitet, / Kein dunkler Fleck blieb / darin zurück." Wie immer, wenn beteuert wird, fragt man nach den Gründen, und Mißtrauen stellt sich ein.

Heutigentags ist die Suche nach modernen poetischen Todesanzeigen mühselig. Viele grausame Reime wiederholen sich täglich und oftmals in mehreren Anzeigen der gleichen Zeitungsausgabe; immer sind es die gleichen Bibelzitate; allzu selten kommen die Dichter zu Wort und selten hat der Suchende Erfolg. Kaum einmal ist ihm Freude, ungeschmälert, ob eines Fundes vergönnt.

Schiller tritt in einer Todesanzeige vom 27. Juni 1989 in der *Stuttgarter Zeitung* auf: "... Durch das Morgentor des Schönen / drangst du in der Erkenntnis Land!", Goethe mit *Wandrers Nachtlied* in der *Frankfurter Allgemeinen Zeitung* vom 27. Januar 1990: "Der du von dem Himmel bist, / Alles Leid und Schmerzen stillest, / Den, der doppelt elend ist, / Doppelt mit Erquickung füllest, / Ach, ich bin des Treibens müde! / Was soll all der Schmerz und Lust? / Süßer Friede, / Komm, ach komm in meine Brust!"; ein beliebterer Dichter in diesem Medium aber ist Rilke. Dabei fällt auf, daß am liebsten Gedichte aus früheren Werken herangezogen werden, so aus dem *Buch der Bilder* (1902 und 1906), dem *Stunden-Buch* (1903) und den *Frühen Gedichten* (1909). Eine Todesanzeige verwendet den Schluß des Gedichtes *Herbst*: "Wir alle fallen. Diese Hand da fällt, / und sieh dir andre an: es ist in allen. / Und doch ist Einer, welcher dieses Fallen / unendlich sanft in seinen Händen hält."; eine zweite das *Schlußstück*: "Der Tod ist groß. / Wir sind die Seinen / lachenden Munds. / Wenn wir uns mitten im Leben meinen, / wagt er zu weinen / mitten in uns."; eine dritte ein Gedicht aus dem *Stunden-Buch von der Armut und vom Tode*: "O Herr, gieb jedem seinen eigenen Tod. / Das Sterben, das aus jenem Leben geht, / darin er Liebe hatte, Sinn und Not."; und eine vierte das Motto der *Frühen Gedichte*: "Und das ist das Leben. / Bis aus einem Gestern / die einsamste aller Stunden steigt, / die, anderslächelnd wie die / andern Schwestern, / dem Ewigen entgegenschweigt."[294]

---

[293] Pfeiffer, S. 28 = Schiller W I, S. 89 f.

[294] Rilke W I, S. 400 = StZ 14.6.1989; Rilke W I, S. 477 = SWP 23.1.1990; Rilke W I, S. 347 = StZ

20.3 Von Klopstock zu Hebbel

"Wenn Du Dich in der Dunkelheit fürchtest, / denke an den Regenbogen der Nacht. Cooper Edens." (Todesanzeige FR 27.7.1988)

IN EINER INSCHRIFT (†1863) des St. Marxer Friedhofs zu Wien sinkt die Liebe *nicht* in die Nacht, beim Auferstehen will der nun voll "Wehemut" ihrer Gedenkende die Verlorene "auf ewig wieder sehen." Die Liebe bedarf noch der göttlichen Anerkennung. "Doch was du liebend hier vollbracht / Das sinket nicht in dunkle Nacht."

Auf dem Grabmal des auf dem Hoppenlau–Friedhof bestatteten Theodor Plieniger befindet sich ein Auszug aus dem XII. Gesang des *Messias.* Es sind die Verse 717-725:

> "PS. 30, 4. / AUS MEINEN TAGEN WARD ABEND, / WIEDER ABEND UND WIEDER UND DANN DER / LEZTE DES LEZTEN / DANN DIE NACHT DES TODES, WIE EILEND / GIENG SIE VORÜBER! / UND ACH NUN DER MORGEN DES LEBENS, ZU / DEM ICH ERWACHT BIN! / TRAUM, DER MIT WEINEN BEGAN̄ UND SCHLOSS / MIT DEM WEINEN DES TODES. / TRAUM DES LEBENS, NUN BIST DU GETRÄUMT / UND ICH BIN ERWACHET. / WERDE NOCH EINMAL ERWACHEN, WEN̄ UNVER– / WESSLICHKEIT ANZIEHT / MEIN VERWESENDER LEIB UND, WERTHER DES / GÖTTLICHEN HAUCHES, / DIESER SEELE, DIE EWIG IST, STRAHLT WIE / DER LEIB DES ERWECKERS. MESS. XII."

Das Leben ist Traum, der Tod eine Nacht, die Auferstehung gewährt das erste und die Verklärung das zweite endgültige Erwachen. Die Biographie läuft gleich mit der Christi. Gottlieb Friedrich Ottos Inschrift lautet:

> "Dieses Leben ist Schlaf
> aus dem
> ein letzter uns
> aufweckt.
> Klopstock"

Der Besucher des Friedhofs zu Obertürkheim findet auf einem neueren Grabmal die erste Strophe des Gedichts *Ich und Du* von Hebbel: "WIR TRÄUMTEN / VONEINANDER / UND SIND DAVON / ERWACHT — / WIR LEBEN UM UNS / ZU LIEBEN / UND SINKEN ZURÜCK / IN DIE NACHT. / HEBBEL" (†1983). Es ist ein Erwachen aus einem irdischen Traum und nicht mehr das Erwachen zur Auferstehung. Die Nacht bereitet nicht mehr auf das festliche zweite Erwachen vor. Wir träumen in der Nacht voneinander und sinken in die Nacht zurück. Hier erleben wir schon das, was womöglich einmal unser dauernder Zustand sein wird.

Hebbel schreibt dieses Gedicht 1843, im Todesjahr Hölderlins, in Kopenhagen. [W III, S. 47] Die Deutung, zu der wir gelangten, läßt sich nur halten, wenn wir allein diese erste Strophe betrachten. Die zweite und die dritte Strophe korrigieren dieses

---

4.7.1989; Rilke W I, S. 145 = FR 11.6.1988

Bild. Aus den Träumen zweier Menschen voneinander sind im Gedicht die wirklichen sich in Raum und Zeit bewegenden Personen hervorgetreten. Sie sterben, aber das bedeutet nicht den physischen Untergang, sondern die Aufhebung der individuellen Begrenztheit zweier für sich seiender Charaktere. Diese geben die Trennung, den Zustand des abgesonderten Nebeneinanders, auf; sie lösen sich auf in eins, so wie zwei "reine" Tropfen auf der Lilie "in eins" zerfließen und in den Kelch rollen.

Bei der Betrachtung des Grabmals freilich, welches nur die erste Strophe kennt, muß sich ein anderer Eindruck einstellen; der Friedhofsbesucher wird zu unserer ersten, oben wieder aufgegebenen eschatologischen Interpretation gelangen. Änderte die Inschrift Hebbels Text nur in einem einzigen Detail ab, stünde für das *Wir leben um uns zu lieben* die Vergangenheitsform *Wir lebten um uns zu lieben*, dann belegte dies vollends, daß die Stifter des Grabmals das Gedicht eschatologisch deuteten und daß es ihnen ein Anliegen war, dieses Verständnis dem Friedhofsbesucher nahezulegen.

Die Beschränkung der Inschrift auf die eine Strophe und die Umgebung des Grabmals lassen den Sinn der Inschrift von dem des Gedichts abweichen. Aus einer Betrachtung des Lebens und der Auflösung zweier Charaktere in der Liebe, welche dauernd sich ereignet, wird ein Rückblick zweier Menschen am Ende ihres Lebens.

20.4 Lieblinge

"KURZ WAR / DAS GLÜCK / KURZ WAR / EUER LAUF / WIR ZOGEN / NUR FÜR / GOTT / EUCH AUF." (Inschrift Stuttgart, Buchrainfriedhof, ††1973)

DAS SCHLIMMSTE und Unfaßbarste ist der Tod des Kindes. Die Inschriften für die früh Verstorbenen sind auf dem Hoppenlau–Friedhof schlicht und gemessen. "HIER RUHT / UNSER THEURES KIND / CAROLINE ROTH / GEB. DEN 31 MAERZ 1861 / GEST. DEN 1. MAI 1867 / MATH. CAP. 19 VERS 11", "SANFT RUHE / DIE ASCHE / UNSERS / LIEBLINGS / IONATHAN LENZ / geb. den 10. Sept. / 1804 / gest. den 18.7. / 1813", "Kurz, aber edel und beglückend / war dein Leben" (L. Heigelin), "DREI LENZE NUR / BEGLÜCKTE SIE / IHREN TRAUERNDEN / GATTEN" (Neuburger).

Die Verstorbenen sind ein "guter Engel" (Haymann) und "UNSER THEURES KIND" (Roth). Die Inschriften gelten dem "FRÜHE VERKLÄRTEN LIEBLINGE" (Th. Hartmann) oder der "ASCHE / UNSERS / LIEBLINGS" (I. Lenz). Die Todesanzeige in der *Schwäbischen Chronik* vom 21. Juli 1813 klagt: "Wer das gute Kind kannte, wird mit uns den schmerzlichen Verlust fühlen."

Auf Kosenamen wird auf dem Hoppenlau–Friedhof verzichtet, anders als in einer Inschrift von 1923 auf dem Offenbacher Alten Friedhof: "UNSER UNVERGESSLICHES / *PAULCHEN*." Am 1. August 1988 erschien in der *Frankfurter Rundschau* die Todesanzeige auf ein "Sannchen." Eine andere Todesanzeige nennt die Verstorbene "unser fröhliches Großmütterli und Urgroßmütterli." [StZ 9.8.1988] Inschriften des Stuttgarter Ostfilderfriedhofs lauten: "HIER RUHT / MEIN LIEBES / TÜSSE–MAMI", "UND WARTET / AUF IHR / JUNGELE" (†1985).

Das Gefühl spricht sich auf unserem Forschungsobjekt nicht ungehemmt und unbeholfen aus. Zwei Inschriften von 1891 auf dem Gießener Alten Friedhof reden die Verstorbenen an: "Dein Lächeln Balsam dieser Brust, / Nun bist Du kalt und unbewusst." — "Du mein Hoffen und Sonnenschein." Die Auflösung des Individuellen ins Familiäre erreicht ihren Höhepunkt auf dem Alten Friedhof in Stuttgart-Vaihingen: "THEBERT", "MUTTER / 1892-1972", "VATER / 1893-1973", "WENDELIN / 1910-1966". Und auf dem Cannstatter Uff-Kirchhof steht auf einem Grabmal unter einem Herzen: "HIER RUHT / UNSERE LIEBE MUTTI." (†1955) "RUHE IM HERRN / LIEB MUTTERHERZ", heißt es 1972 auf dem Waiblinger Friedhof (†1972), und auf dem Kleinfeldfriedhof zu Fellbach: "Wir werden Dich / nie vergessen. / Deine Lies, Bine, Andi." (†1986) Angesichts der fortschreitenden Unpersönlichkeit des Sterbens und einer weitgehend industrialisierten und entsprechend normierten Sepulchralgebrauchskunst ist diese Tendenz zu persönlichen Grabschriften verständlich, auch wenn ästhetisch derlei eher in der Todesanzeige denn in der Grabschrift am rechten Ort sein möchte.

Wahrhaft abschreckende Beispiele für den Infantiljargon neuerer Grabschriften mögen, sei es, damit dergestalt Gemütsbelastendes eine Abwehr erfahre, sei es aus Gründen des Autorenschutzes, dieser Arbeit fernbleiben. Unerbittlich, dies sei immerhin versichert, teufelt zu anderer Zeit und an anderem Ort, fern vom Hoppenlau-Friedhof, diesem "Kulturkuriosum ersten Ranges" (Bernd Lutz), die Regression, Ärgernis ist allüberall und ein Rettendes nicht. Kein verständiger Steinmetz gebietet Einhalt. Das Alter der einschlägig einschlagenden Inschriftenverfasser möchte man erst gar nicht wissen, zu verstörend könnte die Antwort sein.

Erfreuliches aber begegnet denn doch auch. Auf dem Hoppenlau-Friedhof ist der Schmerz gefaßt. Nahe kommt dieser Gemessenheit eine Inschrift in Offenbach: "Hier ruht ein harmlos spielendes Kind, / ein lieblich reizendes Wesen. / Gott hat es hinweggenommen. / Nun ist es nicht mehr." (†1930) Den Schmerz darüber, daß Melitta Lengefeldt gestorben ist, bewahrt die Inschrift auf dem Friedhof in Rommelshausen auf: "Was dieser / kleine Raum enthält, / das war für mich / die ganze Welt." (†1957) Spräche freilich nicht die des Kindes beraubte Mutter davon, was ihr Melitta war, sondern Melitta zum Leser, sagte die Inschrift weit weniger viel. Seit 1970 ruht "UNSER / GOLDSCHATZ / SABINE" neben Melitta, seit 1973 in Ditzingen "Kerstin / unser sonniges / Töchterchen."

20.5 Gottesfurcht

EIN CHRISTLICHER LEBENSLAUF gelang dem an der Cannstatter Uff-Kirche bestatteten Johann Ulrich Mittler. Sein Wandgrabmal nennt die entscheidenden Daten: 1679 ist er "ehrlich gebohren", 1743 "Christlich gestorben". Die Zeit dazwischen stand unter göttlicher Regie: "Gott leitete ihn". Der "arme knab" wanderte durch Süddeutschland, bis er die Stätte fand, wo er sich niederließ und "gepflantzet" hat. Mittler mußte umherziehen, denn sein "vatterland" hatte "der feind" verbrannt, d. i. der Franzose, und "seine Eltern sturben bald." Doch war Gott bei ihm.

Zwei Inschriften des Hoppenlau-Friedhofs skizzieren gottergebene Laufbahnen: "Sanft ruht der müde Leib im mütterlichen Land, / Noch sanfter ruht der Geist in seines Gottes Hand." — "An Gott ergeben / War Lehr' und Leben; / In Gott zufrieden / Ist er geschieden." [Pfeiffer, S. 25; S. 26]

Auf dem Hoppenlau-Friedhof ist Joseph v. Theobald bestattet. Eine seiner Inschriften lautet: "ER FÜRCHTETE GOTT / UND KANNTE KEINE ANDERE FURCHT." Denn, ergänzt eine Inschrift des Eßlinger Eberhardhaldenfriedhofs: "Des Herrn Gnade bleibet ewig / denen, die ihn fürchten. / Ps. 103,17." (†1880) Diese Inschrift ist eindeutig: Um Gottes ewige Gnade zu erlangen, müssen wir ihn fürchten. Verzichteten wir auf diese Gnade, fiele jeder Grund zur Gottesfurcht weg.

Auch eine neuere Inschrift auf dem Friedhof in Malmsheim bei Weil der Stadt gilt der Gottesfurcht. "FÜRCHTE GOTT / UND HALTE SEINE GEBOTE / DENN DAS GILT / FÜR ALLE MENSCHEN. / Pr. 12,13." (†1987 und †1988) Die Inschrift läßt sich sowohl als deontologische wie als teleologische Begründung der Gottesfurcht lesen. Man kann Gott fürchten, weil das einfach so sein muß und weil anderes undenkbar wäre, und man kann ihm mit einem Affekt, der zwischen Respekt und Angst angesiedelt ist, gegenüberstehen, weil man seine Rache nicht herausfordern will. So gibt es Gottesfurcht um ihrer selbst und um ihrer Folgen willen; die in der Inschrift sich anschließende Begründung irritiert, denn unklar bleibt gerade das Entscheidende, nämlich wer dies denn sagt, daß die Gottesfurcht für alle gilt; offen bleibt, warum dem so ist, und es wird eine Setzung zugemutet, die eben erst zu begründen wäre.

Noch die Scheinbegründung schwingt zwischen Deontologie und Teleologie. Gilt das Gebot für alle Menschen, weil ein Mensch, welcher dies Gelten nicht in sich verspürt, kein Mensch mehr und undenkbar wäre? Oder sind all diese Menschen, für die es gilt, zusammengetreten, haben sich besprochen, und sind zum Ergebnis gelangt, daß es um ihrer aller irdisches und himmlisches Heil am allerbesten bestellt ist, wenn das Gebot gehalten wird, weshalb sie denn den Beschluß faßten, daß es gelten soll? Alles bleibt offen.

Die Inschrift betimmt, was nicht nur andere, sondern alle Menschen zu tun und zu lassen haben. Sie ist eingehend zu befragen, will man nicht leichtfertig mit großem Anspruch auftretendem Unverbürgten unverdienten Glauben schenken.

20.6 Rätsel

"Das All lebt." (Inschrift auf dem Friedhof in Stuttgart-Birkach, †1951 und †1982)

RÄTSEL gibt eine Inschrift des Neuen Friedhofs in Degerloch auf. Der Leser fällt aus einem großen Schrecken über ein erleichtertes Aufatmen in beharrliches Grübeln. Düster und unwirtlich ist die Atmosphäre, welche die Inschrift verbreitet. Türen schlagen und schlagen. Jemand trägt Grün herbei. Das *Immer* hat die *Ewigkeit* ersetzt. "DIE BEIDEN TÜREN / DER WELT / STEHEN OFFEN: / GEÖFFNET VON DIR /

IN DER ZWIENACHT / WIR HÖREN / SIE SCHLAGEN / UND SCHLAGEN / UND TRAGEN / DAS UNGEWISSE / UND TRAGEN / DAS GRÜN / IN DEIN IMMER." (†1985) Wird Gott angesprochen, der dem Menschen zwei Wege eröffnet hat? Oder hat der Verstorbene durch seinen Tod die Türen geöffnet und den Angehörigen ist ungewiß, was mit ihm ist, aber sie hoffen und tragen das Grün heran? Die dem Rätsel entsprungenen Reime der Inschrift lassen es, mit Absicht oder nicht, offen.

Das erste Wort einer Inschrift des Neuen Friedhofs in Weilimdorf signalisiert Unzufriedenheit: "Immerhin wird mich / umgeben, Gottes Himmel / dort wie hier und als / Totenlampen schweben / nachts die Sterne über mir." (†1983) Der Himmelsaufenthalt hier wie dort könnte den irdischen wie den jenseitigen Teil der Biographie meinen. Dann wäre man gleichzeitig im Himmel wie unter den Totenlampen. Die Inschrift ist wohl so zu verstehen, daß der Himmel sowohl dort wie auch hier auf dem Friedhof ist. Nur die Sicht aus dem Grab heraus läßt zu den Sternen aufschauen. Vom anderen Himmel aus blickt man, glaube ich, auf sie herab.

Die Inschrift zitiert die letzte Strophe von Heines Gedicht *Wo?* In den ersten beiden Strophen stellte sich die Frage, wo "einst des Wandermüden / letzte Ruhestätte sein" wird, im Süden, am Rhein, in der Wüste oder an einer Küste. Das *dort wie hier* der Inschrift hat nur dann einen eschatologischen Sinn, wenn allein die letzte Strophe bekannt ist. Im Gedicht selbt bezieht sich das *dort wie hier* auf die in den ersten Strophen genannten Lokalitäten und die tatsächliche Ruhestätte des Dichters.

Für ihn, Heine, haben die bedrängenden Fragen eine Antwort gefunden. Er ruht im Friedhof am Montmatre. Sein Grabmal aber schmücken gerade die drei Strophen des Gedichts *Wo?*, die immer neu fragen, was das Grabmal am Montmatre geduldig stets schon beantwortet hat.

Auf dem Friedhof des Stuttgarter Stadtteils Wangen befaßt sich eine Inschrift (†1987) mit dem Blümchen, das auf dem Grab wächst. Es läge nahe, das Schicksal der Verstorbenen mit diesem Blümchen zu vergleichen, doch die Inschrift verzichtet darauf. "EIN KLEINES FLECKCHEN ERDE, / AUF DEM EIN SONN'STRAHL RUHT, / SCHAFFT ZWISCHEN GRAS DIES' BLÜMCHEN, / AUS SEINER SICH'REN HUT. // UND BLÜHEN BALD GAR VIELE, / SO IST'S EIN GRUSS FÜR DICH, / EIN KLEINOD WIRST DU FINDEN, / DOCH HÄLT'S VERBORGEN SICH. // GEH' NICHT DARAN VORÜBER, / ERKENNE DIE NATUR, / DENN ALLES HIER AUF ERDEN / IST GOTTES KREATUR." Die Verstorbene grüßt die Zurückbleibenden mit einem Blümchen; es wird nicht ausgesprochen, daß sie im Blümchen fortdauert. Die Inschrift endet mit einem Bekenntnis zur Natur, doch diese ist nur darum liebenswert, weil Gott sie geschaffen hat. Das Weiterwirken der Verstorbenen aber ist diesseitig.

Eine Grabschrift des Stuttgarter Steigfriedhofs fragt: "WER / WEISS OB / DAS LEBEN / NICHT TOT SEIN IST / UND TOT SEIN / DA UNTEN / DAS LEBEN." (†1986) Wer weiß. Doch leben wir im Tod, warum *da unten*? Da doch wohl nur elementarisch. Die Inschrift für Christoph und Rösle Hessenthaler auf dem Alten Friedhof in Kornwestheim gewährt Einsicht in den Euphemismus der Rede vom *Schlummer* und der *Ruhe in Frieden* (††1920). Sie beginnt mit einem Lob des Friedens, den der Schlaf *da unten* dem Müden bringt: "DA UNTEN IST / FRIEDEN IM DUNK=/LEN HAUS // DA SCHLUMMERT / DER MÜDE / DA RUHT / ER AUS." Illusionslos schließt die Grabschrift für den "METZGERMSTR U. WIRT" und seine Gattin. Zwar geht der Schlaf *im Zimmer* in den anderen, sogenannten Schlaf *da unten* über, doch wird aus diesem oben begonnenen und unten im *dunklen Haus* fortgesetzten Schlaf so wenig *erwecket* wie aus dem Schlaf oben, *im Zimmer*. "UND SCHLIEF ER IM / ZIMMER DES ABENDS / EIN // ERWECKET IHN / NIMMER DER FRÜHE / SCHEIN."

20.7 Leben im Staub

"Die Dummheit hat ihr Sublimes so gut als der Verstand, und wer darin bis zum Absurden gehen kann, hat das Erhabene in dieser Art erreicht, welches für gescheite Leute immer eine Quelle von Vergnügen ist." (Wieland)

TROST bringt den Weinenden in einer Inschrift des Hoppenlau–Friedhofs der Aufblick zum Unsterblichen — im Anblick des bestirnten Himmels versiegen die Tränen, wie wenn Gott oder die Heiligen sie wegwischten: "DU WEINST / LEBENDER STAUB / UM DEN / DER NICHT MEHR / ATHMET / ABER DU ERHEBST DAS AUGE / WO UNSTERBLICHES WOHNT / UND DIE THRAENE / VERSIEGT", "GERECHT SIND / DIE THRAENEN / AM ASCHENKRUGE / DES GERECHTEN / ABER GERECHTER IST / DIE HOFFNUNG / DES WIEDERSEHENS." (Schultheiss) Man hofft auf ein Wiedersehen; die Trauer ist berechtigt, die Hoffnung überwindet sie. Wir sind Staub und, solange wir unsere irdische Laufbahn beschreiten, lebender Staub.

Eine Inschrift des Friedhof in Möhringen faßt zunächst zusammen: "NIRGENDS IST DER TOD", dann widmet sie sich dem Leben im Staub: "AUCH IM STAUBE / IST LEBEN", schließlich lenkt sie den Blick auf die Unsterblichkeit: "ÜBER DEM STAUBE / UNSTERBLICHKEIT" (†1955 und †1957). Drei Deutungen sind möglich. Die Inschrift kann Staub und Unsterblichkeit a) räumlich und b) zeitlich auseinanderlegen, oder sie kann c) sich ausschließlich mit der irdischen und der überirdischen Fortdauer befassen. Wenn die Inschrift a) ontologische Aussagen macht und zu diesem Zwecke Formen des menschlichen Seins in die äußere Wirklichkeit projiziert, dann weist sie hin auf die Aufgabe, trotz des Lebens im Staub sich der höheren Region über dem Staub anzunähern. Umschreibt die Inschrift b) eine zeitliche Abfolge, dann schließt sich diesem Leben ein anderes in der Unsterblichkeit an. Beschreibt sie c) das, was nach dem Tod, der nirgends ist, sich ereignet, dann leben unsere irdischen Überreste irgendwie weiter, ein anderer Teil von uns geht in die Unsterblichkeit ein.

Sonst steht es heutzutage, soweit man den Physikern, oder jedenfalls einem von ihnen, glauben darf, um den Staub und seine Nachfolger bestens. In Jean E. Charons Schrift *Tod, wo ist dein Stachel?* gelangen die alten materialistischen Lehren von Kraft und Stoff zu einer fröhlichen und unbekümmerten Auferstehung. War dem neunzehnten Jahrhundert der Staub unsterblich, so ist es heute das Elektron. Der Geist ist im Elektron und das Elektron ist unvergänglich. Charon glaubt, daß sich aus seinen

Darlegungen "die Vision einer Wiedervereinigung" ergibt, "denn in jedem Kubikzentimeter unseres Raums wird nach entsprechend langer Zeit das Ich meiner Vorfahren mit meinem eigenen Ich und dem meiner Nachkommen zusammentreffen!" Wir sind dann zwar "kaum körperlich vereint", aber doch geistig. Und das ist doch schon was! Betört von dieser Gewißheit ewigen Kommunizierens frohlockt Charon: "wenn dies keinen tiefen metaphysischen Sinn hat!" Nun stellt sich hier die Frage: Wie geht denn das? Der Autor, dem es nicht so genau darauf ankommt und der nebenher auch schon einmal Parmenides und Heraklit miteinander verwechselt, kann errechnen, daß wir unter der Voraussetzung einer gleichmäßigen Umwälzung der Luftschicht unseres Planeten, "und zwar bis zu einer Höhe von ca. 100 km über dem Boden", tadellos bei jedem unserer Atemzüge "ein paar Dutzend" der Elektronen einatmen, "die in den Luftmolekülen" des "letzten Atemzuges Cäsars enthalten waren." Dies ist sehr, sehr schön! Denn haben nur die Elektronen "während ihres kurzen Aufenthalts in Cäsars Körper etwas von seinem Geist erfaßt", dann kommunizieren wir "gewissermaßen" mit ihm. [S. 163 f.] Der Geist ist im Elektron. Die Elektronen sind unzerstörbar. Sie können beliebig viele Informationen aufnehmen. Damit sind alle Probleme gelöst. Jedes der Elektronen, aus denen sich ein Mensch zusammensetzt, d. i. aus denen er zusammengesetzt wurde, verfügt über alle Informationen, die seine Persönlichkeit ausmachen. Diese Elektronen bestehen fort. Und das ist längst noch nicht alles. Sie verteilen sich außerdem gleichmäßig in der Atmosphäre, ja im Weltall. Es ist eine ausgemachte Sache, daß einige der Elektronen, aus denen man zusammengesetzt ist, mit einigen der Elektronen aller Menschen, die überhaupt je gelebt haben, zusammenkommen werden. Und sie treffen auch jetzt schon zusammen. Unser Autor hat gewiß ganz recht. Nur merken wir selbst nicht viel von dieser ewigen subatomistischen Kommunikation und von der mit Cäsar verspüre ich zumeist auch fast keinen Hauch. Ewig ist jeder eins mit allen, freilich auf beinahe allerniedrigster Ebene, und damit ist diese läppische sogenannte *Kommunikation* so banal wie die täppische seinsollende *Wiedervereinigung*.

Physik gerät dergestalt, d. i. in der Fassung Charons [!], zum schlechten Religionsersatz. Religionen andererseits haben sich schon immer um Exaktheit bemüht — der Schlaf ist ein Sechzigstel des Todes, am leichtesten ist der Tod durch einen Kuß Gottes — und Todesarten systematisiert — Ursache für einen frühen Tod ist neben dem Schlafen am Morgen und dem Weintrinken am Mittag das Sprechen mit Kindern — oder die Größe des Todesengels — 70000 Fuß — genau bestimmt.[295]

Derlei Fragen werden heutzutage besser im philosophischen Diskurs einer endgültigen Klärung näher geführt. John Rawls hat in seiner Schrift *Eine Theorie der Gerechtigkeit* auf das Problem der Vergleichbarkeit verschiedener Gefühle aufmerksam gemacht. [S. 604 f.] Mit der Meßbarkeit von Lust und Schmerz hat sich dann auch Eckhard Henscheid, Amberg und Frankfurt am Main, in seiner vor Jahren vorgelegten Abhandlung *Gott ist doch nicht blöd* auseinandergesetzt und sich ein schönes Verdienst um den Forschungsgegenstand erworben. Magister Henscheid will aufzeigen, daß es

---

[295]Vgl. Leipoldt, *Der Tod bei Griechen und Juden*, S. 95; S. 92; S. 51; Lauf, *Im Zeichen des großen Übergangs*, S. 97 f.

daß es keine Hölle geben kann. Er arbeitet in seiner Untersuchung mit *Euph–, Dol–, Phys–, Psych–, Som–, Terr–, Coel–* und *Infernal*–Einheiten, d. i. er geht sehr genau und gründlich vor. Eines seiner Axiome ist, daß Schmerzen größer seien als Lustgefühle. Daran aber gerade sind Zweifel anzumelden, welche von einer eindeutigen Passage im Lied *Pause* des Zyklus *Die schöne Müllerin* von Wilhelm Müller und Franz Schubert nachdrücklich gestützt werden. Da heißt es: "Meiner Sehnsucht allerheißesten Schmerz / Durft' ich aushauchen im Liederscherz, / Und wie ich klagte so süß und fein, / Glaubt' ich doch, mein Leiden wär nicht klein. / Ei, wie groß ist wohl meines Gückes Last, / Daß kein Klang auf Erden es in sich faßt?" (Fritz Wunderlich) D. i. die *Glückeslast* wiegt erheblich schwerer als der *Sehnsuchtschmerz.* Dies scheint dem Postulat des Beweisführers durchaus zu widersprechen. Dieser weist nach Mitteilung unserer einschlägigen Bedenken dann aber darauf hin, daß "laut den Autoritäten" zu unterscheiden sei "zwischen den terr. physisch u. den coel. bzw. infernalisch somatisch + psychisch Dol. bzw. Euph. o. s. ä."[296] Dies leuchtet ein; freilich ist die Unterscheidung *somatisch — psychisch* nicht differenziert genug, um die Begriffe *Glück — Sehnsucht* treffend zu umfassen und wäre somit und sowieso genauer durch die Kategorie *realiter — imaginär* zu ersetzen bzw. zu ergänzen. Damit wäre dann, so scheint es, in der Tat wieder alles klar und alles gut.

20.8 Sonnenblumen und Sonnenaufgänge

"Die Sonnenblum folgt ihrer Sonn ..." (Herzog Anton Ulrich zu Braunschweig und Lüneburg) "SCHWARZ. Wie herrlich die Sonne dort untergeht! — MOOR in den Anblick verschwemmt. *So stirbt ein Held! — Anbetungswürdig!" (Schiller) " 'Ich möchte hingehn wie das Abendrot ...' Da zuckte es um seine Mundwinkel ..." (M. Klinckerfuß) "Wenn ein großer Mensch kaputtgeht, was ist das doch sozusagen für'n feierlicher Sonnenuntergang!" (H. Mann)*

AUF DEM ÜBERGANG von der Sonnen- zur Blumenmetapher steht — so ließe sich, wenn es denn erlaubt wäre, einmal drauflos specouliren — die Sonnenblume. Auf einigen Grabmalen des Frankfurter Hauptfriedhofs sind Sonnenblumen dargestellt, am schönsten auf dem Grabmal für Florian (†1986) und Aloisia Kuschner (†1975). Herrn Kuschners Vorname korrespondiert aber sehr schön mit seinem Beruf, er war Gärtner, und so bräche denn die erwogene windige Sonnenblumenauslegung von selbst zusammen, wäre nur gewiß, daß auch all die andern Frankfurter Sonnenblumen auf dem Hauptfriedhof Gräber von Gärtnern zieren. Vielleicht schließt aber auch das eine das andre gar nicht aus, und wir haben es hier mit einem trefflichen Beleg dafür zu tun, wie listig in Frankfurt, diesem Nabel der Welt, die Vernunft sein kann.

Täglich folgt die Sonnenblume dem Lauf der Sonne. In ihrem unentwegten Betrachten des Gestirns hat sie dessen Gestalt angenommen. Wer ewig Gott schaut, wird ihm, wie die Blume der Sonne, ähnlich werden. Ob damit die zahllosen Sonnenblumen auf neueren Friedhöfen erklärt werden können, ob dieser Gedanke häufig zur Stiftung

[296] Schreiben vom 13. Mai 1986 an den Verfasser

eines Grabmals mit der Darstellung der Blume führt, muß offen bleiben. Seine Objektivierung ist bedeutend; ob der Weltgeist seinen Weg durch das Bewußtsein der Stifter nahm, oder aber einen anderen, ist einerlei.

Sonne und Blume kommen auf ganz anderer Ebene, auf der des vorstellenden Bewußtseins, in einer Inschrift des Stuttgarter Steigfriedhofs zusammen: "Sonne ging schon / längst zur Ruh. / Blümlein schloß / das Auge zu. Du / bist nicht tot. Du bist / nur fern, einst / werden wir uns / wiederseh'n." (†1954 und †1977)

Rätsel gibt ein Grabmal des Neuen Friedhofs in Kornwestheim auf (†1958, †1971 und †1987). Ein Balken teilt einen Kreis von links unten nach rechts oben. Er ragt oben und unten ein Stück über den Kreis hinaus. Oben zweigt im rechten Winkel ein kurzer Balken ab. Die obere Hälfte des Kreises ist dunkel, die untere hell. Nach links oben gehen drei Strahlen aus. Feste ikonologische Bedeutung scheint das Zeichen nicht zu tragen. Wäre es ein Steinmetzzeichen, hätte man es unauffälliger angebracht. Es sei denn, ein Steinmetz hätte sich selbst ein Grabmal gesetzt. Vielleicht ist eine Sonne dargestellt, und die Strahlen aus dem Dunkel verweisen auf eine Fortdauer, von der wir nichts wissen können. Das eckige Balkengebilde deutete dann die Sense an, die Leben und Tod trennt.

Eine Sonne steht auf dem Alten Friedhof zu Stuttgart–Vaihingen über einer Wasseroberfläche (†1951 und †1968). Auf einem Grabmal des Fellbacher Kleinfeldfriedhof sendet eine angedeutete Sonne fünf Strahlen aus, neben denen "GLAUBE / LIEBE / HOFFNUNG" steht (†1945, †1972 und †1981). Auf einem anderen Grabmal des Friedhofs gehen sechs Strahlen von einer halben Sonne aus, zwischen denen "ZU FRÜH" steht (†1960 und †1988). Halberhaben sind außer der Sonne und den Namen und Daten die Worte "LICHT / GLAUBE / LEBEN", welche unter der Sonne stehen. Die Gestaltung stellt eine Verbindung zwischen den Personen, dem Gestirn und der Heilsbotschaft her.

Das schöne Grabmal für Ferdinand (†1909) und Christiane v. d. Emden (†1931) auf dem Frankfurter Hauptfriedhof zeigt ein Mosaik, das in einen Felsen eingelegt ist. Über drei weißen Wellenlinien vor einem blauen Untergrund steht die Sonne. Sie ist — noch oder schon — halb zu sehen, und sie versendet zahlreiche Strahlen. Die Sonne ist in goldenen Steinen eingelegt, wie die Namen und Daten der Verstorbenen. Geht sie unter oder geht sie auf? Und meint das Gold, das eine Beziehung zwischen Sonne und Verstorbenen herstellt, daß sie ein gleiches Schicksal haben?

Vielleicht steht die Vorstellung vom großen Übergang, vom Weg ins Jenseits über ein großes Gewässer hinweg, die schon in Bilddarstellungen ägyptischer Pyramiden gestaltet wurde, undeutlich oder unbewußt im Hintergrund.

Hier sind die Sinnbezüge herausgearbeitet und mit dem Material vermittelt. Dieser Sinn geht verloren, wenn, wie häufig auf neueren Grabmalen, eine Sonne im Gebirge hinter einer Fichte erstrahlt. Es sieht gut aus. Mehr nicht. Es sei denn, es solle zum Ausdruck gebracht werden, daß dem Verstorbenen gewünscht wird, er möge jetzt an einem sehr schönen Ort sich aufhalten. Und dieser mag dem einstigen Lieblingsurlaubsziel nachempfunden sein. Wäre dem so, könnten wir uns auch noch mit solchen

Darstellungen anfreunden. Es wäre um sie so übel nicht bestellt. Vielleicht hat man auch an eine schon lange vor dem letalen Schlußpunkt verlorene irdische Heimat gedacht. Mit ihr befassen sich auch Todesanzeigen gerne. Gar keine Fragen stellen sich, wenn ein neueres Grabmal in Altbach eine abgeknickte Tanne zeigt (†1963 und †1975). Oder steht der zerstörte Baum doch nicht, wie die abgebrochenen Säulen auf dem Hoppenlau–Friedhof, allgemein für das zu früh unterbrochene Leben, sondern verweist er im Detail auf einen Unfall in einem den Forst verwüstenden Orkan? Interesselos, aus ästhetischen Gründen, wollen wir es nicht hoffen.

20.9 Postmodernes

"Es hat alles seine Zeit / und alles unter dem Himmel hat seine Stunde" (Todesanzeige HA 23.2.1990)

ES IST OFT SCHWER, den Horizont, innerhalb dessen Beziehungen hergestellt sind, zu erkennen.

Musikinstrumente auf Grabmalen mögen die Hoffnung ausdrücken, der Verstorbene sei nun in dem Bereich, wo Engel ihm ein schönes musikalisches Programm darbieten, an dem er wohl gar mitwirken darf, und in dem alle Trennungen aufgehoben sind; vielleicht war das Opfer auch zu Lebzeiten einfach Musikant. Auf dem Stuttgarter Ostfilderfriedhof ist der obere Teil eines Grabmals einer Orgel mit sieben Pfeifen nachgebildet (†1984), ein Grabmal auf dem Buchrainfriedhof besteht aus zahlreichen Orgelpfeifen, die in Kreuzform an einer Metallsäule befestigt sind (†1981). Ein anderes Grabmal des Friedhofs aus dem gleichen Jahr trägt als Emblem eine Malerwalze, die auf einem Buch liegt; ein Grabmal des Neuen Friedhofs in Kornwestheim zeigt zwei Äxte, eine Säge und einen Zirkel.

Diese Darstellungen haben ihre Vorläufer im Mittelalter und in der frühen Neuzeit. In der Münchener Frauenkirche steht der Grabstein des Musikmeisters Cunrad Pawman (†1473). Das Grabmal zeigt ein Relief des Musikers. Er spielt auf einer tragbaren Orgel. Weiter sind eine Harfe, eine Laute, eine kleine Geige und eine Blockflöte dargestellt. [DI V, Nr. 48] 1595 starb Orlando di Lasso. Sein Grabmal trägt eine lateinische Inschrift, welche sagt, er habe den Orpheus bewegt und "die Fürsten der Musik" erschüttert. Nach dem Vergleich mit dem antiken Vorbild läßt die Inschrift ihn mit den "Himmlischen", den Engeln wettstreiten; die Reliefdarstellung des Grabmals verweist, indem sie die Grablegung Christi und den Komponisten mit seiner Familie zeigt, auf das göttliche Vorbild und das irdische Weiterwirken des Komponisten. [DI V, Nr. 320]

Margarete Klinckerfuß erinnert sich in den *Aufklängen aus versunkener Zeit* an das Grabmal, das ihre Großeltern gestiftet bekamen. Dem Konzertmeister und seiner Frau wird eine Grabplatte gesetzt, die ein durch die Saiten einer Lyra geschlungenes Notenblatt zeigt. Auf dem Blatt steht das Hauptthema des ersten Satzes der *Unvollendeten* Schuberts. Der Konzertmeister hatte es seiner Frau bei Ehestreitigkeiten vorgespielt. [S. 98]

Wohl einem Fotografen gewidmet ist ein Grabmal auf dem Ostfilderfriedhof (†1979). Auf einem Quader sitzt ein Würfel, der vorne und an den Seiten einer Kamera nachgebildet ist. Von der Mitte der Vorderseite, dort, wo sich bei einer Kamera die Linse befindet, ausgehend, durchschneidet ein Loch den Würfel von vorne nach hinten. Ein Jahr älter ist ein Grabmal des Friedhofs, welches womöglich gleichfalls einen Bereich der Berufstätigkeit des Verstorbenen gestaltet. In einen Würfel auf einer Säule schneiden oben und in die Seitenflächen Halbkugeln ein. Sie treffen im Zentrum des von allen Seiten ausgehöhlten Würfels zusammen. Das einfallende Licht dringt je nach Tageszeit unterschiedlich weit vor. Vielleicht war der Verstorbene Röntgenologe. Zwei wohl Architekten, vielleicht auch Freimaurern gewidmete Grabmale des Friedhofs (†1979 und †1980) zeigen Pfeiler, die einen Giebel tragen, und bilden die Fassade eines Tempels nach.

Eindeutig ordnen drei gleich gestaltete Grabmale aus den Achtziger Jahren auf dem Kornwestheimer Neuen Friedhof Ikonographie und Nationalität einander zu. Sie stehen in einer Gruppe. In einem Rechteck zeigen sie weiß auf rotem Grund eine Mondsichel und einen fünfstrahligen Stern. Die Verstorbenen waren Türken. Ihre Nationalflagge ist abgebildet. Die nationale Zugehörigkeit ist den im Ausland Lebenden wichtig, wenn sie benennen sollen, was ihre Verstorbenen charakterisiert und was ihnen wesentlich ist.

Könnte auf die letzten Dinge angespielt sein, wenn auf einem Grabmal des Möhringer Friedhofs (†1985) eine Uhr fünf Minuten nach Zwölf anzeigt, so ist dies gewiß nicht der Fall, wenn die Zeiger auf einem Grabmal des Neuen Friedhofs in Degerloch auf zehn Minuten nach Neun weisen. Vermutlich bemüht man sich hier um den Rekurs auf etwas ganz Zufälliges und gibt, so wie neuere Todesanzeigen, die genaue Sterbezeit an. Damit stünden diese bildlich gestaltenden Grabmale, die sich auf die Uhrzeit beziehen, in der Nachfolge der Inschriften seit dem Mittelalter, welche die genaue Zeit des irdischen Endes angeben, auf die Bedeutung des Todestages im Kirchenjahr hinweisen oder die Jahreszeit nennen. Kirchenjahr und Jahreszeit tragen Bedeutung, die Uhrzeit nicht. Beim Tod an einem heiteren sonnigen Morgen mag die Hoffnung auf ein erfreuliches weiteres Geschick größer erscheinen als beim Sterben in einer verregneten und stürmischen Nacht. Ich weiß es nicht. Die Angabe der Uhrzeit, aus welcher noch nicht einmal erhellt, ob der Morgen oder der Abend und ob der Mittag oder die Mitternacht gemeint ist, stellt eine Information bereit, die belanglos ist und so zufällig wie der Tod heutzutage oft daherkommt. Authentie eignete damit auch diesen Grabmalen.

Ein trefflicher Uhrmacher zu Florenz, berichtet Haßler im *Wandler unter den Gräbern* von 1819, kam auf eine andere Idee. Er "ließ auf sein Grabmal eine Sanduhr und eine Sonnenuhr einhauen, mit dem Worte: Sumus! Nämlich pulvis et umbra: Wir sind — Staub und Schatten sind wir!" [S. 119] Dem trefflichen Florentiner sind die Uhren Sinnbilder für das Schicksal des Menschen, die modernen Grabmale beziehen sich auf Nebensächliches.

Zahlreiche Grabmale zeigen Tiere. Diese können ikonographisch etwas bedeuten wie das Lamm, der Hirsch, dem nach der Quelle dürstet, oder der Pelikan, der sich die Brust aufreißt. Ein solcher Sinnbezug wird neu hergestellt, wenn in einer Nische eines Grabmals des Stuttgarter Ostfilderfriedhofs (†1976 und †1985) zwei Vögel aus einem Brunnen trinken und darüber steht: "HERR GIB MIR SOLCHES WASSER." Um eine lokale Modeerscheinung, initiiert von einem ortsansässigen Steinmetz, wird es sich bei den lebensgroßen Rehplastiken auf mehreren Gräbern des Friedhofs in Stuttgart–Heumaden handeln.

Auf einem Grabmal des Friedhofs in Stuttgart–Mühlhausen ist ein Eichhörnchen zu sehen, das gerade eine Nuß bearbeitet (†1980). Grabmale für Kinder zeigen manchmal deren Lieblingstiere. Auf dem Ostfilderfriedhof sind es 1977 zwei Katzen, auf die eine lachende Sonne Strahlen wirft, in Möhringen ist es 1975 ein aufspringendes junges Pferd, und in Hedelfingen sind in das Grabmal Birgit Ensslins (1967-1971) Teddybär und Schaukelpferd eingemeißelt.

Charakterisieren den Erwachsenen, der Entscheidungen getroffen und sich festgelegt und beschränkt hat, sein Beruf und seine Freizeitbeschäftigung — mehrere Grabmale zeigen hühnerartiges Federvieh und sind wohl Geflügelzüchtern gewidmet, ein Grabmal auf dem Buchrainfriedhof zeigt ein Segelflugzeug (†1986) — und kennzeichnet den, der sich in der Fremde aufhalten muß, nur seine Nationalität und damit das Vorbestimmte, für das er nicht verantwortlich zeichnet, so sind es beim Kind, für das noch alles unbestimmt und offen ist, die Objekte seiner unreflektiert sich verströmenden und keiner Rechtfertigung bedürfenden Neigung, welche die Grabmale mit Katze, Pferd, Eichhörnchen und Teddybär festhalten.

20.10 Ammoniten

ZAHLREICHE NEUERE GRABMALE auf Friedhöfen in und um Stuttgart zeigen in verschiedensten Größen Darstellungen, vielleicht in Einzelfällen auch Originale, des Ammoniten.

Der Ammonit trägt keine feste ikonographische Bedeutung; bei der großen Zahl der Ammonshörner auf Grabmalen erweist sich die Vermutung, die Fossilien könnten die Gräber von Paläontologen zieren, als abwegig. Es dürfte bei weitem nicht so viele Petrefaktenkundler mit dem Spezialgebiet des Ammoniten gegeben haben wie Gräber, die Ammonshörner zieren. Daß es sich eindeutig um einen Ammoniten handelt, belegt ein Grabmal auf dem Stuttgarter Ostfilderfriedhof (†1987), an welchem das Original einer solchen Versteinerung oder aber eine Nachbildung, welche den Eindruck eines Originals machen soll, befestigt ist. Ein Grabmal auf dem Friedhof in Plieningen (†1980) zeigt einen Ammoniten und trägt die Inschrift: "ER / FÜHRET / MICH AUF / RECHTER / STRASSE." Dies läßt uns zu einer neuen Deutung gelangen: der Christ lebt so wie der Ammonit, Gott führt ihn auf der rechten Straße und schützt ihn so, wie das Gehäuse dem Kopffüßer Sicherheit gewährt. Und dem Christen kann der Tod nichts anhaben, er wird irgendwie fortwirken, so wie die Versteinerungen aus dem Erdmittelalter auf uns gekommen sind. Der Ammonit wäre damit ein Symbol des Schutzes und der Geborgenheit.

Die Eintragung im *Handwörterbuch des deutschen Aberglaubens* könnte diese Überlegung bestätigen. Dem Ammonshorn, unterm anderem auch Drachen- und Sonnenstein genannt, wurden Fähigkeiten, vor Unheil zu schützen, zugesprochen. Es galt als Mittel gegen Blitzschlag, Hexen, Rheumatismus, und in England gegen giftige Würmer im Garten.

Die Spirale schmückt den Stein ornamental; Kinder zeichnen, wenn sie ihr Leben darstellen wollen, gern Spiralen. Die neunjährige Martina malte in das Zentrum einer Spirale zwei Herzen, längs der Linie, die den Lebensweg markiert, folgen ein Baum und eine Blume Martina durch ihr Leben. Sie hat sich selbst ganz innen klein und grau, nach außen hin wachsend in schwarz, blau und gelb und schließlich mit einem Stock gezeichnet. Vom Beginn der letzten Windung an begleiten Herzen den Menschen, den Baum und die Blume. Die Spirale öffnet sich und von der in Strichen auslaufenden, die graue Leiche zum Sarg führenden Linie weicht eine andere, punktierte ab, sie führt das Herz an einen Ort neben dem Sarg. Martinas gleichaltriger Mitschüler Peter malte eine Spirale, die aus 21 bunten Bildfeldern besteht. Das Feld ganz innen ist dunkel, das zweite zeigt einen Baum über einer Höhle, in der ein Lebewesen liegt. Sechs weitere Segmente stellen Bäume in verschiedenen Stadien ihrer Entwicklung dar, sieben das Schicksal einer sich vermehrenden Mäusefamilie. Acht Bildfelder zeigen Menschen: das nackte Kind, den Schüler am Schreibtisch, die Eltern, zunächst alleine, dann mit dem Säugling und dem Herangewachsenen, eine braune Figur mit einer Leiter am Baum, zwei braune, düster schauende Gestalten, ein Männchen mit Axt am Baum. Bunte Linien setzen die Spirale nach außen fort, sie führen zu einem dunklen Sarg mit Kreuz. Ein Pfeil weist vom Ende der Farblinie durch den Sarg in einen verschiedenfarbig umrandeten blauen Kreis, in dem der Verstorbene lachend die Arme hochreißt. [Brocher, Tafel I; VIII][297]

Peters Spirale enthält innen dreimal eine einzelne Maus, zuletzt eine trächtige, dann ein weißes Mäusepaar mit schwarzen Jungen, schließlich zwei große und zwei kleine Mäuse, dann drei, zuletzt zwei. Wachsen, Blühen, Untergehen von Baum, Maus und Mensch sind nebeneinander dargestellt und zusammen gedacht. Der Baum wird gewaltsam vom Menschen gefällt, die Mäusepopulation wächst und verfällt organisch, der Mensch endet nach einem Weg über bunte Streifen, in die die Spirale mündet, in einem neuen runden und farbigen Bereich, der aufjauchzen läßt. Martina und Peter sind sich sicher, daß ein klein beginnendes und immer weiter ausgreifendes Leben nicht in Sarg und Grab endet. Beide sehen im Kosmos Parallelen zu ihrem eigenen Leben: bei Martina sind es die beiden Pflanzen, bei Peter die Mäuse und der Baum. Beide lassen ihre Spirale nach oben sich öffnen. Die Religionslehrerin der beiden hatte mit ihrer Klasse über den Tod gesprochen. Das Unmittelbare ist immer schon vermittelt.

[297] Annemarie Kepple-Eschbach machte mich auf die Abbildungen in diesem Buch aufmerksam.

21 Beschluß

"Dadurch, daß wir sie bemercken, / In den Geist ihr Bildniß drücken ... " (Brockes) "Je mehr er sich in andere Dinge hinein versetzen, das Leben dieser andern Dinge leben, sein Leben mit ihrem Leben vereinigen kann, desto größer wird sein Daseyn." (Jacobi) "Das Veilchen! Brecht es nicht, und wer es / Siehet, der spreche! So blühte Fanny!" *(Conz) "WENN DER BLÜTENSCHIM/MER DER KIRSCHBÄUME / LÄNGER WÄHRTE / ALS EIN PAAR / TAGE / WIR / WÜRDEN / IHN SO INNIG NICHT / LIEBEN." (Inschrift Stuttgart, Ostfilderfriedhof, †1981)*

MANCHERLEI EINSICHTEN gewährt unser Forschungsobjekt. "Welche Ros' ist ohne Dörner? / Welche Salb ist ungemischt?" So fragt Martin Rinkart im *Himmel=steigenden Angst=Gebet.* [W S. 255] Die erste Frage findet ihre Antwort auf dem Hoppenlau-Friedhof. Das Grabmal Sophie Harpprechts (1793-1807) zeigt eine Rose ohne Dornen zwischen zwei Tränenfläschchen und trägt die Inschrift "So war Sie". 1792 erschien im Vossischen Musenalmanach Matthissons Gedicht *Nachtstück*. Die beiden letzten Strophen lauten:

"Hell am alternden Beinhaus glänzt ein Grabstein;
Statt heraldischen Prunks winkt eine Rose,
Statt der Schriften von Gold liest mein bethräntes
Auge: So war Sie!
Dich, o ländlicher Jüngling, der mit roher
Kunst dem Grabe der Braut dies Mal gebildet,
Deckt ein Hügel zur Seite, von Cypressen
Düster beschattet." [S. 16 f.]

Im Gedicht *Ländliches Denkmal* hat Matthisson die gleiche Situation noch einmal gestaltet. [Hg. Bölsing, S. 208 f.] Matthisson wußte von einem Friedhof, auf dem sich tatsächlich ein solches Grabmal befand; in seinen *Erinnerungen* berichtet er: "Ein junger Dorfschulmeister im Hanöverischen, ehrte die Gruft seiner schönen frühverblühten Braut durch einen einfachen Sandstein, auf dem er mit roher Kunst eine Rose abbildete und die Worte darunter eingrub: SO WAR SIE." [I, S. 97] Der Vergleich mit der Rose ist ja durchaus verbreitet: "Meine Milly gleicht dir, Rose, / Ein Geschick erwartet sie. / Blüh'n wirst du, wie sie, o Rose, / Bald, wie du, entwelkt auch sie", bedichtet ein "O." *Die Rose.* [TBN 1799, S. 88] Und Matthisson selbst reimt im *Nachruf an Elisa Jung*: "Hier soll dein Bild, die Rose, blühn / So bald der Lenz in frisches Grün / Die Kirchhofhügel kleidet." [W Hg. Bölsing, S. 230 f.] Der Text der Inschrift — "So war Sie!" — ist kurz und die Formulierung nicht so auffällig, daß sie eine eindeutige und unverwechselbare Zuordnung erlauben würde, der Vergleich mit der Rose liegt nahe, und die bildliche Darstellung einer Rose, auch auf Grabmalen, beliebt. Trotzdem wird es, bei der originellen Einheit von Text und Bild, dann wahrscheinlich sein, daß das Grabmal auf dem Hoppenlau-Friedhof von Matthissons Gedicht beeinflußt ist, wenn a) das Motiv nicht überhaupt und unabhängig von Matthisson *weitverbreitet* war, wenn b) Matthisson ein *beliebter* und vielgelesener Autor war, und wenn c) das Motiv in dieser Form in der Lyrik der Zeit, soweit bekannt, *nur* bei Matthisson auftrat. Die oben mehrmals vorgestellte Inschrift auf den Baumeister Etzel teilt mit, daß Liebe "ein Denkmal schenken" wollte und "diesen Stein gesezt" hat. In Knebels 1812 erschienenen Gedicht *Das Denkmal der Liebe* heißt es: "Die Liebe baute dies Denkmal hier, / Die Liebe weiht es Geliebte dir!" [TBF 1812, S. 24 f.] Man wird, weil diese Vorstellung in keiner Hinsicht ungewöhnlich erscheint, eher annehmen, daß sie allgemein weit verbreitet war, als irgendeinen direkten Einfluß vom Gedicht auf die Inschrift sehen wollen.

Daß eine Vorstellung im allgemeinen Bewußtsein vorhanden ist, das darf nicht einfach behauptet oder vermutet oder postuliert werden, sondern ist zu belegen. Daher habe ich in dieser Arbeit ausgiebig aus den Musenalmanachen und vielerlei anderen Quellen Dokumente zusammengetragen und vorgestellt. Häufig mußte ich mich damit begnügen, die genauen Quellenangaben von Gedichten, die für den Gedankengang der Arbeit wichtig waren, anzuführen. Ich habe versucht, Erscheinungen auf dem Hoppenlau-Friedhof mit denen anderer Friedhöfe anderer Epochen zu vergleichen. Die Hoppenlau-Inschriften habe ich möglichst vollständig dargeboten, die anderer Friedhöfe häufig gekürzt.

Auf einige Kapitel meiner Magisterschrift *Wie die Alten den Tod bedichten* habe ich hier verzichtet. Auch wurden in der Magisterarbeit zahlreiche Gedichte ausführlicher vorgestellt, sodaß sie gelegentlich die vorliegende Arbeit ergänzt. Schweren Herzens habe ich in der vorliegenden Arbeit auf die fertiggestellten Kapitel *Menschenfreunde um 1800*; *Menschenliebe*; *Die Biederkeit als altwürttembergische Eigenschaft*; *Widersprüche zwischen Endlichem und Unendlichem*; *Schmetterlinge, Eichhörnchen und die Unendlichkeit*; *Aufklärung, Gemüt und Aberglaube*; *Schutzgeister in der Goethezeit* und *Komische Grabschriften* verzichtet und sie zu selbständigen Aufsätzen umgearbeitet. Die genannten Kapitel hätten die Anschaulichkeit der Arbeit beträchtlich erhöht und die Befunde anderer Kapitel weiter abgesichert, jedoch die Arbeit erheblich umfangreicher werden lassen.

Mit dieser Schrift wenden wir uns weder nur an den Lustleser, noch nur an den Geistleser, sondern an beide zugleich. Möchten doch die Väter abends der Familie aus unserer Schrift vorlesen und zugleich die Interpretanten in ihr Bedeutendes finden und zufrieden sein.

Abgesehen habe ich von einem Versuch, die Beliebtheit bestimmter Bibelstellen herzuleiten.

Wichtig ist, daß wir mit Vernunft abgrenzen. Was ist typisch für die Epoche, was ist charakteristisch für Friedhöfe überhaupt? Familienbeziehungen sind auch auf Friedhöfen anderer Epochen wichtig. Ich mußte zur Abgrenzung bedeutende Erscheinungen auf Friedhöfen anderer Perioden heranziehend, beschreiben, in welcher Weise diese Familienbeziehungen auf dem Hoppenlau-Friedhof hervortreten, und um die Hoppenlau-Phänomene in ihrer Zeit zu verstehen erschien es mir sinnvoll, verschiedenste Texte der Zeit heranzuziehen. So versuchte ich, aus dieser Nacht, in der alle Katzen grau sind und die Erscheinungen sich alle irgendwie ähneln, herauszukommen. Lattimores Sammlung ist zu entnehmen, daß sich Tugendkataloge, Wünsche, daß die Familie im Tode wiedervereinigt sein wird, Versicherungen, daß Liebe und Erinnerung fortdauern werden und Blumenmetaphern auch auf antiken Grabmalen befanden.[298] Um herauszuarbeiten, was für den Hoppenlau-Friedhof kennzeichnend ist, mußte ich Erscheinungen beschreiben und einordnen. Es erschien mir sinnvoller nachzuschauen, was Schleiermacher lehrt, statt von einer romantischen Gefühlsphilosophie Andeutungen zu machen, und weiterführender auch, Mignons Exequien zu betrachten, als Versicherungen über den klassischen Geist abzugeben, bei denen man, fällt nur das rechte Wort, immer schon alles gleich verstanden zu haben meint. Epochenbezeichnungen hätten hier gewiß wenig Sinn gehabt. Solange wir nur mit den Hauptvertretern zu tun haben, können wir vielleicht noch einigermaßen sauber und sinnvoll einteilen, aber Schwierigkeiten treten auch da auf. Rehm etwa muß gelegentlich mit Vorläufern späterer Epochen arbeiten. [S. 183] Wenn die Dilettanten dichten, von den Almanach-Herausgebern aufgefordert, dann wird es noch sehr viel schwieriger. Auf dem Hoppenlau-Friedhof endlich werden die Gedichte mit einer so großen Zeitverschiebung herangezogen, stehen aber doch durchaus im Kontext ihrer Zeit und fügen sich eng an die selbstverfaßten Inschriften, daß jede Epochengliederung verloren geht. Oft werden die Gedichte mit etwa dreißigjähriger Verzögerung verwendet. Die *Geistlichen Lieder* des Novalis erschienen 1802; auf dem Grabmal der Thusnelde Heigelins erscheinen sie 1831. F. L. Stolbergs *Grabinschrift eines Jünglings* wird 34 Jahre, Salis' *Das Grab* 30 Jahre nach Erscheinen als Inschrift benutzt. *Messias*-Zitate finden sich auf dem Grabmal Gottl. Fr. Ottos von 1816 und auf den Grabsteinen der Familie Plieninger von 1840, 1852 und 1877. Dabei sind diese Grabsteine gleichartig gestaltet und wohl gleichzeitig und von einem Künstler hergestellt worden. Beim Drollinger-Zitat ist die Zeitverschiebung erheblich größer. Ob nun die Verstorbenen selbst ihre Inschriften auswählten und auf ein altes, seit langem bekanntes Gedicht zurückgriffen, oder ob ein Hinterbliebener in einem alten Almanach oder dem *Messias* blätterte — die Gedichte werden erst lange nach ihrem Erscheinen benutzt.

Auf Epocheneinteilungen habe ich verzichtet. Ich habe danach gesucht, ob sich christlichen Erscheinungen jeweils weltanschaulich neutrale Varianten gegenüberstellen lassen. Von den eigenen Konstrukten bin ich nicht grundsätzlich zu den Phänomenen, oder umgekehrt, gegangen, sondern zur dauernden Kontrolle herüber und hinüber. "Man muß die Erscheinungen mit Händen greifen, um sich vor Täuschungen zu bewahren." [Cervantes II, S. 412] Die geschichtsphilosophische Konstruktion muß sich an den Phänomenen bewähren, und sie kann nur dann überzeugen, wenn sie sich an den Übergängen evident zeigt, an den Übergängen von einem theoretischen Moment zum anderen, und an den Übergängen von der theoretischen Aufarbeitung zum empirisch Auffindbaren. Um die Eigenart der klassizistischen Inschrift zu erkennen, habe ich ausgiebig Inschriften früherer Epochen betrachtet und mich mit weiteren Medien befaßt, welche Aussagen über den Tod der auf dem Hoppenlau-Friedhof Bestatteten machen, deren Inschriften ich untersucht habe. Nach ihren Leichenpredigten und Todesanzeigen

[298] S. 293, S. 247 ff., S. 58, S. 192 ff.

war zu suchen. Unglücksfälle, Viten, Übereinstimmungen zwischen den Lebensdaten verschiedener Familienmitglieder werden von den klassizistischen Inschriften nicht herzählt, wohl aber von Inschriften früherer Epochen sowie von anderen Textsorten — Leichenpredigten und Todesanzeigen — des frühen 19. Jahrhunderts. Um den Hoppenlau–Friedhof in seiner Zeit zu beschreiben, habe ich versucht, einen Überblick über vergleichbare Gedichte in den Almanachen der Periode um 1800 zu gewinnen. Zitiert werden auf dem Friedhof nur die bedeutenderen Autoren, sie werden sicher im Kontext der vielen mittelmäßigen Almanachdichter aufgefunden, und auch die besten selbstverfaßten Inschriften stehen im Rang Drollinger, Hölty, Claudius, Klopstock, Stolberg, Salis, Matthisson, Feuchtersleben, Schiller, Uhland, Novalis näher als den vielen wenig originellen Almanachgedichten. Wobei diese Dichter freilich auch selber in Almanachen publizierten. Goethe ist leider mit einigen Hauptakteuren der vorliegenden Arbeit gar nicht einverstanden und verwünscht im Brief an Zelter vom 22. Januar 1808 "die Matthissons, Salis, Tiedgen, und die sämmtliche Clerisey." [W IV-XX, S. 9] Ob diese zumindest gelegentlich schwer enervierenden Herren auch unter die berüchtigte Goethesche Kategorie des "Tigeraffe[n]" fallen, habe ich noch nicht endgültig ausmachen können.

Streng wählen die Angehörigen der Verstorbenen aus den inschriftengeeigneten Gedichten aus, auch an die eigenen Produktionen legen sie strenge Maßstäbe an. Sie verzichten nicht auf die anspruchsvollen Kriterien und sind vom Geist der Poesie um 1800 getragen. Die Stifter der Grabmale übernehmen die Inschriften nicht aus Inschriftensammlungen der Zeit, sie vertrauen lieber dem eigenen Geschmack. Böcklins *Inschriften für schöne Gartenplätze und Gartenanlagen; wie auch zu Monumenten an Gräbern* von 1808, Haßlers Sammlungen *der Wandler unter Gräbern* und *Der Wandler unter den Gräbern* von 1816 und 1819 sowie das auch Beispiele enthaltende Kapitel über Inschriften in Hirschfelds *Theorie der Gartenkunst* stellen Inschriften vor, welche die gleichen Motive gestalten und um die gleichen Themen kreisen wie die Inschriften des Hoppenlau–Friedhofs; keine einzige der Musterinschriften aber wurde auf dem Friedhof übernommen, was für ihn und seine kanonferne Originalität, d. i. die seiner Beiträger spricht. Offenbar hat man sich in der Zeit der heiligen Poesie und noch danach selbst aus Almanachen, Gedichtbänden, dem *Messias* herausgesucht, was auf den Grabmalen erscheinen soll und keine normgebende Autorität benötigt. Es befriedigt ästhetisch weitgehend noch heute.

Es könnte auch anders sein. Der Tod könnte wollüstig reizen, aus den Almanachen hätte man witzige Inschriften übernehmen können.

Man hätte, wie Lessing es nennt, das nur Transitorische des Gefühls bleibend hingestellt haben können. Haug nimmt zum Problem im Epigramm *Als Hedwig eine Grabschrift forderte* Stellung: "Ach hier schläft die Huldin unsrer Stadt, / Die durch Anmuth und bescheidnes Wesen, / Herz und Geist und Wort und Edelthat, / Jüngling, Mann und Greis gefesselt hat! — / Dieser frühen Grabschrift wahre Thesen / Sollst du noch in funfzig Jahren lesen." [TBV 1813, S. 82] Die Dauer des Transitorischen müßte verstörend wirken, die Inschrift verliehe, wie die bildende Kunst, dem vorübergehenden Moment eine Dauer, die ihm nicht zukommt. Die Natur siegte dann schon in der Inschrift, nicht erst da, wo sie endgültig zerstört. So aber beschränken sich die Inschriften selbst. Die Todesursache wird von den Inschriften meist nicht angegeben, selten einmal angedeutet. Ganz anders verhält es sich bei den Predigten und Todesanzeigen, die ausführlich Biographisches mitteilen. Witzige Inschriften fehlen, das Gefühl ist gedämpft, der Tod reizt nicht erotisch. Dabei gehören Tod und Eros in ihrer Negativität zusammen. Sie lösen alles scheinbar wichtige Feste auf. Aber das ist im Augenblick — die dauernde Inschrift müßte versagen. Der vorübergehende Schmerz stünde in der Inschrift in einer Dauer da, die ihm nicht zukommt, die Frage bliebe immerdar offen, die Inschrift könnte ästhetisch so wenig überzeugen wie die Plastik eines unentwegt schreienden trojanischen Priesters, das Bild eines Krugs, aus dem Wein fließt, wobei sich das Gefäß niemals leerte. "Ging'st fort — kamst / nicht mehr heim. / Kann das Schicksal / grausamer sein?" fragt ohne Aussicht auf eine Antwort in der Zeit eine Grabschrift auf dem Zentralfriedhof in Wien (†1971).

Unpersönlich und herb mußte ich mit den religiösen Vorstellungen umgehen. Ich mußte den Glauben aufheben, um für das Wissen Platz zu bekommen.

Das vorstellende Bewußtsein, die Philosophie des Geistes und wir betrachten das Gleiche. Die Großmama erklärt Bettine Brentano: "Eine Vergangenheit ist also nicht für das wahre Gute, es wirkt ohne Ende, es kommt aus dem Geist, wie dein Großvater sagte, und alles andre, was vergänglich ist, das ist auch geistlos." Die Erkenntnis des Wahren und das Anschaun des Göttlichen in der Welt ermöglicht einen Aufschwung ins Freie ohne die Schrecken der Einbildung, ohne Sorgenschwere. Bettine klettert bei Neumond in Marburg auf die alte Wart, obwohl ihr "die Professoren" von einer "Spitzbubenbande", die sich da verstecken könnte, berichten. Sie fürchtet sich — "aber grad weil ich mich fürcht, so muß ich hinauf. — Die Menschen fürchten sich auch vor der Unsterblichkeit." Tags darauf teilt sie der Karoline mit, was sich auf der Wart ereignet hat: "Der Mensch ist Sklave der Einbildung, die ihm sein Inneres leugnet, aber die göttliche Wahrheit haucht schon in den dunklen baufälligen Turm zu ihm nieder." Taumelnde Trunkenheit, die sich für den Geist hält, scheint dies nicht zu sein.[299]

Einwenden läßt sich gegen diese Schrift, der Verfasser gehe ja hyperidealistisch vor; er erwähne Kants Kritiken und nehme auch gerade noch den endgültigen Zusammenbruch des Idealismus im Cholerajahr 1831 zur Kenntnis, aber was sei denn nicht alles in der Zwischenzeit geschehen, wovon der Verfasser — wenn er auch zugegeben immerhin Grabschriften vorstelle, welche Feldzüge auflisten und somit auf die napoleonischen Kriege verweisen — offensichtlich nichts mitbekommen habe.

England erkannte die Unabhängigkeit der USA an, in Baden wurden die Leibeigenen frei und die erste Spinnerei mit Dampfmaschinenantrieb ging in Betrieb. Die Engländer nahmen Australien in Besitz, die Verfassung der USA trat in Kraft, die Bastille wurde gestürmt und der erste Koalitionskrieg begann. Ludwig der XVI. wurde hingerichtet, Polen geteilt, Robespierre auch hingerichtet und Polen erneut geteilt. Der zweite Koali-

[299]B. v. A., *Die Günderode* [W I, S. 434 f.; S. 461 f.; S. 420]

tionskrieg begann und Napoleons Heer zog nach Ägypten. In England wurde die erste Volkszählung durchgeführt, Alexander von Humboldt erforschte den Chimborasso und Napoleon wurde Konsul. Man entdeckte das Morphium, Napoleon krönte sich zum Kaiser und der dritte Koalitionskrieg begann. Das erste Dampfschiff fuhr auf dem Hudson, England verbot den Sklavenhandel und Napoleon wurde nach Elba geschickt. Die erste brauchbare Lokomotive fuhr, Napoleon verschwand auf St. Helena und Frankreich verbot den Sklavenhandel. Die Schiffsschraube wurde erfunden, die Technische Hochschule zu Stuttgart gegründet und Humboldt erforschte Sibirien. Und von alledem spüre man fast überhaupt nichts. Das ist gewiß richtig, aber wer kennt denn schon den Geist selbst so genau? Und was ist idealistisch? Soweit bekannt, begegnet der Geist in den Objektivierungen, die er veranlaßt und die er sich geschaffen hat, und wenn schon alles objektiver Geist ist, dann darf man sich da auch zusammensuchen, was zueinander paßt, dann kann es sinnvoll erscheinen, aus der "Schädelstätte des absoluten Geistes" (Hegel) das herauszuwühlen, was ähnliche Strukturen und Motive erkennen läßt, und dann ist es doch vertretbar, nur Mitteilungen von Gesprächen, Briefauszüge, Todesanzeigen, Zeitungsartikel, Predigten, dilettantische und andere Gedichte, geistliche Lieder, Romane, Werke der bildenden Kunst, epideiktische und Scherzinschriften, Grabschriften, Lebenserinnerungen, Biographien, Gottesbeweise, philosophische Texte heranzuziehen, soweit die Schädelstätte des Geistes, der absolut ist, sie freigibt. Dann ist alles sehr, sehr gut.

22 Anhang

22.1 Zum Zitierverfahren

Tritt in der Arbeit ein Autor mit nur einem Werk auf, dann gebe ich in eckigen Klammern seinen Namen, ggf. den Band und die Seite (S.) bzw. in runden Klammern den Gesang und den Vers (Vs.) an.

Die Sigle *W* verweist auf die Werk–, Lieder– oder Gedichtausgabe des jeweiligen Autors in den Abteilungen *Dichter* und *Philosophen* im *Literaturverzeichnis.* Werden mehrere Ausgaben eines Autors benutzt, dann gebe ich bei historischen Ausgaben zur Unterscheidung zusätzlich das Erscheinungsjahr, bei neueren Ausgaben den Herausgeber (Hg.) an.

Die Siglen *AdtM, Anth, Ch/VMA, DHa, DHo, DM, DtMA, FMA, GMA, PMA, Poes, SMA, S/TMA, StMA, TBD, TBF, TBgV, TBG/B, TBLF, TBN, VeMA, VMA, WeMA, WMA* verweisen auf Werke in der Abteilung *Musenalmanache und Taschenbücher* im *Literaturverzeichnis*; die Siglen *FAZ, FR, HA, HAZ, NZ, SC, SK, SM, StZ, SWP, WZ* auf *Zeitungen*; *DI* verweist auf die Reihe *Die Deutschen Inschriften.* Die Siglen *BdtR, FG* und *GMK* verweisen auf *Briefsammelwerke*; *B* auf die Ausgabe, in der die Briefe des Absenders in der Abteilung *Briefausgaben* im *Literaturverzeichnis* versammelt sind. Bei allen anderen Zitaten aus Briefen, die nicht in einer mit *W* gekennzeichneten Werkausgabe enthalten sind — also z. B. wenn eine Briefausgabe eines Autors zitiert wird, der in dieser Arbeit mit mehreren Briefausgaben vertreten ist, oder wenn aus einer Ausgabe eines Briefwechsels zwischen mehreren Personen zitiert wird, oder wenn der Brief in einer Briefausgabe des Empfängers enthalten ist, oder bei Zitaten aus anderen Briefsammelwerken — verzichte ich auf Siglen und gebe den Titel der Ausgabe an. Die Siglen *AG, BG, EA, Gd* und *UG* verweisen auf Werke in der Abteilung *Anthologien, Gedicht- und Liedersammlungen, Liederbücher, Alben und Lesebücher* des *Literaturverzeichnisses.*

Folgende Abkürzungen werden in den Literaturnachweisen benutzt: dt.: deutsch; HF: Hoppenlau–Friedhof; Inschr.: Inschrift; lat.: lateinisch.

Um die Inschriften des Hoppenlau–Friedhofs möglichst knapp zitieren zu können, gebe ich im Text nur die Namen der Verstorbenen an. Die genauen Lebensdaten und die vollständigen Vornamen sind im *Literaturverzeichnis* unter der Überschrift *Inschriften des Hoppenlau–Friedhofs* verzeichnet. Da bei den Inschriften fremder Friedhöfe nur das Todesdatum interessiert, verzichte ich hier auf eine Angabe der genauen Lebensdaten und der Namen. Ebenso nenne ich bei neueren Todesanzeigen nur die entsprechende Zeitung und deren Erscheinungsdatum. Inschriften, die ohne Quellenangabe zitiert sind, wurden von mir aufgenommen.

22.2 Literaturverzeichnis

Musenalmanache und Taschenbücher **AdtM** ⟹ Almanach der deutschen Musen auf das Jahr 1771 . . . 1781. Lpzg.

Anth 1782 ⟹ Anthologie auf das Jahr 1782. Hg. von Friedrich von Schiller. Faksimile-Druck d. in Stgt. anonym ersch. ersten Aufl. Stgt. 1932

Ch/VMA ⟹ Musenalmanach auf das Jahr 1806. Hg. von L. A. von Chamisso u. K. A. Varnhagen. Berl. 1889

Cottascher Musenalmanach auf das Jahr 1891. Stgt. 1891

DtMA ⟹ Deutscher Musenalmanach. 1833 . . . 1836. 1838. Hg. von A. v. Chamisso u.

G. Schwab. Lpzg. 1839. Hg. von Adalbert von Chamisso. Lpzg. 1840. Hg. von A. v. Chamisso u. Franz Freih. Gaudy. Lpzg. 1853. 1855 ... 1859. Hg. von Christian Schad. Würzburg 1850. 1852. Hg. von Christian Schad. Nürnberg

FMA ⟹ Allgemeine Blumenlese der Deutschen. 1. Teil. [Hg. H. H. Füßli]. Zürich 1782

GMA ⟹ Musenalmanach 1770-1804. Poetische Blumenlese. Bd I-XXXV. Hildesheim, New York 1979. Nachdr. d. Ausg. 1770-1804 [Göttinger Musenalmanach]

DHa ⟹ Die Harfe. Hg. von Friedrich Kind. Bd I-VIII. Nendeln 1981. Nachdr. d. Ausg. Lpzg. 1815-1819

Die Hesperiden. Blüthen und Früchte aus der Heimath der Poesie und des Gemüths. Bd I. Nendeln 1971. Nachdr. d. Ausg. Lpzg. 1816

DHo ⟹ Die Horen. Eine Monatsschrift hg. von Schiller. 1795-1797

Hyperboreische Briefe. Nr. I-VIII. 1778-1789. Ges. von Wekherlin. Bd I-IV. Nendeln 1976. Bd I-II

Iris. [Hg. von J. G. Jacobi]. Bd I-VI. Düsseldorf 1774-1776

DM ⟹ Die Musen. Eine norddeutsche Zeitschrift. Hg. von Friedrich Baron de la Motte Fouqué u. Wilhelm Neumann. Nendeln 1971. Nachdr. d. Ausg. Berl. 1812-1814.

Poes ⟹ Poesien von Louise Brachmann, Conz, Haug, Kuhn, Sophie Mereau, Friedr. Schlegel etc. E. Musen–Almanach für 1809. FfM

PMA ⟹ Poetischer Almanach für das Jahr 1812. Bes. von Justinus Kerner. Heidelberg

SMA ⟹ Musenalmanach für das Jahr 1796 ... 1800. Hg. von Schiller. (1796:) Neustrelitz (sonst.:) Tübingen

S/TMA ⟹ Musen–Almanach für das Jahr 1802. Hg. von A. W. Schlegel u. L. Tieck. Heidelberg 1967. Faks.dr. d. Originalausg. Tübingen 1802

StMA ⟹ Schwäbischer Musenalmanach. Auf das Jahr 1782. 1784. Hg. von Gotthold Friedrich Stäudlin. Tübingen

StMA ⟹ Schwäbische Blumenlese für's Jahr 1785. 1786. Hg. von Gotthold Friedrich Stäudlin. Tübingen

StMA ⟹ Poetische Blumenlese für's Jahr 1793. Hg. von Gotthold Friedrich Stäudlin. Stgt.

TB 1807 ⟹ Taschenbuch auf das Jahr 1807. Von Kotzebue u. Huber. Tübingen 1806

TBD ⟹ Taschenbuch für Damen auf das Jahr 1798 ... 1800. 1802 ... 1816. 1819 ... 1822. 1828 ... 1831. Hg. von Huber, Lafontaine, Pfeffel, Sulzer. Tübingen

TBV ⟹ Taschenbuch zum geselligen Vergnügen. Von W. G. Becker, Friedr. Kind. Lpzg. 1791 ... 1794. 1796 ... 1798. 1800. 1802 ... 1826. 1829 ... 1833

TBG/B ⟹ Poetisches Taschenbuch. Zum Neuen Jahre 1803. Hg. von Gramberg u. Böhlendorff. Berl. 1803

TBLF ⟹ Taschenbuch für das Jahr 1800. 1803. 1805 ... 1839. 1841. Der Liebe und Freundschaft gewidmet. Hg. von St. Schütze. FfM

TBN ⟹ Taschenbuch für Frauenzimmer von Bildung auf das Jahr 1799 ... 1800. Taschenbuch für Frauenzimmer auf d. Jahr 1803. Hg. von C. L. Neuffer. Stgt.

TBF ⟹ Taschenbuch für Freunde und Freundinnen des Schönen auf das Jahr 1812. Mannheim

VeMA ⟹ Musenalmanach [1802]. [Hg. von Bernhard Vermehren]. Lpzg.

Vergißmeinnicht — ein Taschenbuch für 1819. 1822 ... 1826. 1829 ... 1834. Von H. Clauren. Leipzig

Vergiß mein nicht. Taschenbuch für das Jahr 1830. 1831. 1833 ... 1843. Hg. von C. Spindler. Stuttgart

Vergißmeinnicht. Taschenbuch der Liebe, der Freundschaft und dem Familienleben des deutschen Volkes gewidmet von C. Spindler. 1845 ... 1849. Stuttgart

VMA ⟹ Poetische Blumenlese für das Jahr 1776 ... 1800. Hg. von J. H. Voß. Lauenburg [Vossischer Musenalmanach]

WeMA ⟹ Musenalmanach für das Jahr 1830 ... 1832. Hg. von Amadeus Wendt. Lpzg.

WMA ⟹ Wiener Musenalmanach auf das Jahr 1781. 1782. 1785. 1788 ... 1791. 1794. Hg. von J. F. Ratschky u. A. Blumauer. Wien

Württembergisches Taschenbuch auf das Jahr 1806 für Freunde und Freundinnen des Vaterlandes. Ludwigsburg

Dichter Bettina von Arnim, Werke und Briefe. Bd. I-V. Darmst. 1959-1963

A. F. Gr. v. B., Edelmuth stärker, als Liebe. E. Lustspiel in einem Aufzuge. In: Deutsche Schaubühne, Augsburg 1794, Bd IV

Honoré de Balzac, Eugenie Grandet. Lpzg. o. J. --- ders., Glanz und Elend der Kurtisanen. Zürich 1981 --- ders., Die Königstreuen. 1961 --- ders., Melmoth oder Die verkauften Seelen. München 1920 --- ders., Tante Lisbeth. Stgt. o. J. --- ders., Verlorene Illusionen. München 1965

Martin Behemb's geistliche Lieder in einer Auswahl nach den Originaltexten. Halle 1857

Ambrose Bierce, Gilsons berühmtes Testament. In: A. B., Mitten im Leben sind wir vom Tod umfangen. FfM u. a. 1978 --- ders., Adderson Parker, Philosoph. Ebd.

Jorge Luis Borges, Sämtliche Erzählungen. München 1970

Des Herzogs Anton Ulrich zu Braunschweig und Lüneburg geistliche Lieder. Halle 1856

Hermann Broch, Die Schlafwandler. FfM 1978

Herrn B. H. Brockes, Rahts=Herrn d. Stadt Hamburg, Irdisches Vergnügen in GOTT bestehend in Physikalisch= und Moralischen Gedichten, nebst einem Anhange etlicher übersetzten Fabeln des Herrn de la Motte. Zweyte, durchgehends verbesserte, u. über die Hälfte vermehrte Aufl., m. e. gedoppelten Vorrede von Weichmann. Hamb. 1724 --- Herrn B. H. Brockes [...] verdeutschte Grund=Sätze der Welt=Weisheit, des Herrn Abts GENEST, nebst verschiedenen eigenen theils Physicalischen theils Moralischen Gedichten als des Irdischen Vergnügens in GOTT Dritter Theil. Hamb. 2. Aufl. 1730 --- Herrn B. H. Brockes [...] Irdisches Vergnügen in Gott, bestehend in Physicalisch= und Moralischen Gedichten, Vierter Theil, mit einer Vorrede zum Druck befördert von Michael Richey. Zweyte Aufl. Bern 1970. Nachdr. d. Ausg. 1735 --- Herrn B. H. Brockes [...] Irdisches Vergnügen in GOTT bestehend in Physicalisch= und Moralischen Gedichten, Fünfter Theil, mit der Vorrede zum Druck befördert von B. H. Brockes, Jun. Bern 1970. Nachdr. d. Ausg. 1736 --- Herrn B. H. Brockes [...] Irdisches Vergnügen in GOTT, bestehend in Physicalisch= und Moralischen Gedichten. Sechster Theil. Nebst einer Vorrede zum Druck befördert von C. N. Brockes. Bern 1970. Nachdr. d. Ausg. 1739 --- Herrn B. H. Brockes [...] Land=Leben in Ritzebüttel, als des Irdischen Vergnügens in GOTT Siebender Theil. Hamb. 1743 --- Herrn B. H. Brockes [...] Irdisches Vergnügen in Gott, bestehend in Physikalisch= und Moralischen Gedichten. Achter Theil. Hg. von B. H. B. jun. Hamb. 1746 --- Herrn B. H. Brockes [...] Physikalische und moralische Gedanken über die drey Reiche der Natur, Nebst seinen übrigen nachgelassenen Gedichten als des Irdischen Vergnügens in GOTT Neunter und letzter Theil. Hamb., Lpzg. 1748 --- Herrn B. H. Brockes [...] aus dem Englischen übersetzte Jahres=Zeiten des Herrn Thomson Zum Anhange des Irdischen Vergnügens in Gott. Hamb. 1745

Anne Brontë, Agnes Grey. Zürich 1987

Emily Brontë, Stürmische Hügel. Baden–Baden 1947

Georg Büchner, Werke und Briefe. Wiesb. 1958 – – – ders., Lenz. In: G. B., Lenz. D. Hessische Landbote. Stgt. 1979

Gottfried August Bürgers Sämtliche Werke. München, Wien 1987

L. Y. von Buri, Ludwig Capet, oder Der Königsmord. E. bürgerliches Trauerspiel in vier Aufzügen. In: Deutsche Schaubühne, 1794, V. Bd

Friedrich Rudolf Ludwig Freiherr von Canitz, Gedichte. Tübingen 1982

Hans Carossa, Die Schicksale Doktor Bürgers. FfM 1984

M. d. Cervantes, Don Quixote. Bd I-III. Lpzg. 1908

Matthias Claudius, Werke. ASMVS omnia sua SECUM oder Sämmtliche Werke des Wandsbecker Boten. Bd I-II. Gotha 1882

Daniel Defoe, Robinson Crusoe. München 1975

Heimito von Doderer, Ein Mord den jeder begeht. München 1987 – – – ders., Ein Schneegewitter. In: H. v. D., D. Oger u. andere Kurzgeschichten. München 1986. S. 90-92

Fjodor M. Dostojewskij, Der Idiot. München 1983 – – – ders., Der Spieler. München 1951 – – – ders., Schuld und Sühne. München 1982

Carl Friedrich Drollinger, Gedichte. Faks.dr. nach d. Ausg. von 1743. Stgt. 1972

Johann Arnold Ebert's Episteln und vermischte Gedichte. Zweiter Theil. Nach d. Verfassers Tode m. e. Grundrisse s. Lebens u. Charakters hg. von Johann Joachim Eschenburg. Hamb. 1795

Das Buch Biedermaier. Gedichte von Ludwig Eichrodt u. Adolf Kußmaul sowie von ihrem Vorbild, d. 'alten Dorfschulmeister' Samuel Friedrich Sauter ges. u. hg. von Ludwig Eichrodt. Neue, von Friedrich Eichrodt bes. Aufl. Stgt. 1931

Ernst Frhrn. v. Feuchterslebens Ausgewählte Werke. Fünf Teile in einem Bande. Lpzg. o. J.

Gustave Flaubert, Bouvard und Pécuchet. Düsseldorf 1957 – – – ders., Betrunken und tot. In: G. F., Jugendwerke. Erste Erzählungen. Zürich 1980

Paul Flemings Deutsche Gedichte. Bd I-II. Darmst. 1965

Theodor Fontane, Romane und Gedichte. München 1952

Salomo Francks geistliche Lieder in einer zeitgenössischen Auswahl. Halle 1855

J. A. Freylinghausens geistliche Lieder. Halle 1855

Gustav Freytag, Soll und Haben. München, Wien 1977

Carlos Fuentes, Terra nostra. München 1982

Paul Gerhardt, Auf, auf, mein Herz, mit Freuden. Stgt. 1957 – – – ders, Dichtungen und Schriften. München 1957

Karl Gerok, Blumen und Sterne. Verm. Gedichte. Stgt. 16. Aufl. o. J. – – – ders., Unter dem Abendstern. Stgt. 1888

J. W. L. Gleim's Sämmtliche Werke. Bd I-VIII. Hildesheim, New York 1971. Reprogr. Nachdr. d. Ausg. Halberstadt 1811-1841.

Goethes Werke. Hg. im Auftr. d. Großherzogin Sophie von Sachsen. Bd I-CXLIII. Weimar 1887-1919 – – – ders., Die Wahlverwandtschaften. München 1981

Nikolaj Gogol, Die toten Seelen. München 1982

Oliver Goldsmith, Der Landprediger von Wakefield. Dortmund 1978. Nachdr. d. Ausg. Lpzg. 1841

Karoline von Günderrode, Dichtungen. Hg. von Ludwig v. Pigenot. München 1922 --- dies., Gedichte. Hg. von Franz Josef Görtz, FfM 1985 --- dies., Der Schatten eines Traumes. Gedichte, Prosa, Briefe, Zeugnisse von Zeitgenossen. Hg. u. m. e. Essay von Christa Wolf. Berl. 1979

Günthers Werke in einem Band. Weimar 1958

Karl Gutzkow, Wally, die Zweiflerin. Faks.dr. nach d. 1. Ausg. von 1835. Göttingen 1965

Herrn Friedrichs von Hagedorn sämmtliche Werke. In dreyen Theilen. Bern 1968. Nachdr. der Ausg. Hamb. 1757

Epigramme und vermischte Gedichte von Johann Christoph Friedrich Haug. Bd I-II. Wien, Prag 1807 Epigrammen und vermischte Gedichte von Johann Christoph Friedrich Haug. Bd I. Berlin 1805 --- Gedichte von Friedrich Haug. Bd I. Lpzg., Hambg. 1827 --- Gedichte von Friedrich Haug. Stuttgart 1840 --- [ders.,] Huldigung, den Würdigsten des schönen Geschlechts in zweihundert Epigrammen geweiht von Frauenlob dem Jüngern. Hg. von Fr. Haug. Tübingen 1816 --- [ders.], Zweihundert Hyperbeln auf Herrn Wahl's ungeheure Nase. In erbauliche hochdeutsche Reime gebracht von Friedrich Hopthalmos. Zweite Originalausg. St. Gallen 1841 --- Spiele der Laune und des Witzes in Epigrammen und versifizierten Anekdoten von J. C. F. Haug. Tübingen 1826

Friedrich Hebbel, Werke. Bd I-III. München 1963-1967

Heines Werke in fünf Bänden. Berl., Weimar 1976

Wilhelm Heinse, Ardinghello und die glückseligen Inseln. Berl. o. J.

Nikolaus Hermans und Johannes Mathesius geistliche Lieder in einer Auswahl. Halle 1855

Der Landgräfin Anna Sophie von Hessen-Darmstadt, Aebtissin von Quedlinburg, Leben und Lieder. Halle 1856

Philipp Friedrich Hiller, Geistliches Liederkästlein zum Lob Gottes mit zweimal 366 Liedern nach biblischen Sprüchen. Metzingen 1986

Th. G. v. Hippel's Sämmtliche Werke. Bd I-XIV. Berl., New York 1978. Photomechan. Nachdr. d. Ausg. Berl. 1828-1839

Friedrich Hölderlin, Werke und Briefe. Bd I-II. FfM 1969 --- ders., Hyperion oder der Eremit in Griechenland. Photomech. Nachdr. d. Ausg. Tübingen 1797-1797. FfM 1979

Christian Hofmann von Hofmannswaldau, Gedichte. Berl. 1962

Ludwig Christoph Heinrich Höltys Sämtliche Werke. Bd I-II. Weimar 1914

E. T. A. Hoffmann, Lebensansichten des Katers Murr nebst fragmentarischer Biographie des Kapellmeisters Johannes Kreisler in zufälligen Makulaturblättern. Stgt., Berl. [ca. 1903]

Hugo von Hofmannsthal, Sämtliche Werke. Bd I-XXX. FfM 1975-1988

G. E. Horst, Gustav III. König von Schweden. E. histor. Trauerspiel in fünf Aufzügen. Nebst e. Abh. ü. d. eigenthüml. Geist u. Charakter dieses Königs. In: Deutsche Schaubühne, Augsburg 1793, VII. Bd

Henrik Ibsen, Peer Gynt. Stgt., Berl. 1922

Friedrich Heinrich Jacobi, Werke. Bd I-VI. Darmst. 1968 --- ders., Woldemar. Faks.dr. nach d. Ausg. von 1779. Stgt. 1969

James Joyce, Ulysses. FfM 1979

Anna Louisa Karsch, Auserlesene Gedichte. Faks.dr. nach d. Ausg. von 1764. Stgt. 1966

Gottfried Kellers Werke. Zürcher Ausgabe. Bd I-VIII. Zürich 1978 --- ders., Der grüne Heinrich. Erste Fassung. München 1983

Ewald Christian von Kleist, Sämtliche Werke. Stgt. 1971

Heinrich von Kleist, Sämtliche Werke und Briefe in vier Bänden. München; Wien 1982

Friedrich Gottlieb Klopstock, Ausgewählte Werke. München 1962 – – – ders., Geistliche Lieder. Theil I-II. Reuttlingen 1776

Gedichte von Joseph Knapp. Ludwigsburg 1884

August von Kotzebue, Schauspiele. FfM 1972

Hermann Kurz, Sämtliche Werke in zwölf Teilen. Lpzg. o. J. [ca. 1928] – – – ders., Der Sonnenwirt. Kirchheim/Teck 1983

D. H. Lawrence, Der Mann, der Inseln liebte. In: Die Frau, die davonritt und andere Erzählungen. Stgt. o. J.

Nikolaus Lenau, Sämtliche Werke und Briefe. In zwei Bd FfM 1971

M. Salomon Liscovius geistliche Lieder. Halle 1855

Martin Luther, Die deutschen geistlichen Lieder. Tübingen 1967

Dr. Martin Luther's geistliche Lieder. Halle 1854

Gabriel García Márquez, Hundert Jahre Einsamkeit. München 1984

Friedrich Matthisson, Gedichte. Hg. von Ernst Kelchner. Lpzg. 1874 – – – Friedrich Matthissons Gedichte. Hg. von Gottfried Bölsing. Bd I. Die Gedichte von 1776-1794. Tübingen 1912

Johann Martin Miller, Siegwart. E. Klostergeschichte. Faks.dr. nach d. Ausg. von 1776. M. e. Nachw. von Alain Faure. Bd I-II. Stgt. 1971

Das verlorene Paradies. Das wiedergewonnene Paradies. Von John Milton. Uebers. v. Bernhard Schuhmann. Stgt. u. Augsburg 1855

Mörikes Werke in einem Band. Berl., Weimar 1986 – – – ders., Maler Nolten. Erste Fassung. FfM 1979

[Johann Gottwert] Müller, Siegfried von Lindenberg. Bd I-II. FfM 1971. Nachdr. d. Ausg. Lpzg. 1784

Die Nachtwachen des Bonaventura. Lpzg. 1919

Auserlesene lyrische Gedichte von C. L. Neuffer. Tübingen 1816

Novalis, Schriften. Bd I-IV. Stgt. 1960-1975

Jean Paul, Werke. Bd I-VI. München 1960-1963 – – – ders., Flegeljahre. E. Biographie. Gütersloh o. J. – – – ders., Leben des vergnügten Schulmeisterlein Maria Wutz in Auenthal. E. Art Idylle. FfM 1984

Das Rolandslied des Pfaffen Konrad. Tübingen 1985

Marcel Proust, Auf der Suche nach der verlorenen Zeit. Bd I-X. FfM 1979

Alexander S. Puschkin, Erzählungen. München 1983

Gottlieb Wilhelm Rabener's sämmtliche Werke. Neu hrsg. von Ernst Ortlepp. Bd I-IV. Stgt. 1839

Gustav Regler, Juanita. FfM u. a. 1986

Samuel Richardson, Clarissa Harlowe. Zürich 1966

Rainer Maria Rilke, Sämtliche Werke. Bd I-VI. FfM 1955-1966

Martin Rinkarts geistliche Lieder. Gotha 1886

Spielmannsepen II. Sankt Oswald, Orendel, Salman u. Morolf. Darmst. 1976

Joseph Roth, Radetzkymarsch. München 1984

Gedichte von Joh. Gaudenz v. Salis=Seewis. Zürich 1848

Schillers Werke. Nationalausgabe. Bd I-XLII. Weimar 1943-1986

Benjamin Schmolcks geistliche Lieder. Halle 1857

Schubarts Werke in einem Band. Weimar 1962

Der Gräfin Aemilie Juliane von Schwarzburg–Rudolstadt geistliche Lieder. Halle 1855

Der Gräfin Ludämilia Elisabeth von Schwarzburg-Rudolstadt geistliche Lieder. Halle 1856

Dr. Nicolaus Selneccers geistliche Lieder. Halle 1855

Walter Serner, Die Tigerin. München 1982 – – – ders., Das Zëro. In: W. S., Der Pfiff um die Ecke. Erlangen, München 1979

Isaac B. Singer, Die Aktentasche. In: I. B. S., Geschichten aus New York. FfM u. a. 1981 – – – ders., Die Silvesterfeier. Ebd.

Manès Sperber, Wie eine Träne im Ozean. Wien 1976

Spielmannsepen II. Sankt Oswald, Orendel, Salman u. Morolf. Darmst. 1976

J. W. Steinmüller, Luise Nordenfeld. In: Deutsche Schaubühne. Augsburg 1794, Bd VIII

Adalbert Stifter, Der Hochwald. Stgt. 1946 – – – ders., Die Mappe meines Urgroßvaters. Freiburg 1949 – – – ders., Der Nachsommer. FfM 1982

Friedrich Leopold Graf zu Stolberg, Die Insel. Heidelberg 1966. Faks.dr. nach d. Ausg. von 1788

Der Stricker, Daniel von dem blühenden Tal. Tübingen 1983

Jonathan Swift, Gullivers Reisen. Lpzg. o. J.

Gerhard Tersteegen, Erbauliches und Beschauliches. Ausgew. u. hg. von D. August Gebauer. Stgt. 1845 – – – ders., Geistliches Blumengärtlein inniger Seelen; oder: Kurze Schlußreimen, Betrachtungen und Lieder über allerhand Wahrheiten des inwendigen Christenthums; zur Erweckung, Stärkung und Erquickung in das verborgenen Leben mit CHRISTO in GOTT: nebst der Frommen Lotterie. Eßlingen 1834

C. A. Tiedge, Urania. Ein lyrisch-didaktisches Gedicht in sechs Gesängen. Reutlingen 4. verb. Aufl. [o. J.]

Leo N. Tostoi, Anna Karenina. Bd I-III. Wiesb., Berl. o. J. – – – ders., Krieg und Frieden. Bd I-IV. Wiesb., Berl. o. J.

Uhlands Werke. Bd I-II. Lpzg., Wien [o. J.]

Friedrich Theodor Vischer, Auch Einer. E. Reisebekanntschaft. Stgt., Lpzg. 1904

Voltaire, Candide oder der Optimisus. FfM 1980

Gedichte von Johann Heinrich Voß. Bd I. FfM, Lpzg., 1796 – – – ders., Idyllen. Faks.dr. nach d. Ausg. von 1801. Heidelberg 1968

Johann K. Wezel, Belphegor oder die wahrscheinlichste Geschichte unter der Sonne. FfM 1979 – – – ders., Herrmann und Ulrike. Bd. I-II. München 1919

Christoph Martin Wieland, Werke. Bd I-V. München 1964-1968

Christoph Wolterecks Holsteinische Musen, Worinnen enthalten Ehren=Gedichte, Briefe [,] Cantaten, Oden, Soñette, Madrigalen, Sinngedichte und Grabschriften. Glückstadt 1712

Alfred von Wurzbach, Lieder an eine Frau. Stgt. 1881

Dr. Eduard Young's Klagen, oder Nachtgedanken über Leben, Tod, und Unsterblichkeit. In neun Nächten Nebst Desselben sieben Characteristischen Satiren auf die Ruhmbegierde, die allgemeine Leidenschaft. Bd I-IV. Braunschweig. Bd I: 1768. Bd II: 1763. Bd III: 1763. Bd IV: 1769

Ernste Klänge. Dichtungen von Karl Zettel. Eichstätt u. Stgt. 1869 – – – Gela. Ein Sang von Kaiser Rotbarts Lieb. Von Karl Zettel. Stgt. o. J.

Geistliche Lieder des Grafen von Zinzendorf. Tübingen 1843

Emile Zola, Doktor Pascal. Budapest o. J. – – – ders., Lourdes. Budapest o. J. [ca. 1904] – – – ders., Nana. München 1965 – – – ders., Die Sünde des Abbé Mouret. München 1975 – – – ders., Der Zusammenbruch. Der Krieg von 1870/71. Bd I-III. Stgt. u. a. 1893

Arnold Zweig, Der Streit um den Sergeanten Grischa. FfM u. a. 1977

Philosophen Johann Gottlieb Fichte, Die Bestimmung des Menschen. Stgt. 1981

G. W. F. Hegel, Werke in zwanzig Bänden. FfM 1969 ff.

Johann Gottfried Herder, Sämtliche Werke. Hg. von Bernhard Suphan. Bd I-XXXIII. Hildesheim 1967-1968. Reprograf. Nachdr. d. Ausg. Berl. 1877-1913

[Brief Herders an Mendelssohn. Undatiert, wohl April 1769.] In: Unger, Herder, Novalis ...S. 150-156

Christian Cay Lorenz Hirschfeld, Theorie der Gartenkunst. Fünf Bd in zwei Bd Hildesheim, New York 1973. Nachdr. d. Ausg. Lpzg. 1779-1780

David Hume, Untersuchung über die Prinzipien der Moral. Hamb. 1955

Immanuel Kant, Werke in sechs Bänden. Hg. von Wilhelm Weischedel. Darmst. 1970-1971. 2. überpr. reprograf. Nachdr. d. Ausg. Darmst. 1964

G. W. Leibniz, Grundwahrheiten der Philosophie. Monadologie. FfM 1962 – – – ders., Metaphysische Abhandlung. Hamb. 1958

Gotthold Ephraim Lessing, Werke. Bd I-VIII. München 1970-1979

Georg Christoph Lichtenberg, Aphorismen. FfM 1979

Moses Mendelssohn, Phädon oder Über die Unsterblichkeit der Seele. In drei Gesprächen. Weimar 1920

Karl Philipp Moritz, Werke in zwei Bänden. Berl., Weimar 1981 – – – ders., Götterlehre der Mythologischen Dichtungen der Alten. Berl. [u. a.] o. J.

F. W. J. Schelling, Clara oder über den Zusammenhang der Natur mit der Geisterwelt. Ein Gespräch. München 1948

Friedrich Schleiermacher, Monologen nebst den Vorarbeiten. Hamb. 1978 Darin: Über den Wert des Lebens – – – ders., Über die Religion. Reden an die Gebildeten unter ihren Verächtern. Hamb. 1958

Arthur Schopenhauer, Sämtliche Werke. Bd I-VII. Wiesb. 1966

Baruch de Spinoza, Sämtliche Werke in sieben Bänden. Hamb. 1965-1978

Winckelmanns Werke in einem Band. Berl., Weimar 1986

Lebenserinnerungen Ernst Moritz Arndt, Erinnerungen 1769-1815. Berl. 1985

Aufzeichnungen eines nachgeborenen Prinzen. Aus d. nachgel. franz. Handschrift übers. von G. G. v. R. Stgt., Tübingen 1841

Friedrich Bodenstedt, Erinnerungen aus meinem Leben. Berl. 1888

Hermann von Boyen, Erinnerungen 1771-1813. Berl. 1953

[Ulrich Bräker], Das Leben und die Abentheuer des Armen Mannes im Tockenburg. Von ihm selbst erzählt. Berl. 1910

Der philosophierende Vagabund. Lebensbeichte eines Wanderkomödianten von Ernst Clefeld. Stgt. o. J.

Maria von Ebner-Eschenbach, Meine Kinderjahre. Berl. 1905

Joseph Freiherr von Eichendorff, Erlebtes. In: J. F. v. E., Neue Gesamtausgabe d. Werke und Schriften in vier Bänden. Bd II. Stgt. 1957. S. 1017-1094

Franz Michael Felder, Aus meinem Leben. Salzburg, Wien 1985

Die Memoiren des Karl von François aus der Zeit der Befreiungskriege. München 1965

Caspar David Friedrich, Bekenntnisse. Lpzg. 1924

Julius Fröbel, Lebensschicksale eines Achtundvierzigers in der Alten und Neuen Welt. Heidenh. 1971

Karl Gerok, Schwäbische Jugend. Heidenh. 1970

Bogumil Goltz, Das Paradies der Kindheit. Stgt. 1922

Franz Grillparzer, Selbstbiographie. In: Grillparzers sämtliche Werke. Fünfte Ausg. in zwanzig Bänden. Bd XIX. Stgt. o. J. S. 9-168

Karl Gutzkow, Aus der Knabenzeit. In: K. G., Gutkows Werke. Bd III. Lpzg., Wien o. J., S. 211-470

Friedrich Hebbel, Meine Kindheit. In: Emil Kuh, Biographie Friedrich Hebbels. Bd I-II. Wien, Lpzg. 1912. Bd I, S. 4-31

Paul Heyse, Jugenderinnerungen und Bekenntnisse. Berl. 1900

Karl von Holtei, Mit dem Thespiskarren durch die Lande. Heidenh. 1971

Karl Immermann, Die Jugend vor fünfundzwanzig Jahren. In: K. I., Werke in fünf Bänden. Bd IV. FfM 1973. S. 155-347

Margarete Klinckerfuß, Aufklänge aus versunkener Zeit. Urach 1947

Karl Friedrich von Klöden, Jugenderinnerungen. Lpzg. 1911

Wilhelm von Kügelgen, Jugenderinnerungen eines alten Mannes. Berl. 1894

Adolf Kußmaul, Jugenderinnerungen eines alten Arztes. Stgt. 1909

F. C. Laukhard, Ein abenteuerliches Leben während der Französischen Revolution. Heidenh. 1969

Erinnerungen von Friedrich von Matthisson. Bd. I-V. Zürich 1810-1816

Friedrich von Matthissons Selbstbiographie. Wien 1818

Wolfgang Menzel's Denkwürdigkeiten. Bielefeld, Lpzg. 1877

Robert von Mohl, Lebenserinnerungen 1799-1875. Bd I-II. Stgt., Lpzg. 1902

Lili Parthey, Tagebücher aus der Berliner Biedermeierzeit. Berl., Lpzg. 1926

Friedrich Ratzel, Jugenderinnerungen. München 1966

Karl von Raumer's Leben von ihm selbst erzählt. Stgt. 1866

Napoleon I. und sein Hof. Memoiren d. Gräfin [Claire von] Remusat. Köln 1880

Herzensgeschichten einer baltischen Edelfrau. Erinnerungen und Briefe von Elisa von der Recke. Stgt. 1921

Ludwig Richter, Lebenserinnerungen eines deutschen Malers. Selbstbiographie nebst Tagebuchniederschriften und Briefen. FfM 1905

Memoiren des Freiherrn von S—a. Bd I-III. Prag, Lpzg. 1815-1816

Christoph von Schmid, Erinnerungen und Briefe. München 1968

Christian Friedrich Daniel Schubart, Ein schwäbischer Rebell. Heidenh. 1969

Adolf Stahr, Lebenserinnerungen. I. Aus der Jugendzeit. Schwerin 1870

Alexander von Sternberg, Erinnerungsblätter aus der Biedermeierzeit. Potsdam, Berl. 1919

Johann Heinrich Jung-Stilling, Lebensgeschichte. München 1968

Trenck, Gefangener eines Königs. Heidenh. 1970

K. A. Varnhagen von Ense, Denkwürdigkeiten des eigenen Lebens. Bd I-II. Berl. 1922-1923

Karl August Varnhagen von Ense, Kommentare zum Zeitgeschehen. Publizistik, Briefe, Dokumente. 1813-1858. Lpzg. 1984

J. H. Voß, Erinnerungen aus meinem Jugendleben. In: Briefe von J. H. V. nebst erläuternden Beilagen → Bd I, S. 3-49

Biographien, Biographisches F. Bornhak, Anna Amalia. Herzogin von Sachsen=Weimar=Eisenach. Die Begründerin der klassischen Zeit Weimars. Berl. 1892

James Boswell, Dr. Samuel Johnson. Leben und Meinungen. Zürich 1981

Lily Braun, Im Schatten der Titanen. Erinnerungen an Baronin Jenny von Gustedt. Stgt. 1918

Günter de Bruyn, Das Leben des Jean Paul Friedrich Richter. FfM u. a. 1977

Erinnerungen an Johannes Busch. Stgt. 1883

[Joh. Gottfr. Gruber], Friedrich Schiller. Skizze zu einer Biographie und ein Wort über seinen und seiner Schriften Charakter. Lpzg. 1805

Eduard Heller, Aus den ersten zwei Jahrzehnten der Regierung Kaiser Franz Josephs. In: Erinnerungen an Franz Joseph I. Kaiser von Österreich. Apostolischer König von Ungarn. Berl. 1931

Henriette Herz, Ihr Leben und ihre Zeit. Weimar 1913

Julius Eduard Hitzig, E. T. A. Hoffmanns Leben und Nachlaß. FfM 1986

Hölderlin. Chronik seines Lebens mit ausgewählten Bildnissen. Hg. von Adolf Beck. FfM 1978

Joh. Friedrich Böhmer's Leben und Anschauungen. Von Johannes Janssen. Freiburg i. Br. 1869

Karl Kobe, Benjamin Schmolck, der schlesische Liederdichter. Stgt. 1907

Rudolf Köpke, Ludwig Tieck. Erinnerungen aus dem Leben des Dichters nach dessen mündlichen und schriftlichen Mitteilungen. Erster u. zweiter Teil. Darmst. Unveränderter reprograf. Nachdr. d. Ausg. Lpzg. 1855

Maria Krummacher, Unser Großvater. Ein Lebensbild in Briefen. Bielefeld, Lpzg. 1891

Hoffmanns Ende. Briefe, Urkunden, Verhandlungen aus den Monaten Januar bis October 1822. Dem elften Bibliophilentage vorgelegt vom Mitglied Nr. 111 Hans von Müller. 1909

Hermann Oesterley, Dach's Leben und Dichten. In: Gedichte von Simon Dach → S. V-LVI

Friedrich Wilhelm Riemer, Mitteilungen über Goethe. Lpzg. 1921

Schillers Persönlichkeit. Urtheile der Zeitgenossen und Documente ges. von Max Hecker [I. Th.], Julius Petersen [II. Th.] Th. I-II. Weimar 1904-1908

Schillers Tod und Bestattung. Nach den Zeugnissen der Zeit dargest. von Max Hecker. Lpzg. 1935

W. Hauff's Leben, von Gustav Schwab. In: Wilhelm Hauff's sämmtliche Schriften, geordnet u. m. e. Vorwort vers. von Gustav Schwab. Bd I. Stgt. 1830, S. 7-36

Albert Werfer, Der alte Christoph von Schmid. In: Christoph von Schmid, Erinnerungen und Briefe. München 1968. S. 243-263

Schillers Leben. Von Karoline von Wolzogen. Verfaßt aus Erinnerungen der Familie, seinen eigenen Briefen und den Nachrichten seines Freundes Körner. Stgt., Berl. o. J.

Gespräche Johann Peter Eckermann, Gespräche mit Goethe in den letzten Jahren seines Lebens. Bd I-II. FfM 1981

Goethes Gespräche. Eine Sammlung zeitgenössischer Berichte aus seinem Umgang. Auf Grund d. Ausgabe und d. Nachlasses von Flodoard Freiherrn von Biedermann ergänzt u. hg. von Wolfgang Herwig. Bd I-IV. Zürich, Stgt. 1965-1984

Gespräche mit Heine. Potsdam 1948

Begegnungen mit Heine. Berichte der Zeitgenossen. Bd I-II. Hamb. 1973

Briefausgaben Aus Jens Baggesen's Briefwechsel mit Karl Leonhard Reinhold und Friedrich Heinrich Jacobi. In zwei Theilen. Lpzg. 1831

Sulpiz Boiserée, Briefwechsel, Tagebücher. Bd. I-II. Faks.dr. nach d. 1. Aufl. von 1862. Göttingen 1970

Clemens Brentano, Briefe an Emilie Linder. Bad Homburg v. d. H. 1969

Clemens Brentano, Philipp Otto Runge. Briefwechsel. FfM 1974

Briefe von und an Gottfried August Bürger. Bd I-IV. Berl. 1874

Gottfried August Bürger und Philippine Gatterer. Ein Briefwechsel aus Göttingens empfindsamer Zeit. Lpzg. 1921

Bürgers Liebe. Dokumente zu Elisa Hahns und G. A. Bürgers unglücklichem Versuch, eine Ehe zu führen. FfM 1981

Wilhelm Busch an Maria Anderson. 70 Briefe. Rostock 908

Briefe an Cotta. Bd I-III. Stgt., Berl. 1925-1934

Friedrich Creuzer und Caroline von Günderode, Briefe u. Dichtungen. Heidelberg 1896

Briefe Friedrich Creuzers an Savigny. Berl. 1972

Alt-Weimars Abend. Briefe und Aufzeichnungen aus dem Nachlasse der Gräfinnen Egloffstein. München 1923

Briefe an Freiherrn Joseph von Eichendorff. Regensburg o. J. = Sämtliche Werke des Freiherrn Joseph von Eichendorff. Hist.=krit. Ausg., Bd XIII

Fichtes Briefe. Lpzg. 1919 – – – ders., Briefwechsel. Krit. Gesamtausg. Bd I-II. Lpzg. 1925 – – – Johann Gottlieb Fichte's Leben und litterarischer Briefwechsel. Hg. von seinem Sohne J. H. Fichte. Erster Theil, d. Lebensbeschreibung enthaltend. Sulzbach 1830 – – – ders., Briefe an seine Braut und Gattin. Lpzg., Hartenstein 1921

Georg Forster, Briefe bis 1783 = Georg Forsters Werke. Bd XIII. Berl. 1978 – – – ders., Briefe 1784 bis Juni 1787 = Georg Forsters Werke. Bd XIV. Berl. 1978

Briefe an Friedrich Baron de la Motte Fouqué. Hg. von Albertine Baronin de la Motte Fouqé. Berl. 1848

Freiherr von Gagern, Mein Antheil an der Politik. Bd IV. In der Einsamkeit. Die Briefe des Freiherrn von Stein an den Freiherrn von Gagern. Stgt., Tübingen 1933

Abbé Galliani, Briefe an Madame d'Epinay und andere Freunde in Paris. München 1970

C. F. Gellerts Briefwechsel. Bd I-II. Berl., New York 1983-1987

Briefwechsel zwischen Goethe und F. H. Jacobi. Lpzg. 1846

Goethes Briefwechsel mit Marianne von Willemer. Lpzg. 1922

Goethe's Briefe an Leipziger Freunde. Hg. von Otto Jahn. Lpzg. 1867

Briefe an Goethe geschrieben aus Frankfurt in den Jahren 1792-1829. FfM 1975

Catharine Elisabeth Goethe, Correspondenzen und Spiegelungen. FfM 1973

Briefe von Goethes Eltern. Berl. o. J.

Briefwechsel zwischen Wilhelm und Jacob Grimm aus der Jugendzeit. Weimar 1963

Briefwechsel zwischen Jacob und Wilhelm Grimm, Dahlmann und Gervinus. Hg. von Eduard Ippel. Bd. I-II. Berl. 1885-1888

Johann Georg Hamann, Briefwechsel. Bd. I-VII. Wiesb. 1955-1979

Johann Peter Hebel, Briefe. Bd I-II. Karlsr. 1957

Briefe von und an Hegel. Bd. I-IV. Hamb. 1969

Heinrich Heines Briefwechsel. Bd I-III. Text. München, Berl. 1914-192o. Bd. IV-VI. Heinrich Heine, Briefe. Kommentare. Mainz 1951

Georg Herwegh's Briefwechsel mit seiner Braut. Stgt. 1906

Karl Immermann, Briefe. In: K. I., Werke in fünf Bänden. Bd V. FfM 1977. S. 797-989

Friedrich Heinrich Jacobi, Briefwechsel. Bd I-III. Stgt. Bad Cannstatt 1981 – – – ders., Freundschaftsbriefe aus empfindsamer Zeit. Düsseldorf 1943

Kants Briefe. Lpzg. 1911

Briefe von und an Kant. Th. I-II. Berl. 1918-1921

Sören Kierkegaard, Briefe. FfM 1983

Geschichte der Meta Klopstock in Briefen. Bremen 1962

Nikolaus Lenau, Briefe an Sophie von Löwenthal. München 1968

Lessing's Briefe. Abth. I-II = Lessings Werke, XX. Theil. Berl. o. J. [vermutl. 1879]

Georg Christoph Lichtenberg, Briefe. Bd I-III. Hildesheim 1966. Reprogr. Nachdr. d. Ausg. Lpzg. 1901-1904

Johann Heinrich Merck, Briefe. FfM 1968

Briefwechsel zwischen Eduard Mörike und Friedrich Theodor Vischer. München 1929

Justus Möser, Briefe. Hannover 1939

Johannes von Müller, Briefe in Auswahl. Basel 1954 – – – ders., Briefwechsel mit Johann Gottfried Herder und Caroline v. Herder geb. Flachsland. Schaffhausen 1952

Briefwechsel und Tagebücher des Fürsten Hermann von Pückler=Muskau. Bd I-IX. Bern 1971. Nachdr. d. Ausg. Hamb., Berl. 1873-1876

Paul Rachel, Elisa von der Recke. II. Tagebücher und Briefe aus ihren Wanderjahren. Lpzg. 1902

Aus Schellings Leben. In Briefen. Bd I-III. Lpzg. 1869-1870

Der Briefwechsel zwischen Schiller und Goethe. FfM u. a. 1964

Christian Friedrich Daniel Schubart, Briefe. München 1984

Briefe an Ludwig Tieck. Ausgew. u. hg. von Karl von Holtei. Bd I-IV. Breslau 1864

Uhlands Briefwechsel. Th. I-IV. Stgt., Berl. 1911-1916

Friedrich Theodor Vischer, Briefe aus Italien. München 1907

Varnhagen von Ense, Briefe an eine Freundin. Hamb. 1860

Briefwechsel zwischen Varnhagen und Rahel. Bd I-VI. Lpzg. 1874-1875

Rahel Varnhagen, Briefwechsel mit Alexander von der Marwitz, Karl von Finckenstein, Wilhelm Bokelmann, Raphael d'Urquijo. München 1966

Rahel Varnhagen im Umgang mit ihren Freunden. München 1967

Briefe von Johann Heinrich Voß nebst erläuternden Beilagen. Hg. von Abraham Voß. Bd I-III. Halberstadt 1829-1833

Literarischer Nachlaß der Frau Caroline von Wolzogen. Bd I-II. Lpzg. 1867

Wielands Briefwechsel. Bd I-V. Berl. 1963-1983

Johann Joachim Winckelmann, Briefe. Bd I-IV. Berl. 1952-1957

Briefsammelwerke Blick auf Gesinnung und Streben in den Jahren 1774-1778. Aus e. Briefwechsel dreier Offiziere der Potsdammer Garnison. Hg. von Caroline Baronin de la Motte Fouqué. Stgt., Tübingen 1830

Der Brief ein Geschenk. Wien u. a. 1963

Briefe der Freunde. Das Zeitalter Goethes im Spiegel der Freundschaft. Stgt. 1949

BdtR ⟹ Briefe deutscher Romantiker. Lpzg. 1938

Deutsche Briefe. Von Liselotte von der Pfalz bis Rosa Luxemburg. Hg. von Claudia Schmölders. FfM 1987

Deutsche Briefe. 1750-1950. Hg. von Gert Mattenklott, Hannelore u. Heinz Schlaffer. FfM 1988

Deutsche Menschen. Eine Folge von Briefen. Ausw. u. Einl. von Walter Benjamin. FfM 1984

FG ⟹ Frauen der Goethezeit in ihren Briefen. Berl. 1966

Genius der Jugend. Der deutsche Jüngling in Briefen aus drei Jahrhunderten. Stgt., Hamb. 1951

GMK ⟹ Geschichte der Meta Klopstock in Briefen. Bremen 1962

Goethe und seine Freunde im Briefwechsel. Bd I-II. Berl. 1909-1910

Klopstock und seine Freunde. Hg. von Klamer Schmidt. Bd I-II. Halberstadt 1810

Ein Lebensbild in Briefen aus der Biedermeierzeit. Zur Geschichte einer Altfrankfurter Familie. FfM 1923

Die Meister des deutschen Briefes. Bielefeld, Lpzg. 1901

Briefsteller und Sonderformen Briefe eines ehrlichen Mannes bey einem wiederholten Aufenthalt in Weimar. Hg. von Paul Stapf. Faks.dr. der Originalausg. 1800. Bern, München 1962

Briefe eines Pfarrers an seinen Vetter im Priesterhaus ***. Bregenz 1785

[M. Lang], Deutsche Briefe zur Uebung junger Leute im Briefstile. Erste Sammlung. Düsseldorf 1790

Die schönsten Briefe der Liebe und Freundschaft. Eine Mustersammlung und ein Roman. Zsgst. von Louise von S... Stgt. 1840

Vertraute Briefe über Friedrich Schlegels Lucinde. Jena, Lpzg. 1907

Anthologien, Gedicht– und Liedersammlungen, Liederbücher, Alben und Lesebücher **AG** ⟹ Anthologia Graeca. Grch.–Dt., ed. Hermann Beckby. Bd I-IV. München 1957-1958

Auserlesene Gedichte von Georg Philipp Harsdörffer, Johann Klaj, Sigmund von Birken, Andreas Scultetus, Justus Georg Schottel, Adam Olearius und Johann Scheffler. Hg. von Wilhelm Müller. Lpzg. 1826

Barocklyrik. Bd I-III. Hildesheim 1964

Friedrich Wilhelm Bautz, ...und lobten Gott um Mitternacht. Liederdichter in Not u. Anfechtung. Stgt. 1966

Rudolf Zacharias Becker, Mildheimisches Liederbuch. Faks.dr. nach d. Ausg. von 1815. Stgt. 1971

BG ⟹ Berliner Gedichte: 1763-1806. Ges. u. hg. von Ludwig Geiger. Berl. 1890

Deutsche Barocklyrik. Zürich 1977

Deutsche Choräle. 1947

Deutsche Dichtung des Barock. München 1965

Deutsche Geistliche Dichtung. München 1958

Dichter und Sänger des Kirchenliedes. Bd II. Lahr–Dinglingen 1982

Echtermeyer, Deutsche Gedichte. Von den Anfängen bis zur Gegenwart. Neugest. von Benno von Wiese. Düsseldorf 1982

Edelweiß. Für Frauensinn und Frauenherz. E. Ausw. aus d. neuesten dt. Lyrik von Karl Zettel. Stgt. 1883

EA ⟹ Epigrammatische Anthologie. Hg. v. Joh. Christ. Friedr. Haug u. Friedr. Christ. Weisser. Bd I-II. Zürich 1807

Gd ⟹ Gedichte 1770-1800. München 1981

In zarte Frauenhand. Ein Album in Wort und Bild für alle Jahreszeiten. Aus den Schätzen d. Dichtkunst ausgew. von Karl Zettel. Stgt. o. J. [1886]

Heidenröslein. Lieder von Liebeslust und Frühlingsfreud'. Ges. von Karl Zettel. Stgt. 1887

Ich denke Dein. Lieder von Lenz und Liebe, Freud' und Leid. Ges. von Karl Zettel. Stgt. o. J.

Des Minnesangs Frühling. I. Texte. Stgt. 37., revid. Aufl. 1982

UG ⟹ Unser Goethe. Ein Lesebuch. Zürich 1982

Lord Byron. Ein Lesebuch mit Texten, Bildern und Dokumenten. FfM 1988

Poëtischer Lustwald. Sammlung von Gedichten älterer großentheils jetzt unbekannter Dichter. Hg. von Friederich Haug. Tübingen 1819

Tod wird Leben. Ausgew. von Frieda Margarete Reuschle. Stgt. 1980

Umfassende Darstellungen Philippe Ariès, Bilder zur Geschichte des Todes. München 1984 – – – ders., Geschichte des Todes. München, Wien 1980

Max von Boehn, Biedermeier. Deutschland von 1815-1847. Berl. o. J.

Georg Herrmann, Das Biedermeier. Oldenburg, Hamb. 1965

Peter Lahnstein, Report einer 'guten alten Zeit'. Zeugnisse und Berichte 1750-1805. Stgt. 1970

Walther Rehm, Der Todesgedanke in der deutschen Dichtung vom Mittelalter bis zur Romantik. Tübingen 1967. Reprograf. Nachdr. auf Grundl. d. Ausg. Halle 1928

Georg Scherer, Das Problem des Todes in der Philosophie. Darmst. 1988

Fritz Strich, Die Mythologie in der deutschen Literatur. Von Klopstock bis Wagner. Bd I-II. Bern, München 1970. Unveränd. reprograf. Nachdr. d. 1. Aufl. Halle 1910

Frederick Parkes Weber, Des Todes Bild. Berl. 1923

Einzelne Themen Bilder des Todes. Unterschneidheim 1970

Hans-Kurt Boehlke, Einführung. In: Wie die Alten ... → S. 27-36

Peter Bloch, Der Tod aus der Sicht der Hinterbliebenen. In: Wie die Alten ... → S. 27-36

Jörg Deuter, Neu entdeckte Verse und Briefe von F. G. Klopstock über das herzogliche Mausoleum in Oldenburg. Eine Marginalie zur Friedhofskultur um 1790 und zum Klopstock-Kult am Oldenburger Hof. In: Niederdeutsche Beiträge zur Kunstgeschichte, (1986), S. 143-164

Werner Fuchs, Todesbilder in der modernen Gesellschaft. FfM 1969

Gerhard Herrlinger, Totenklage um Tiere in der antiken Dichtung. Stgt. 1930

Elisabeth Höpker-Herberg, Der Tod der Meta Klopstock. Ein Versuch über des Dichters Auffassungen vom Tode. In: Der Tod in Dichtung ... → S. 189-201

Werner Hofmann, Das Irdische Paradies. Kunst im neunzehnten Jahrhundert. München 1960

Christian von Holst, Johann Heinrich Dannecker. Der Bildhauer. Staatsgalerie Stgt., 1987

Heinz Kneile, Romantische Grabzeichen in Deutschland. Erklärungs- und Typologisierungsversuch. In: Wie die Alten ... → S. 67-74

Klaus Lankheit, Revolution und Restauration. Baden-Baden 1980

Gabriel Marcel, Gegenwart und Unsterblichkeit. FfM 1961

Odo Marquard, Über einige Beziehungen zwischen Ästhetik und Therapeutik in der Philosophie des neunzehnten Jahrhunderts. In: Literatur und Gesellschaft. Vom neunzehnten ins zwanzigste Jahrhundert. Bonn 1963. S. 22-55

Norbert Oellers, Johann Peter Hebel. In: Deutsche Dichter der Romantik. Ihr Leben und Werk. Berl. 1983. S. 57-87

Christian Rietschel, Das Bild des Friedhofs in der Romantik. In: Vom Kirchhof zum Friedhof. Wandlungsprozesse zwischen 1750 und 1850. Symposium vom 11.-13. Mai in Mülheim/Ruhr zum Forschungsprojekt Erfassung und Dokumentation der sepulchralkultur des Klassizismus, der Romantik und des Biedermeier. Arbeitsgemeinschaft Friedhof und Denkmal e. V., Kassel. Redaktion Hans-Kurt Boehlke. Kassel 1984

Christian Rietschel, Grabsymbole des frühen Klassizismus. In: Wie die Alten ... → S. 95-104

Wendelin Schmidt-Dengler, Genius. Zur Wirkungsgeschichte antiker Mythologeme in der Goethezeit. München 1978

Cornelius Steckner, Wie die Poesie, so die bildenden Künste. Über zwei literarische Schlüssel. In: Wie die Alten ... → S. 57-66

Der Tod in Dichtung, Philosophie und Kunst. Darmst. 1978

Ludwig Uhlig, Der Todesgenius in der deutschen Literatur. Von Winckelmann bis Thomas Mann. Tübingen 1975

Rudolf Unger, Herder, Novalis und Kleist. Studien über die Entwicklung des Todesproblems in Denken und Dichten vom Sturm und Drang zur Romantik. Mit einem ungedruckten Briefe Herder. Darmst. 1973. Unveränd. reprograf. Nachdr. d. Ausg. FfM 1922

Rainer Volp, Der Tod im Leben. Todesanschauungen um 1800. In: Wie die Alten ... → S. 7-16

Wie die Alten den Tod gebildet. Wandlungen der Sepulchralkultur 1750-1850. Mainz 1979

Freimaurerei Johann Philipp Glöckler, Festschrift zur Feier des fünfzigjährigen Jubiläums der Freimaurerloge Wilhelm zur aufgehenden Sonne im Or. Stuttgart am 11. Oktober 1835. Stgt. 1885

Ludwig Keller, Die Freimaurerei. Eine Einfhrung in ihre Anschauungswelt und in ihre Geschichte. Lpzg., Berlin 1918

Karl Stempfle, Geschichte der Freimaurerloge Zu den 3 Cedern i. O. Stuttgart. Stgt. o. J. [1974]

Konrad Stetter, Geschichte der Freimaurer in Württemberg. Erster Teil. Von den Anfängen bis zum Jahre 1835. Berlin 1919

Arbeiten über den Hoppenlau-Friedhof Julius Bazlen, Dreihundert Jahre Hoppenlaufriedhof. Ein Führer durch den Hoppenlaufriedhof zur Erinnerung an die Morgenfeier vom 31. Oktober 1926. 1926

Norbert Bongartz, Wahrung des Denkmalcharakters bei der Umgestaltung aufgelassener Friedhöfe zu öffentlichen Grünanlagen — am Beispiel des Hoppenlau-Friedhofs in Stuttgart. In: Umgang mit historischen Friedhöfen. Tagung der Arbeitsgemeinschaft Friedhof und Denkmal e. V. in Bielefeld vom 5. bis 6. November 1982. Redaktion Hans-Kurt Boehlke. Kassel S. 45-56

Udo Dickenberger, Wie die Alten den Tod bedichten. Die Inschriften des Stuttgarter Hoppenlau-Friedhofs. Stgt., Univ., Inst. für Literaturwissenschaft, Magisterarbeit, 1987

Paul Färber, Nikolaus Friedrich von Thouret. Ein Baumeister des Klassizismus. Stgt. 1949 [Darin S. 357-359: Die Grabsteine des Hoppenlaufriedhofs]

Eduard Paulus, Die Kunst- u. Altertumsdenkmale im Königreich Württemberg. Stgt. 1889 ff.

Bertold Pfeiffer, Der Hoppenlau-Friedhof in Stuttgart. Eine Studie zum Heimatschutz. Stgt. 1912

Frid. Rimmele, Auf dem Hoppenlaufriedhof in Stuttgart. 24 Tafeln. Stgt. 1913

Die Friedhöfe und das Bestattungswesen der Stadt Stuttgart. Stgt. 1929

Hermann Ziegler, Der Hoppenlaufriedhof in Stuttgart. In: Schwäbische Heimat 8 (1957), S. 203-209

Die Inschriften des Hoppenlau-Friedhofs Zu den im Text der Arbeit zitierten Inschriften des Hoppenlau-Friedhofs gebe ich unten die vollständigen Namen der Verstorbenen, soweit bekannt die Berufe bzw. Stände, die Lebensdaten, das Datum einer eventuellen Todesanzeige im *Schwäbischen Merkur* (SM) oder in der *Schwäbischen Chronik* (SC) bzw. der *Schwäbischen Kronik* (SK), sowie ggf. die laufende Nummer aus der Kartei des Gartenbauamts Stuttgart an. Die meisten Inschriften habe ich auf dem Hoppenlau-Friedhof aufgenommen, zahlreiche weitere fand ich in der erwähnten Kartei. Auch die von mir erfaßten Inschriften habe ich dort überprüft. Einige wenige Inschriften fand ich nur bei Pfeiffer. Ich zitiere diese Inschriften dann nach seinem Band *Der Hoppenlau-Friedhof in Stuttgart.* Pfeiffer kennt bei einigen Inschriften den Dichter, er verzichtet aber auf Quellenangaben.

Christoph Ludwig Adelmann, Architekt, 17.5.1800-2.3.1829, SC 5.3.1829, 608

Abraham Mayer Arnold, 1808-1871, 1512

Max Arnold, 22.9.1853-16.4.1871, SK 18.4.1871, 1499

Wajsiiy Athanasieff, Hofkaplan, 6/17.4.1788-13/25.2.1823, 635

Fanny Auerbach, geb. Hilb, 20.12.1814-13.12.1873, 1416

Carl v. Baur, 1809-29.9.1827, SC 2.10.1827, 907

Christina Barbara Bayer, 20.12.1789-2.8.1830, 419

I. Beck, Küfer-Meister, 1.1.1777-22.6.1824, E. Beck, geb. Klinger, 14.11.1780-10.9.1831, SC 13.9.1831, 387

Gräfin Helena v. Bentzel Sternau, 15.4.1775-17.2.1811, SC 20.2.1811, 449

Friedrich Freiherr v. Berlichingen Rossach, 1798-1865, Joseph Freiherr von Berlichingen Rossach, 1849-2.12.1870, SK 11.12.1870, 1295

Gräfin Henriette Beroldinger, †30.3.1817, SC 2.4.1817, 887

Carl v. Beulwiz, General, 30.4.1739-22.12.1821, Charlotte v. Beulwiz, geb. Weickersreuter, 6.8.1752-3.7.1818, 748

Eberhard Friedrich Bilfinger, 9.6.1783-6.10.1824, SC 8.10.1824, 585

Henriette Birzele, 4.4.1818-18.12.1833, 930a

Heinrich Bitzer, Legationsrath, 2.7.1782-14.11.1838, 824

Matheus u. Charlotte Blanck, †10.5.1819 u. †23.12.1828, 604

Conr. Gottl. Braun, Gastgeber zum Grosfürsten, 8.2.1745-15.3.1814, SC 16.3.1814, B. Braun, geb. Gerlach, 21.2.1755-29.8.1841, 592

Heinrich Brennecke, 1779-24.6.1817, 380

Friedrike Brodbeck, 22.6.1773-7.7.1833, SC 9.7.1833, Johanne Brodbeck, 10.10.1774-31.8.1846, SK 3.9.1846, 410

I. Buck, Verwalter, 1797-1822, 370

Maria Jakobine Christiane Bühner, †2.4.1846, SK 7.4.1846

Marie v. Dallwitz, 17.11.1793-3.3.1860, SK 16.3.1860

Iohann Christian Daniel, 1785-9.10.1802, SC 11.10.1802, 481

Catharina Barbara Diem, geb. Rieger, 2.5.1748-1811

Iulie Düvernoy, geb. Hartmann, 20.9.1778-22.2.1853, 1063

Barbara Eberbach, geb. Westhauser, - , Andreas Eberbach, 30.11.1796-18.10.1840, - ,

Jakob Friedrich Ebert, Wundarzt und Bandagist, 18.11.1768-24.4.1836, 652

Gustav Eckstein, 1809-1866, 173

Carl August Elsaesser, 11.7.1770-6.8.1835, Marie Caroline Elsaesser, geb. Andreae, SK 7.12.1852, 497

Auguste Friedericke Erhard, geb. Metzler, 1.6.1758-19.3.1837, Elise Erhard, 24. 10.1802-1.2.1878, 578

Johann Eberhard Etzel, Herzoglicher Landbaukontrolleur, 1745-1792, Gottlieb Christian Eberhard Etzel, Erbauer der alten Wilhelmsbrücke in Cannstatt und der Neuen Weinsteige, 1779-1808, C. F. Etzel, K. W. Landbaukontrolleur, 1749-14.2.1808, SC 18.2.1808, 564

Justine Friederike Federer, geb. Dörtenbach, 13.9.1778-11.3.1837, 877

Marie Federer, geb. Süskind, 1811-6.8.1842, SC 9.8.1842, 1081

Cath. Wilh. Flatt, 3.1.1795-10.6.1819, 206

Freiherr Ludwig Albert v. Gaisberg–Helfenberg, K. W. Obristlieutenant, 19.8.1794-30.6.1862, SK 2.7.1862, 761

Wilhelm Goes, Staatssekretair, 1789-27.5.1849, SC 30.6.1818, Friederike Goes, geb. Danz, †27.6.1818, 358

Christian[ ]ine u. Heinrich [ ] Göz, 15.4.1771 u. 23.10.1774-1852, 661

Fam. Gross, - , 378

Jeanette Gutmann, 22.7.1839-24.12.1859, SK 28.12.1859, 1440

Sophie Harpprecht, 15.5.1793-1807, 335

Friedrich Ernst v. Hartmann, Geh. Oberfinanzrat, Ritter des K. C. V. Ordens, 1766-1820, Wilhelmine Sophie von Hartmann, geb. Göz, 14.5.1782-10.5.1841, 487

Theodor Hartmann, 1823-1870, 1062

Wilhelm Hauff, 1802-18.11.1827, Wilhelmine Hauff, †2.1.1842, SC 5.1.1842, Louise Hauff, geb. Hauff, 1806-30.7.1867, SK 31.7.1867, 508

Anne Haymann, - , 1224

Clemens v. Hayn, Oberst A. D., 17.6.1793-21.6.1851, 763

Marie Heep, 17.4.1817-14.2.1835, 366

Chr. D. A. Heermann, 3.3.1772-1849, 836

Christian Heinrich Hehl, 1776-23.2.1837, SC 28.2.1837, 866

Johann Eberhard Heigelin

Karl Marzell Heigelin, 1798-1833, 1113

Luise Heigelin, geb. Mörike, 22.5.1809-31.10.1832, SC 2.11.1832, 237

Thusnelde Heigelin, geb. Otto, 13.10.1791-21.8.1831, 726

Thusnelde Heigelin, 20.5.1829-11.9.1832, SC 15.9.1832, 724

Victor Gottlieb Hermann, Rentkammerrat, 12.6.1758-21.7.1802, SC 25.7.1802, 226

Bernhard Herz, 1804-26.9.1873, SK 28.9.1873, 1430

Johannes Hess, 25.7.1766-13.6.1815, 613

Carl Gottfried Hoffmann, 23.1.1773-22.8.1845, SC 24.8.1845, 148

Freifrau Alexandrine v. Hügel, geb. v. Wereschaguine, 1810-2.1.1873, 671

Andreas von Hügel, -

Freiherr Carl Eugen v. Hügel, 24.5.1803-29.5.1870, SK 31.5.1870, 672

Charlotte Wilhelmine v. Hügel, geb. Schott v. Schottenstein, 1780-4.7.1805, SM 7.7.1805, 673

Ernst Eugen Freiherr v. Hügel, Generalleutnant u. Kriegsminister, 26.3.1774-30.3.1849, 674

Friedrich Freiherr v. Hügel, Oberst, Kommandant, Comenthur, Ritter, 29.1.1790-11.5.1844, Minna v. Hügel, 655

Johann Andreas Freiherr v. Hügel, General-Feldzeug-Meister, 1735-1.8.1807, SC 6.8.1807, 656

Margarethe Freying v. Hügel, geb. v. Walter, 28.4.1742-25.4.1809, SC 27.4.1809, 668

M. v. Hugo, 265

Carl Eugen Freiherr v. Imhoff-Hohenstein, †9.4.1847, Louise Freifrau v. Imhoff, †11.7.1856, SK 16.7.1856

Morris Jacob, †20.1.1870, SK 21.1.1870, 1574

Dorette v. Kahlden, 24.9.1814-3.7.1847, 571

Friedrich Karl Kapff, 1765-22.5.1817, SC 25.5.1817, 8

Pauline Auguste Kaufmann, †2.7.1826, SC 5.7.1826

Vögele Kaufmann, 1448

Christ. Friedr. Kayser, 4.3.1791-3.2.1844, Luise Kayser, geb. Nädelin, †18.1.1839, 685

Jo. Chr. Keim, 18.12.1793-24.3.1851, SK 27.3.1851, Charlotte Keim-Naedelin, 11.3.1796-1.1.1868, 687

Gottlob u. Regine Charlotte Kempter, 4.9.1800-28.6.1866 u. 2.2.1773-21.4.1858, 103

Ioh. Simon Kerner, 25.2.1755-13.6.1830, SC 16.6.1830, 77

Heinrich Kienlin, 21.9.1784-14.8.1840, Doris Kienlin, geb. Sattler, 21.6.1790-20.4.1862, 734

Klemm, Stiftsprediger

Freifrau Josephine v. Kniestejt Schauber, geb. Freien von Bruessell, 2.9.1805-25.12.1839, 692

Mathilde Koestlin, geb. Otto, 3.3.1794-27.10.1835, SC 29.10.1835, 723

Reg. Friedericke Kraus, 27.1.1765-31.6.1831

Karl Krauß, 14.11.1849-18.2.1856, SK 23.2.1856, Gustav Krauß, 234

Christiane Kropf, geb. Essig, verehel. Schweikle, †7.12.1830, SC 10.12.1830

J. J. Lauser, †10.9.1818, Chr. Friedericke Lauser, geb. Herz, †15.12.1848, Friederike Steidle, geb. Lauser, †28.2.1866, 733

Albrecht Friedrich Lempp, Geheimer Rath, 19.4.1763-23.1.1819, SC 26.1.1819, Ernestine Maria Ludovike Lempp, geb. Mutschler, 14.8.1768-27.7.1850, SK 30.7.1850, 223

Christian Lenz, 605

Ionathan Lenz, 3.6.1730-7.11.1809, Chr. Dr. El. Lenz, geb. Büsing, 3.4.1783-21.11.1855, Ionathan Lenz, 10.9.1804-18.7.1813, SC 21.7.1813, 185

Therese v. Losner, geb. v. Ebath, †13.1.1818, SC 17.1.1818, 944

Carolina Liebenau, geb. Offterdinger, †30.7.1801, SM 2.8.1801, 470

Alexander Maj, 15.2.1778-26.6.1856, 1491

Caroline Mayer, geb. Seligman, 25.9.1787-5.12.1867, SK 7.12.1867, 1446

Christina Barbara Mayer, 20.12.1789-2.8.1830, 419

David Metzger, 22.6.1784-30.9.1854, SK 30.9.1854, Regine Metzger, geb. Schweitzer, 6.2.1790-6.11.1864, 305

Caroline Friderike v. Misani, geb. Megerlin, 28.11.1780-26.4.1818, SC 1.5.1818, 658

Franz v. Mittnacht, Oberfinanzrath, 8.10.1781-4.12.1849, SK 6.12.1849, 641

Helene Monheimer, 20.1.1822-22.8.1867 / 21. Ab. 5627, 1444

Emma Müller, geb. Herdegen, 16.3.1822-30.10.1863, SK 1.11.1863, 696

Adéle Freiin v. Münchingen, Ludwig Freiherr v. Münchingen, †22.5.1840, SC 26.5.1840, Octavia Freifrau v. Münchingen, geb. Freiin v. Flachsland, Stiftsdame, 1821-31.3.1839, 649

E. J. Bernhard Neher, 15.8.1847-9.11.1857, 741

Fanny Neuburger, geb. Gieser, 1841-1873, 1443

Constantin Franz Fürchtegott v. Neurath, 28.7.1777-27.11.1817, SC 30.11.1817, 942

Johann Friedrich Albrecht Constantin v. Neurath, 17.5.1739-30.10.1816, SC 3.11.1816, 947

Caspar Obach, 21.12.1807-15.2.1865, Amalie Obach, geb. Müller, 18.2.1809-9.6.1872, 753

Gottlieb Friedrich Otto, Handelsmann, 1778-15.10.1816, SC 18.10.1816, 189

Sophie Otto, 3.12.1806-9.2.1834, SC 12.2.1834, Maria Otto, 30.9.1831-26.12.1863, 728

Louise Palm, geb. Murschel, †30.6.1843, 386

Friedrich Burkhard von Pfaff, Geh. Oberfinanzrat, Kommandeur des K. Civil Verdienst Ordens, 18.11.1738-26.3.1817, SC 27.3.1817, 510. Das Gedicht in Pfeiffer, S. 26

Wilhelm Gottlieb Pfeiffer, Schmiedmeister, 4.11.1808-22.11.1861, SC 24.11.1861, Sophie Christiane Pfeiffer, 19.9.1807-20.5.1844, 102

Marx Pfeiffer, Hofrath, 1786-29.9.1842, SC 2.10.1842, 1551

Elias Pflaum, Oberkirchenvorsteher, 18.4.1810-5.3.1876, SK 7.3.1876, 1630

Carl Ludwig August Freiherr v. Phull, 1756-1826, 1017

Auguste Emilie Friedericke Pistorius, geb. Feuerlein, 6.11.1776-15.7.1816, SC 18.7.1816, 614

Carl Johann v. Pistorius, Oberamtmann, 10.5.1772-12.1.1843, 611

Ernst Friedrich Theodor Plieninger, 1806-15.3.1877, 242

Theodor Plieninger, 1756-20.10.1840, SC 23.10.1840, 243

Wilhelmine Mathilde Juliane Plieninger, 1802-1852, 241

Alphonse de Résimont, 1811-27.8.1839, 1018

Friedrich Pythagoras Riecke, 1794-1876, 14

Isack Ries, 6.11.1834-8.3.1870, SK 8.3.1870, 1572

Friedrich Ritter. In: Pfeiffer, S. 29

Charlotte v. Roeder, geb. Freyin von Hoffer, 8.12.1761-20.4.1825, 745

Carl Röhm, 1803-1862, Marie Röhm, - , 891

Caroline Roth, 31.3.1861-1.5.1867, 394

Rosine Ruthardt, geb. Schwab, 1790-1827, 375

Carl Sautter, †13.7.1859, SK 16.7.1859, Elise u. Line Sautter, †21.9.1854 u. †20.9.1854

Joseph Schachtel, †1.5.1866

Philipp Iacob Scheffauer, 8.5.1756-13.11.1808, SC 18.2.1808, 690

Graf Ioh. Georg v. Scheler, 1770-3.2.1826, SC 5.2.1826, 491

Jakob Friedrich Schleehauff, 3.11.1778-29.9.1833 u. Catherine Schleehauff, geb. Hammer, 22.2.1784-25.2.1862, 594

Carl Schlossberger, 20.2.1857-4.1.1872, SK 6.1.1872, 906

Christiane Wilhelmine Schmid, geb. Eschenmayer, 30.12.1822-19.6.1863, SK 20.6.1863, 247

Luise Gottliebin Schmied, geb. Uhland, 4.1.1755-16.3.1828, 920

Jo. Iac. Schneider, 12.10.1764-27.11.1835, SC 30.11.1835, Louise Trierig, 28.5.1802-11.2.1856, 192a

Nanette v. Schoenlin, geb. v. Phull, 12.5.1796-20.5.1863, SK 22.5.1863, 644

Wilhelm Chr. Schott, Waisenhausoberinspektor, 13.5.1802-13.3.1859, Otto Schott, 8.10.1839-22.9.1861, SK 26.9.1861, 612

Louis Eugen Schultheiss, †19.3.1816

Auguste Schunke, †14.10.1833, 626

Gustav Schwab, 1792-4.11.1850, SK 5.11.1850, Sophie Schwab, 1795-20.8.1865, 1141

Sophie Schwab, geb. Pall, 12.11.1810-16.3.1825, 632a

Christian Ludwig Schwarz, †24.7.1824

Carl Alexander Sigmund Freiherr v. Seckendorff, Oberhofmeister, 1775-1838, Julie Carol. Henr. Freyfrau v. Seckendorff, 9.11.1779-28.1.1837, 899

Christian Friedrich v. Stein, Oberfinanzrat, 1768-30.3.1841

Christian Albrecht Steinheim, Staats=Schuldzahlungs=Cassier, 11.9.1762-1832, Marie Elisabete Dorothea Steinheim, geb. Scholl, 16.12.1766-2.4.1822, 732

Moses Stellheimer, 1780-27.10.1855, 1501

Christine Friederike Stiefel, geb. Bolay, 3.8.1778-8.5.1861, SK 11.5.1861, Andreas Gottfried Stiefel, 3.8.1772-22.9.1834, Catharina Dorothea Stiefel, 12.2.1747-11.12.1828, 597

Ludwig Friederich v. Stockmayer, Generallieutenant und Gouverneur von Stuttgart, 1779-23.12.1837, SC 27.12.1837, 12

Gottlob Christian Storr, 1746-17.1.1805, SC 20.1.1805, 507

Erich Graf Taube, 6.1.1849-2.12.1870, Axel Graf Taube, 15.2.1851-2.12.1870, SK 6.12.1870, 356

Friederike Gräfin Taube, verm. v. Berge Marwitz, 16.7.1808-15.9.1871, 602

Joseph v. Theobald, 3.4.1772-19.3.1837, SC 21.3.1837, 646

Eberhardine Thum, geb. Jenisch, 24.3.1786-18.3.1850, SK 21.3.1850, 561

Karl u. Gustav Uebelen, 93

Fanny v. Varnbüler, 1812-30.4.1828, 408

Iacob Heinrich Weber, Königlicher Küchenmeister, 1753-1.12.1815, SC 3.12.1815, 9

Carl Friedrich Weckherlin, Kaufmann, 1772-1832, Henriette Weckherlin, geb. Renz, - , 322

Ioh. Cath. Magd. Weiss, geb. Helfferich, 1749-13.3.1806, Georg Philipp Weiss, Bäcker–Meister, 1741-10.2.1822, 47

Richard Wiesner, 2.2.1851-30.8.1871, 548

Christiane Friederike Wörnle, geb. Cailloud, 11.3.1770-28.4.1833, SC 1.5.1833, 93

Wucherer u. Mehl, 742

Gräfin Anna v. Zeppelin, †4.4.1813

Emilie Zumsteeg, 1796-1.8.1857, 515

Antike Inschriften Griechische Inschriften als Zeugnisse des privaten und öffentlichen Lebens. Ed. Gerhard Pfohl. München 1980

Richmond Lattimore, Themes in Greek and Latin Epitaphs. Urbana, Ill., 1942

Inschriftenmusterbücher, Inschriftensammlungen u. ä. Blumenkranz gewunden für die Freundschaft und Liebe oder Aufsätze zum Andenken in Stammbücher. Ulm 1839

Böcklin ⟹ Inschriften für schöne Gartenplätze und Gartenanlagen; wie auch zu Monumenten an Gräbern. Hg. von Geheimen–Rath und Kammerherrn von Böcklin. Mannheim 1808

Otto W. John, Hans H. Schlund, Was ihr noch seid, bin ich gewesen. Grabinschriften. Stgt. 1983

Willi Seiler, Grabsprüche. 109 Vorschläge für Grabschriften mit 236 Anordnungsbeispielen. Ulm [1981]

Enrico Straub, Berliner Grabmäler. Fotografierte Zeugnisse einer wechselhaften Geschichte. Berl. 1984

Haßler ⟹ Der Wandler unter Gräbern. Eine Sammlung von 300 Grabschriften allerley Inhalts in mehreren Sprachen. Hg. von D. Haßler. Freyburg 1816 – – – Der Wandler unter den Gräbern. Eine Sammlung von tausend Grab= und Inschriften von allerlei In= und Gehalt. Hg. von Ludwig Anton Haßler. Gmünd 1819

Friedhöfe in Stuttgart Friedhöfe in Stuttgart I ⟹ Hermann Ziegler, Ehemaliger Kirchhof Berg, Ehemaliger Bergfriedhof am Raitelsberg, Bergfriedhof. Stgt. 1987

Friedhöfe in Stuttgart II ⟹ Joachim Hahn, Hoppenlau–Friedhof, Israelitischer Teil. Stgt. 1988

Die Deutschen Inschriften **DI I** ⟹ Die Inschriften des badischen Main= und Taubergrundes. Wertheim = Tauberbischofsheim. Stgt. 1942

DI II ⟹ Die Inschriften der Stadt Mainz von frühmittelalterlicher Zeit bis 1650. Stgt. 1958

DI III ⟹ Die Inschriften des Burgenlandes. Stgt. 1953

DI IV ⟹ Die Inschriften der Stadt Wimpfen am Neckar. Stgt. 1958

DI V ⟹ Die Inschriften der Stadt und des Landkreises München. Stgt. 1958

DI VI ⟹ Die Inschriften des Naumburger Doms und der Domfreiheit. Berl., Stgt. 1959

DI VII ⟹ Die Inschriften der Stadt Naumburg an der Saale. Berl., Stgt. 1960

DI VIII ⟹ Die Inschriften der Landkreise Mosbach, Buchen und Miltenberg. Stgt. 1964

DI IX ⟹ Die Inschriften des Landkreises Naumburg an der Saale. Berl., Stgt. 1965

DI XI ⟹ Die Inschriften der Stadt Merseburg. Berl., Stgt. 1968

DI XII ⟹ Die Inschriften der Stadt und des Landkreises Heidelberg. Stgt. 1970

DI XIII ⟹ Die Inschriften der Friedhöfe St. Johannis, St. Rochus und Wöhrd zu Nürnberg. München 1972

DI XIV ⟹ Die Inschriften der Stadt Fritzlar. München 1974

DI XV ⟹ Die Inschriften der Stadt Rothenburg ob der Tauber. München 1976

DI XVI ⟹ Die Inschriften des Rhein–Neckar Kreises (II). Ehemaliger Kreis Mannheim, ehemaliger Kreis Sinsheim (nördlicher Teil). München 1977

DI XVII ⟹ Die Inschriften des Landkreises Haßberge. München 1979

DI XVIII ⟹ Die Inschriften des Landkreises Bamberg bis 1650. München 1980

DI XIX ⟹ Die Inschriften der Stadt Göttingen. München 1980

DI XX ⟹ Die Inschriften des Großkreises Karlsruhe. München 1981

DI XXI ⟹ Die Inschriften des Bundeslandes Kärnten. I. Teil. Die Inschriften der politischen Bezirke Spittal an der Drau und Hermagor. Wien 1982

DI XXII ⟹ Die Inschriften des Enzkreises bis 1650. München 1983

DI XXIII ⟹ Die Inschriften der Stadt Oppenheim. Wiesb. 1984

DI XXV ⟹ Die Inschriften des Landkreises Ludwigsburg. Wiesb. 1986

DI XXVI ⟹ Die Inschriften der Stadt Osnabrück. Wiesb. 1988

DI XXVII ⟹ Die Würzburger Inschriften. Wiesb. 1988

Inschriften einzelner Friedhöfe, Inschriften einzelner Regionen Friedrich Karl Azzola, Die alten Grabsteine des Dorffriedhofs Oberwalgern im Kreis Marburg — eine Inventarisation. In: hessische Blätter für Volkskunde, Bd LVII (1966), S. 101-126

Erwin Kiefer, Grabinschriften im Heidelberger Bergfriedhof. Eine epigraphische Studie. Anl. zur Ruperto–Carola 18. Jahrg., Bd IXL (1966)

Die Friedhöfe in Heidelberg. Führer durch die christlichen und jüdischen Friedhöfe. FfM 1929

Otto Stölzel, Marburgs alte Grabinschriften. Marburg 1938

Hansmartin Ungericht, Der Alte Friedhof in Ulm. Bestattungsriten, Planungen und Grabmale. Stgt. 1980

Familienpredigten Hier und in der Abteilung *Nekrologe* sind in Klammern die Signaturen der Württembergischen Landesbibliothek angegeben.

Andenken an Abraham Arnold, Kaufmann in Stuttgart. (27.8.1808-15.3.1871) Rede am Grabe, gehalten den 17. März 1871 von Kirchenrath Dr. v. Maier [Fam.Pr.340]

Andenken an den edlen Frühvollendeten Jüngling Max Arnold (22.9.1853-16.4.1871) Worte am Grabe, gesprochen den 17. April 1871 von Kirchenrath Dr. v. Maier [Fam.Pr.370]

Zu Danneckers Andenken (15.10.1758-8.12.1841) [Fam.Pr.2787] Enth.: [I.] Rede und Gebet auf dem Hoppenlau=Kirchhof am 11. December 1841 von Herrn Hofprediger v. Grüneisen [II.] Nachruf des Herrn General=Superintendenten von Tübingen Prälat Dr. v. Köstlin

Worte am Grabe der Frau Auguste Erhard (1.6.1758-19.3.1837) Gesprochen den 22. März von Herrn Decan M. Gerok [Fam.Pr.21981]

Worte bei der Beerdigung der Frau Elise Erhard (24.10.1802-1.2.1878) Gesprochen von Prälat v. Gerok [Fam.Pr.3847] Enth.: I. Worte im Trauerhaus, II. Rede am Grabe

Rede am Grabe des Freiherrn Ludwig Albert v. Gaisberg, Oberstlieutenant a. D. (19.8.1794-30.6.1862) Gehalten von Herrn Oberconsistorialrath Müller [Fam.Pr.4851]

Worte bei der Beerdigung des Herrn Staats-Sekretärs Wilhelm von Goes (26.6.1789-27.5.1849) Gesprochen am 29. Mai von Herrn Oberhofprediger Dr. v. Grüneisen [Fam.Pr.5385]

Rede am Grabe des Geheimen Ober=Finanzraths F. E. von Hartmann (13.11.1766-15.5.1820) Von Stiftsprediger Dr. Flatt gesprochen [Fam.Pr.6489]

Worte am Grabe unserer lieben Tochter Julie Christiane Hartmann (14.2.1839-10.10.1857) [Fam.Pr.6467] Enth.: I. Rede von Herrn Pfarrer Seybold in Erdmannhausen, II. Nachruf von Herrn Pfarrer v. Breitschwert in Mühlhausen a. N., III. Lebensgang. Vom Vater verfaßt und von Herrn Pfarrer Seybold vorgetragen

Worte des Trostes und der Liebe am Grabe der verwittweten Frau Geheimen Ober–Finanzräthin Wilhelmine Sophie Hartmann (14.5.1782-10.5.1841) Gesprochen von Herrn Ober=Consistorialrath Dr. Stirm [Fam.Pr.6487]

Zum Andenken an den Herrn Carl Gottfried Hoffmann, pensionirten Haupt=Postamts=Inspektor. Rede am Grabe [...] Gehalten von Stifts–Oberhelfer Knapp (23.1.1773-22.8.1845) [Fam.Pr.21258]

Rede und Gebet am Grabe des Freiherrn Carl Eugen von Hügel, Staatsministers u. K. Kammerherrn (24.5.1805-29.5.1870) Gesprochen von Prälat v. Müller [Fam.Pr.7828]

Rede bei der Beerdigung des Herrn Obersten und Commandeurs Freiherrn Friedrich von Hügel (29.1.1790-11.5.1844) Gehalten am 14. Mai von Herrn Garnisonsprediger Sigel [Fam.Pr.7831]

Rede am Grabe des Herrn General-Majors Freiherrn Carl Eugen von Imhoff (1.10.1778-9.4.1847) Gehalten von Garnisonsprediger Sigel [Fam.Pr.7924] Enth. u. a.: [II.] Worte der Sohnes= und Freundesliebe

Worte am Grabe der verewigten Freifrau Dorothee von Kahlden (22.3.1789-25.2.1845) Gesprochen von Dekan Bauer [Fam.Pr.8247]

Worte am Grabe der Frau Regine Ch. Kempter (2.2.1775-2.4.1848) Gesprochen von Herrn Repetent Lechler [Fam.Pr.8563]

Rede nach der Beerdigung des Herrn Hofraths und Professors Johann von Kerner (25.2.1755-13.6.1830) Gehalten von Herrn Stifts=Helfer Gerok [Fam.Pr.8603]

Rede am Grabe der Frau Doris Kienlin (1.7.1799-20.4.1862) Gesprochen von Herrn Oberconsistorialrath Müller [Fam.Pr.8660]

Zum Gedächtnisse der Leichenfeier der Frau Mathilde Köstlin (3.3.1794-27.10.1835) Worte des Schmerzens und des Glaubens am 29. Oktober vor dem Grabe gesprochen von dem Oberconsistorialrath Köstlin [Fam.Pr.9309, Fam.Pr.20948 und Fam.Pr.20919]

Gebet am Grabe des Herrn Dr. Carl Marcell Heigelin (9.6.1798-5.8.1833) Gesprochen von Herrn Hofkaplan Grüneisen [Fam.Pr.21226 und 4c1024]

Erinnerung an Frau Helene Monheimer (20.1.1822-22.8.1867) Rede am Grabe, gesprochen den 25.8.1867 von Kirchenrath Dr. v. Maier [Fam.Pr.11938]

Worte am Grabe der Frau Emma Müller (16.3.1822-30.10.1863) Gesprochen am 1. November 1863 von Herrn Stadtdecan Gerock [Fam.Pr.22291]

Marie Otto (30.9.1831-26.12.1863). Worte, an ihrem Grabe gesprochen von Oberhofprediger v. Grüneisen [Fam.Pr.20943]

M. Friderich Neuffers des Herzogl. Theol. Stipendii in Tübingen Repetenten Rede bey der Trauung seiner geliebten Schwester Friderike mit S. T. Herrn Oberamtmann von Heidenheim Pistorius gehalten in der Stiftskirche zu Baknang den 4ten Aug. 1761 [Fam.Pr.20788] Enth. auch: Die Vorzüge des ehelichen Lebens, bey der Verheuratung des Herrn Oberamtmann Pistorius in Heidenheim mit Jungfer Neufferin von Baknang, entworfen von Einem guten Freunde. den 4. Aug. 1761

Zum Andenken der unvergeßlichen Auguste Emilie Friderike Pistorius. Von Stiftsprediger D. Flatt [Fam.Pr. 13194] Enth.: [I.] E. Wort, gesprochen an der Gruft der Guten und Edlen Auguste Emilie Friderike Pistorius, den 18ten Julius 1816, [II.] Lied, gesungen von den Kindern der freywilligen Armen=Anstalt bei der Beerdigung der Verstorbenen. Trost am Grabe, [III.] Nach der Beerdigung gesprochen in der Hospital=Kirche den 18. Julius 1816

Zur Erinnerung an Oberstudienrath Riecke (1.6.1794-13.4.1876) [Fam.Pr.21521] Enth.: [I.] Gebet am Sarg im Trauerhaus gesprochen von Oberkonsistorialrath Dr. Wittich, [II.] Rede am Grabe, [III.] Gebet, [IV.] Einsegnungsworte am Grabe, [V.] Worte am Grabe, gesprochen von Dr. von Rau, [VI.] Nachruf seines jüngsten Bruders Emil

Andenken an den Divisions=General, General=Lieutenant Grafen [Georg] von Schéler, Gouverneur der Haupt= und Residenzstadt Stuttgart. (†3.2.1826) [Fam.Pr.15124] Enth.: [I.] Rede am Grabe gehalten den 6ten Februar 1826 von Herrn Ober=Hofprediger, Ober=Consistorial=Rath, Feld=Probst, Prälat v. d'Autel, Ritter der W. Krone, [II.] Lebensabriß des Verewigten, von einem seiner Waffengenossen. Vorgetragen am Grabe durch Brigade=General, General=Major von Stockmayer

Worte am Grabe des Wilh. Christoph Schott, Oberinspektors am Waisenhaus in Stuttgart. (13.11.1802-13.3.1859) Gesprochen von Prälat Kapff [Fam.Pr.22875]

Fräulein Auguste Schunke, Erzieherin am k. Catharinenstift (15.12.1806-4.10.1835) Von der Anstalt; ein Denkmal ihrer Achtung, den Zöglingen zum Gedächtniß und Vorbild. Worte, am Grabe der Vollendeten gesprochen von Rector Zoller [Fam.Pr.22433]

Rede am Grabe der Frau Sophie Auguste, gebornen Fallati, Gattin des Königl. Geheimen=Raths und prov. Chefs des Justiz=Departments, von Schwab (22.11.1810-16.3.1835) Gesprochen den 19. März von Herrn Pfarr=Kaplan Frey [Fam.Pr.16188] Enth.: [I.] Gebete in dem Trauerhause, [II.] Gebete bei der Beerdigung, [III.] Rede am Grabe

Rede am Grabe des Freiherrn Carl Alexander Sigmund v. Seckendorff, Exzellenz, Obristhofmeister Sr. Majestät des Königs von Württemberg; gehalten am 16. Mai 1838 von Dr. C. Grüneisen, Königl. Württ. Hofprediger und Ober=Consistorialrath [Fam.Pr.16411]

Rede am Grabe der Freifrau Julie von Seckendorff (9.11.1779-28.1.1837) Gehalten von Dr. C. Grüneisen, königlichem Hofprediger [Fam.Pr.22444]

Rede bei der Beerdigung des Herrn Ludwig Friederich v. Stockmayer den 25. December 1837 gehalten von Garnisonsprediger Sigel [Fam.Pr.17337]

Rede an dem Grabe Herrn D. Gottlob Christian Storr, Churfürstlich Württembergischen Oberhofpredigers und Konsistorialraths. Den 21. Jänner 1805. Von Gottlieb Heinrich Rieger, Spezialsuperintendent und Hospitalprediger zu Stuttgart. [Fam.Pr.17426-1-3] Enth. auch: [I.] Vorerinnerung, [II.] Schriften, [III.] Amico Fautorique et suo et omnium D. Gottl. Christ. Storr [...] Parentat Joh. Christianus Hiller, [IV.] Auf den schnellen und seeligen Heimgang des Churfürstl. Württemberg. Ober=Hofpredigers und Consistorialraths Herrn D. Gottlob Christian Storr (20.9.1746-18.1.1805) Von M. Johann Christian Hiller, Prälaten zu Anhausen

Worte am Grabe der Grafen Erich und Axel von Taube (6.1.1849-2.12.1870 und 15.2.1851-2.12.1870) Gesprochen von Prälat von Gerok [Fam.Pr.21669]

Rede am Grabe des Richard Wießner (2.2.1854-1.9.1871) Gehalten von Herrn Prälat v. Kapff [Fam.Pr.21722] Enth. auch: Gesang am Grabe

Nekrologe Andenken an Wilhelm Hauff [Ra19Hauf1] Enth.: [I.] Worte am Grabe gesprochen von Hofkaplan Grüneisen, [II.] Im Namen der Freunde gedichtet und am Grabe gesprochen von G. Schwab, [III.] Rede gesprochen von Hofkaplan Grüneisen in der Kirche, [IV.] Fr. Haug, Als Wilhelm Hauff starb, [V.] Ludwig Uhland, Auf Wilhelm Hauff's frühes Hinscheiden

Johann Christian Keim's, Oberpräceptor am Gymnasium zu Stuttgart, Nekrolog. Aus dem *Correspondenz=Blatt für die Gelehrten= und Realschulen Württemberg's* [W.G.oct.K.2035]

Zum Gedächtniß von Emilie Zumsteeg (9.12.1796-1.8.1857) Abdruck des Nekrologs im Schwäbischen Merkur, 16.8.1857. Von Dr. J. G. Fischer [Fam.Pr.22583] Enth. u. a.: An Emilie Zumsteeg, von ihrem Neffen Adolf Zumsteeg gedichtet

[Fr. Vischer], Zwei Brüder (v. Taube, 1871) [d.D.oct.K.3130]

Gedenkreden Deutsche Abschiede. München 1984

Franz Grillparzer, Rede am Grabe Beethovens. 29. März 1827. In: Grillparzers sämtliche Werke. Fünfte Ausg. in zwanzig Bänden. Bd XX. Stgt. [o. J.] S. 213-215

Leichenpredigten in Musterbüchern Matthias Heimbach, Schaubühne des Todes. Leichenreden. Nachdr. d. Bearb. von G. M. Schuler aus d. Jahre 1865. Dortmund 1981

Zeitungen Leben in Frankfurt am Main. Auszüge der Frag- und Anzeigungsnachrichten (des Intelligenzblattes) von ihrer Entstehung an im Jahre 1722 bis 1821. Ges., geordn. u. d. Bürgern dieser Stadt gewidmet von Maria Belli, geb. Gontard. Bd I-X. FfM 1850

Vor mehr als hundert Jahren. Merkwürdige und interessante Abdrucke aus den in ganz Deutschland zuerst erschienenen Zeitungen. Geordn. von Maria Belli-Gontard. FfM 1870

Frankfurter Allgemeine Zeitung (**FAZ**), Frankfurter Rundschau (**FR**), Hamburger Abendblatt (**HA**), Hannoversche Allgemeine Zeitung (**HAZ**), Norderstetter Zeitung (**NZ**), Schwäbische Chronik (**SC**), Schwäbische Kronik (**SK**), Schwäbischer Merkur (**SM**), Stuttgarter Zeitung (**StZ**), Südwestpresse (**SWP**), Wetterauer Zeitung (**WZ**)

Sonstiges Tobias Brocher, Wenn Kinder trauern. Reinbek 1988

Billige Bücher aus dem Insel-Verlag. [16-seitiger unpag. Werbeprospekt, Beilage zu e. 1914 ersch. Buch]

Jean E. Charon, Tod, wo ist dein Stachel? Wien [u. a.] 1981

Max Horkheimer, Theodor W. Adorno, Dialektik der Aufklärung. Philosophische Fragmente. FfM 1986

R. W. Ketton-Cremer, Lapidare Grabdichtung. In: Das Epigramm. Zur Geschichte einer inschriftlichen und literarischen Gattung. Darmst. 1969. S. 464-483

Detlef-I. Lauf, Im Zeichen des großen Übergangs. Archetypische Symbolik des Todes in Mythos und Religion. In: Leben und Tod in den Religionen. Symbol und Wirklichkeit. Hg. Gunther Stephenson. Darmst. 1980. S. 81-100

Johannes Leipoldt, Der Tod bei Griechen und Juden. Lpzg. 1942

John Rawls, Eine Theorie der Gerechtigkeit. FfM 1979

Exkurs I: Erklärung über das Todesbild des Verfassers

"... statt Küstenbewohner — Kistenbewohner ..." (Goethe am 5. Mai 1824 zu Eckermann) "Den 12ten ist von mir ein Kistle, mit schrifftlichn Sachen und weisszeig, im waaghauss in Stutt. abgegeben worden, und bis Niernberg frangiert." (Elisabetha Dorothea Schiller an Schiller) "... daß wir ganz stille in irgendeinem Behälter eingepackt vom Reiche der Lebendigen hinweggehn." (Hölderlin an Boehlendorff) "Man könnte den Leuten wundervolle Geschichten erzählen, aber man darf ihnen nicht sonderlich trauen." (Goltz)

ES MAG SEIN, daß der geneigte Leser am Ende unseres langen, vom Anliegen der Beobachtung, Ausforschung und anschließenden Ausdeutung eines alten Friedhofs initiierten Ganges durch eine große und faszinierende Epoche doch auch einmal wissen mag, welchem Bild vom Tod der Verfasser persönlich sich denn verpflichtet weiß. Dieser ist — getreu seinem Ansatz und der Auffassung, daß man auch Geschichten erzählen darf, wenn sich in ihnen Gültiges prägnant zu offenbaren scheint — nicht abgeneigt mitzuteilen, wie ihm der Tod, denn so hat er es sich zurechtgelegt, erschienen ist. Anfang Oktober 1987 legte er in einem Zustande außerordentlicher Müdigkeit an seinem Arbeitsplatz in der Abteilung Textilzuschnitt des Ausstattungswesens eines biederen schwäbischen Industriebetriebs über längere Zeit hin sogenannte Wollvlies-Bahnen auf. Dabei muß er — so deutet er sich's im Nachhinein — in eine Art überbewußten

Zustand geraten sein. Klänge aus Musikstücken tönten lange nach. Sehr wohl erinnert er sich noch, wie er zu Beginn dieser Tätigkeit des Wollvlies–Auflegens erfreut grüßend sah, daß an einen gegenüberliegenden Arbeitsplatz die Kollegin *** trat, dort sogenannte Nessel–Teile zu sortieren und, anmutig, anzuzeichnen begann und dabei, gleichwohl müde, einen liebreizenden Anblick vermittelte. Und so sanft lächelte sie da, ganz in sich versunken, daß er dachte, schau, dies ist doch einmal ein freundliches Kind, dem sollt es immer wohlergehen. Der Verfasser muß immer wieder in diesbezügliche Betrachtungen versunken sein, er vermag sich aber an nichts Genaues mehr zu erinnern und weiß nur noch, daß ein gewisses Glücksgefühl ihn durchwogte, das auch nicht ganz verloren ging, als er den Gruppenmeister den Gang entlangkommen, um den Polsterwattewagen biegen und zwischen sich, den gelagerten Schaumstoffteilen und der Bandsäge stehen sah. Der, wie Kolleginnen versichern, stark an den Inhaber von *Rick's Café Américain* erinnernde menschenfreundliche Vorgesetzte sagte zum Verfasser: "Du, Udo, host koi Gschäft meh? ... do husse ... do husse schdoot e Kischtle ..."